JN222479

The Ultimate Guide
to Historical Sites of Taiwan

図解 台湾の
歴史建築

寺院・博物館・町家・邸宅などの建築様式と構造

李乾朗・俞怡萍 ——著

黃崑謀・李乾朗 ——作画

蔣坤志・岡崎灌涵 ——翻訳
二村悟・蔣坤志・後藤治 ——監修

マール社

目次

18 観察編

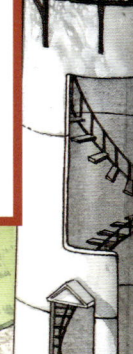

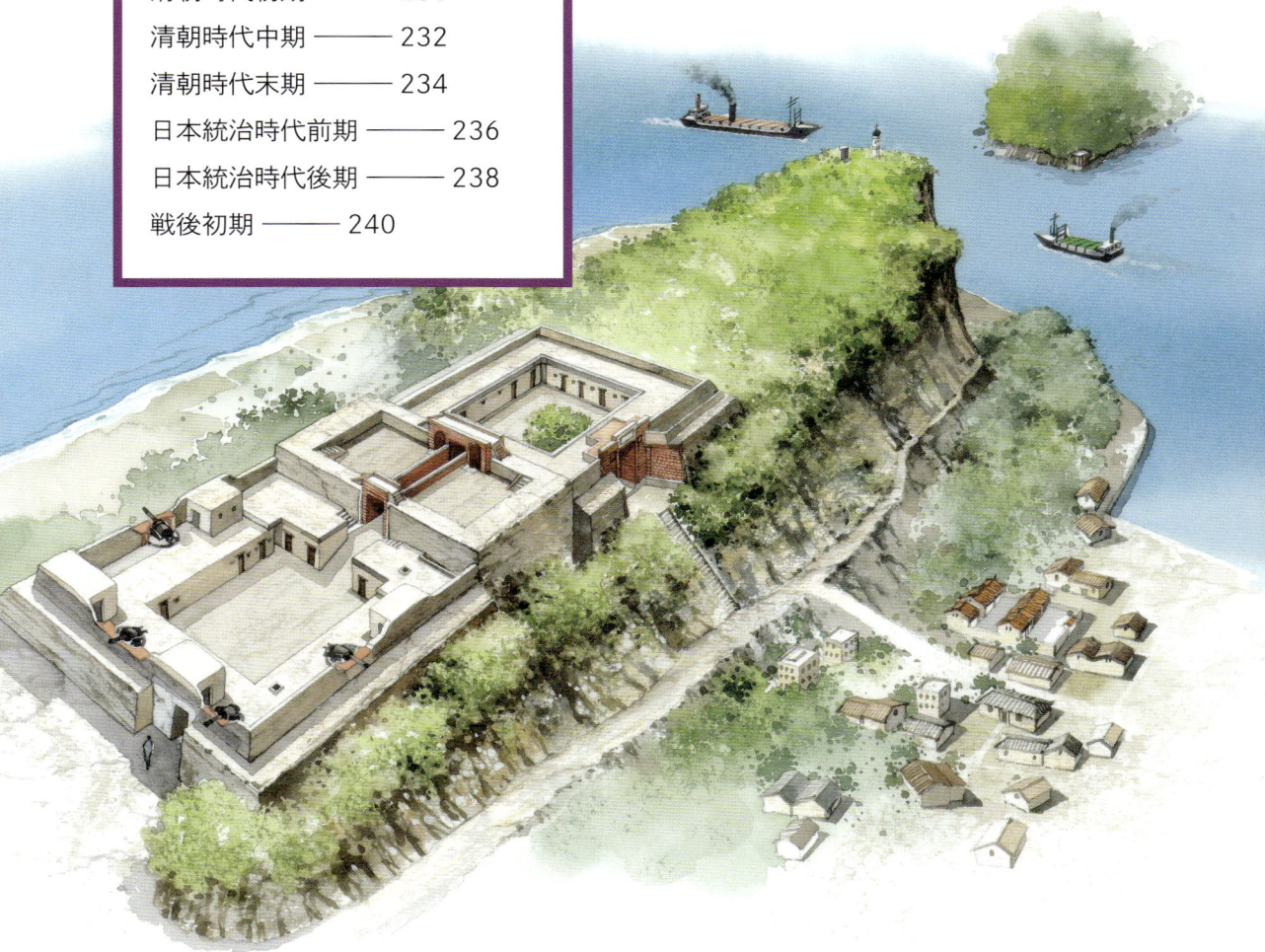

台湾の古蹟：歴史を立体的に映し出す

古蹟は人類の物質文化であり、文字では記録できない歴史を伝え、保存することができる。古蹟の定義は、各国の法規制により若干の違いはあるが、基本的に「歴史的意義」「科学技術の発展」「芸術的・美的価値」の三つの要素を含んでいる。つまり、新築落成したばかりで時間を経ておらず、検証もされていないものは含めることはできない。それは、人類が自然を克服するために生み出した知恵、あるいは傑出した天才の手によって生み出され、人類の文明の進歩や発展に貢献したものでなければならない。

つまり、すべての物品が博物館の収蔵品になるわけではないように、古蹟は特定の時代と場所という条件に基づく価値によって判断され、選択される。また、ここには耕地、用水路、ダム、住宅、城、教会、寺院、その他の人工構造物の建設など、人類が地球上で生存・生活してきた痕跡が含まれる。これらは、自然に形成された山、川、森林、砂漠とは明確な対比関係にある。古蹟は、人類が歴史の中で、全力で取り組んできたことを示す忠実な証である。つまり、ある地域の古蹟を観察することで、その地域を理解することができる。どの場所にも、入れ替えることのできない各地域の独自の歴史と古蹟がある。これが文化遺産としての古蹟の基本的な価値である。

古蹟は、人類の文明と文化の軌跡である。建つ場所に意味があり、占有する空間の権利と関連せざるを得ないため、歴史的意義の解釈やイデオロギー（政治思想・社会思想）の議論など、多くの公共的な問題にも関わってくる。そのため、保存と維持の作業は非常に複雑で、専門家による解決が必要になる。イギリス、フランス、イタリア、アメリカ、日本などの先進国は、古蹟を保護する

ために努力を惜しまない。ローマでは、遺跡を避けるように迂回する道路が建設された。アメリカでは、20世紀の現代建築でも、特徴を持つものであれば歴史的記念物に指定され、保護されている。したがって、古蹟を現代の開発の障害と見なすべきではない。古蹟は、図書館や博物館、美術館のような役割もあり、研究や鑑賞の対象となるだけでなく、娯楽や観光の機能も備えている。さらに、人類の文明が前進するための基礎であり、原動力にもなっている。

台湾では、先史時代から17世紀の大航海時代を経て、明朝時代の鄭氏政権時代、清朝時代の漢民族と原住民、平埔族による開拓を経て、19世紀の近代文明の到来に至るまで、各時代の古蹟が保存されている。けれども、自然災害や人災が頻繁に起こり建て替えることも多いため、異なる時代の建築物が同じ場所に存在していることがよくある。そのため、今日見ることができる建造物が、必ずしもその時代を最も代表するものではないかもしれないが、考古学者や歴史学者の解釈を通じて、台湾の歴史を連続的に構築することができる。

まとめると、台湾の様々な類型の古蹟は、実際には異なる時代の生活様式や社会組織を反映しており、それぞれが独自の発展の特徴を持っている。外来文化の影響がより強く、より長く継続すると、その古蹟の数と文化的蓄積も豊かになる。明・清朝時代の200年余りの間、福建省と広東省からの漢民族が平野部を開拓して定住し、原住民との通婚の現象が見られ、邸宅や寺院が増加して建築の質が向上した。日本統治時代においても、社会と経済の変化に伴い、台湾の寺院建築は独自の特徴を形成し、繊細で華麗な様式を表現してきた。庶民の生活する町や町家は、世界の近代化の影響を

受け、西洋と日本の特徴を融合させた。植民地時代の雰囲気を反映しているかもしれないが、間違いなく新しい地域特性も形成したといえる。

日本統治時代、台湾は「史蹟名勝天然記念物保存法」に基づいて記念物の指定を行ったが、これが台湾の法定古蹟の始まりとなった。1982年「文化資産保存法」（日本の文化財保護法に相当）が正式に公布・施行された。1984年同法の「施行細則」が発布され、台湾の古蹟は法的な地位を確立し、関連する内容や指定の方法についても明確な規定が設けられた。これ以降、制度の発展は次第に安定し、古蹟の重要性が台湾の人々に少しずつ認識されるようになった。「文化資産保存法」は、七回の法改正を行ったが、921大地震では各地の保存価値のある建造物が被害を受けたため、2000年に古蹟の分類を調整し、歴史建築という分類を追加したことで保護範囲が拡大した。このことが最も大きな改正である。近年は、緊急事態における暫定古蹟（一時的に古蹟を指定する）の概念、届出の利便性向上、賞罰の明確化などの条文が追加・修正されるなど、台湾の古蹟に、より大きな保護の傘を提供することが期待されている。台湾には現在、法的な地位を有す国定古蹟が94件、直轄市定や県市定古蹟が809件ある。（文化部文化資産局の2018年3月発表のデータによる）、さらに「歴史建築」も数多くあり、「集落」や「文化景観」などの類型も登録されている。

台湾の古蹟保護を振り返るとき、私たちは文化的に平等な態度を取るべきである。異なる時期に異なる民族が残した古蹟は、台湾の文化史上において、その価値に優劣はないためである。古蹟は、新たなひらめきと創造の源泉であると考える人もいる。多様な類型のある古蹟は台湾の文化的な意味合いを豊かにするものでもあり、後世にも共有されるものである。

本書は、1999年の921大地震の1か月後に出版された。その年、私たちは多くの美しく価値のある古い建築物が一瞬で失われるのを目の当たりにし、私たちの心の中には、地震による喪失感と、完成までに1年以上かかった本書の出版に対する興奮が複雑に交錯していた。このことも、このような大災害のある種の記念とみなすことができるだろう。

古蹟は、立体的な歴史の記述の反映である。本書の構成は、観察と認識から始まっており、古蹟と読者との間に橋を架けることを目指して執筆している。要約と分析を通じて、読者を台湾の文化の殿堂へと導くことを望んでいる。私たちは、当時の法定古蹟の中で大きな割合を占め、強い特徴を持つ20余りの類型を選択したが、その中でも原住民の集落は文化の多様性や個人的な研究の限界から、執筆が最も困難で、概要的な記述に留まらざるを得なかった。そのため、不十分な成果となったことを読者の皆様にはご理解いただきたい。

『古蹟入門』の初版から20年が経過し、この間、台湾の社会環境の変革に伴い、古蹟の数量は数倍の成長を遂げただけでなく、保存の概念や類型も多様な発展を遂げた。本書が、読者と古蹟との架け橋としての役割を続けられるよう、今回の増訂版では台湾の古蹟の現状に応じて、観察編には近年指定数が増加している産業施設、日本住宅、橋梁の三つの類型を追加し、認識編には日本式建築を追加し、形成編では時間軸を戦後初期まで延長した。これにより、読者に台湾の古蹟について、より包括的な視点を提供し、より完全な台湾の歴史を構築できることを目指した。また、インターネットの束縛から抜け出し、実際に古蹟の現場を訪れ、体験し、鑑賞し、大切な保護に役立つように探訪編を設けた。これが本書を執筆した私たちの心からの目的である。

［台湾版原本『古蹟入門 増補版』のまえがきより］

本書の使い方

『古蹟入門』は、古蹟の観察方法を解説する書籍である。各種類の古蹟の観察ポイントを体系的に整理し、図解を用いて詳しく分析している。古蹟観察の基本原則を明確に理解することで、どのような古蹟でもこの要領を応用できるようになる。

本書は、観察編、認識編、形成編、探訪編の四つの章で構成されている：

＊観察編は、最も一般的な二十五種類の古蹟について、観察のポイントと関連知識を説明した章である。

＊認識編は、台湾の四つの主な古蹟の建築系統の基本概念を整理した章である。

（先史の遺跡は、専門分野として独立しているため、本書では扱っていない）

＊形成編は、図版と文章で台湾古蹟の年表を解説した章である。

＊探訪編は、台湾全土から厳選した必見の古蹟を専門家の解説付きで紹介した章である。

本書の使い方としては、まず観察編を読み、認識編と形成編を補助的な参考資料として活用することを推奨する。以下に各編の内容を具体的に説明する。

観察編

序言：各種類の古蹟の歴史や特徴を簡潔に説明している。

古蹟の見開き図版：各種類の古蹟の代表的な例を選び、俯瞰図、断面図、または特殊な角度からの図で提示する。さらに、観察のポイントは、図の中に引き出し線で注釈をつけて示している。

主な図版の簡単な紹介

関連知識：平面図、写真、図解などを組み合わせた簡潔な文章を使用し、観察のポイントから広がる知識をまとめ、整理している。

観察のポイント：各種類の古蹟における観察のポイントを整理する。ページ番号が付いているポイントは、さらに詳しい関連知識の解説があることを示している。

古蹟の種類の見出し：同じ種類の古蹟を検索する際に便利である。

歴史の小道：この種類の古蹟の歴史的背景を説明している。

形成編

序言：その時代の歴史的発展、社会的背景、建築的特徴を説明している。

古蹟の年表：その時代の古蹟に関する重要な出来事をまとめて整理したものである。

時代ごとに色で分けた見出し。

代表的な古蹟の図版：古画、古写真、手描きの図面、現在の外観写真などで、その時代を代表する古蹟の特徴を紹介している。

認識編

定義と特徴：該当する建築系統の基本的な概念を示している。

図解辞典：建築系統の屋根、門、窓、装飾など、一般的な形式と、その技法をまとめ、図版を用いて整理している。

建築系統ごとに色で分けた見出し：原住民の建築、伝統建築、近代建築、日本式建築の四つの系統に分けている。

建築様式の説明：それぞれの建築様式の特徴を図版と文章を対照させながら説明している。

探訪編

必見の古蹟リスト：台湾全土から厳選した600箇所の古蹟について、その名称、種類、等級、所在地、そして作者による簡潔な解説を収録している。

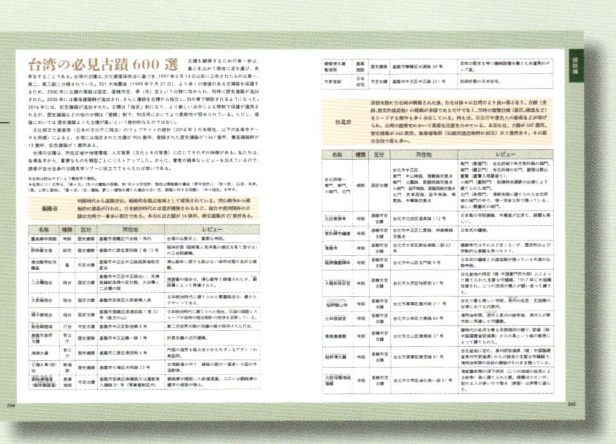

図版の目録

次の 10 ページには、本書で紹介する二十五種類の台湾の古蹟を一覧で表示している。ページ番号で検索すれば、簡単に古蹟観察の扉を開くことができ、さらに読み進めれば、その奥深さを知ることができる。

原住民集落 ▶ P.20

城郭建築 ▶ P.26

寺廟（寺院）▶ P.34

祠堂 ▶ P.50

孔廟（孔子廟）▶ P.56

書院（早期の学校） ▶ P.64

ジャーディ
宅第（邸宅） ▶ P.68

街屋（町家）▶ P.78

園林（庭園）▶ P.86

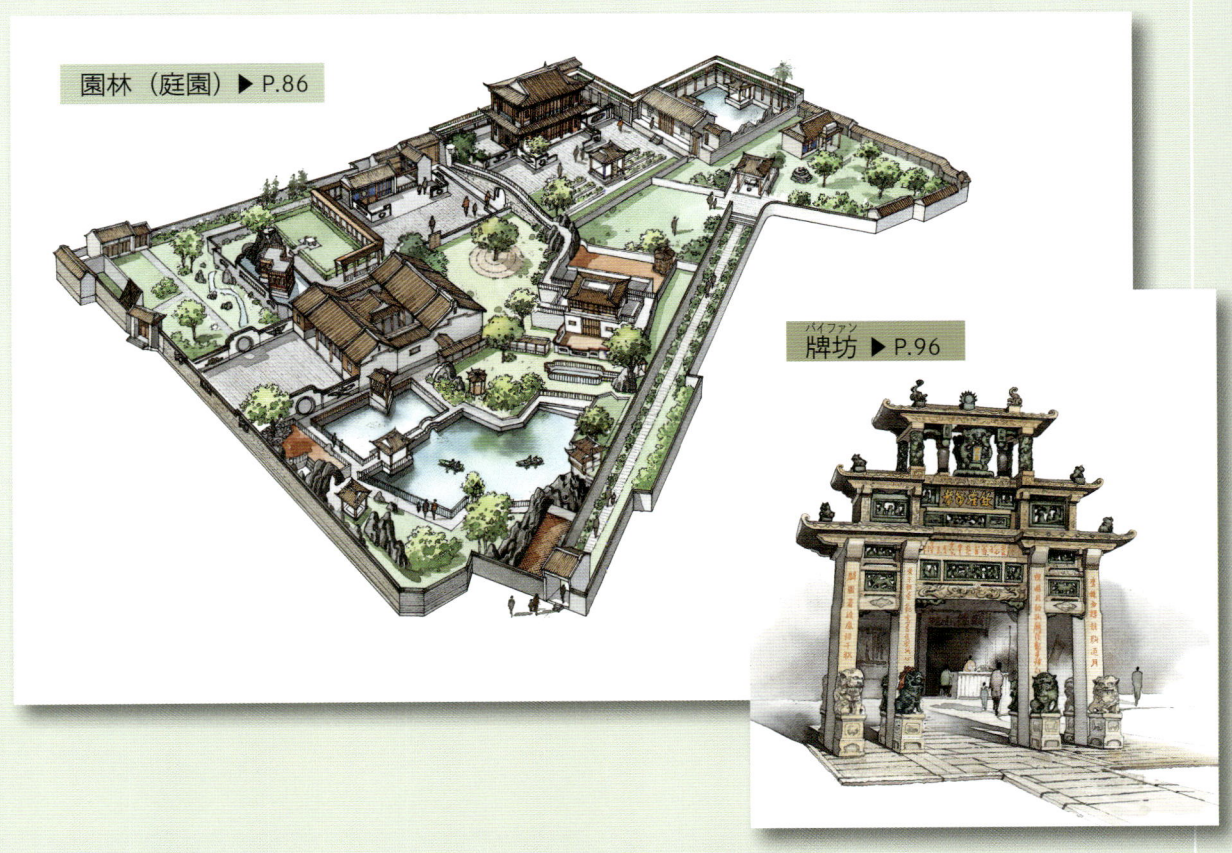

牌坊 ▶ P.96
バイファン

古墓（古墳／古い墓）▶ P.100

砲台 ▶ P.104

燈塔（灯台）▶ P.112

領事館、洋行（外国人経営の商社）▶ P.116

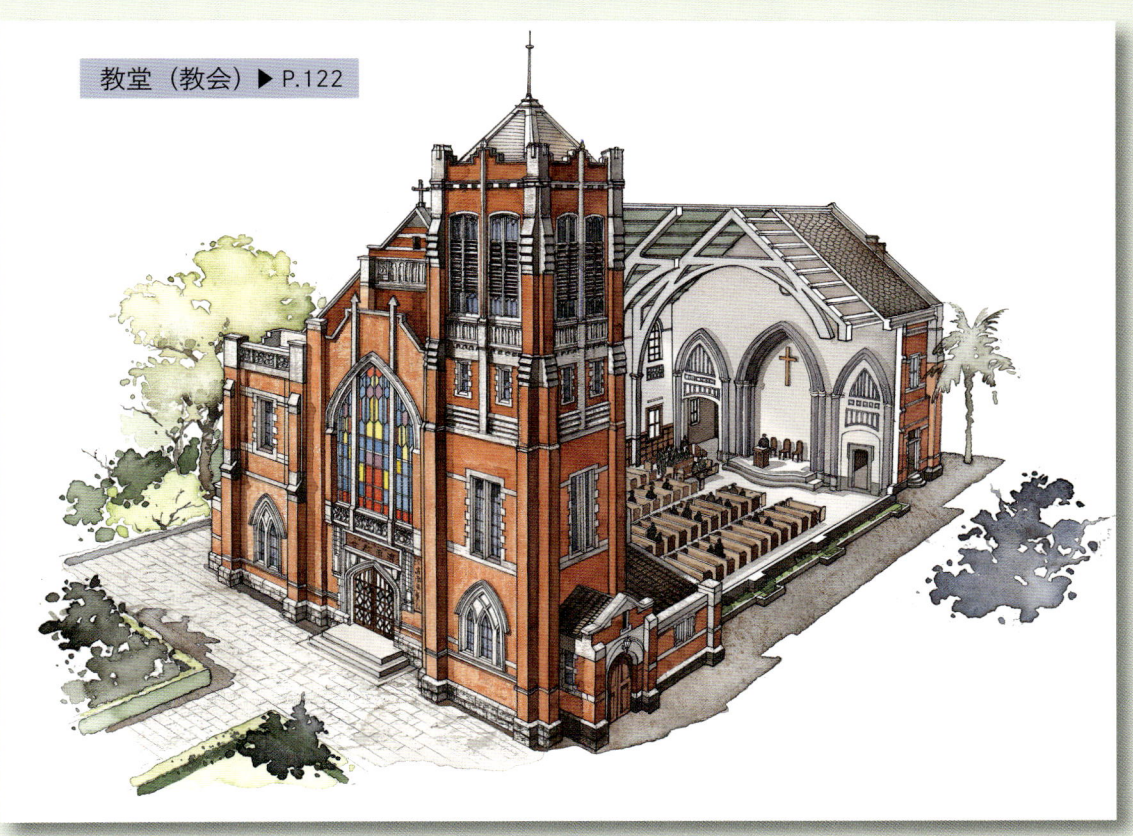

教堂（教会）▶ P.122

博物館 ▶ P.128

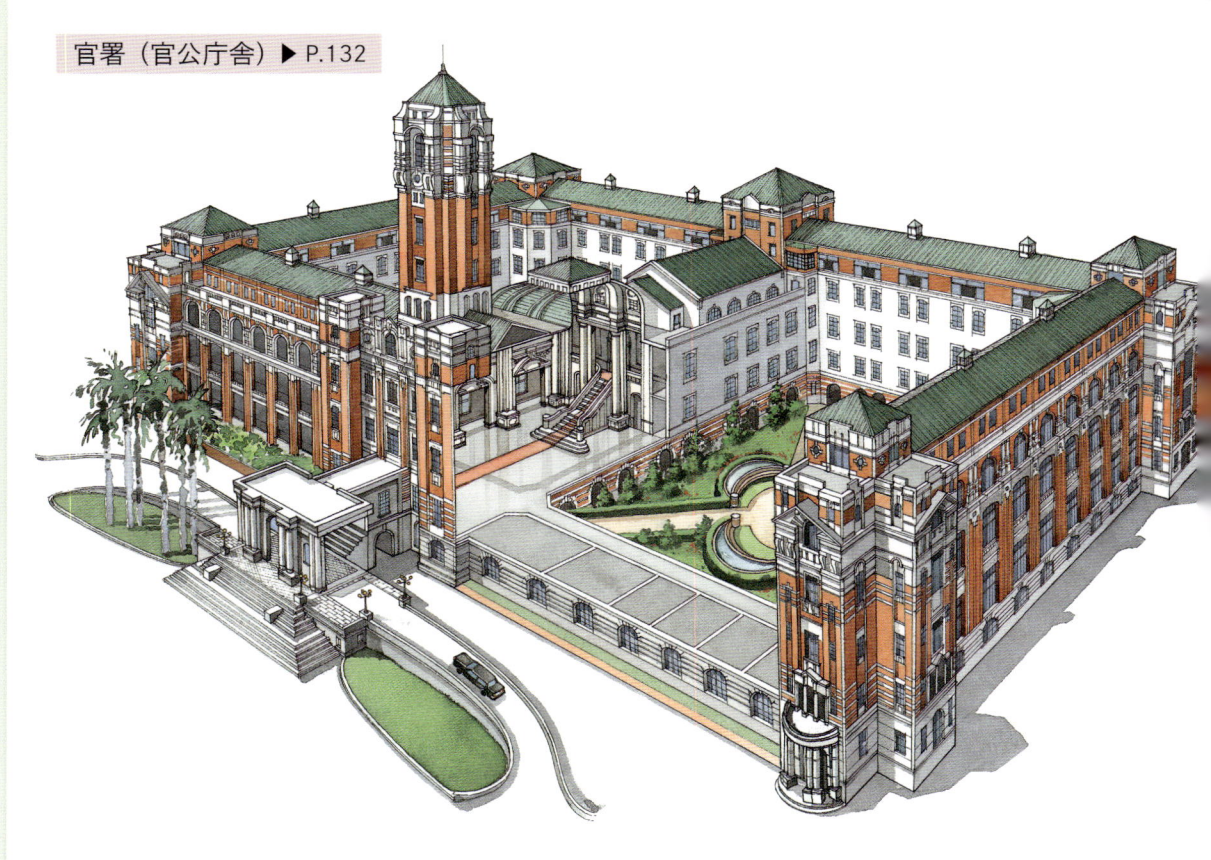

官署（官公庁舎）▶ P.132

ホーチェージャン
火車站（鉄道駅） ▶ P.138

銀行 ▶ P.142

学校 ▶ P.146

医院（病院）▶ P.152

法院（裁判所）▶ P.156

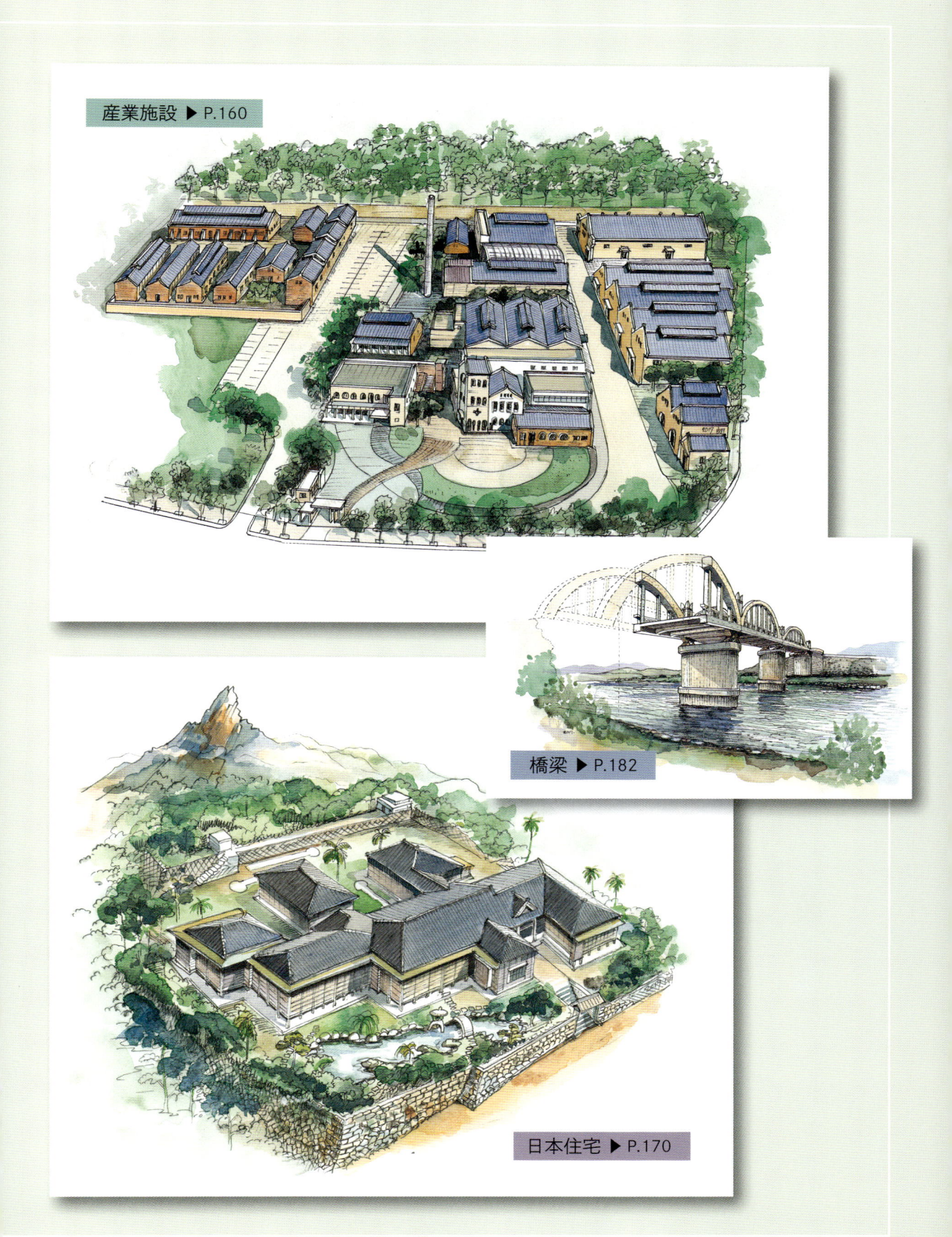

産業施設 ▶ P.160

橋梁 ▶ P.182

日本住宅 ▶ P.170

観察篇

観察編

それぞれの古蹟の特徴を捉えながら観察のポイントを押さえ、
二十五種類の歴史的建造物の基本知識を正確に学んでいこう。

原住民集落

台湾における原住民文化はとても豊かであり、一つの島から育まれたものであるにも関わらず、いずれの民族にも独自の特徴がある。特に、建築技術においては異なる地形・標高にしたがって知恵を絞り、土地にある材料を利用して、独自の建築様式を生み出している。彼らは巧みに地域環境（物理学における対流の原理）を応用して家屋を造っており、現代の技術と比較しても学ぶべきことは多い。残念ながら、社会や文化の変化により、完全な原住民の集落を現在見ることはほとんどできない。雅美族（ヤミ族／達悟族〈タオ族〉とも呼ばれる）は、蘭嶼島という小さな島に独立して暮らし、伝統的な文化を残す部族である。彼らの家屋や集落を多角的な視点で観察してみよう。まずは、彼らの家族構成や社会組織を知り、続いてその生活様式を知ることができれば、自ずと建築文化への理解が深まるだろう。

建築の形式を見る ▶ P.24

原住民の建築は、地形や天候、必要な機能によって、様々な形態を持ち、室内の床高と室外における地面の高さとの高低差によって、四つの形式に分けることができる。

建築の機能を見る ▶ P.22

原住民の建築は、住居を中心とし、生活習慣の必要に応じて異なる機能の付属建築が組み合わさって配置されている。また、私的な空間だけでなく、社会組織としての部族を象徴する公共建築も有している。

舟屋

住居

●雅美族（ヤミ族）の家屋の前にある靠背石（背もたれの石）は、家族団欒のための大切な場所である。

建築の材料を見る ▶ P.25

　原住民の建築に共通する特徴は、原始的で素朴な風合である。一見、よくある材料や簡単な構造でも、実は地場の材料を状況に応じて使い分けており、このことは自然と共存するためにも大切なことでもある。

蘭嶼島の雅美族（ヤミ族／達悟族〈タオ族〉とも呼ばれる）の伝統家屋：雅美族は独立した離島に居住しているため、台湾の原住民の部族の中でも最も生活文化を維持、保存している民族である。その伝統建築には住居、作業小屋、涼台（バルコニー／高床式のあずまや）など異なる機能の建築が含まれており、住民の生活習慣と密接に関わっている。また、海洋性の部族の特徴も顕著に表している。

作業小屋

カヌー

涼台（バルコニー）

トビウオ
干し棚

背もたれの石

前埕（住居の前の空き地）

建築の機能

原住民の集落は、ほとんどが数戸から数十戸で構成されている。それらの建築は似ているように見えるが、機能的には明確に区別されている。漢民族のように異なる機能の空間を一つの建物の中に収めるのではなく、建物ごとに異なる機能がある。部族ごとに、生活習慣や主要産業が異なるため、建築の配置にも大きな違いがある。一般には、公共の建築と私的な空間の二つに分類される。

公共の建築

集会所：部族の集会所であり、防衛組織や少年らの戦闘技能を育成する訓練所である。昼間は男性のための作業場所として、夜は独身男性らの住居としての機能を果たす。平面構成としては、多くは方形で、高床式、一室の構成であり、内部に数箇所の囲炉裏を有している。鄒族（ツォウ族）、魯凱族（ルカイ族）は部落に単一の集会所を有し、阿美族（アミ族）や卑南族（プユマ族）は複数の集会所を持ち、規模が最大のものを総会所とし、その他に地域ごとに数箇所の集会所を持つ。

望楼（展望台）：泰雅族（タイヤル族）には、村ごとに展望台がある。竹や木材を交差させて構造体とし、村内の最も眺望が良い場所に設置される。近年では安全性の危惧がなくなったため、防衛機能が失われ、涼むための絶好の場所となっている。

司令台：排灣族（パイワン族）や魯凱族（ルカイ族）の頭目（首長）の家の前には石造の司令台と、地位を表す木

●阿里山の鄒族（ツォウ族）の達邦集落にある集会所の内部。

彫りの柱があり、頭目（首長）や長老が村の住民に向かって語り掛ける場所である。

私的な空間

家屋：主要な居住空間であり、炊事、食事、就寝、貯蔵を行う場所である。そのため、室内には炊事場と寝床が設けてある。中には排灣族（パイワン族）、布農族（ブヌン族）、雅美族（ヤミ族）のように、手洗いや豚舎を室内に設ける例もある。

作業小屋：作業や交流の場所である。家屋の室内は、暗くて作業には向いていないため、別棟として明るい作業小屋を建て、家族の日常生活を妨げないように工夫されている。例えば、蘭嶼の雅美族（ヤミ族）では、家屋の横に作業小屋を設け、二階を高床式で板張りの一室構成とし、一階部分を物置や新婚夫婦の臨時の住居とする。また、付属建築が最も多様な阿美族（アミ族）も作業小屋を有している。

産室（お産部屋）：雅美族（ヤミ族）には、妊婦専用のお産部屋がある。主に育児のために使われる他、まだ家を建てる能力がない若い夫婦のための臨時の住居として使用される。

涼台（高床式あずまや）：雅美族（ヤミ族）特有の付属建築である。海に面した高床式であり、四方に開かれ、暑い日の休憩の場所であり、主な活動の場所である。

●日本統治時代の排灣族（パイワン族）の家屋の外観。

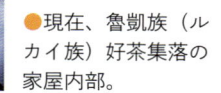

●現在、魯凱族（ルカイ族）好茶集落の家屋内部。

前埕（住居の前の空き地）：住居の前の空き地は、儀式を執り行うとか、親族が集まるなど、様々な用途で使用される。例えば、排灣族（パイワン族）では頭目の家の前の

空き地は、住民を集めるための空間である。蘭嶼の雅美族（ヤミ族）の家屋の前には靠背石（背もたれの石）があり、それは海に面した休憩や談話のための場所である。乾物を作るための飛魚架（トビウオ干し棚）も近くの空き地に設けられる。

●雅美族（ヤミ族）の家屋の前埕にある靠背石と涼台。

舟屋：雅美族（ヤミ族）は離島に住んでいるため、海と密接な関わりを持っている。特に、造船技術に関しては、古くから名を馳せている。船を停泊させるための舟屋は、石造りの壁と茅葺の屋根で造られ、海岸に面して建つ。

穀倉：主屋に併設するものと、独立して設けるものがある。例えば、泰雅族（タイヤル族）は独立した高床式の穀倉を持ち、ネズミの侵入を防止する対策として、柱脚の上端に傘のような木板を設けている。

●泰雅族（タイヤル族）の高床式の穀倉である。柱脚の上端にネズミの侵入を防止する板を設置してある。

厨房：多くは主屋の室内に設けられているが、阿美族（アミ族）では主屋の近くに独立した厨房が設けられている。

畜舎：多くは家屋の外に独立して建築され、牛舎や鶏舎、豚舎がある。排灣族（パイワン族）のように、屋内に豚舎を設置し、手洗いを併用する場合もある。

家屋の平面構成

　家屋はいずれの部族にも共通して存在する建築であり、基本の生活空間である。平面の形は、鄒族（ツォウ族）のみ楕円形に近いが、その他のほとんどが長方形である。入り口の位置は各部族の室内の使い方に応じて、桁行方向か、梁行方向に設けられる。平面構成は、複数の機能を備えた一室の構成のものと、機能ごとに分けられた複数の室で構成するものがある。

　一室による構成の平面形式：多くの部族がこの形式を有している。室内に空間の仕切りは設けないが、居室空間と寝室空間に区別される。この平面構成は、家屋間の親密な関係性が反映されている。泰雅族（タイヤル族）、布農族（プヌン族）、卑南族（プユマ族）、鄒族（ツォウ族）、魯凱族（ルカイ族）、一部の排灣族（パイワン族）や北部の阿美族（アミ族）が、この平面構成を有している。

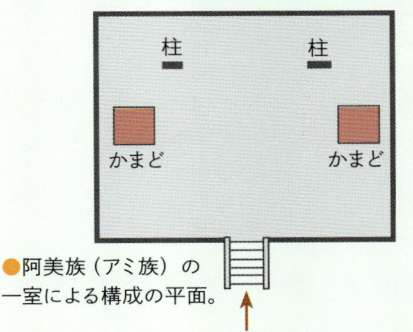

●阿美族（アミ族）の一室による構成の平面。

　複数の室による平面形式：室内を機能毎に分けるが、多くは建具を設けず、プライベート性は保たれていない。雅美族（ヤミ族）、賽夏族（サイシャット族）、南部の排灣族（パイワン族）、南部の阿美族（アミ族）が、この平面構成を有している。

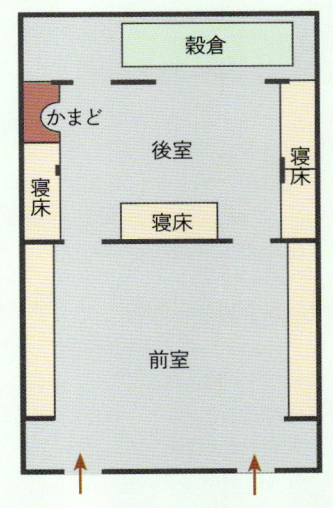

●排灣族（パイワン族）の複数の室による平面形式。

建築の形式

建築の形式は、環境条件や生活の仕方に応じて、平地式、浅穴式（浅い竪穴式）、深穴式（深い竪穴式）、高床式の四種類に分けられる。

平地式

地面の高さをそのまま室内の床の高さとする。通常は、室内外が同じレベルか、室内が室外よりわずかに高い。鄒族（ツォウ族）、賽夏族（サイシャット族）、阿美族（アミ族）、卑南族（プユマ族）、一部の排灣族（パイワン族）がこの形式である。

● 鄒族（ツォウ族）の住居。

深穴式（深い竪穴式）

室内の床の高さが、室外の地面の高さより数メートル低く掘り下げられ、外観からは露出した屋根のみが見える。最も深く地面を掘り下げるのは、海風を防ぐ必要のある蘭嶼の雅美族（ヤミ族）と中部の泰雅族（タイヤル族）である。いずれの部族も、防風・防寒のために深く竪穴を掘る形式を採用し、掘り下がった室内の床に行くために、木のはしごを用いる必要がある。

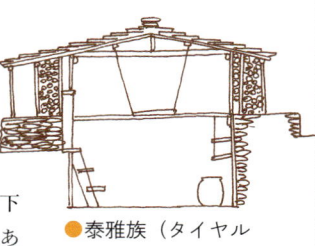

● 泰雅族（タイヤル族）の家屋。

浅穴式（浅い竪穴式）

室内の床の高さが、室外の地面の高さより約50cm掘り下がっている。標高の高い地域に位置する布農族（ブヌン族）、排灣族（パイワン族）、魯凱族（ルカイ族）の家屋がこの形式である。山間の家屋は、斜面を整地して建てられ、背面の壁は整地の際に掘り下げた土によって作られる。地面に向かって掘り下げる家屋は、高い屋根を建てる必要がないため建築材料の節約となる。また、高山の寒冷な気候をしのぐこともできる形式である。

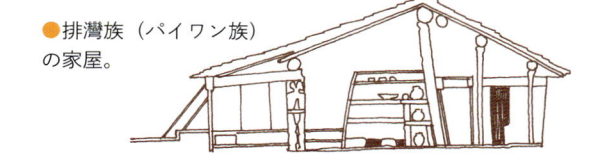

● 排灣族（パイワン族）の家屋。

高床式

高床式は、干欄式（高床構造の建物を指す）とも呼ばれる。木材や竹の枝を杭として交差させた床下の柱を伸ばし、家屋を地面から高く離すことによって湿気を防ぐ。多くは、特殊な機能を持つ公共建築に使用される。例えば、泰雅族（タイヤル族）の望楼（展望台）、1〜2メートルの高さの鄒族（ツォウ族）の集会所や、3〜4メートルの高さの卑南族（プユマ族）の集会所がある。また、付属建築としては、泰雅族（タイヤル族）の穀倉や雅美族（ヤミ族）の涼台も、この形式を採用している。

● 卑南族（プユマ族）の少年会館（集会所）。

歴史の小道

台湾のいわゆる「歴史時代」は、わずか400年に満たないが、それ以前の台湾の歴史が、全くの空白ではなかったことが、近年の考古学の発掘や原住民文化の研究から徐々に明らかになってきた。

原住民族の歴史的脈絡

オランダとスペインの統治時代は、ヨーロッパ人が台湾に上陸し、経済的な利益を得るために、原住民族に対して略奪を行った。

清朝時代の初期に大量の漢民族が台湾に流れ込み、土地争奪のため、度々原住民との間に衝突があり、原住民族の勢力は徐々に弱まっていった。平地に住んでいた部族（平埔族）は、すぐさま漢民族に同化されたが、他の部族は地理的要因で漢民族との接触が少なく、部族を存続させることができた。

日本統治時代には、日本人による高圧的な統治により、山間部においては、幾多の悲惨な事件が語り継がれていた。一方で、日本人の千々岩助太郎によって、原住民族の建築に関する詳細な調査が行われ、後の原住民の建築に関する研究にとって貴重な史料となった。

光復※後の台湾の政策は、漢民族の生活水準を福祉として原住民族に与えた結果、原住民族の文化の消失を加速させることになった。いわゆる文明生活は、原住民族の居住形態を脅かし、従来の生活文化の保存は、押し寄せる外来文化の波には敵わなかった。そのため、現在では、完全なる伝統的な原住民族の集落を見かけることは難しく、人里離れた山奥や離島の蘭嶼、もしくは原住民文化の博物館のような場所でしか見ることができない。

原住民の部族の建築文化

原住民の部族間の言語や文化の差

※光復：日本の統治が終わり、台湾が中華民国の統治下に編入されたこと。

建築の材料

原住民集落の多くは、交通が不便な場所に位置し、外界との交流も少ないため、全て現地にある材料で造られる。使用する工具や建築技術もまた原始的で、材料の表面仕上げも不十分で、加工の痕が良く残っている。よく使用される建築材料は、以下のとおりである。

石材

粘板岩（スレート）は、板状に加工しやすい石材である。古くは、東部山間部の原住民である布農族（ブヌン族）、排灣族（パイワン族）、魯凱族（ルカイ族）、泰雅族（タイヤル族）が、屋根や壁の材料として、よく使用していた。また、蘭嶼の雅美族（ヤミ族）の前埕（住居の前の空き地）は、卵石（まるっこくて平べったい小石）が敷き詰められている。

●屏東の七佳集落に見られる排灣族（パイワン族）のスレート屋根。

木材

排灣族（パイワン族）、布農族（ブヌン族）、阿美族（アミ族）では、木造を主として、壁の仕上げに丸太や木の板を使用する。また、泰雅族（タイヤル族）や東部の布農族（ブヌン族）では、樹皮を屋根に葺くこともある。

●屏東の七佳集落の排灣族（パイワン族）の家屋は、木材を壁面の構造材として使用している。

茅材（屋根葺き材として使用されるススキ科の植物の総称）

軽くて加工しやすい茅は、ほとんどの部族が屋根葺き材として使用している。また、鄒族（ツォウ族）、阿美族（アミ族）、一部の雅美族（ヤミ族）では、茅を壁に使用することもある。

●蘭嶼の雅美族（ヤミ族）の家屋の屋根は茅と竹で構成されている。

竹材

竹材は、丸竹や割竹として使用する。径の太いものは構造材として使用し、径の細いものは壁材として編みあげる。賽夏族（サイシャット族）と泰雅族（タイヤル族）は、屋根と壁に竹材を使用し、阿美族（アミ族）と鄒族（ツォウ族）は壁に竹材を使用する。

異は大きく、社会構造的には、雅美族（ヤミ族）、布農族（ブヌン族）、賽夏族（サイシャット族）、鄒族（ツォウ族）、泰雅族（タイヤル族）のような典型的な父系社会や父系社会に近い社会集団が存在する一方、阿美族（アミ族）や卑南族（プユマ族）のような母系または母系社会に近い社会組織を有するものもあり、これらは居住文化や、もしくは建築様式に大きな影響を与える。例えば、父系社会である布農族（ブヌン族）は、家屋内に多数の寝床を有しており、これは大家族制度を端的に表している。

原住民族の建築は、技術者や職人によるものではなく、部族組織の共同作業によるものである。建物が建つ前段階で占いをして敷地を選択し、完成の際には祝賀式典が行われる。

各部族が使用する建築材料は、それぞれの所属する自然環境や建築技術に制限されるため、外観上は類似することも多いが、その建築様式や使用する意識は大きく異なる（認識編 P.190 を参照）。

原住民族の生活様式は、人類の原始的な姿に近いため、その建築構造も単純である。自然との調和、環境条件の制約がある中で、知恵が示されており、これはいわゆる文明都市に住む人々が失った能力である。

●初期の泰雅族（タイヤル族）の集落は山の地形に応じて建てられ、写真には高床式の望楼（展望台）が見られる。

城郭建築

台湾は、オランダとスペインの統治時代から城郭の建設が進み、淡水のスペインの城郭が原住民に侵攻されたことを記録した文献も残されている。清朝時代の約二百年間において、台湾各地では、清朝時代初期の鳳山県城や諸羅県城から清朝時代末期の恆春城や台北府城に至るまで、絶え間なく城郭の建設が行われており、城郭の建設によって民を守るという思想が深く根付いていることがわかる。高雄市左営にある鳳山県旧城は保存状態が良く、城壁に立てば往時の軍事防衛の荘厳な雰囲気を味わうことができる。

楼閣式の門楼

城門額（扁額）

城門座

城門

城の形を見る　▶ P.28

台湾の城郭の形状は、円形、長方形、元寶（銀錠・古い通貨）形、布袋（巾着）形などがある。これらを形作った背景には、どんな要因があるのだろうか。今日ではほとんどの城壁が残っていないのに、どのようにその形を捉えて観察したらいいのだろうか？

城壁を見る　▶ P.29

城郭の「郭」は、すなわち城壁のことである。城の範囲を定めるだけでなく、最も重要な防衛線であり、材質的にも、構造的にも多くの知恵が詰め込まれている。

●高雄市の左営では、今でも鳳山県旧城時代の古い城壁が数キロにわたって続き、壮観な景色を眺めることができる。

城門を見る　▶ P.30

城門は、かつての古城における最も目立つランドマークである。観察の際には、城門の様式、入口のアーチ構造に注目すると良い。また、名称の由来や、興味深い甕城（城門の外側に突出して設けられた城壁）にも着目すると良い。

木橋

● 高雄鳳山新城の東便門の外にある東福橋は、現在、元の石板の橋面と橋脚が保存されている唯一の城郭橋である。

堀と橋を見る

　堀は、城郭の外周における防衛機能に加えて、城の内外を結ぶ水路でもある。また、灌漑機能も果たしている。堀の上には通行用の橋が架けられ、さらに、侵攻を受けると畳みあげることのできる、防衛機能を備えた吊り橋が架けられることもある。

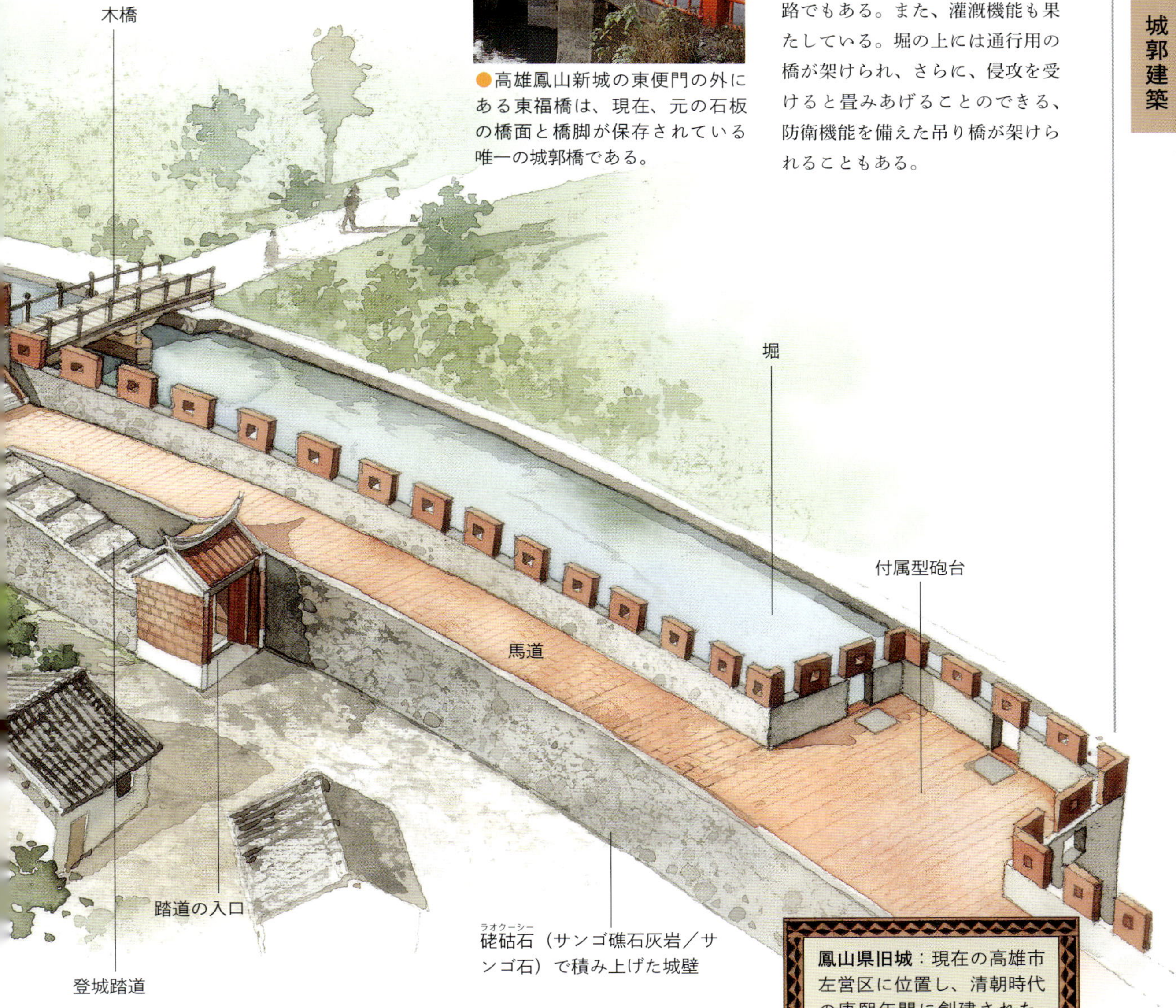

堀

付属型砲台

馬道

踏道の入口

硓𥑮石（サンゴ礁石灰岩／サンゴ石）で積み上げた城壁

ラオクーシー

登城踏道

登城踏道（城壁を上り下りするスロープ）と入口の門を見る

　城壁を上り下りするスロープは、通常、城壁の内側、城門に近い場所に位置する。片側は、城壁に隣接し、もう一方は壁を高く立ち上げ、入口には独立した門を設け、出入を管理する。

砲台を見る　▶ P.32

　城内の住民の安全を守るため、いずれの古城にも砲台が設置されている。砲台の数量は統一ではないが、形式的には、城壁と一体になっている付属型と、独立型の二種類に分けられる。

> **鳳山県旧城**：現在の高雄市左営区に位置し、清朝時代の康熙年間に創建された。道光五年（1825）に石造りの城に改築され、台湾における初めての石造による城郭建築となった。現存する東門、南門、北門、一部の城壁、堀が国の文化財に指定されている。本図は、東門の区間を表したもので、一部は復元図によるものである。

城の形

既存の集落の規模、形式、周辺の地理的環境、風水、建設の動機や工夫など、これらすべてが城郭の規模や形状を決定づける要素となる。

古城の形

　台湾にある数十箇所の城郭建築の中で、台北府城のみ長方形で、それ以外は、ほとんどが不規則な形をしている。なぜなら、前者は計画的に設計された城郭であり、城内の市街地は後に発展したものであるためで、城郭の形は比較的四角い。その他の城郭は、先に市街地が形成されていたため、既存の集落や周辺の地理環境に加えて、風水的な考慮も加味すると、様々な形が生まれることになる。例えば、宜蘭城（噶瑪蘭庁城）は円形、彰化県城は楕円形、鳳山県旧城は巾着形、鳳山県新城は元寶形（古い通貨〈銀錠〉の形）である。最も大きく、不規則な形を成しているのは台南府城で、想像力豊かな昔の人は「半月城」と呼ぶ。

古城の形の復元

　今日、城壁ごと保存されている城郭は少ない。そのため、城郭の形の判断は容易ではない。しかしながら、城壁の撤去後、その多くは幹線道路となっているため、城郭の形状を知るには、正確な市街図を手に取り、文献の記述を参照し、現存する城壁、城門、関連する街路名を頼りに、実際の街を歩くことをおすすめする。また、現地の住民が熟知している幾つかの曲がりくねった街道は、古くは城内にあった道である可能性が高い。城郭の等級は、府、県、庁、堡などのレベルが定められる。一般に、等級が上がるほど、その規模も大きく、城内に配置される公共建築にも大きな違いがある。

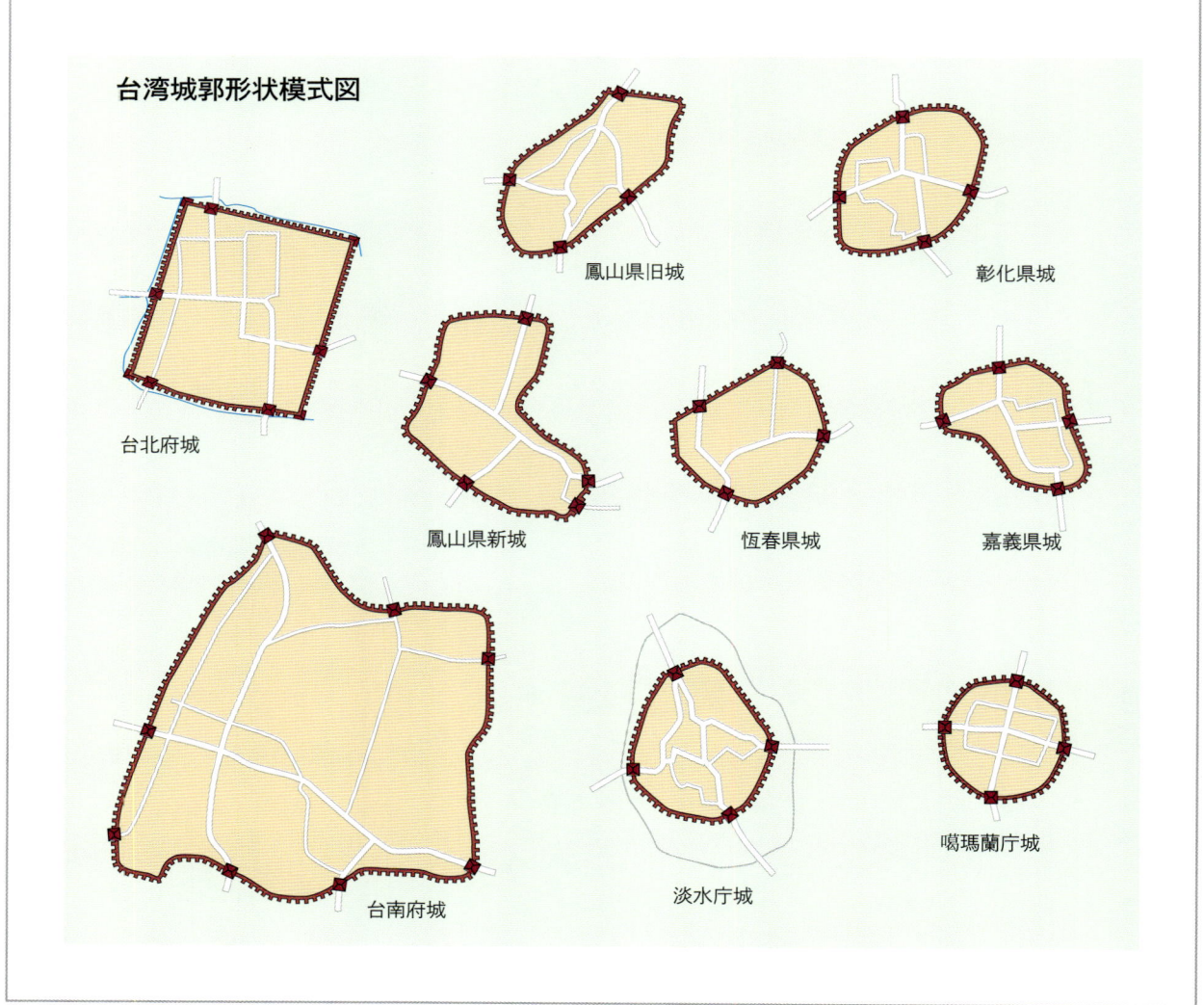

台湾城郭形状模式図

鳳山県旧城

彰化県城

台北府城

鳳山県新城

恆春県城

嘉義県城

台南府城

淡水庁城

噶瑪蘭庁城

城壁

城郭の守備力を形容する言葉に、「銅牆鐵壁（鉄や銅のごとく強固な壁）」という言葉があるように、城壁の建設は重要な学問である。構造、工法の二つの方向から見てみよう。

城壁の構造

城壁は、防御施設であり、堅固な構造が主要な条件となるため、その多くは土や石で造られている。一方で、城壁は面積が大きく、必要とする建材が多いため、建築時には材料のほとんどをその場で調達する必要がある。主要な構造は、石垣の内壁と外壁の間に版築を挟み、一般には3〜5メートルほど立ち上げる。下図に城壁の各部分の構造と性能を示す。

雉堞（胸壁／バトルメント）：女牆（城壁の上に作られる低い壁／パラペット）の上に設置されたレンガ積のジグザグした小さな壁であり、外壁の防御設備である。中央部に方形の銃眼（狙撃口）があり、狙撃者の姿を隠すなど攻撃力と防御力を高め、攻守が有利になる。

女牆（パラペット）：外壁の上に設置され、高さは腰あたりにあり、手すりの作用を果たす。

外城壁：城壁の外側にある壁であり、内側の城壁と同じ構造である。通常、内城壁より少し高くし、馬道から城内への排水をよくする。

中腹に土を充填する：通常は、堀から出た土を使用して突き詰める。

馬道：城壁の上部にあり、走行、偵察、兵士の迅速な配置のために設けられたレンガ張りの床である。外部から内側に向かって水勾配を設ける。

排水口：内外壁には、無数の小穴が不規則に並ぶ。版築の湿気は排出できないため、城壁の崩壊を引き起こすのを防ぐ目的で設けられた、湿気を逃すための排水口である。

水関（水路を繋ぐ通路）：水洞とも呼び、城壁の底にあり、城の内外にある水路を繋ぐ役割を果たす。開口部には、細長い石によって柵が設けられ、敵の侵入を防ぐ。

内城壁：城壁の内側にある壁である。断面は台形で、安定性を増すため、底面が広くなっている。

城壁の工法

城壁の多くは「収分」と呼ばれる造り方で、構造の安定性のために、上部より下部の方が広がっており、かつ地中に数尺埋まっている。よく見られる工法として以下の四種類を示す。

版築法：型枠を組み、石灰、砂を混ぜた土を間に入れ、固く突き固めた工法で、最も古い工法である。表面には、はっきりとした横線が見られるが、これは各層を突き固めた際に残った型枠の跡である。代表的な例に、恆春城や台南府城がある。

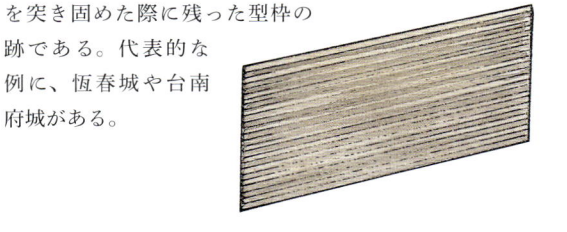

砌硓砧石法（サンゴ石による野面積み工法）：不規則に石を積む方法である。代表例として、鳳山県旧城がある。

砌石條法（切石積み工法）：台湾で産出される安山岩や砂岩を、細長い形に加工し、縦横に重ねて積み上げていく工法である。最も堅固で、格式高い造りである。代表例として、台北府城がある。

レンガ積み工法：赤レンガ積みである。城壁の面積に対してレンガが小さいため、人件費と施工費用が嵩み、建設に時間がかかる。代表例として、彰化県城がある。

城門

城郭ごとの城門の数は、行政の等級と規模によって定められている。府城では八箇所、一般的な県城レベルでは最大で四箇所配置することができる。城門は、通常、東西南北の四方向に配置されるが、風水や城内・城外の幹線道路の位置に基づいて調整、または補足される場合がある。城門の構成は、主に城門楼（城門の塔部）と城門座（城門の基部）の二つの部分から成り立っている。観察を行う際は、以下の五つのポイントに着目してみよう。

城門楼（城門の塔部）

城門座（城門の基部）の上に位置し、高く登ることによって遠くを見渡すことができる。また、両側の城壁の馬道（城門上の通路）を連結し、守備と防衛の役割を果たすことができる。城門楼（城門の塔部）ごとの様式が異なるため、城郭を見分ける重要なランドマークとなる。

城門楼は、一般的に楼閣式と碉堡式に分けられる。城門は公的な建築であるため、屋根形式は燕尾脊（注：棟の両端で反り上がり、先端部分がツバメの尻尾のように二股に分かれて伸びている）になっており、歇山または重檐歇山の二つの屋根形式がよく見られる。

楼閣式城門楼： 主に木構造で建てられ、間口が三間、楼

閣のような形式（見張り台を持つ城門楼。城門の塔部の外壁がなく、屋根を支える柱が露出した形式）で、華麗な外観を有している。台湾における多くの城門楼がこの形式である。

碉堡式城門楼（トーチカ式門楼）： 箱型の城門楼。城門の塔部が基部と一体的な壁で囲まれた形式。外壁は小さな開口部のみで、外部に向かって閉じた外観を有しており、防御力が強化されている。かつて、台北府城

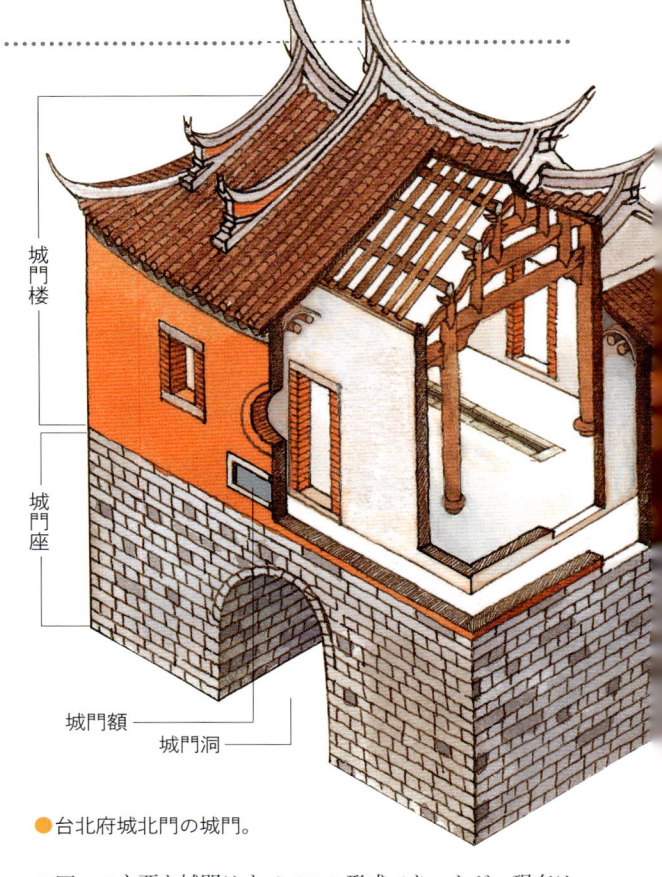

城門楼

城門座

城門額

城門洞

● 台北府城北門の城門。

の四つの主要な城門はすべてこの形式であったが、現在は北門のみ現存している。

城門額

通常、内外の城門洞（城門の通路）の上部壁面に設置され、書かれている文字によって、方位や建設年代、築城に関わった人物の情報までわかる。そのため、城郭の建設に関わる情報を知るための重要な手がかりになる。

城門額は、門の内と外では異なり、城内に向かっているものは、「北門」「南門」「東門」「西門」など、直接的に方位に基づいて名付けられる。

外門の額は、城の顔になるので、特別な意味づけがなされることが多く、一般には吉祥を表す言葉や方位を隠喩する言葉が使われる。それぞれの例を見てみよう。北門では、「拱辰（衆星が北極星を中心にめぐるように、天下の帰すことをいう。論語為政篇）」と名付けられることが多い。東門の多くは、太陽に関連するものが多く、「迎曦（日の

出を迎える）」、「朝陽（朝日）」などがある。西は、海の方向なので、西門には海に関連する名前が付けられ、例えば、「鎮海（海を鎮める）」、「奠海（海に対する礼拝）」などがある。南門は、城郭の正門に当たるため、通常、「正」という文字を含むことが多く、例として「麗正（端麗な正門）」があげられる。一方、文化に関する言葉として、「啟文（文化の啓蒙）」などが使われる。

● 台南大東門の門額。

● 鳳山県旧城北門の門額。

甕城（城門の外側に突出して設けられた城壁）

規模の大きな城では、防御を強化するために、重要な城門の外に、さらに城壁を築くことがある。これは半円形であるため、その形状から甕城、または月城と呼ぶ。

甕城の入口は、通常、城門の主要な入口と同一直線上に配置しないことが多い。これは、主に風水に対する考慮の結果と言われているが、敵の進行を迂回させて勢いを軽減させるためとも言われている。

甕城の額には、主に防衛の意味が込められることが多く、台北府城の北門の甕城額は、「巖疆鎖鑰（領土を守る鍵）」となっている。また、台南府城の大南門は、台湾全土で唯一現存する甕城を持つ城門である。

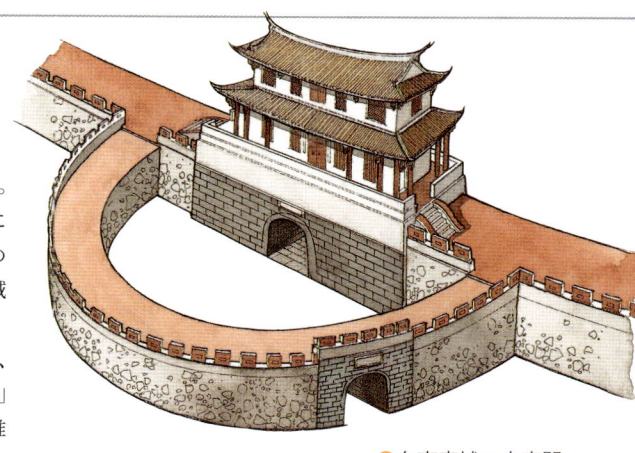

●台南府城の大南門。

城門洞

城門洞は、城門座（城門の基部）の中央に位置する出入口で、重要な防御機能を備えているため、特殊な構造をしている。

構造：内側に大きめのアーチ、中央に平天井、外側に小さめのアーチで構成される。外側のアーチを小さく作ることで、防御力を高めている。中央の平天井部分は、門の開閉のための空間である。この部分の上下には、門の軸を受けるための門礎石があり、左右の壁面には閂を差し込むための四角い窪みがある。門扉は、非常に分厚く、外側には

鉄板が取り付けられ、敵による放火を防ぐ役割を果たしている。唯一現存する門扉は台北府城の北門だけである。

組積工法：城門洞のアーチの一般的な組積工法は以下の三つである。

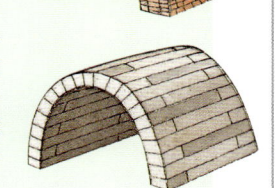

磚発巻（レンガアーチ）：レンガの短辺を外側に向けて垂直に配置し、半円型アーチを形成する。

縦連石発巻（縦方向の石ブロックアーチ）：磚発巻（レンガアーチ）と積み方は同じであるが、石ブロックの短辺を外側に向けているため、ブロック同士の接触面積が多く、比較的安定する工法である。

横連石発巻（横方向の石ブロックアーチ）：石ブロックをアーチの曲線方向に並べて積み上げる工法である。石ブロックを一枚一枚円弧状に加工する必要があり、手間と材料を多く必要とし、安定性にも欠けるため、通常は装飾面にのみ採用される。

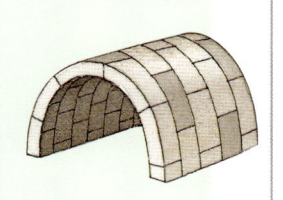

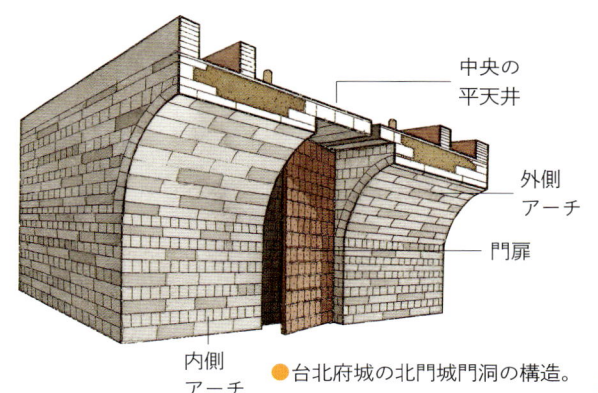

●台北府城の北門城門洞の構造。

中央の平天井
外側アーチ
門扉
内側アーチ

城門座（城門の基部）

城門座（城門の基部）は、城郭の顔であり、構造、材料共に通常の城壁よりもこだわっている。また、組積工法にも、通常より手間をかけることが多い。さらに、特殊な装飾が施されることもあり、使用する材料をはるばる中国から輸入して使用することもある。城門座の上部に、楼閣式の城門楼（城門の塔部）か、外部に向かって雉堞（胸壁／バトルメント）が設置されている場合、城内側には女牆（パラペット）のみ設置し、雉堞は設置しない。

●鳳山県旧城北門の城門座の両側には、泥塑で作られた神荼と鬱壘の門神（門を守る神）が配置されており、これは珍しい唯一の例である。

砲台

城郭の防衛性を高めるため、通常、城壁の各方角の要所や角には、砲台が設置される。大規模なものでは、台北城には九つ、鳳山県新城には六つの砲台が設けられている。

構造

砲台の基礎は、城壁と同様、女牆（パラペット）と雉堞（胸壁／バトルメント）に囲まれている。異なる点は、女牆には大きく砲孔（砲眼／砲門）が施されている。これにより、砲身を外部に突き出し、柔軟に回転させることを可能にし、射撃範囲を広げることができる。砲位（砲の置場、砲台に相当）の床面には耐荷重の優れた花崗岩が用いられ、重量の大きい大砲の荷重を受けている。

窺口（敵を観察するための開口部）
射孔（銃眼）
女牆（パラペット）
砲孔（砲眼／砲門）
雉堞（胸壁／バトルメント）
砲位（砲の置場）

●鳳山県旧城の東門辺りの砲台、パラペットに方形の砲眼が設置されている。

歴史の小道

城郭の建設は、中国に古くから伝わる伝統であり、その規模は他の国よりも大きく、通常は、官庁、市街、寺院、学校、農地などが城内に設けられる。

城郭の発展

一部の城郭では、事前に計画されるものもあるが、多くは一緒に暮らす住民によって地域の安全性を考慮し、官庁の指導の下に建設されたものである。そのためには、文化や経済がある程度まで発展していることが必要であるため、台湾における多くの城郭は、主に清朝時代に建設されたものである。台湾の城郭は、面積的にかなり多く、これは清朝時代の台湾地域で頻発した反清事件（清朝廷への反発による百姓一揆）に関係している。朝廷は、絶え間ない一揆を防ぐために城郭を拡大して、防衛を図っていた。

初期の城郭は、周囲に植えた刺竹（とげのある竹）や木柵を城壁としており、比較的簡素な防御施設であった。時代が発展するにつれ、土、石、レンガなどが壁として使用されるようになっていった。したがって、強度的には、清朝時代の末期に築かれた石造りの台北府城が最も優れている。また、城廓の規模や、経済力も使用する材料の種類に影響を与える要因である。

城郭の周辺環境および敷地の選定

台湾の城郭は、中国南部の特徴を引き継いでおり、不規則な形状が多く、小さな丘を城郭内に含めていることがよく見られる。例えば、鳳山県旧城は亀山を囲っており、

●日本統治時代初頭に台北城北門の甕城上から見た北門と城内の景色。

自然の河川を、堀や排水用の水路として利用している。城郭の建設時には、防御性だけでなく、土壌の状態、水源、交通システムなどについても検討する必要がある。さらに、風水もまた、城郭建設時に無視できない大切な要素である。例えば、台南府城の立地は、風水的には龍脈（風水術における繁栄するとされている土地のこと）とされ、台北府城の建設方位は北斗七星と密接な関係があると考えられている。これらは、後世による一説に過ぎないが、基本方針としては、自然の地形に合った、長期にわたって安定して暮らせる居住地を見つけることが目的である。

城郭の古蹟は、台湾における中国の築城技術を最もよく示すものである。しかしながら、近年の台湾における急速な発展により、面積を多く占め、かつ発展した地域に立地する城郭は、都市計画と衝突し、その多くが取り壊されている。そのため、完整に保存された状態の城郭はなく、切り取られた城壁の一部や交差点の中央に孤立する城門のみが、かつて人々の生命と財産を守る重要な役割を果たしていた壮大な城郭を物語っている。

形式

砲台の形式には、馬道と一体的な付属型と、踏道で城内と接続する独立型の二種類が存在する。

付属型砲台：通常は方形で、外壁から突き出しており、三方が外に面し、一方で馬道（城壁上の通路）とつながりを持つ。戦闘時における機動性が高い。鳳山県旧城や台北府城に見られる。

独立型砲台：面積が大きく、独立した構造を持ち、踏道（階段、スロープ）で城内と接続されている。平面形状はざまざまで、方形、八角形、円弧などがある。鳳山県新城に見られる。

城郭内の街道および施設

　清朝時代の台湾の城郭内の景色を今日想像するのは難しいものであるが、文献によれば、通常、城内の交通は主に各方向の城門につながる街道を中心に広がっていた。城郭建設前にあった古い道も、建設後にできた新しい道路も、互いに十字型またはT字型に交差し、最終的には主要街道に繋げられることによって交通システムが形成されていた。

　城内には、にぎやかな市街の他に、文官（政治担当）や軍事防衛を担当する官庁、書院（学校）、考棚（科挙の試験所）などの教育施設、文武廟、城隍廟、天后宮などの重要な寺院などの基本的な建築もあった。また、城郭本体よりも先に優先して建てられる建物もある。例えば、台北府城では、建設が決定すると真っ先に考棚（科挙の試験所）を建設することによって、科挙（上級の官僚を登用する試験制度）の重視を示している。これらの建物は、城内の主要な道路に位置しており、ごく一部は今でも残っている。したがって、城郭を観察する際には、城内の他の古蹟や有名な街道についても理解を深めることが、清朝時代の繁栄した城内の景色を思い描くのに役立つだろう。

台北府城復元図

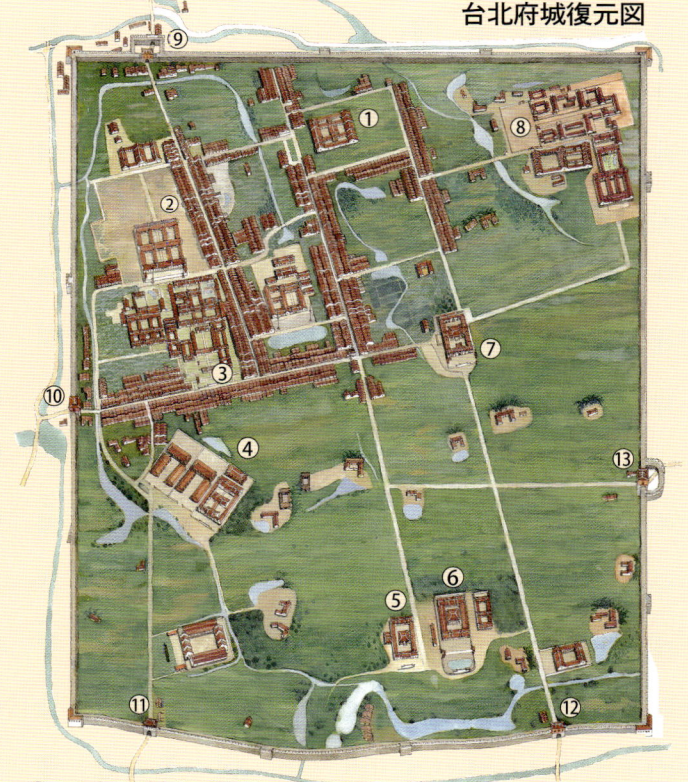

①台北府衙（市役所相当）
②巡撫衙門（清朝時代における台湾最高統治機関。総督府相当）
③布政使司衙門（清朝時代における台湾最高行政機関。内閣相当）
④登瀛書院（学校）　⑤武廟　⑥文廟　⑦天后宮（媽祖廟）
⑧考棚（科挙の試験所）　⑨北門　⑩西門　⑪小南門　⑫南門　⑬東門

寺廟（寺院）

台湾の寺院には、民間信仰、道教、儒教、仏教などがあり、それぞれの建築様式や装飾には、それぞれの特色がある。特に、年代の古いものほど、儒教、仏教、道教の違いは顕著である。けれども、近代の寺院では、これらが融合した形となっている。神々へ祈りを捧げるための寺院建築は、彫刻、彩色、彫塑などの装飾に手間や労力を惜しまない。石獅（石の獅子）、龍柱（龍の彫刻が施された柱）、木彫、彩色、剪黏ネン（砕いた陶器による立体モザイク装飾）、交趾焼コーチなど、これらすべてが台湾寺院建築における芸術の最高峰である。彰化県の鹿港にある龍山寺は、台湾の寺院建築の代表的な作品として知られている。広大な建築規模、典型的な境内配置に加え、高度な建築技術を持ち合わせており、清朝時代中期の寺院を観察・理解するのに最適な実例である。

境内配置を見る ▶ P.36

寺院の配置は、主に祀られている神様と密接に関係している。また、風水、地理環境、そして予算も配置に影響を与える大切な要素である。

空間機能を見る ▶ P.37

寺院は、信仰者によって神々に祈りを捧げられるための場所である。空間構成や動線配置は、参拝の流れや祭り事を進めるための考慮を必要とし、一定の規制がある。また、それぞれの空間には、名称が定められている。

門神を見る ▶ P.40

門神は、前殿の門扉に描かれ、寺院の守護神として、厄除けの祈願や威嚇の役割を果たす。祀られている神様によって、組み合わせる門神も異なる。その寺院の出入りの彩色職人にとって、一番の腕の見せ所である。

彩色を見る ▶ P.39

寺院の装飾には、彫刻だけでなく、さまざまな色彩や模様を組み合わせた「彩色」もあり、目を引く美しさを持っている。主に梁や壁に見られる。

戯亭（舞台）

前殿

前殿前の広場

龍柱

門神

山門（三門）

脊飾（棟飾り）

本殿

拝亭前の広場

拝亭（信者が参拝する場）

龍柱

後殿

後殿前の広場

廂廊（回廊／渡り廊下）

脊飾（棟飾り）を見る ▶ P.38

剪黏、泥塑（鏝絵）、または交趾焼で作られたさまざまな脊飾は、寺院の空に豊かな景色をもたらす。最も見どころのある脊飾は、前殿と正殿の正脊（大棟）と垂脊（下り棟）に集中している。

神像を見る ▶ P.46

主祭神は正殿の中央に安置され、相殿神は両側か後殿に配置される。神様には、それぞれ異なる造形や装飾が施されている。また、職人の独特なセンスも融合されているため、鑑賞価値が高い。

龍柱を見る ▶ P.46

寺院建築といえば、前殿と正殿の龍柱のイメージが強いだろう。龍柱の形、材質、彫刻様式を観察することで、歴史的背景や流行の変遷を見ることができる。

碑匾聯を見る ▶ P.48

石碑、匾額（扁額）、聯對（対句）は寺、院には欠かせない書道芸術であり、その内容は重要な歴史資料にもなり得る。

石彫りを見る ▶ P.44

石彫りは、主に前殿の入口に多く見られ、門枕石（門扉の脇の床面にある装飾された石）、抱鼓石（門扉の脇の床面にある装飾された太鼓状の石）、石獅（石の獅子）、雕花柱（彫刻された柱）、壁堵（石壁）、御路（正中、神様の通り道。寺院の中心軸の路面や階段の斜面を利用して描く石の彫刻）などがある。観察する際には、モチーフ、石材の組み合わせ、技法の変遷に注意しよう。

木彫りを見る ▶ P.42

木彫りもまた、寺院建築における重要な芸術表現である。特に各建物の正面軒下にある吊筒（軒下に吊るされた筒状の飾り）、獅座（獅子の彫刻）、員光（垂梁。柱と柱の間に収まる梁の装飾）、托木（水平材と垂直材の交差する角面の装飾。持ち送り）、藻井（ドーム状の天井装飾）など、大変見応えがある。

彰化県の鹿港龍山寺：清朝乾隆年間（1736-95）に創建され、観世音菩薩が祀られている。多くの改築を経て、現在の配置は、主に道光年間（1821-1850）に完成し、その規模は大きく、構造は優れており、比率が美しく、泉州建築の特色を顕著に表している。台湾の寺院建築の代表的な作品であり、国定古蹟に指定されている。

配置

寺院の建設には、専門家に風水を見てもらい、方位を定め、主祭神の神格に応じて、建築規模が決定される。神格が高いほど、真南に位置する殿堂を使用することができ、より多くの門、付属建築、より高い内部空間を持つことができる。一般的な寺院の配置には、以下の四つの形式がある。

単殿式（一つの殿堂のみで構成される形式）

一つの殿堂のみで構成される形式であり、あらゆる寺院の原型である。最も単純なものは、人も入ることができないほど小さな土地公廟である。また、前に拝亭（信者の礼拝の場）を持つものや、左右に護龍（附属建物）を持つものなどがある。三合院（P.70参照）のような形状を持つものの例として、桃園の大溪齋明寺や新北の五股西雲寺が挙げられる。

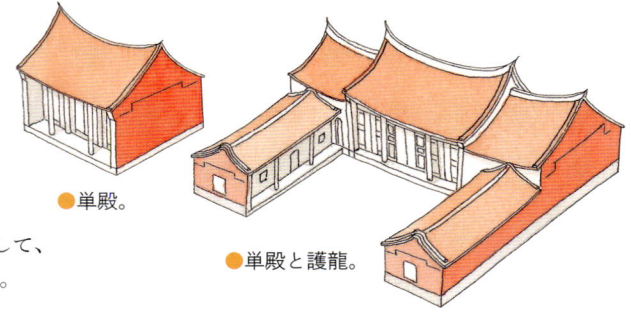

●単殿。

●単殿と護龍。

両殿式（前殿と正殿という前後に2つの殿堂が並ぶ形式）

前殿と正殿から構成される形式で、両者は回廊や拝亭（信者の礼拝の場）でつながっている。市街にある場合は、通常、「両殿両廊」の形式が採用され、屋敷のような形状をしている。例として、宜蘭の昭應宮が挙げられる。また、左右に護龍（附属建物）を配置するものもある。これは、四合院（P.70参照）のような民家の形式に似ており、「両殿両廊両護室」と呼ばれる。これは、台湾でよく見られる中型の寺院の配置であり、例として新北の淡水鄞山寺が挙げられる。

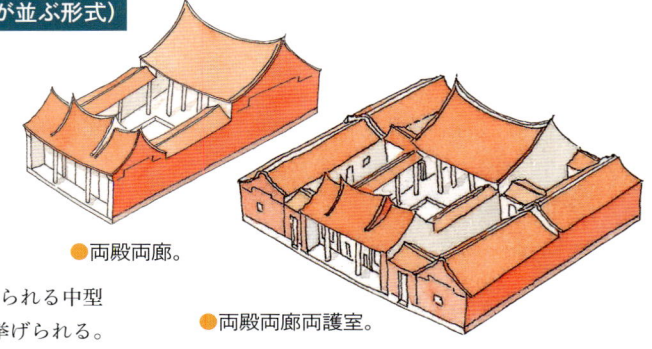

●両殿両廊。

●両殿両廊両護室。

三殿式（正殿を中央に配置して、前に前殿、後ろに後殿を配置する形式）

前殿、正殿、後殿から構成される形式である。細長い屋敷のような形状を持つものの例として、台南の祀典武廟が挙げられる。また、正殿が中央に独立して配置され、「回」の字形の平面を成すものもある。これは、大型の寺院や孔子廟にのみ見られる配置で、台北の萬華龍山寺や台北の保安宮が例として挙げられる。

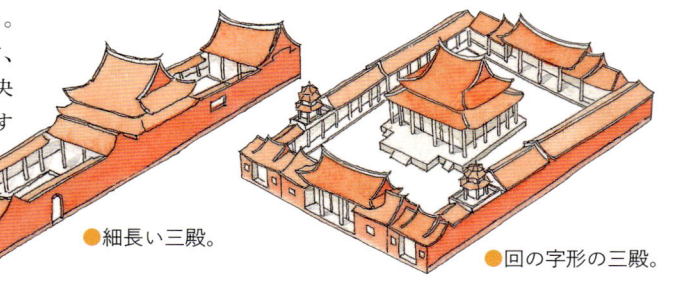

●細長い三殿。

●回の字形の三殿。

多殿並連式（広い敷地に複数の殿堂が多数配置されている形式）

規模の大きな寺廟には、複数の神様が祀られており、大型の邸宅のような配置を成す。左右に複数の中庭が並列されており、「曲」の字型の平面を成している。例として、雲林の北港朝天宮や台南の三山国王廟が挙げられる。

●多殿並連。

門扉から読み取る寺院の規模

寺院の規模は、寺院の前殿の門扉の数からも大まかに読み取ることができる。土地公廟には一つの門扉、将軍や王爺の等級（神階）の寺院には一般的に三つの門扉を持つことが多い。天帝や天后の等級（神階）の神々、例えば保生大帝、天后媽祖などは正面に五つ以上の門扉を持つことがある。

空間の機能

寺院空間は、信徒が神々に対して行う参拝の順序に従って構成されており、主祭神の位置を中心に、左右対称に配置されている。形のある殿宇建築（殿堂）と空間としての廟埕（寺院内の広場）が交互に配置され、明暗を巧みに駆使し、神々への崇敬の雰囲気を演出している。以下では、鹿港龍山寺の平面配置図に基づいて、寺廟でよく見られる空間の機能について紹介する。

山門または牌楼（牌坊に屋根や斗拱を付加した姿の門）

寺院建築の前方に独立して建ち、廟の内外を区別する入口である。また、地域のランドマークとしての役割も果たしている。

廟埕（寺院内の広場）

寺院内の各殿堂の前にある石畳の空地で、ここから寺院全体の様子を見ることができる。祭りや一時的な舞台の設置にも使われるスペースである。

前殿

寺院の第一の殿堂であり、全体において外観が最も華麗で、装飾が最も精巧である。三つの門扉を開いているように見えることから「三川殿」とも呼ばれる。「三川」は、元々、「三穿（三箇所を通り抜ける）」を意味する。屋根は、通常三段に分かれ、棟は特に「三川脊」と呼ばれる。ここは、参拝者が最初に拝む場所であり、背面は通り抜けができ、正殿に向かうことができる。

戯台［亭］（舞台）

民間では神々に戯曲を捧げる風習があり、そのため戯台（舞台）は必ず正殿を向いている。戯台には、二つの形式がある。一つは、前殿の背面と連結された戯亭であり、鹿港龍山寺や新北の淡水福佑宮がこれに該当する。もう一つは、前埕（前殿前の広場）に独立して配置される戯台であり、台北の景美集應廟が例として挙げられる。

拝亭（信者が参拝する場）

正殿の正面に位置し、信者がお香を供え、参拝する空間である。時には、祈るための場所を特定させるため、地面に拝石が埋め込まれている。ここには、通常、巨大な香炉が置かれている。

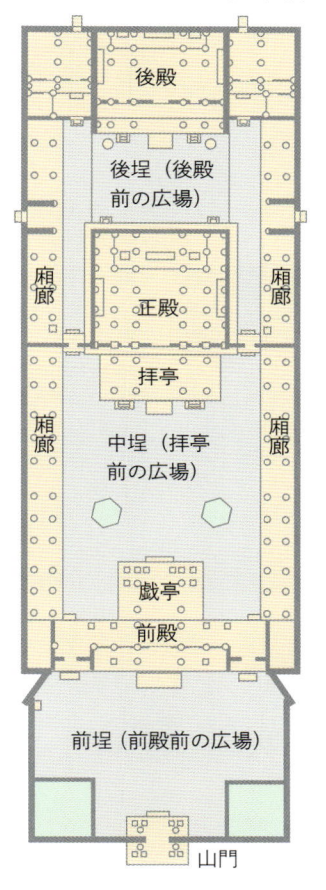

後殿

後埕（後殿前の広場）

廂廊　　正殿　　廂廊

拝亭

廂廊　中埕（拝亭前の広場）　廂廊

戯亭

前殿

前埕（前殿前の広場）

山門

正殿（本殿）

大殿とも呼ばれ、寺院において中心となる建築である。通常、面積が最も大きく、高さが最も高く、空間が最も暗い場所である。神像が中央に座り、厳かで神秘的な雰囲気を醸し出す。内部には神龕（祭壇）、桌案（テーブル）、香爐（香炉）、燈座（ランプスタンド、燭台）、執事牌（執事札）、籤筒（みくじ筒）、鐘鼓などの器物や文化財が多数置かれている。

護室、廂廊（回廊）

境内の左右には、相殿神（相殿に祀られる神、或いは主祭神に対する別の神）のいる偏殿（脇の殿堂）や、僧侶や廟祝（廟の管理人）の居住空間や事務所が配置されている。早期に、地域に根付いた寺院では、出身地が同じ人々の集まる移民会館としての機能も持っていることもある。半開放式の廂廊（回廊）の場合は、壁面に重要な石碑が立てられることがある。

後殿

中心軸上にあって、最後方にある殿堂であり、空間の形式は正殿と同じだが、相殿神（相殿に祀られる神、或いは主祭神に対する別の神）を祀っているため、建築の高さや奥行きは正殿より規模が小さい。

鐘鼓楼（太鼓楼）

「暮鼓晨鐘（日暮れは太鼓の響、曙は鐘の音色）」といわれるように、鐘と太鼓は寺院では欠かせないものである。一般的には、正殿の前廊に置かれ、左側に鐘、右側に太鼓が吊るされる。一部の寺院では、鐘鼓を設置するための独立した建物を持ち、それを「鐘鼓楼」と称する。鐘鼓楼は、しばしば相対する二つの廂廊の上部に設置され、外観は華麗で、屋根の形状に特に趣向を凝らしている。

● 台北萬華の龍山寺の鐘鼓楼、六角形の平面を持ち、屋根は御輿のようになっている。

脊飾 （棟飾り）

屋脊（棟）の機能は、屋根全体を押さえることであり、目立つ場所にあるため、重点的に装飾が行われる。棟飾りは、剪黏（砕いた陶器によるモザイク装飾）が最も多く用いられるが、泥塑や交趾焼で装飾されることもある。三川殿と正殿の装飾の題材は、若干異なることが多い。優れた棟飾りの作品は、密度の高低（緩急）が明確で、立体的であり、生き生きとしている。一般的な棟飾りの部位には、以下の四つがある。

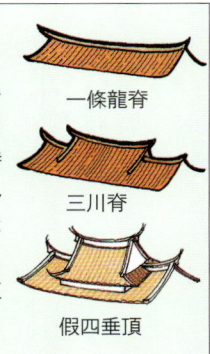

寺院の棟の形式

台湾の寺院の棟の形式の多くは、非常に華麗であり、ファサードとしての性質を兼ね持つ三川殿は「三川脊」と呼ばれる三段に分かれた棟、または「假四垂頂」が多く採用される。もっとも重要な建物である正殿は、「一條龍脊」と呼ばれる完整な一本の長い棟を採用し、荘厳的な雰囲気を醸し出す。

一條龍脊

三川脊

假四垂頂

正脊上（大棟の上部）

三川殿の正脊上（大棟の上部）には、一般的に次のような装飾が見られる。双龍が珠を奪い合う姿、双龍（または麒麟）が八卦を守る姿、福禄寿の三仙、宝珠、鰲魚（竜の頭、魚の尾の生物、鯱のような生物）などである。正殿では、双龍が塔を守護する姿がよく使われる。

脊堵内（大棟の側面）

脊堵内（大棟の側面）の装飾は、最も豪華であり、題材は多岐にわたる。一般的には、中央部分には双龍が珠を奪い合う姿、人物が乗騎する姿、双鳳や八仙などが描かれることが多く、両側や背面には花や鳥の姿がよく見られる。中央の脊堵（大棟の側面）以外にも、上下の細長い帯状の装飾は果物や四獣（虎、豹、獅子、象）、麒麟、魚介類で飾られることが多く、魚やエビなどの魚介類の装飾は防火の意味を持つ。

●三川殿の正脊の上に剪黏で双龍が珠を奪い合う姿を表現している。

●上下二層脊堵がある西施堵。上層部は四獣、下層部は精美な武場（殺陣）。「黄飛虎戦聞大師」。

牌頭 （下り棟の先端部の飾り）

垂脊（下り棟）の端部に位置し、主に物語を題材にしている。背景には、山や森、楼閣が配され、最もよく使われるのは三国志や封神演義などの活気のある戦いの場面である。戦い以外の場合も使われることはあるが、希少である。

●牌頭の棟飾は、屋根の華麗さを引き立てるだけでなく、簷口（軒）を押さえる役割も果たしている。

垂脊上（下り棟の上部）

両端の垂脊（下り棟）は、正脊（大棟）と同じく、屋根面を抑える機能があり、一般的には水草や水草を吐き出す鯉が装飾モチーフとして使われ、垂脊（下り棟）の流れに対して、さらに複雑に変化する曲線を加える。

●流れるような水草は、水中で揺られているかのような印象を与える。

彩繪（彩色）

彩繪（彩色）は、寺院において欠かせない装飾芸術であり、門扉に描かれる門神の彩色（P.40 を参照）以外にも、主に壁堵彩繪（壁彩色）と樑枋彩繪（梁桁彩色）の二種類がある。後者は、木材の保護も兼ねているため、数十年ごとに描き直す必要があり、伝統的な寺院の彩色は保存が難しく、今日見られるもののほとんどは近代の作品である。

樑枋彩繪（梁桁彩色）

寺院の梁桁の基本的な色は、主に朱色であり、これは寺院専用の色彩である。中央の梁桁には、主に太極八卦、双龍または双鳳が描かれる。横長型の梁には、人物や花鳥、瑞獣、山水、書道などのテーマがあり、面積は小さいが、豊かで多様な表現が見られる。しかしその位置が高すぎるため、またお香の煙により、人目に触れることは少ない。

壁堵彩繪（壁彩色）

壁堵彩繪は、主に殿堂内部の両側の壁面に描かれる。彩色の施工は、壁の漆喰が乾く前に行われるため、時間と水分の管理が非常に重要で、職人の技術が試される。題材は主に人物であり、ほとんどが歴史上や仏教の物語である。大きい面積を占めるため、職人は繊細な表現を行うことができ、彩色を観察するにも良い箇所である。

近代の寺院彩色における重要な職人たち

他の職種と比較して、彩色の職人は、書道も絵画も行うことができるため、より芸術家に近い特質を持っている。師匠から継承する部分や個々の理解による部分が混じり合い、各自が独自のスタイルとして表現し、寺院の空間を豊かにしている。現在よく見られる彩色作品から、何人かの重要な彩色の職人を紹介する。

郭新林：鹿港地域の彩色の代表的な職人であり、彩色の家系生まれである。門神から梁桁に描かれる人物、花鳥、山水まで幅広い作品を手がけ、鹿港龍山寺や彰化節孝祠が代表作である。

陳玉峰：台南地域で重要な彩色の職人であり、その作品は台湾全土に広がっている。特に大型な人物の描写が非常に繊細であり、彼の死後、作品は急速に失われている。彼の息子である陳壽彝と甥の蔡草如も台南陳派の優れた後継者である。近年、2 人とも亡くなったが、その作品は多く残っている。

潘麗水：彼の父親は潘春源であり、陳玉峰と同門の職人である。潘麗水は、父親から技術を学び、その彩色作品は台南地域に最も多く見られる。門神や壁堵（壁面）の描写が特に優れており、台北保安宮の正殿外壁には彼の代表作が多く残されている。

●郭新林の梁桁彩色作品：《彰化節孝祠》

●陳玉峰の壁彩色作品：《台南陳德聚堂》

●潘麗水の壁彩色作品：《台北保安宮》

門神 （門扉に描かれる神）

門扉（門）に絵を描く習慣は、商周時代から伝わる悪霊を威嚇する風習であり、現在では寺院にとって欠かせない彩繪（彩色）芸術である。主祭神に応じて、さまざまな種類の門神が描かれる。

中国神話の神「神荼・鬱壘」

中央の門扉に描かれる。『山海經』によれば、この２人は黄帝（中国の古代における伝説上の最初の帝）によって派遣された鬼門の守衛であり、あの世の死者の霊を専ら管理している。その容姿は威厳に満ち、口は血に満ちたタライ、目は金のランプのような力強い形相で、使用する武器は鉞や斧である。

●台南法華寺の神荼、鬱壘門神。

仏教寺院の守護神「韋駄と伽藍」

仏教寺院の護法（仏法を守護する）や守護神であり、よく寺院の中央の門扉に描かれる。韋駄は、白い顔をしており、金剛杵を手に持っている。伽藍は、黒い顔で、斧を手にしている。

●鹿港龍山寺の韋駄と伽藍門神。

「秦叔寶と尉遅恭」

最も一般的な中央の門扉の門神である。彼らは、もともと唐朝の太宗（唐朝の二代皇帝）の時代に有名な将軍として活躍していた。唐朝の太宗が晩年に悪夢に悩まされたため、この二人を門の外に配置するよう命じると、太宗はよく眠れるようになったと伝えられる。以来、後世の人々は、彼らを門神として崇拝するようになった。二人は、どちらも武将の姿をしており、秦叔寶は白い顔で吊り目を持ち、鐧（中国の伝統的な打撃武器）を手にしている。一方、尉遅恭は、黒い顔で丸い目をしており、鞭を持っている。二人は通常、撚ったような髭の形をしており、怒らずとも威厳に満ちた風貌をしている。

●台南府城隍廟の秦叔寶と尉遅恭門神。

仏教寺院の守護神「哼哈二将」

哼哈二将もまた仏教寺院の門神としてよく描かれる。中央の門扉に描かれた二人は、『封神演義』に登場する商周時代の将軍、鄭倫と陳奇である。元々は敵同士だが、死後、二人は共に西釈山門を守るよう遣わされ、法宝（神通力を持った宝物）を保護する役割を担っている。哼将は、青い顔で口を閉じており、蕩魔杵（敵を退散させる武器）と乾坤圏（円形の宝具）を手にしている。哈将は、赤い顔で口を開き、降魔杵と定風珠（どちらも魔除けの法具）を手にしている。

●台南重慶寺の哼哈二將門神。

仏教寺院の守護神「四大天王」

　四大天王は、仏教寺院の門神であり、別名「四大金剛」とも呼ばれ、通常左右の門扉に描かれる。南方には、「増長天」、東方には「持国天」、北方には「多聞天」、西方には「広目天」がいる。それぞれが剣、琵琶（弦楽器の一つ）、傘、蛇を手にしており、「風調雨順（天気を自由に操る）」の意味を象徴している。四人の顔色はそれぞれ異なっている。

●台南法華寺の四大天王門神。

文事に仕える臣「文臣」

　前述する武将と異なる、この種類の門神は、威嚇する代わりに招福する役割がある。冠、鹿、牡丹、爵（盃）を手に持ち、「官位を上げ、年俸を増やし、富を手に入れ、地位が高まる」ことを意味する。文臣門神は、通常左右の門に使われ、中央の門扉の武将と対をなす。土地公廟は、格式が低いため、朝廷に属する文官は使用できず、位の低い文官が門神に使われる。

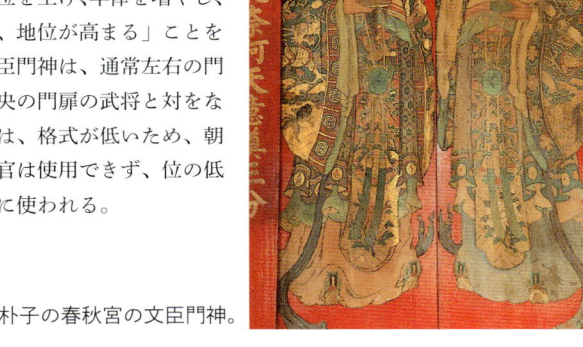

●嘉義朴子の春秋宮の文臣門神。

太監（宦官）、宮娥（侍女）

　観世音菩薩や媽祖などの女神を祀る寺院では、これらがよく左右の門扉に門神として描かれる。彼らは、文臣に似た吉祥物を手に持っているが、太監は髭を生やしておらず、もう一方の手には拂塵（塵を払うことで心を清める仏具）を持っている。服装も文臣とは異なっている。

●新北市の八里天后宮の宮娥門神と台北保安宮の太監門神。

● 三川殿（寺院建築最初の建物）の入口部分は「前歩口」と呼ばれ、寺院における木彫りや石彫りが最も集中している場所である。鹿港龍山寺の三川殿は、その代表作である。

木雕（木彫り）

寺廟の木雕（木彫り）は、上を向いて見るとしばしば目を奪われる美しさがあるが、実際にはすべての木彫りは構造的な機能も果たしている。そのため、職人たちは、彫刻する際に特定の基準に従っている。構造的に重要な部材は浅く彫り、補助的な部材は透かし彫りをすることができる。木彫りに使用される木材としては、樟が最も一般的で、割れにくい特性を持っているため彫刻に適している。以下は、寺院で木彫りがよく見られる部位である。

①吊筒、豎材　⑤門簪　⑨門枕石
②斗栱　　　　⑥壁堵　⑩御路
③托木　　　　⑦柱礎
④獅座、員光　⑧抱鼓石

吊筒、豎材（軒下に吊るされた筒状の部材）

豎材

吊筒

吊筒は、軒先の下にあって、梁の下に吊るされた柱であり、軒の重みを伝える役割がある。その先端は、しばしば蓮の花や花籃のように彫られるため、垂花（しだれた花）や吊籃（つりかご）とも呼ばれる。豎材は、吊筒の正面にある小さな部材であり、後ろ側の構造材を通すほぞ穴を覆う役割を果たしている。仙人や逆さに登った獅子などが題材として用いられることが多い。

●鹿港龍山寺のつりかご模様の吊筒と仙人模様の豎材。

斗栱

斗（ます）と栱（肘木）は、伝統建築の基本部材である。斗は、立方体の構造材であり、方形、円形、六角形、八角形、碗形、菱花形などに変化するこ

斗
栱

●鹿港龍山寺の碗形の斗と無地の栱。

とがある。栱は、斗を受け止める小さな部材であり、その形は草花や螭虎（龍から派生した動物）に彫られることがある。ただし、栱は、構造上の機能を持っているため、通常は無地、または軽めの彫刻が施される。

門簪

門簪は、門楹（上門臼）と、門楣（門の楣）を固定する部材であり、しばしば龍の頭のように彫刻されることや、方印や円印にもなることから、門斗印とも呼ばれる。

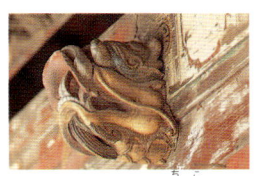

●鹿港龍山寺の螭虎（伝説の生物、竜の子）門簪。

獅座、員光

獅座（獅子の模様の部材）は、斗の一種であり、歩口通樑（入口上方の梁）の上に位置する木彫りの獅子である。私たちを見るために、顔がやや下を向いており、より立体的な木彫りである。

員光は、歩口通樑の下にある、高さが最も低く、面積が最も大きな彫刻部材であり、花、鳥や人物が多く題材として使われる。特に、武将の人物の表現は、賞賛に値するものが多い。

托木（水平材と垂直材の交差する角面の部材／持ち送り）

托木は、插角、雀替とも呼ばれ、梁と柱の交点の角に位置する三角形の補強材である。その題材には、鳳凰、鰲魚（鯱のような生物）、花や鳥、人物などがある。

●鹿港龍山寺の鳳凰模様の托木。

藻井（天井のドーム状の装飾）

藻井は、中心に向かって連続的に斗栱を組み合わせて突き上げ、網状の構造を持つ天井である。そのため、「蜘蛛結網（蜘蛛の巣）」とも呼ばれる。外見は、豪華絢爛で目を引き、構造的意義よりも装飾性が強い。設計と施工において、職人たちの高度な技術が発揮される場所である。一般的なものには、八角形の網、四角形の網、円形の網がある。

●鹿港龍山寺の戯亭（舞台）にある八角形の藻井。

獅座
歩口通樑
員光

●鹿港龍山寺の前歩口通樑の下にある員光と上にある獅座。

石雕（石彫り）

豊富な石彫りは、寺廟の入口のイメージを強調し、寺院建築の重要性を一目で感じさせる。また、石彫りは耐久性があり、しばしば寺廟内で最も古いものとして保存される。芸術的な価値のみならず、寺院の建設過程を説明する上でも重要な役割を果たしている。以下は、寺廟でよく見られる石彫りの部位と題材である。

御路（正中。寺院の中心軸の路面や階段の斜面を利用して描く石の彫刻）

三川殿と正殿の基礎の前の中央に位置する、神々専用の通り道である。人は踏み入れることができず、通常は正面を向いた雲龍の図案が彫刻されている。

● 宜蘭昭應宮の四爪雲龍御路石。

抱鼓石（門扉の脇の床面にある装飾された太鼓状の石）
門枕石（門扉の脇の床面にある装飾された石）

抱鼓石は、門柱を安定させ、扉を取り付けるための部材であり、入口の中央の門扉の両側に配置される。上部は鼓のような形状で、鼓面にはしばしばらせん模様があり、下部には台座が設けられている。門枕石も抱鼓石と同様の機能を持ち、枕の形に彫刻され、各種の吉祥模様が刻まれ、意匠性を高めている。

● 鹿港龍山寺の抱鼓石と門枕石は、造形が重厚であり、彫刻が優雅である。

石獅（石の獅子）

多くは、入口中央の門柱の両側に位置し、抱鼓石と同様の機能を持つが、同時に邪気を避ける役割もある。一部の寺院では、石獅は庭の空地に配置されている。石獅は、左側が雄、右側が雌で、台座に立っており、二頭が見つめ合っている。雄獅子は、通常球で遊んでいたり、硬貨を弄っていたりしている。雌獅子は、小さな獅子を抱えている。台湾の石獅の形は大陸南部から伝わり、少し鬆獅狗（チャウ・チャウ）、或いは北京犬に似ている。鼻が大きく、口の曲線も大きく、たてがみを巻いており、曲線美を有する。

● 宜蘭昭應宮の石獅は体型が繊細で可愛らしい。

柱礎（礎盤）

柱珠とも呼ばれる。柱の基礎であり、湿気や衝撃から柱を守る役割がある。初期の装飾は簡素で、太鼓のような形状で腰の部分がなく、後期に発展すると柱に合わせて円形、四角形、六角形、八角形、蓮座のように、様々に変化し、上部、腰部、脚部が明確に区別され、彫刻される図案も豊富になっていった。

ハスの花びらの形

八角形

円形

太鼓形

太鼓形

六角形

四角形

壁堵（石壁）

　石彫りで構成される壁で、人体の概念に基づいて、上から順番に頂堵（頂部）、身堵（身部）、腰堵（腰部）、裙堵（裙部）、櫃台脚（脚部）に分けられる。脚部と裾部のみが壁となり、上部は木製であることもある。裾部の最も一般的な題材は麒麟で、「麒麟堵」と呼ばれる。身部は、通常、透かし彫りで「螭虎團爐窗」（窓）になっている。壁堵（石壁）が左右対称で配置されている場合は、合わせて「對看堵」（壁堵が見つめ合うという意味。正面部分が向かい合っている）と呼ばれる。一般的に左側に青龍を彫刻し、右側に白虎を彫刻することから「龍虎堵」とも呼ばれる。時には旗、球、戟、磬（石製の楽器）の図案が彫刻されることもあり、その発音を取って「祈求吉慶（吉祥如意を祈る）」の意味を持つ。

●彰化鹿港大天后宮の「祈求（祈り求める）」壁堵は、軍旗と球を隠喩として表現している。

●鹿港龍山寺の龍虎堵に見られる降龍石彫り。

頂堵：浅い浮き彫り

身部：透かし彫り

腰部：浅い浮き彫り

裾部：高浮き彫り

脚部：浅い浮き彫り

●淡水鄞山寺の壁堵には、透かし彫り、浅い浮き彫り、高浮き彫りの三種類の石彫の技法が見られる。

寺院には、どんな石材が使われるのだろう？

　台湾の早期の寺院では、石材の多くは中国からの貨物船で運ばれてきたものである。これらは特に「壓艙石」（バラスト石）と呼ばれる。日本統治時代になると、徐々に現地の石材が使用されるようになった。台湾の寺院で一般的に使用される石材は、以下の四種類である。

　青斗石：緑色がかった玄武岩で、青草石とも呼ばれる。中国で産出され、硬く細かい質感があり、繊細な彫刻に適している。

　隴石：黄みを帯びた花崗岩で、中国から産出される。硬質であるが、粒状の模様が粗く、ゴマのような点が目立つ。鹿港龍山寺と台南武廟に隴石の彫刻が見られる。

　泉州白石：白色の花崗岩で、ゴマのような点が小さくて目立たないのが特徴である。福建省泉州で産出され、生産量が少なく非常に貴重である。

　観音山石：台湾産の安山岩で、青灰色の色合いを持ち、硬質であるが、空隙が比較的大きい。近年では、寺院内で広く使用されている。

45

龍柱

龍柱は、「蟠龍柱」（とぐろを巻く、或いは曲がりくねる龍の柱の意）とも呼ばれ、昇天していない龍を指すため、柱に巻きついている。台湾の寺院の龍柱は、古くから存在し、その様式から時代的特徴を読み取ることができる。一般的に、初期の龍柱は、柱の直径が小さく、彫刻は素朴である。近代になると龍柱はより太くなり、装飾もより豪華になっている。以下に簡単に四つの時期に分けて説明する。

簡素期

清朝時代中期以前は、一本の柱に一頭の龍を彫刻し、龍の身体と柱が一体化されている。全体的にはやせ細った円柱であり、わずかな浅い彫刻の雲模様が周囲に施されている。彫刻様式は簡素で、材料には泉州白石が使われている。例としては、嘉義の北港朝天宮の観音殿や台南の開基天后宮の正殿の龍柱が挙げられる。

●台南の開基天后宮の正殿の龍柱。

調和期

清朝時代の中期から、一頭の龍が円柱に巻きついている形式が主流となり、合わせて八角形の柱も登場し始めた。龍の身体と柱体は、まだ一体化しているが、足爪は柱体から離れてくり抜かれ、全体的にねじれている形状となり、曲線がより大きくなっている。彫刻は、細部に過度にこだわらず、成熟しつつあるが、古めかしい風合いを失わない様式である。材料としては、主に泉州白石が用いられ、例としては鹿港龍山寺の三川殿の龍柱が挙げられる。

●鹿港龍山寺の三川殿の龍柱。

神像

早期の移民の地域意識は非常に強く、異なる地域からの移民が故郷の守護神をもたらしている。したがって、寺院に祀られている神々から、地域の移民や開発の状況を読み取ることができる。仏教や道教の神々だけでなく、さまざまな職業、年齢、性別に対して守護神がいる。例えば、海神である媽祖や、農神である神農大帝、そして商業の神である関公（関羽）などがある。それぞれの神様が特別な姿や装飾を有しており、吟味する価値がある。以下は、台湾の寺廟で最も一般的な四つの神像である。

釈迦牟尼仏（しゃか）

釈迦牟尼は、仏教の創始者であり、インドの生まれである。もともとは、裕福な城主の息子だったが、ある日、町を離れて旅に出た際に、人々の生老病死（生まれ、老い、病にかかり、そして死ぬ）を目にし、世の中の無常を悟った。長年の苦行の末、ついに菩提樹の下で悟りを開き、仏となった。そのため、彼は、寺院における最も重要な神像である。彼の像は、荘厳で慈悲深く、微かに目を開いている。言い伝えによれば、彼は蓮の花の上に産み落とされたとされているため、神像は裸足で蓮の花の上に座っている。

螺髪（丸まった髪の毛）
白毫（眉間に生えている白く長い毛）
三道（仏様の首に三段になった横向きの線）
袈裟（僧侶の衣装）
蓮華座

観世音菩薩

仏教では、未だ悟りを開いていない神を菩薩（如来に次ぐ存在で、明王、天部と続く）と呼び、人である羅漢（最高の悟りを開いた人）よりも高い位に位置づけられている。観世音は、民間信仰の中で最も人気のある菩薩である。大いなる慈悲の菩薩であり、苦難な時には観世音の名を唱えれば、観世音菩薩が癒され、現れて救済してくれると信じられている。多くの菩薩の中でも、観世音の化身が最も多いとされている。その像は女性の姿で、宝冠をかぶり、瓔珞（菩薩の装身具）を身に着け、清めの花瓶や経巻（経文を巻いた巻物）を手に持ち、慈悲深い表情と優雅な姿をしている。

頂円光（光輪）
宝冠
白毫
瓔珞（菩薩の装身具）
経巻（経文を記した巻物）
蓮華座

成熟期

清朝時代の末期には、円柱に代わって八角柱が主流となったが、まだ龍は一頭の様式が維持されている。柱の直径は太くなり、龍の身体は柱よりも突き出ており、龍の髭や毛が柱から離れてくり抜かれた様子になっている。龍の身体には、雲模様以外にも、人物、花鳥、魚類などの装飾が増えており、細部の彫刻は見事な動きを感じさせる。特筆すべきは、龍の身体がどれほど曲がりくねっていても、柱体の線が上下に一貫している点である。石材としては、花崗岩に加えて、台湾産の観音山石が使用されている。例としては、台北の萬華清水祖師廟や鹿港龍山寺の後殿の龍柱が挙げられる。

●鹿港龍山寺の後殿の龍柱。

繁栄期

日本統治時代から、龍柱の彫刻様式は、繊細で豪華に進化し、時には一本の柱に対して二頭の龍が彫刻されることもある。装飾として加えられる人物や模様が増え、柱全体が覆われるようになり、上部にはギリシャ風の柱頭が現れる。龍の身体の細部の彫刻は、目、口、鱗、髭、角、爪などが鋭く表現され、柱の直径が早期の二倍ほどに広がっており、元々の柱体の断面形状はほとんどわからなくなっている。細部が過多であり、全体的に密集した印象を与える。例としては、台北の孔廟大成殿や新竹の都城隍廟の龍柱が挙げられる。

●台北の孔廟大成殿の龍柱。

関公（関羽）

関聖帝君とも呼ばれ、三国時代の武将・関羽雲長である。忠君愛国（君主に忠節を尽くし、自らの国を愛すること）の精神を持ち、誠実で義理堅い人物として尊敬されている。そのため、民間で重要な信仰対象となっている。言い伝えによると、関公は、生前、数字に強く、誠実な人物であったという。そのため商売の守護神ともされている。その像は、赤い顔と髭を持ち、袍服（法衣、儀式用の衣服）や武将の服を着用し、左右には白い顔の養子である関平と黒い顔と髭の武将である周倉が添えられる。

媽祖

宋朝時代の福建省湄州島出身とされる媽祖の本名は林默娘であり、幼少期から幸福や災いを予知し、人々を救済したことで知られている。特に、海上の災難を救うことに熱心であり、沿岸地域の信者に深く愛されるようになる。そのため、民間で最も人気のある信仰の一つとされている。彼女の像は、黒い顔やピンク色の顔をしており、頭に旒冕冠（冕板から旒と呼ばれる玉飾りが垂下する冠）、冠の前に垂れ下がる真珠を飾り、后服（皇后の服）を着用し、奏板（手に持つ短冊状の板飾り）を手に持っている。荘厳でありつつも慈愛に満ち溢れている。彼女は、皇后の称号を命じられているため、左右に宮娥（侍女）がつかわされ、さらに千里眼と順風耳もつかわされている。彼らは、媽祖が征服した妖怪であり、遠くを見通し、遠くの音を聞くことができる特殊能力を持っている。その姿は、生き生きとして活発である。

赤い顔　袍服（法衣）　周倉　関平

垂れ下がる玉飾り　旒冕冠　后服　奏板　順風耳　千里眼

47

碑匾聯 （扁額や記念碑などの文字）

<ruby>碑匾聯<rt>ベービエンリエン</rt></ruby>（<ruby>扁額<rt>へんがく</rt></ruby>や記念碑などの文字）古碑（古代の石碑）、匾額（扁額）、<ruby>題聯<rt>ティーリエン</rt></ruby>（対句）は、寺院の脇役として非常に重要な役割を果たしている。石材に刻まれるなど、建物とは独立して設置されることが多いため、建物本体よりも保存される確率が高く、寺院の創建年代を判断する際の重要な手がかりとなる。これらは作品自体の芸術的な価値も高い。

古碑 （古代の石碑）

碑には、主に寺院の建立経緯や寄付の記録が記されており、寺院の規模を示す建築図面が刻まれた碑もある。石碑が最も一般的に見られる材質であり、一部の壁に埋め込まれたものとして木製の碑も存在する。独立した形式の石碑は、特に意匠的であり、碑は本体と台座の二つの部分に分かれている。碑の本体には、しばしば双龍が聖旨（皇帝の命令）を守護する彫刻が施され、周囲には浅い彫りの草花の装飾があり、中央には主文が刻まれる。また、清朝時代初期のものには、漢字と満州文字の両方が見られることもある。碑の台座は、シンプルな場合は堅固な台形をなし、正面には麒麟の彫刻が多く見られる。より凝った意匠の場合は、晶屓（重い物を運ぶことのできるカメのような姿の伝説の霊獣）が碑を背負う姿が彫られている。

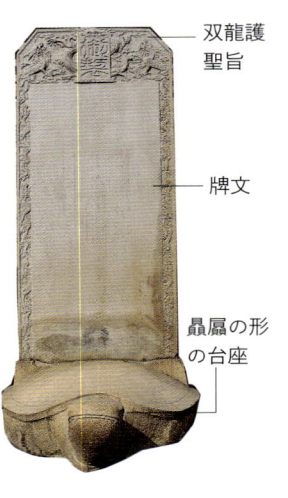

双龍護聖旨

牌文

晶屓の形の台座

対聯 （対句）

対句は、門枠や柱に刻まれるもので、短い文字の並びでありながら深い意味を持っている。内容は、主に神々への賛美や寺院の歴史の説明である。一部の対句では、上聯（前の句）と下聯（後の句）の冒頭に、寺院の名称や主祭神の名称が入ることもある。対句には、通常署名と年代が付されており、寺廟の歴代の改修を研究するのに適した資料である。文字の書体は、篆書、隷書、楷書、行書など様々で、書道の美しさを吟味することもできる。

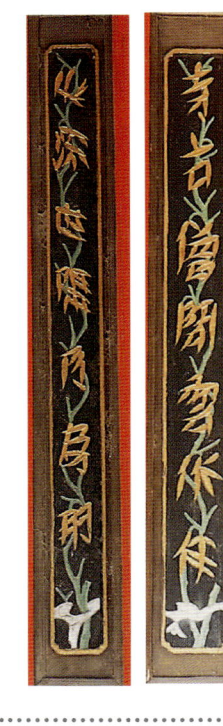

● 台南開元寺に林朝英が書いた竹葉体（竹葉の形の書体）対聯。「寺古僧閒雲作伴、山深世隔月為朋」。

匾額 （扁額）

寺院の扁額は、高官や商業組織などから寄贈されるものが多く、内容は主に恩徳を称えるものである。中でも寺院が最も大切にするのは、皇帝から賜った扁額である。扁額には、主文以外に、左右に小さな文字で寄贈者やその称号、署名の年代が記されていることが多く、時には中央上部に皇帝の印章が押されることもある。多くの寺院では、創建年代を定める際に、これらの古い扁額に基づくことがある。

寺院名称の書かれた扁額を除いて、一般的な扁額は、主に横に配置され、梁の上に斜めに立て掛けられる。扁額は、すべて木製であり、形状は簡素な平底と浅い彫刻の施されたものの二種類がある。前者は、簡素であり、後者は底面に龍やコウモリ、雲模様、水の波紋などが彫り込まれている。また、周囲の枠には草花や巻き龍が彫刻されており、より華やかである。扁額を置くための二つの座は、梁に固定されており、小さな獅子や<ruby>螭虎<rt>ちこ</rt></ruby>（竜の子）ような彫刻が施されていることもあれば、如意紋（読経時に手に持つ仏具の模様）や、印章のような木彫りが施されてることもあり、愛らしい作品となっている。

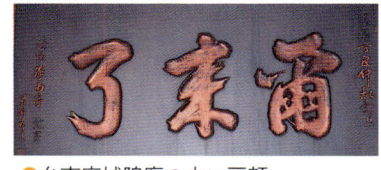

● 台南府城城隍廟の古い扁額。

● 淡水鄞山寺の道光年間の古い扁額。

● 台南北極殿の明朝時代の古い扁額。

歴史の小道

寺院建築は、台湾において現存する古蹟の中でも数が多く、私たちの目に触れる機会が最も多い。寺院建築は、信仰において重要な役割を果たし、それは四百年前から現在に至るまで揺るがない事実である。信者たちが神々に対して敬意を持ち、建設時には、金銭や労力を惜しまずに尽くすので、寺院建築は伝統建築技術の縮図と言っても過言ではないだろう。

移民の信仰

台湾には、明朝時代の末期から清朝時代の初期に至るまで、福建省や広東省からの移民が増えていった。千里もの道のりを越えて、危険な水路を渡って台湾にやって来た移民たちが、未知の土地で不安な中、故郷の信仰へ心の安らぎを求めることの重要性は容易に想像することができる。そのため、台湾の民間信仰のルーツは、福建省や広東省にあるとも言えるが、長い月日の中で台湾独自の神様も誕生している。同時に、各地からの移民が集まったため、神祇の種類は非常に多く、時には一つの寺廟に複数の神祇が祀られていることが台湾における寺院の信仰の特徴となっている。

清朝時代には、各地の移民の間で利害関係が絡み合い、互いに競合し、衝突することもあった。地域の意識が非常に強かったため、寺院建築の建設に際してもそれぞれの出身地の職人が雇われることが多かった。台湾における主要な職人系統には、福建省南部系の漳州、泉州出身の職人、及び広東省東部系の客家出身の職人がおり、これらの系統の違いが建築様式や装飾の細部に影響を与えている。

台湾の寺院建設では、特殊な建築手法が見られる。「對場」（対場、対：対抗）または「拼場」（拼：つなぎ合わせる）と呼ばれ、境内中央の軸線を境に、左右で異なる建築集団に設計・施工を任せるのである。基本的な寸法や尺度の規制があるため、全体の統一性には影響しない。「對場」には、木工、剪黏（茶碗の破片や色ガラスを刻み、貼り込んで作品を作る陶製の伝統工芸）、彩繪（彩色）などが含まれ、職人たちは自らの評判を守るために全力を尽くし、時には損をしてでも懸命に取り組もうとする。そのため、この手法で建設された寺院は特に華麗であり、左右の細部装飾の差異を見比べるのも楽しみ方の一つである。例として、台北の保安宮や新荘の地蔵王廟などが挙げられる。

台湾寺院の発展

台湾の寺院の発展は、移民及び開墾の変遷によって、四つの段階に分けられる。

創設期：台湾に初めて移住した人々は、身に着けてきた香炉や小さな神像を信仰の対象とし、簡易的な仮設の草小屋で奉納していたが、この時期の寺院で現存するものはない。

農業期：初期の開墾では、土地の耕作が主であり、農作は収穫を待つための時間が長いため、農業に関連する祭り事が多くあった。神農大帝、雷公、土地公などが含まれる。寺院建築も、より頑丈な材料で建てられるようになったが、経済的な制約により、様式としては簡素なものであった。淡水の鄞山寺が代表的な例である。

商業期：人口の増加に伴い、商業活動が活発化し、市街地が形成されるようになると、各業界が己の利益のために同郷や同業の守護神を信仰し、また、富を得ると、さらに金銭を奉納することによって信仰心を示すようになったため、寺院建築はより豪華な造りに進化した。台北の保安宮や鹿港の龍山寺などが代表的な例である。

多様期：日本統治時代に、日本人によって神道信仰が台湾にもたらされ、各地に神社が建てられた。光復（解放）後、仏教や道教等の宗教も加わり、北部建築と南部建築が混じり合い、さらには現代建築の影響も加わって、寺院建築の様式も多様化していった。社会全体の経済状況が向上しても、依然として信仰する神々に対して感謝の意を表したい心は変わらず、寺院建築は数十年ごとに再建が行われるようになり、その結果、多くの古い寺院が姿を消すことになった。

台湾の寺院建築に影響を与えた二人の職人

王益順：中国泉州市恵安県の大工で有名な溪底村の出身である。家が貧しく、地元で大工を学び、18歳の時にはすでに一人前となる。1919年には台湾に招聘され、萬華龍山寺の建設に携わり、その名を馳せた。台湾に残した作品は、数は多くはないが、その影響は非常に大きい。台北の孔廟もまたその作品である。

陳應彬：大工の家系に生まれ、擺接堡（現在の新北市中和、板橋一帯）の出身である。近年の漳派の代表的な人物であり、多くの弟子を育てあげた。彼が設計した寺廟は、台湾全土に広まり、北港の朝天宮、台北の保安宮、木柵の指南宮などが重要な作品である。漳派の木構造は、頑丈で力強く、陳應彬は特に螭虎（龍から派生した空想の生き物）の栱（肘木）の造形に長けている。

●泉派の大工職人、王益順。

●漳派の大工職人、陳應彬の手描き。

祠堂

古代中国の封建社会は、宗族制度の上に築かれており、宗族（父系同族集団）は個人と社会、国家とを結ぶ不可欠な単位となった。清朝時代の台湾もこの伝統を受け継ぎ、宗祠（一族の者が祖先の位牌を安置し、祭るための施設）は地域の名家が必ず建てる建築物となった。宗祠には、家法があり、個人の行動を規制し、制裁を与えることができる。そのため、宗族の団結力を保つだけでなく、名誉と不名誉も個人だけのものではなく、宗族のものとして見なされる。宗祠は、寺院とは異なり、頻繁に再建されることはなく、古い器物が多く保存されている。また、宗祠は、一般に青や黒を基調とし、寺廟の鮮やかな朱色とは異なり、厳粛な印象を与える。歴史の長い地域では複数の宗祠が建つこともある。例えば、金門の瓊林村には蔡氏の祠堂が七つもあり、祠堂を観察するのに最適な場所である。観察する際には、特に匾額（扁額）の内容や文字の落款に注意しよう。そこから宗祠の背景や著名な功績を読み取ることができるだろう。

属性を見る ▶ P.52

祠堂は、奉られる対象によって、賢人偉人を祀るものと、宗族の先祖を祀るものに分けることができる。前者は、しばしば寺廟として見なされ、後者は私たちがよく知っている祠堂のタイプである。

後殿

正堂（正殿）

神龕　両廊　中庭

配置と空間機能を見る

▶ P.53

祠堂には、単殿式、両殿式、三殿式の三種類の配置形式がある。中でも、前殿は門庁（前殿）とし、第二殿を正堂（正殿）とする両殿式が最も一般的である。これは奉祀される対象が単純で、複雑な多殿の配置を必要としないためである。

神龕（神棚）を見る

正堂内の神龕（神棚）は、細かく彫刻が施されており、隔屏（屏風、間仕切り）で内外が分けられている。龕（神棚）の中には、階段状の棚が設置されており、歴代の祖先や賢人偉人の位牌が段々に安置されている。中央には、最も古い祖先が祭られており、一番の特徴は神像が一切置かれていないことである。龕の前の供卓（供え物を置くための机）には、香炉や燈座（灯の座）などの古い器物がしばしば置かれている。

●金門瓊林の蔡氏十一世宗祠の正堂（正殿）にある神龕。

建築の外観を見る

祠堂の外観から、大きく二種類に分けることができる。一つは、合院のような形状をしており、比較的質素であり、屋根には燕尾（棟の両端部がツバメの尾のように二つに分かれ、細く沿った造りとすること）が使われているが、一般的な古い家屋とほとんど変わりがない。実際、古民家を祠堂として転用することもある。もう一つは、経済的に余裕のある家族が大型の祠堂を建てる場合で、豪華絢爛な外観は寺廟とほとんど変わりがなく、その宗族の社会的地位を誇示する役割を持っている。

●台南の陳徳聚堂（陳氏祠堂）の外観は質素で、燕尾を使用していること以外は、一般的な民家と変わらない。

門庁（前殿）

匾聯（扁額や対句）を見る
▶ P.54

祠堂の大梁に高く掲げられている匾額（扁額）や入口両側の柱に貼られている対聯（対句）は、その宗族の歴史の縮図であり、子孫繁栄に対する強い思いを読み取ることもでき、非常に興味深いものである。

彩繪（彩色）を見る
▶ P.52

祠堂の彩色は、寺院の真っ赤な印象と異なり、落ち着いた彩色を多用している。古いことわざに「紅宮烏祖厝（赤いお宮と黒い祖先の建物）」という言葉があり、正に祠堂と寺院のイメージの違いを端的に表したものである。

金門の瓊林蔡氏祠堂：金門の瓊林村は、蔡氏宗族を主体とした伝統的な血縁の濃い集落である。明清時代に科挙に合格し、功績をあげた者が多く、人口も繁栄している。特に生の終焉を重視し、先人に重きを置く概念が強く、現在、村内には各世代の祠堂が七箇所あり、国定古蹟に指定されている。絵は、清朝の道光21年（1841）に建てられた十一世宗祠であり、その建築規模は壮大で、彫刻も精巧に作られ、神龕、彩色、扁額や対句などが見所である。

属性

台湾の祠堂について文献を見ると、賢人や偉人を祀った祠堂を主とするものが多く、各地の宗祠はあまり記載されていない。けれども、実際には後者の方が多く見られる。祠堂は、信奉する対象ごとに異なる信仰者がいる。

賢人偉人を祀る

懐忠祠（偉人を祀ったもの）、名宦祠（宦官を祀ったもの）、郷賢祠（地元の賢人を祀ったもの）、節孝祠（節または孝で有名な人を祀ったもの）などが独立して建てられる場合もあり、地方の孔子廟に併設される場合もある。例えば、彰化の節孝祠は、節烈（節義を強く守る）な女性を祀り、彰化の懐忠祠は戦役で亡くなった義民（民衆のため一身を捧げた人）を祀っている。また、台南の孔廟大成門の左右には名宦、郷賢、節孝、孝子（親孝行な子）の祠が併設されている。

●彰化の節孝祠は現存する唯一の独立した節孝祠である。

先祖を祀る

家廟や宗祠などは、血縁を基礎とする私的な祠堂であるが、地方では数が多く、一定の影響力を持っている。特に地方の名族は、宗祠の建築が壮大で、寺廟と匹敵するほどの豪華さを誇るものもある。

●台北萬華にある黄氏の家廟建築は精巧に作られており、宗族の社会地位を誇示するのに役立っている。

彩繪（彩色）

祠堂は、通常、寺院よりもおごそかでつつしみ深く、厳粛な印象を与えるが、この空間の雰囲気を生み出す主な要素は、彩色の色使いである。清朝の規定によると、三品（清朝廷における官僚等級）以下の建物はすべて黒色を使用するため、祠堂もその風潮を引き継いでいる。

寺院建築の内部では、ほとんどの構造材は朱色に塗られ、しばしば金の彩色が施され、両者が輝きを放ち、より鮮やかで豪華な印象を与える。一方、祠堂の梁や柱、門扉はすべて黒色を基調とし、外側の妻壁は黒漆で塗られている。

彫刻や梁の彩色がどれほど豪華絢爛でも、広い面積の黒の影響で、すべての色彩が落ち着いて見える。優雅で厳粛な雰囲気が漂う、伝統技法における優れた配色表現である。

ただし、台湾の一部の大型祠堂は、寺廟に対抗するため、配色の規制に厳格に従っていないものも多い。反対に、金門地域の祠堂は、配色規制に従うことが多い。

●祠堂の門扉では、黒色を基調とし、秦叔寶、尉遅恭、神荼、鬱壘など門神を描くものや、門神を描かず、赤地に金文字が書かれるもの、黒字で対聯（対句）を書くものもある。

●梁柱は、全て黒塗りとし、他の構造材の底辺のみ朱色が塗られる。

配置及び空間機能

どのような配置であれ、祠堂は、先祖や賢人の位牌を安置する正堂が最も重要な空間である。規模の大きな宗祠では、外姓（苗字の違う人）の先祖を祀る「花宗祠」が増設される。以下では、金門瓊林の蔡氏十一世宗祠を例に、空間の内容を解説する。

門庁

前殿に相当し、祖先や賢人偉人を祀っているため、神格を持たない。正面は通常三間で、三つの門、または一つの門が設けられる。門扉の上には、門匾（扁額）が高く掲げられており、門扉の左右にかかる対聯（対句）や窓の楣（横木）に記された題字を見れば、その祠堂がどの宗族に属するかが分かる。普段は、門が閉ざされており、祭事や一族の集会の際にのみ開かれる。

● 三間の門庁、中門は、平常時では閉ざされており、威厳のある姿で佇んでいる。

中埕（中庭）

正堂（正殿）の前の天井の下の空間であり、公式祭典の際には参加者がここに並ぶ。平日は、寺院のように常に参拝者がいるわけではないため、祠堂の中庭には大型の香炉はない。

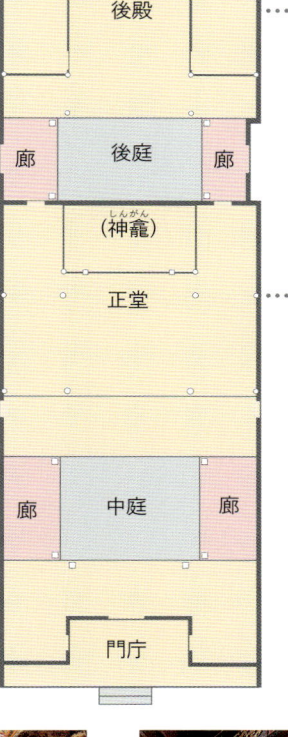

後殿

廊　後庭　廊

（神龕）（しんがん）

正堂

廊　中庭　廊

門庁

正堂

正殿である。宗祠では、祖先の位牌を安置する場所を指す。内部は、高く広々としており、扁額が飾られている。外観は、一條龍脊（ひとつながりの龍の棟）の屋根を特徴としている。

両廊（庭の両側にある回廊）、護室（正殿左右の付属建物）

両廊は、通常、通路としての機能を果たし、祭典の際には多くの見学者を収容することができる。一部の祠堂には、左右に護室が設けられ、内部をいくつかの部屋に分け、居住や事務、私塾の教室や物置として使用される。

後殿

後殿を設置する祠堂は少数である。一部の祠堂では、主祀者（主に祀られている人）の遠い先祖の位牌を後殿に置くことがある。孔子廟の後殿ー崇聖祠のように、基本的には家祠（家族の廟）の概念である。金門地域では、子供のいない家が他から苗字の異なる養子を迎えた場合を「花宗」と呼ぶ。後に発展した祠堂であってもその後、出世しても、後殿にのみ置くことができ、正殿に入ることはできない。祭典の際も後殿の側の扉からのみ出入りする。そのため、後殿は特別に「花宗祠」と呼ばれる。

● 正殿は、開放型な空間であり、木構造が美しく、多くの扁額が掲げられている。

● 後殿（花宗祠）にある彫刻が美しい神龕。

匾聯 （扁額や対句）

ビエンリエン（へんがく）

扁額や対句は、祠堂で欠かせない装飾品であり、特に宗祠の正堂に掲げられる扁額は、宗族の繁栄や名声を象徴している。祠堂は、その特殊な性質から、扁額や対句の内容は一般的な寺院とは大きく異なる。

匾額（扁額）

祠堂でよく見られる扁額は、その内容によって三種類に分けられる。

門匾（入口門扉の上方に掲げられる扁額）：奉祀の目的が直接的に書かれたものもある。例えば、節孝祠、褒忠祠、ある氏の家廟や宗祠などが挙げられる。また、その氏の出身地や発祥地を堂号（建物名称。堂の付く屋号・雅号。（出身地）堂など。）とする場合もある。例えば、張は清河、王は太原、陳は穎川、呉は延陵、李は隴西、黄は江夏、鄭は榮陽、游は廣平などである。

●金門瓊林の蔡氏家廟（祠堂）の門匾。

功名事蹟匾（功績を讃える扁額）：科挙や貢挙（人材推薦制度）に関連する扁額がこれに含まれる。例えば、「進士」、「文魁」、「武魁」、「貢元」などの扁額や、「内閣大臣」、「巡撫」、「御史」などの官職扁額や、「振威将軍」、「光禄大夫」などの勅旨扁額がある。これらの扁額は、子孫が先祖の功績を誇示するためのものである。

●金門瓊林の蔡氏十一世宗祠の功名匾。

彰顯祖德匾（先祖の思いを掲げた扁額）：扁額を通じて、子孫に対して慎終追遠（死を大切にし、死者を尊ぶ教え）や倫理観を重んじるように促すものがある。よく見られる扁額には、「祖德流芳」、「貽厥孫謀」などがある。後者は詩経から引用されたものであり、今の人は後世の人に影響を与えるという意味で、すべての行動は次世代の子孫のために考えるべきだという意味が込められている。扁額を書くのは、家族の中でも名声の挙げた人物や、同じ姓であるが、別の家系の名士などが通常である。例えば、新埔の劉氏家廟には、清の総兵劉明燈による「本支百世」の扁額があり、台南の陳氏祠堂には台廈道陳璸による「翰藻生華」の扁額がある。

●台南の陳氏祠堂にある台廈道陳璸による扁額。

対聯（対句）

門框（門の枠）、柱、または神龕（神棚）には対句が貼られている。また、門扉や窓楣にも、よく四文字で相対する句の対句が多く見られる。内容は、先祖の出自をたどり、子孫に慎終追遠（父母の葬式と先祖の祭祀を、心を込めて行うこと。）を念じさせることや、先祖の徳を称え、子孫が家業を継承し、先祖の名誉を向上させることが期待されている。「衍祖宗一脈相傳克勤克儉，教子孫兩條正路惟讀惟耕」などがその例である。これらは、宗族の発展を記録する重要な史料である。

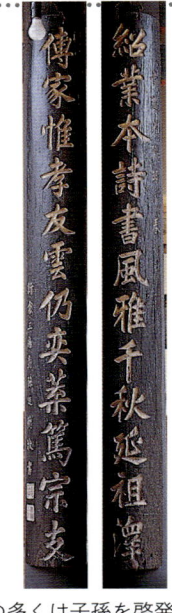

●対句の内容の多くは子孫を啓発するものである。

歴史の小道

一般に、祠堂と寺院は、混同されがちだが、実際には寺院は神々を奉り、信仰者全員を対象にご利益がある。一方、祠堂は、賢人や偉人、宗族の先祖の位牌を奉り、その影響の範囲は、地域性や宗族性を持っている。両者は、建築の外観ではわずかに似ているが、全体の雰囲気的には非常に大きな違いがある。祠堂には、平日には来客が訪れず、伝統的な祭りは一年に春秋の二度、主に清明（中国のお盆）と冬至に行われる。末裔や子孫が整然と参加し、厳粛な儀式が執り行われる。

祠堂の歴史的発展

台湾は、開墾によって築かれた地域である。移民たちは、数代にわたる努力を経て、人口が増加し、経済が安定した。その後、商売や官職に就くことで、地方の名士の地位を築くことが、宗族の発展であり、名家や裕福な家庭になるための手段とされている。通常、この段階になると、伝統的な倫理や思想に基づいて、先祖を尊重し、家族の歴史を讃えて、子孫に、宗族に対する誇りを持たせるために、宗祠の建設が提案され

る。これにより、宗族の団結意識が強化され、社会的地位の安定にもつながる。したがって、宗祠の建設は、300年以上にわたる漢民族による移民社会の一つの節目であり、台湾の移民史の歴史的根拠であるともいえる。その数と建築規模は、社会の発展の一つの指標となっている。

清朝時代末期は、台湾において宗祠が最も盛んに建設された時期であり、乾嘉年間（乾隆・嘉慶年間〈1736-1820〉）に大量の移民が訪れてから、宗族が発展する時期と重なる。日本統治時代（1895-1945）の初期には、統治者である総督が、台北の陳氏と林氏の宗祠を総督府の用地として選ぶなど、漢民族の文化を無視しようとする動きが見られた。また、日本統治時代末期には、日本が皇民化運動（植民地統治を強化するため、植民地支配した地域の人々を天皇のもとでの日本人へと同化する政策。皇民化政策）を実施し、台湾の伝統文化を破壊する高圧政策が行われ、宗祠の建設が抑制された。

日本統治時代を終え、台湾の社会は急速に発展し、経済は大きく前進した。同時に、伝統的な集落は壊され、多くの人々が都会に流れ込み、人間

関係も以前とは異なるものになっていった。宗族の力は以前ほど効果を持たなくなり、宗祠は時には相続のトラブルを引き起こすようになった。地価高騰の影響を受け、ビルの屋上にも宗祠が建てられるようになった。

金門島の祠堂

台湾地域において、金門島は祠堂文化を理解する最適な地域である。金門島は、台湾本島とは異なる歴史的背景を持ち、長期間に渡って日本の統治を受けていない。また、中国本土と物理的距離が近いため、千年以上にわたる開拓の歴史がある。集落は、強い血縁関係によって結ばれ、先祖代々この土地で繁栄し、宗族の概念と影響力は、台湾本島よりも根強く残っている。さらに、軍事的要因により、近年の発展が遅れているため、ほとんどの村落には今も祠堂が残っている。一部の村では、一つの宗祠のみが存在し、家族が繁栄している場合には、大宗と小宗に分かれていることもある。また、異姓の宗祠が複数存在する集落もあり、複数の氏が共存し、支え合っている。これらの集落は宗祠を中心に、宗族制度を基盤とした秩序ある社会を形成している。

祠堂の多様な機能

祠堂は、祭事のみならず、古くから教育、文化、および公共活動の多様な機能を持っていた。例えば、私塾を設立して、一族の子供たちの啓蒙教育の場として使用されたり、慶事や春節を祝う場所として使われたりしていた。司法が未発達だった時代には、宗祠は、族人（血族・血縁者）の紛争を仲裁する場所でもあり、審理や判決、刑罰執行の権限を持ち、親族の中で絶対的な権威を持っていた。霧峰の林家祠堂のような大きな宗祠には、舞台が付属している場合もあり、定期的に劇団を招待して、神や先祖への感謝と敬意として上演し、宗族の老若が集まり、親睦と交流を図る場としても機能していた。

●台北萬華の黄氏家廟（祠堂）は幼稚園としても利用されており、古くから宗祠が啓蒙教育の役割を担ってきた伝統を受け継いでいる。

孔廟 (孔子廟)

孔子廟は、中国古来の儒家文化（孔子の教えである儒学・儒教を信奉する一派。古代中国の政治思想や文化の基調。儒教を基調とする文化）の象徴である。

宋朝時代（960-1279）以降、政府の管轄下の地域では、必ず中原文化（漢民族文化）を代表する孔子廟が建設されるようになった。明清時代には、県城や府城のある場所には必ず孔子廟が建てられ、その周辺には学校が併設されることが一般的であった。鄭成功がオランダ政府を追い出し、台湾を奪還した後、意図的に中国文化を広めるように、参謀の陳永華に台南孔子廟を創設させ、これが台湾における孔子廟の始まりとなる。しかし、その建築の緻密さは、後の彰化や台北孔子廟には及ばない。台北孔子廟は、日本統治時代の中期に建てられ、建設には十数年を費やしている。その建築様式は、泉州式に分類されるが、泉州文廟とは明らかに異なる。台湾の孔子廟建築には、民間信仰や道教の要素がしばしば取り入れられ、儒家の台湾における地位を反映している。

配置を見る ▶ P.58

▶ P.58

孔子廟は、礼制（礼法・礼式の制度）の建築に分類され、多くは南向き（南が文運を司る）であり、決まった配置を持っている。孔子廟は、しばしば政府による儒学（儒教の学堂）と併設され、「左學右廟（左に儒学ありて、右に廟あり）」との言葉があるが、時代の変遷により、左側の儒学の多くは現存せず、再建されたり、用途が変わったりしている。

●台南孔廟の古建築図には、「左學右廟」の完整な配置が確認できる。

通天筒

鴟鴞脊飾（しきょう）

大成殿

月台

崇聖祠

西廡（西側の回廊）

西入口闇門（こうもん）

56

台北孔廟：1925年に泉州の名匠・王益順によって設計、施工された。しきたりを遵守し、技術も優れており、大成殿内の八角藻井（装飾天井）が特徴である。これは台湾で建てられた最大の閩南（福建省南部地域）式木造建築であり、直轄市の指定古蹟である。

大成門（儀門）

東廡（とうぶ）（東側の回廊）

礼門

櫺星門（りゅうせい）

泮池（はんち）

泮橋

萬仞宮牆（まんじんきゅうしょう）

東入口泮宮（はんきゅう）

義路

装飾の特徴を見る　▶ P.61

孔子廟の主要な建物の上にある筒状のものにはどんな意味があるだろう。大成殿の下り棟には、なぜ小鳥の飾りが並んでいるのだろう。柱には、題聯（ティーリエン）（孔子廟のことを知る手掛かりとなる対句）がないのはどんな配慮があるのだろう。一見すると、一般的な寺廟と似ているが、細部の装飾には独自の特徴があり、読み解く必要がある。

碑匾（ベービエン）（石碑や扁額）や 古物（古代の器物、古美術品）　▶ P.62

大成殿には多くの扁額があり、庭では沢山の古い石碑が並び、建物内や倉庫にはさまざまな特異な形をした楽器などが陳列されている。これらの貴重な古物（古代の器物）は、歴史研究にとって重要な意義を持つだけでなく、その芸術的価値も無視できない。

●台南孔子廟の改築が記録された古い石碑。

配置構成

孔子廟の正式な配置は、「左學右廟」の二つの部分から成り立っている。「左學」とは、明倫堂を主体とする建築群を指し、現代の公立学校に相当する。現在、台南孔廟だけがこの部分の旧建築を保存している。「右廟」とは、大成殿を中心とする孔子廟の建築群を指し、前方から後方にかけて次のような順序で配置される：萬仞宮牆、泮池、櫺星門、大成門、大成殿、東西廡、崇聖祠など。これから、これらの重要な建築の構成を一つずつ見ていこう。（前のページの図を参照）

入口門

孔子廟は、環境が閑静であり、四方を塀で囲われている。入口は、両側に設けられており、門楼または牌坊の形式が用いられる。名称は、場所によって異なり、どれも特別な意味を持っている。例えば、台北孔廟の「黌門（こうもん）」や「泮宮（はんきゅう）」は、古くは学校の名称である。台南孔廟の東西にある「大成坊」は、「大成至聖先師」（孔子のこと）という意味を持っている。

● 台南孔廟の西大成坊の外観は奇抜で、「全臺首學（台湾で最初の学校）」と書かれた扁額が掲げられている。

禮（礼）門と義路

学堂と廟との間は、しばしば塀で分離されており、孔子廟に入るためには、必ず両側の「禮門」または「義路」を通過する必要がある。これは、孔子に対する敬意を示すものである。建築形式は、通常、質素な一間間口の門の形式をとっている。

●台南孔廟の禮門。両側の塀は倒壊してしまった。

萬仞※宮牆（万仞※宮の壁）

孔子廟の正面には、高い塀（照壁）が建ち、中心の軸線を遮る役割を果たしている。その出自は、「論語」の中の子貢（孔子の弟子）の言葉に由来している。「夫子之牆數仞，不得其門而入；不見宗廟之美，百官之富，得其門者或寡矣。」これは、孔子の学問と道徳が非常に深いものであるため、熱心に学び、修行しなければ、その奥義を見抜くことはできない、という意味である。

※仞：高さの単位、両手を上下に広げた長さ、転じて、非常に高いことや深いこと。

●木漏れ陽がさす台北孔廟の萬仞宮牆。

泮池と泮橋

泮池（はんち）は、櫺星門の前に位置する、半月形の池である。その由来は、周朝（周の時代）の儀式にある。辟雍・天子（皇帝）の学校（古代中国における高等教育を行う皇族専用の学校）は、四方を水で囲まれた建築物であり、諸侯（官僚の子息）の学校は南半面だけを水で囲むことから泮宮と呼ばれ、「半分の水」を意味する。孔子が文宣王に封じられたことから、泮池は古来より孔子廟の規則とされた。一部の泮池には、拱橋（きょうきょう）（アーチ橋）が設けられ、これを泮橋（りょうせい）と呼ぶ。状元（科挙の合格者）が孔子を祭る際にのみ泮橋を渡り、櫺星門と大成門を通って大成殿に参るとされている。また、泮池は、住宅や寺院の前にある水池と同様に、火災に備える役割も持っている。

●台南孔廟の泮池。

櫺星門

孔子廟の主軸上にある前門で、「櫺星」は文星（中国天文学上の星座で、学問をつかさどる星）を意味し、科挙合格の祈願の意味合いを持つ。外観は、牌楼、門楼、または殿堂の形式を取ることが多く、屋根には通常、燕尾脊が用いられる。各地の孔子廟の櫺星門の間口は異なり、台北孔廟では最大で七間ほどあり、彰化孔廟では五間である。これらの門は、通過空間であるため、奥行きは浅くなる傾向がある。

●台北孔廟の櫺星門。

大成門

人や物事の振る舞いが他者の模範となる「有儀可象」を意味する儀門、または古代の宮殿の入口外部に戟を立てる習わしを意味する戟門とも呼ばれ、大成殿の前に位置する。寺廟の三川殿のように、間口は少なくとも三間で三つの門を持つ。大成門も櫺星門と同様に、孔子を祭る際のみ中央の門が開かれ、通常は左右の側門を出入りすることになっている。これは孔聖（孔子の尊称）への敬意を示すためである。

●台南孔廟の大成門。

大成殿

「大成」の二文字は、「大成至聖先師」という孔子の諡號（死後におくられる名）に由来しており、孟子が孔子を「集大成者」と評したためである。この建物は、寺院の正殿に相当し、孔子の位牌を主祀し、四配（顔子、曾子、子思、孟子）と十二哲（南宋の大儒・朱熹を除く孔子の弟子たち）を配祀している。これらの人物は儒家思想の確立に重要な役割を果たしている。

●大成殿にある孔子の位牌。

大成殿の建築様式

大成殿の建築様式は壮麗であり、独立して高くそびえる基壇の上に建設される。前には月台（または丹墀。宮殿の正面に突き出た屋根がない場所のこと）があり、祭事の際に佾舞（孔子の祭事にある特別な舞踊）を舞う場所となる。屋根は高い段差を持つ重簷歇山式（重層の入母屋造）で、建物の本体には以下の二つの形式がある。

柱廊式：大成殿の下屋は柱で支えられ、軒の出は深く、四周には走馬廊（回廊）が形成される。正面には、一対の龍柱が設置され、柱廊によって建物はより優雅な印象をもたらす。例として、彰化孔廟や台北孔廟の大成殿が挙げられる。

無柱廊式：大成殿の下屋は斗拱で支えられ、軒の出は浅く、柱廊がないため外観は質素な印象を与える。台南孔廟の大成殿がこれに該当する。

●彰化孔廟の大成殿。

●台南孔廟の大成殿。

東西廡※

　左右に位置し、その内部には孔子の重要な弟子や、儒学を広めた功績のある歴代の偉人たちの位牌が祀られている。他の殿堂と比較すると、両廡の外観形式はより簡素で、屋根も低く、室内は幽玄な廊屋となっている。一列に並ぶ柱が強いリズム感を与える。

※東西廡：左右にある付属建物、昔の住宅の護房或いは廂房のこと。

●台北孔廟の東西廡の内部と外観。

崇聖祠

　孔子廟の最後の殿堂であり、孔子の五代に渡る先祖が主祀されている。さらに、孔子の兄、四配（四人の弟子）、そして先人先達たちの先祖の位牌などが配祀されており、儒家が宗族の倫理を重視することが分かる。建築様式は一般の殿堂と似ており、燕尾脊の屋根が使用されている。左右の部屋は礼器庫や楽器庫として使用される。

●崇聖祠は孔子の祠堂のように、孔子の先祖が祀られている。

古代の学校について

　明倫堂は、古代の公立儒学の学校に相当し、しきたりに従って孔子廟の左側に設けられる。具体的には東廡の後方に配置される。「明倫」は《孟子》滕文公（滕文公は、中国の戦国時代である滕国の君主）の言葉に由来し、「夏曰校，殷曰序，周曰庠，學則三代共之，皆所以明人倫也。」とある。校、序、庠學（学）はいずれも古代の学校であり、ここで生徒たちは倫常（道徳的な振る舞い）について教わる。台南孔廟の明倫堂はかつて「台湾府学」と呼ばれ、清朝時代において台湾全土で最も高い学府であった。

　明倫堂の後方には、しばしば朱子祠、文昌閣、または魁星閣が設けられ、それぞれ宋朝時代の儒者である朱熹、文昌帝君、魁星を祀っている。朱熹は晩年に中国南部で教鞭をとり、儒家思想の布教に大きく貢献したことから、明清時代以降の科挙試験では朱熹の注釈が多く採用された。そのため南方の孔子廟には朱子祠が多く設けられ、彼を記念する場となっている。一方で、文人や学子が信仰する文昌帝君と魁星は道教の信仰の影響を受けたものであり、儒家思想とは直接の関係はない。

●台南孔廟の明倫堂の前に「入徳之門」を設置し、深い意味合いを持たせている。

●台南孔廟の文昌閣は、祭典の機能以外に、もともと台湾府学の蔵書室としての役割も兼ねていた。

装飾の特徴

全体的に言えば、孔子廟の装飾は一般の寺院よりも質素であり、上品で厳粛な美しさがある。「孔夫子門前賣弄文章（孔子の前で文学の恥を晒す）」と批判されることを避けるため、孔廟の柱にはどれも題聯（対句）が見られない。他にもいくつかの特殊な装飾には象徴的な意味があり、その背景は大変興味深いものである。

特殊な脊飾（棟飾り）

通天筒：孔子廟の大棟上に見られる筒状の装飾は、一般的な寺院の棟飾りとは異なり、「通天筒」と呼ばれている。一説によると、朱熹が孔廟を建設する際に、孔子の道徳に対する崇敬を表現するために、孔子の思想だけが天意に届くという意味で用いられたと言われている。別の説では、秦の始皇帝が焚書坑儒（書物を燃やし、儒教を禁止する）を行った際に、士人たちが筒状の塔で経典を保護し、書物を隠し保管した功績に因んで設けられたとされ、「藏經塔（蔵経塔）」とも呼ばれる。

鴟鴞、梟鳥（フクロウ）：大成殿の屋根の下り棟にはしばしば漆喰で作られたフクロウが並ぶことがある。この鳥は凶暴な性格を持つとされ、翼が成長すると母鳥を襲うとされており、古くから不孝や不吉な鳥として知られている。《詩經・魯頌》には、「翩彼飛鴞、集於泮林、食我桑黮、懷

●台南孔廟の大成殿の大棟にある通天筒とフクロウ。

我好音」という一節があり、これはフクロウが孔子の講学（学問を研究する・学問を講ずる）する場所を飛び越えることで感化を受けたという意味を持ち、孔子の教えはあらゆる人々に適用されるという精神を表現するために、フクロウが装飾に使われたとされている。

門釘

欞星門と大成門の門扉は共に朱紅色に塗られており、門神は描かれず、正面には通常、門釘（飾り金物）が飾られている。門釘は、左右に各五十四個ずつ、合計で一〇八個あり、これは九の倍数であり、九は陽数（陰陽思想の奇数）の極であり、一〇八は儒教の礼制で最大の数であり、威厳と尊崇を表す。さらに、一説では、これが天上の一〇八つの星座を象徴しているとされているが、この説は道教思想の影響を受けたものである。

●最高な尊崇を表す一〇八個門釘。

色彩と装飾の題材

色彩は朱色を主とする。これは、孔子が生まれた周朝時代では特に朱色が崇拝されていたためである。また、彫刻以外ではあまり彩色は施されていない。石彫り、木彫り、剪黏（砕いた陶器による立体モザイク装飾）などの装飾では、忠孝を教える内容、古典的な物語、あるいは博古架（中国式飾り棚）、香炉、多宝格（多宝塔の装飾）、花鳥など、雅な図案が多く見られる。また、麒麟は、孔子廟によく見られる装飾の図案である。麒麟は、仁獣（瑞獣）を象徴しており、儒家の精神を伝えるものとされている。

●麒麟の模様の装飾は孔子廟ではよく見られる。

●壁面にある花瓶と花の交趾焼装飾。

●博古架と香炉の絵が刻まれた壁面の石彫り。

碑匾（記念石碑や扁額 ベービエン）や古物（古代の器物、古美術品）

歴代の皇帝は、儒家思想の伝承を非常に重視していたため、皇帝が授かった扁額や公の記念石碑が、孔子廟の中で数多く見られる。これらは歴史の証拠であり、背後にある多くの物語を読み取ることができる。また、毎年の祭孔大典（孔子を対象とした祭り）で使用される礼器（種々の礼式で使用される器）や楽器も古いしきたりを引き継いで製作されており、名称が特別で、形状が奇抜である。孔子廟を訪れる際には見落とさずに観察しよう。

匾額（扁額）

孔子廟の扁額は、多くが当時の皇帝から贈られたものであり、その意義は非常に重要である。台湾で最も古い学府である台南孔廟を例にとると、清朝時代の康熙（1662-1722）から光緒（1875-1908）までの各皇帝から贈られた扁額があり、さらに中華民国に変わった後も四人の総統から贈られた「御匾」（勅題／天皇が書いた題額）が合計十二枚も存在している。ただし、台北孔子廟は、日本統治時代に建設されたため、清代の皇帝から贈呈された扁額は存在しない。扁額の内容は、主に孔聖と儒学を称賛するものが多い。

●台南孔廟の中に歴代皇帝から贈られた御匾がある。

石碑

石碑には、孔子廟の変遷や儒学の校則など、重要な史料が記録されている。文字の内容を理解するだけでなく、石碑の彫刻自体も芸術的な価値を持っている。孔子廟の重要な石碑には以下のものがある。

下馬碑：廟の正面に立てられており、「文武官員軍民人等至此下馬（文官も武官もどなたもここにて馬を降りよ）」などの文字が刻まれている。これは全ての役人・軍人や一般人が通る際には、必ず下馬しなければならないことを意味し、孔聖（孔子）に対する尊敬の意を示している。

●台南孔廟の下馬碑は入口に設立され、満（満州語）、漢（漢文）文が刻まれている。

臥碑：明倫堂に立てられており、清朝の順治九年（1652）に全国に公布された校則の条文が刻まれている。内容は、「生員守則（生員：科挙制度の郷試の受験資格を得た人を守るべき事項）」となる。

重修碑：孔子廟の修建（再建）は、国家的な行事であるため、しばしば記念碑が立てられ、その経緯が文字によって記述される。台南孔廟には、多くの重修碑があり、その中には府學（台湾府学）の建築図面の記念碑も含まれており、貴重な史料である。

●孔子廟にある各種石碑は重要な歴史資料である。

礼楽器物

毎年9月28日の祭孔大典は「釈奠」と呼ばれ、古代の儀式に従って行われる国家的な大祭典である。この際には、執事、礼生（儀杖隊、儀礼のために儀式用の礼器を身に着けて儀礼を行う人）、楽生（楽隊、演奏者）、佾生（舞隊、舞う人）が古代を模した特製の礼・楽器を使用し、特定の手順に従って三献礼や佾舞が行われる。普段はこれらの器物は礼楽器庫に保管されているか、大成殿に展示されている。

●特鐘。

●太鼓。

●礼楽器が大成殿に陳列されている。

歴史の小道

孔子廟は、儒学とも呼ばれ、孔子の出身である曲阜（中国山東省）から始まる。孔子の故居を基に発展してきた場所であり、古来より至聖先師（孔子）を祀り供養する場所として重要視されてきた。多くは官庁によって建設され、同時に書院私塾と地方教育の機能も果たしており、儒家文化を尊重する中国人にとっては重要な意味を持つ。

孔子廟の最盛期

孔子廟は、古代より教育と文化の精神の拠り所であり、地方の文化水準を表す象徴でもあった。そのため、明鄭時代（1628-83）初期の百廃待挙（放棄されたものが多く、建設や処理が進むのを待っている）の時期に、民の心を安定させるため、参軍（参謀。古代中国の官職名。）の陳永華（軍人）が鄭成功（1624-62）の子である鄭経（1642-81）に台南に全台初の孔廟を建設するよう提案した。この「先師聖廟」は、台湾の文化教育の先駆けとなるだけでなく、台湾における孔廟建築の輝かしい歴史を開いたものである。現在までに、40箇所以上の孔子廟があり、近年に至っても新たな建設が行われている。

清朝時代の統治者層は満州人であったが、康熙以降、漢民族の儒家文化を非常に重視し、孔子や孟子の思想に敬意を払うだけでなく、知識人をなだめるために、各地に公立の孔子廟を建て、春秋の祭典を定期的に行い、儒家への敬意を示した。

台湾は、辺境に位置していたが、知識欲が盛んであり、天高皇帝遠（皇帝は手の届かない遠いところにいる）の影響からか、中国本土と異なり、民間によって自発的に土地や資金が寄付されて建設された私設の孔廟が多数存在していた。台湾の孔子廟は、清朝時代に最も多く建設された。台南孔廟は、明鄭時代に創建されたもので、他の孔廟もほぼ清代に建設されており、年ごとの祭典は知識人にとって大事な行事となっていた。

●旧宜蘭孔廟は、台湾で最も美しい大成殿を有することで知られていたが、残念ながら日本統治時代の末期に取り壊された。

孔子廟発展の苦境

日本統治時代には、支配階級が植民地の土着文化を抑圧し、孔子廟の祭典を重要視せず、さらには公共建築のために重要な祠廟を取り壊すことがしばしば行われた。例えば、かつて存在した新竹孔廟や台北孔廟はいずれも学校の建設によって取り壊された。孔子廟の教育機能は維持されたが、日本人が台湾の人々の心を占めるために文化を利用しようとする試みが見受けられた。

台湾が解放された後も孔子廟の建設は続けられたが、建築様式は中国北方の宮殿式が閩南式（福建省南部）に取って代わり、構造も鉄筋コンクリートが主体となった。また、教育制度が完全に変わったため、孔子廟の儒学としての機能は失われ、人々がそれを思い出すのは年に一度の教師節（9/28）に行われる、祭孔大典の時だけである。

●日本統治時代に祭孔大典を行った台南孔廟。

書院（早期の学校）

古代の書院は、公立学校の不足を補うために設立された。台湾初期の開墾時代では、漁師や木こり、農家などが生計を立てる傍ら、勉強もしていたことが、各地に広く書院が建てられていることから読み取れる。書院建築は、通常四合院の形式をとり、中央には講堂があり、朱子や文昌帝君が祀られている。講堂の後ろには先生の住居があり、両側の学舎は生徒が利用する場所である。

教師と生徒が一緒に過ごし、生活教育の場が形成される。20世紀初頭に義務教育が普及すると、伝統的な書院は取って代わったが、現在でもいくつかの典型的な書院が清代の学校教育を理解するために残されている。彰化県和美鎮の道東書院は、当初の配置が保たれており、親しみのある規模で静寂な雰囲気を持っており、古代の優雅な学習空間を体現している。

配置を見る

書院の配置は、伝統的な線対称の形式に属し、時代と共に規模にも違いがある。清朝時代初期には、府治や県治の所在地（県庁や郡庁の所在地）に多く、三進（主要な施設が三棟）や四進（主要な施設が四棟）の大規模なものが建設された。道光年間以降、書院の数は増えたが、規模は小さく、主に二進式（主要な施設が門庁と正殿の二棟で構成された様式）であり、経費の制約で一進に限られる場合もあった。

惜字亭※を見る　▶ P.67

昔は文字に対して非常に敬意を払っており、一度文字の書かれた紙は適当に捨てることはできず、必ず惜字亭で焼却しなければならなかった。この建物は書院ではよく見られ、伝統的な風習と文化の証となっている。

※惜字亭：不要となった文字の書かれた紙類を焼却する炉。

● 道東書院の惜字亭の本体は四角形である。

学舎

惜字亭

門庁

前庭

半月池

照壁

講堂

耳房（脇の室）

中庭

祭祀用
の部屋

学舎

門楼

空間機能を見る ▶ P.66

書院はかつての学校であり、その空間利用と全体的な雰囲気は他の伝統的な建築とは大きく異なる。中心には、教育や祭祀の機能を持つ講堂があり、その周りには教師と生徒が暮らし、勉強を行う付属建築があり、生活と教育が一体となっている。

装飾を見る

書院の装飾には、特に文化教育の雰囲気が漂っており、門庁の門扉には彩色が施されていないことも多い。また、一般的な門神の代わりに文字や文官が用いられていることもある。梁桁の彩色は、優雅な藍色や黒色が主であり、彫刻の題材は花鳥や忠孝（忠義と孝行）の故事が多く見られる。壁枠内には、詩文や絵画の装飾が施され、文学の造詣を表現するだけでなく、学問の目的や人生の哲学が込められている。

扁額（扁額）・対聯（対句）を見る

書院は、祠廟寺院や邸宅の扁額とは明らかに異なり、内容は主に孔孟や朱熹などの儒学の先達を讃美し、また学生を励まし訓誡する言葉が使われる。

●道東書院の講堂にある古扁額。

彰化県和美鎮の道東書院： 清咸豊七年（1857）に創建された民間の書院で、配置は二進形式である。美しいレンガ造で建てられ、静寂な環境を作り出している。台湾において最も保存状況に優れた書院であり、国定古蹟に指定されている。

空間の機能

伝統的な教育は、身教（行動で示す）と言教（講義を行う）の両方を重視し、教育の重点は四書五経（四つの書と五つの経典。儒教で特に重要とされた経典。）にある。先生は書院に住み、学生はいつでも教えを乞うことができる。敷地全体は、講堂を中心に配置され、祭祀活動も兼ねているため、伝統的な書院の空間機能は教育、祭祀、居住の三つに分別される。

教育空間

　教育は、主に講堂で行われる。講堂は、最も高い建物である。屋根は燕尾脊（棟の両端で反り上がり、先端部分がツバメの尻尾のように二股に分かれて伸びている）を使用し建築の重要性を示す。講堂は、通常、格子扉によって内外が区切られ、内部の配置は整然としており、木製の机や椅子が並べられて授業が行われる。高く広い空間は、学生が静粛な雰囲気の中で学問に専念できるように演出されている。また、外部の前庭や中庭も教師と生徒が議論をするのに適した場所である。

● 日本統治時代の書院の講堂での授業の様子。

● 講堂は教育の空間であると同時に、祭祀の機能も併せ持っている。

祭祀空間

　伝統的な書院には、宋代の儒者（儒教の学者）である朱熹の位牌を祭る祭祀空間が設けられている。一進または二進の書院では、講堂の中に神龕（しんがん）（神棚）が設置される。三進の場合は、後堂に設けられるか、独立した朱子祠が設置される。また、護龍（中庭に面した左右の部屋）の明間（真ん中の部屋）にも祭祀のための部屋が設けられ、先賢の長生禄位が祭られる。

居住空間

　先生とその家族の居住空間は、講堂または後堂の両側にある耳房（建築の両側の部屋）に設けられる。私的空間の保護のため、一般的には壁や建具で仕切られている。また、監督官や他の訪問者がいる場合は、後堂は受け入れの空間としても使用される。遠方から来た学生は、護龍の学舎に宿泊することができる。

● 丸い門の奥にある独立した空間は、教師とその家族の住居である。

魁星閣

　科挙制度のあった時代には、文運を庇護する「魁星」が試験前に必ず拝む神様であり、これは道教の影響を受けた風習である。魁星を祭るための建築物は、魁星閣または奎閣と呼ばれ、どちらも楼閣の形式をとる。平面は四角または八角形で、美しい造形である。これらは孔廟や書院、あるいは文化が盛んな集落に設置されることがある。現在も魁星閣が残っている唯一の書院は、澎湖県の文石書院（現在は孔子廟に改装）である。

● 金門県金城鎮の魁星閣は集落の中に独立して設置された。

惜字亭

惜字亭は、惜字炉や敬字亭、聖蹟亭と呼ばれ、宋朝時代から建てられるようになり、明清時代には広く普及した。書院以外にも、他の場所にも存在することがある。その小さな規模にもかかわらず、外観と材料の使用には見応えがある。

設置場所

書院：焼却時に濃煙が排出されるため、通常前庭または中庭に設置される。

衙署（官庁）：公文書を焼却するのに便利なように設置される。

園林（庭園）：庭園の主人は、多くが風雅な文人であるため、このような文字を敬う概念を園林にも持ち込んでいる。例えば、板橋林家花園がある。

文昌廟：文昌帝君は、文人に崇敬される神様であるため、その廟埕（庭）にも惜字亭が設置される。

村の外れ、または城門の玄関：文化が盛んな集落では、惜字亭が設置されることがある。通常は、村や町のはずれ、または城門の入口にある。特に晴耕雨読を重視する客家の村落では、文字を集める専門の人を雇い、惜字亭に持ち込んで焼却する。

外観及び建築材料

惜字亭は、遠くから見ると小さな塔のように見え、台座、炉体、炉頂で構成されている。石材やレンガを使用し、平面は四角形、六角形、八角形の形状が一般的である。装飾に関しては、台座の彫刻や炉体の対聯、炉頂の形式など、細部にこだわりを持つ。

焼却時には高温が発生するため、壁は厚く作られており、炉頂には熱気を放出するための排煙孔が設けられ、亀裂を防ぐ。焼却が終わると、灰が台座内に落ち、後部の開口から取り出し、水際に持って行き流される。

（炉頂・炉体・台座）

●桃園龍潭の聖蹟亭は台湾最大の惜字亭であり、地域の人々の文字を敬う精神の証である。

歴史の小道

清朝時代末期の劉銘傳（1836-96）が西学堂を建てる以前、台湾の教育は明清時代の制度を引き継いでおり、科挙が目標とされていた。地方の最高学府は、儒学と呼ばれ、しばしば文廟と結びつけられていたが、後には科挙の実施機関となり、地方の教育に実質的な貢献はあまりなかった。

一般に地方では、基礎教育として、清朝時代初期に官民共同で設置したものを社学、募金で建てられた貧しい子供たちに無料で教育を受けさせるための義学、また家庭に私設し、有償で授業を行う書房や家族で先生を共同雇用して授業を行う私塾などが存在していた。書院は、その中で最も歴史が古く、制度が整っており、影響が最も深い教育システムである。

書院の歴史的変遷

台湾は、清朝時代の康熙22年（1683）に、施琅（1621-96）によっ て設立された西定坊書院から始まり、清朝廷の統治下において、約200年間に60の書院が設立された。書院の設立は、地方開発の象徴であり、地域の文化水準を示すものであったが、清朝時代初期には文人たちが朝廷に不利な言論が飛び交うことを恐れて多くの規制がなされた。雍正（1723-35）以降、官府が設立される地域には書院も普及するようになった。乾隆（1736-95）以前は、南部の開発が盛んだったため、書院は南部に多く設立され、特に台南府城に多く存在していた。その後、政治・経済の中心が徐々に北に移動することで、中北部の書院が増加し、特に道光（1821-50）と光緒（1875-1908）の時代には多くの書院が設立された。

書院の教育と運営

書院の授業内容は、主に経書・史書・子書などを中心としていたが、清朝時代の監督・指示の下では宋元時代の書院の独立した学問精神が失 われ、学生の目的は科挙や出世に過ぎなかった。それでも書院は、制度が比較的整備された学びの場であり、人材の確保に適した場所であった。

台湾の書院の運営制度は、中国を起源としており、公的または民間の寄付によって建設され、官民の共同建設もあった。日常の経費は、地方の名家の寄付に頼るほか、一部の政府が関与する書院は、政府から年に定額の補助を受け取っていた。規模の大きな書院は「院田」（書院の畑）を購入し、その収入を書院の運営費とし、学生からの学費も収入源の一つであった。

書院内の業務は多岐にわたり、決まった役割を定めて管理する必要がある。最も重要な役割は、山長または院長であり、現代の学校の校長のように教務や教育を担当し、書院の学風に大きな影響を与える。そのため、多くの場合、儒教に精通した人や科挙の合格者、進士の出身者が任命されることが多い。

宅第（邸宅）ジャーデイ

住宅は、人類にとって基本的な建築物であり、寺院や宮殿よりも早く現れている。住宅を観察することで、人々の生活様式を理解することができる。彰化県永靖郷にある陳宅余三館は、台湾に現存する清朝時代末期の光緒年間（1875-1908）の代表的な住居である。その配置は、典型的なものであり、彫刻や絵画の芸術水準は非常に高いといえる。さらに重要なことは、この邸宅建築では、閩南と広東の客家の二つの様式が融合されており、彰化県永靖郷の地域において、閩族と客家が共存してきた歴史的背景と一致している点である。邸宅を観察する際には、門楼と二門の違い、外埕（門楼と二門の間の広場、外庭）と内埕（中庭）の境界、軒亭（正庁の前にある四阿〈小亭、休息所〉のような施設）と正廳（正庁）の関係、外護龍（内護龍の外側に並ぶ部屋）と内護龍（中庭から正庁に向かって左右の部屋）の長さの違いなどに特に注意するように心がけよう。また、これらの違いは、古くから続く倫理観から答えを見つけることができる。

配置を見る ▶ P.70

台湾の伝統住宅は、閩粵（福建省と広東省）の建築様式を踏襲しており、「一条龍」（ひとつながりの龍のような長い屋根の棟）が最も基本的な配置であり、左右対称の合院が最も一般的な形式である。しかし、人口の増加や社会的地位の変動に伴い、縦または横方向に増築が行われることもある。

空間の機能と内装を見る

▶ P.72

伝統的な邸宅の内外の空間設計は、入口の配置、空間の区分、部屋の配分などによって家族のさまざまなニーズを満たしている。日常生活、産業活動、プライバシーの保護、防衛機能などを考慮に入れている。さらに、伝統的な倫理思想も空間に取り込み、「家」の持つべき姿を実現している。

壁の材料と工法を見る

▶ P.74

家屋の建築に際しては、一般的な家は現地の素材を使用し、草、竹、土、木、石、レンガなどが家の材料として使用される。異なる材料と工法により、外観の異なる壁が造られるため、伝統的な民家には地域性がうかがえる。

右側の内護龍

右側の外護龍

馬背山牆を見る ▶ P.75

一般の民家の山牆（切妻造の妻壁。屋根形状に応じた山形の壁）は、一般的に「馬背」（馬の背、鞍）の形状をしており、上部には小さな開口が開かれ、室内の換気に利用される。馬背の形式は様々あり、山牆の漆喰の装飾と組み合わせて、様々な姿かたちがあり、見逃せない。

建具を見る ▶ P.76

建具は建築の立面において欠かせない要素であり、空間の境界を定め、空間をつなぐ役割を果たしているだけではなく、さまざまな造形があり、伝統的な邸宅の美しさに貢献している。

装飾を見る ▶ P.77

邸宅の装飾は、彫刻、剪黏（茶碗の破片や色ガラスを刻み、貼り込んで作品を作る陶製の伝統工芸）、彩色などに過ぎないが、それらは居住者の家内安全を祈願し、子孫への教育的な意図を持っている。同時に、これらの装飾は民芸の最高の表現でもある。

正庁
軒亭
左側の内護龍
子孫巷
過水廊
天井
通気窓
左側の外護龍
馬背山牆
篏廊（回廊）
中庭
二門
外庭
過水門
大門（門楼）
池

彰化県永靖郷の余三館：光緒 15 年（1889）に建てられ、陳を苗字に持つ開墾者の住宅。三合院（P.70 参照）の配置であり、埕（庭）が内外に分かれている。独立した三間の門楼と、正庁の前に軒亭を持つのが特徴。彩色と彫刻が素晴らしく、県（市）の指定古蹟となっている。この住宅の外護龍は改築されており、図は（想像して）復元された姿である。

配置

伝統的な民家の配置には、様々な形式がある。「一條龍」から多くの通り庭と護龍を持つ「大厝」（大邸宅）まで、その規模は一家の世帯状況、経済力、社会的地位によって決定される。一般的な家庭では、徐々に増改築を繰り返していくが、経済的余裕のある家庭では、建築初期から計画を立てることもある。以下にいくつかの配置形式を例に挙げる。

台湾民家における人体のイメージ

伝統的な建築思想は道教における「形、神、気に影響を受け、人体と巧妙な結びつきがあるとされている。三合院の例を取ると、主屋の正庁は頭、左右の部屋は耳、角部屋は肩、両側の護龍は腕と肘のような形をしており、前方の塀は手首と指の役割を担い、住宅空間を抱くように囲っている。また、内埕（中庭）は丹田（下腹部）に相当する。

一條龍（直線型）

「一」の字形のような形状で、主屋のみで左右に護龍がない基本的な形式である。最も小さい間口は三間で、世帯の少ない家庭に採用される。広く九間の間口を持つ一條龍もあるが、特に山岳地帯によく見られるもので、主屋前方の敷地スペースが小さいため、両側に広げる必要があるためである。

單（単）伸手（L字型）

「L」字形のような形状で、井戸から水をくむ釣瓶（縄と桶）と滑車の関係に似ているため、「轆轤把」（滑車と柄）とも呼ばれる。主屋の前に片側の護龍を加えた形状で、閩南では護龍を「伸手」（手を伸び出したような）と呼び、客家では「横屋」と呼ぶ。通常、「大邊（大辺）」（邊＝側）として知られる左側から先に加えることが多いが、周囲の敷地環境によって決定されることもある。

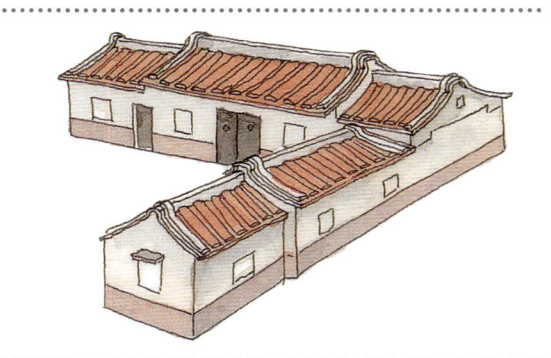

三合院（コの字型）

「コ」字形のような形状で、主屋の左右に護龍を設け、囲いのある空間を形成している。一般に「正身帯護龍」または「大厝身、雙護龍」と呼ばれる。一般的な農家では、前方には塀や門楼を設けて内外を区別する。

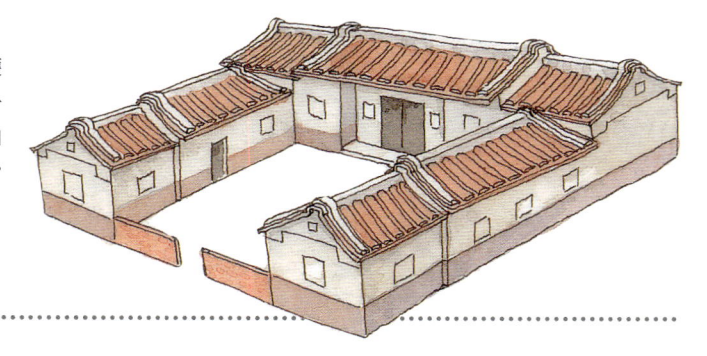

四合院（ロの字型）

形状は「ロ」の字形で、前後に二つの進（二進式＝主要な施設が二棟で構成された施設）と左右に二つの護龍で一つの閉鎖空間を囲う。一般に「兩落帯護龍」と呼ばれ、三合院と同様に台湾民家の一般的な配置であり、その規模は通常大きく、よりプライバシー性が保たれるため、官僚や地主に好まれる形式である。

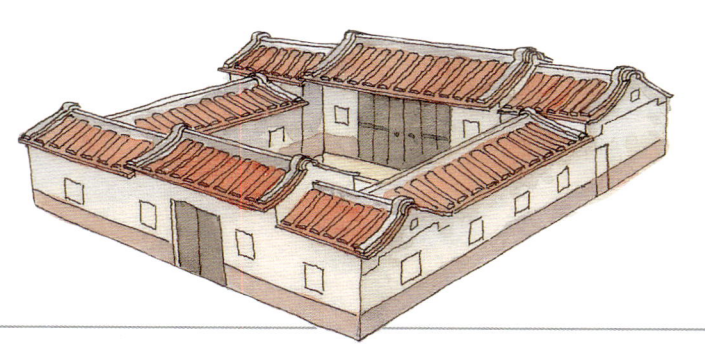

多護龍合院

　空間が不足している場合、合院の左右に数列の護龍を加えることがある。通常、外護龍は内護龍よりも長く、包囲する意図も見られ、農家の増築によく見られる。規模の大きなものでは、左右に十数列の護龍が増築されることもある。居住人口は多いが、各護龍には独立した天井（中庭）と過水門（出入り口）が設けられている。

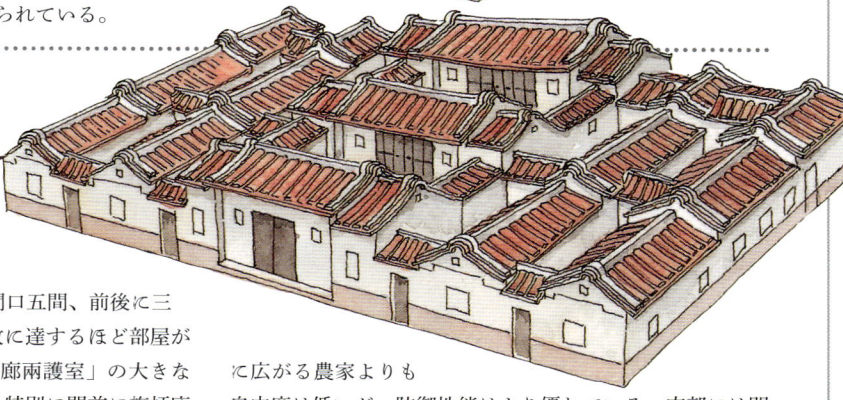

多院落大厝

　合院を基本配置として縦横に拡張させ、奥行きは少なくとも三つの進まで広げることが多く、地方の有権者や官邸に使用されることも多い。一般に「大厝九包五，三落百二門」と言われ、間口九間、門庁間口五間、前後に三つの中庭があり、建具の数が百二十枚に達するほど部屋が多いとされている。これは、「三落兩廊兩護室」の大きな民家であり、科挙に受かった官邸では特別に門前に旗杆座（旗竿を設置する台、掲揚台）を設置し、「旗杆厝」と呼ばれる。日常的な出入りにも門庁を通る必要があるため、横に広がる農家よりも自由度は低いが、防御性能はより優れている。内部には閉じた家族のコミュニティが形成され、奥にある中庭はよりプライバシーが高く、女性の活動空間となる。

風水の概念

　古代の人々は、地球上には「気」が巡っており、住宅は「気」の集まる場所に建てる必要があると考えていた。そうすることで、住む者に幸福がもたらされると信じられていた。伝統的な住宅の建設前には、風水師が「気脈」の流れと家主との関係を判断し、住宅の位置と方向を決定するために「堪輿（カンユ）」と呼ばれる風水を見定める過程があった。これは適切な自然環境を見つけ、自然と人とが寄り添う住環境を作り出すためのものである。

基本的な概念は以下のとおりである：

環抱護衛

　「氣遇水則聚，遇風則散（気は水場に集まり、風によって散る）」ということで、立地は前方が低く、後方が高く、前面に広い水場があって、後方に山があると良いとされる。これが「前水為鏡，後山為屏（前面の水場は鏡を為し、後方の山は屏風を為す）」と言われるゆえんである。平地の場合は、代わりに前面に池を作り、後方に樹木や竹林を植えたり、坂を築いたりする。この配置は、視野、採光、通風に優れており、前方の水場は汲み取って使ったり、気温調節に利用したりすることができ、背後の樹木は防御に役立つ。

住宅方位

　住宅の方位は、コンパスや八卦などを使用して計算し、決定する。ただし、山岳地帯では環境の制約を受けるため、向陽坡（日照の良い坂）に建てることが良いとされる。一般的に選ばれる方位は三種類ある。

　坐北朝南（北側に位置し、南を向く）：この方位は吉とされ、寺院や官邸などの正位（一番縁起の良い位置）として使用されることが多いが、一般的な住宅ではいくらか真南を避けることによって、謙虚さを示すことがある。台湾は、冬に東北から季節風が吹き、夏には西南の季節風が吹くため、この方位はちょうど冬暖かく、夏には涼しいとされている。

　坐東向西：俗に「坐東向西，賺錢無人知（東側に位置し、西を向くと人知れず金持ちになれる）」と言われる。東側に位置し、西を向くのはふるさとの中国に向かいたい気持ちの表れである。また、この方位は、冬に吹く東北の季節風を避けることもできる。

　坐西向東：太陽が東方から昇るため、西に座し東を向いて朝の光を迎えることで、「紫氣東來（幸運は東より来る）」の意味がある。

●台中の潭子にある摘星山荘は環境が整っており、前面に水があり、後ろには囲いがあり、典型的な良い風水となっている。

空間の機能と内装

民家の内部空間は、長幼有序（年長者と年少者の間に順序や上下の関係がある）の倫理観念に基づいて配置される。正庁（主屋）が最も位が高く、正庁に近い部屋ほど高い地位にある。また、龍辺（左側）は虎辺（右側）よりも高い地位にある。農家の空間配置は、農作業の利便性に合わせた配置が考えられる。一方で、官邸や地主の邸宅では、社交空間と身内の居住空間とを区別することが重要視される。一般的な民家で観察すべき重要な空間は、以下のとおりである。

大門

大門は、邸宅の顔であり、防衛機能も持っている。よく見られる形式として三種類あるが、治安の良い地域や田舎の農家では、大門や塀を設置しないことが多い。

牆（塀）門：塀の一部をくり抜いて出入り口としたもので、こだわりのある家では門額を飾り、庇を作ることもある。

門楼：前埕（前庭）の外に独立した建物であり、両側は塀に連結される。プライバシーや防衛機能を重視する民家によく建てられ、銃眼（銃を突き出す開口／P.75 参照）が設置される。風水的な理由から、向きはたまに邸宅の中心軸からずれることがある。

門庁：多院落（複数の中庭を持つ大規模な邸宅）において第一進（一番外側の建物）に設けられ、主人が客人を送迎する場所である。両側の部屋は、使用人や地位の低い家族が住む場所である。

● 屋根付きの牆門。

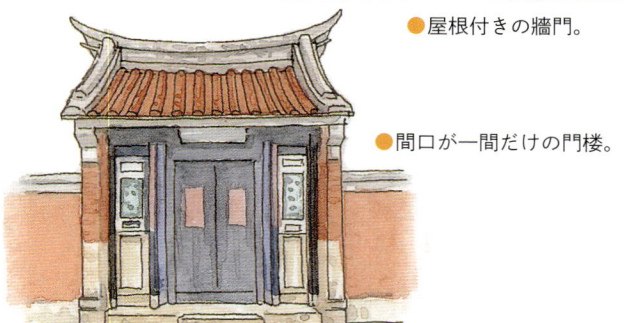

● 間口が一間だけの門楼。

● 間口が三間の門庁。

永靖郷の餘三館 平面配置図　□ 環状廊道

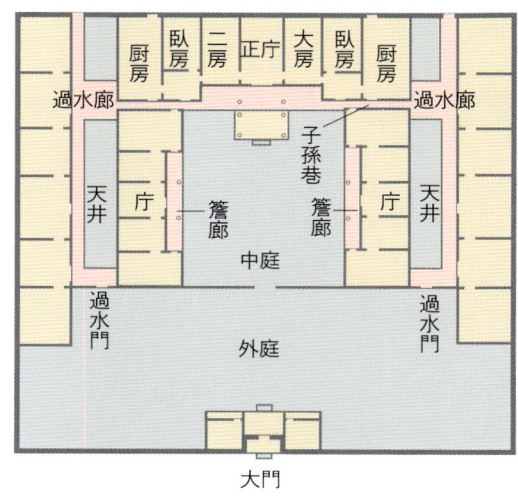

| 厨房 | 臥房 | 二房 | 正庁 | 大房 | 臥房 | 厨房 |

過水廊　　　　　　　　　　　　過水廊

子孫巷

天井　庁　籤廊　　籤廊　庁　天井

中庭

過水門　　　　外庭　　　　過水門

大門

水池

邸宅の前方に位置し、通常は半月形である。その目的は、風水的な考慮に加え、アヒルや魚を飼育したり、生活用水を蓄えたり、雨水を集め排出したりする機能もある。同時に火事への対策にも利用される。また、池を掘ることで出た土は、建築材料として利用される。

埕（庭）及び天井※

埕と天井は、各庁房（居室）の採光のために作られた空間であり、生活の中心でもある。埕は内外に分かれており、用途が異なる。外埕（外側の庭）は、プライバシーが低く、通常は作業空間として使用される。一方、内埕（内側の庭、中庭）は、プライバシーが高く、主に女性が家事をするほか、家族で涼んでおしゃべりをする場所である。内外埕は、低い塀や高めに作られた内埕の基礎で区切られており、これらの隔たりは居住者の需要に基づいて設けられ、住宅内の空間の秩序を保つ。

※天井：内護龍と外護龍の間の中庭。パティオ。

正廳（庁）

正庁は正堂とも呼ばれ、正身（主屋）の明間（中央の部屋）に位置し、祖先や神々への祭祀や客人へのもてなしに使われる。邸宅の中で最も広く、最も豪華に装飾された部屋である。

灯梁

提灯

天公爐（香炉）

執事牌（神の礼器）

太師椅（中国の伝統的な椅子）

対聯（対句）

神龕（神棚）

翹頭案桌（供物台）

八仙桌（八人掛け机）

臥房（寝室）

主屋の両側または護龍に位置する。昔の生活では、洗顔や夜のトイレなどは全て寝室内で行われるため、箪笥や寝床のほか、衛生設備も見られる。

厨房（台所）

俗に灶脚（へっつい）と呼ばれ、通気のために二方向に開口が設けられるため、通常は後方の角部屋にある。生活の基盤を象徴しているため、灶脚には灶神（かまどの神）が祀られる。分家した場合、へっついは大房（長男の家族が所有し、他の家は「另起爐灶（新しい灶〈かまど〉を立てる）」として別の台所を作る必要がある。したがって、一つの屋敷にはいくつかの台所が存在することがある。

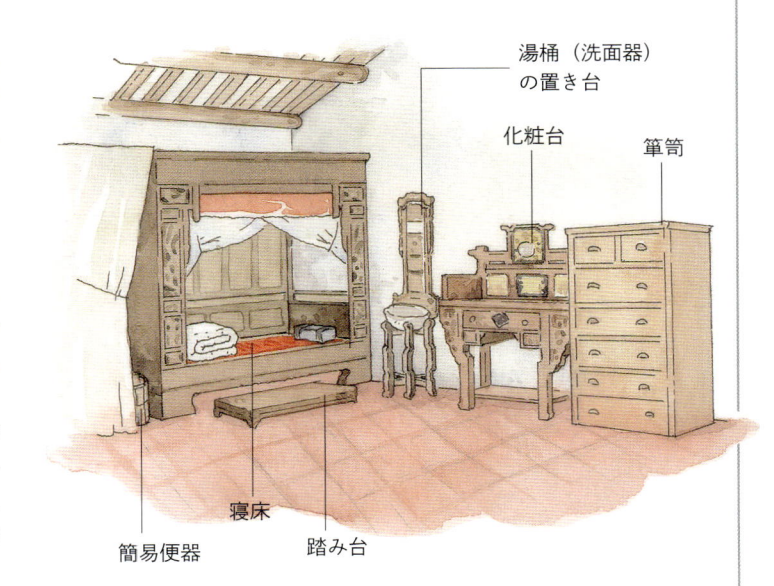

湯桶（洗面器）の置き台

化粧台

箪笥

寝床

簡易便器

踏み台

小神龕

レンガ積みの煙突

菜櫥（野菜室）

鉄輪

水缸（甕）

かまど

炊口

環状廊道（回廊）

合院をつなげる半屋外の回廊は、庁房外の「簷廊」（軒下）、主屋と護龍の接合部である「子孫巷」、および護龍間の「過水廊」で構成されている。これにより、雨の日に屋敷内を移動する際にも雨に濡れることはない。特に過水廊は、プライバシー性が高く、女性の活動空間としてよく使われる。

壁の材料と工法

裕福な家では、高価で質の良い材料を中国大陸から購入する余裕があるが、一般の民家で使用される建築材料の多くは、地域のものが選ばれる。例えば、北部の大屯火山帯（台北市西北部の山（標高1093m）を中心に多数の火山で構成）では安山岩が豊富に産出されるため、地元の民家ではその石で壁を積み上げるのが特徴である。南部の山地では、竹材が手に入りやすいため、竹小舞壁が多く見られる。また、硓𥑮石（サンゴ石）で積み上げた住宅は澎湖のシンボルでもある。異なる材料に異なる工法を使い、多様な組み合わせが美しさを作り出す。一般的な壁の種類には以下のようなものがある。

土埆牆（土角壁／日干しレンガ積み）

粘度の高い土を選び、稲わらなどを混ぜて、木の型を使って日干しレンガを作る。乾燥すれば非常に強くなるが、水に弱いため、通常は表面に保護として仕上げ層を施す。

夯土牆（版築壁）

「夯」は、突き固める動作を意味する。二枚の枠板で土を挟んで、数十センチごとに突き固めることを繰り返す。これを版築技法と呼ぶ。出来上がった壁に現れる横線は繰り返し土を固めた跡である。

平砌石牆（水平積み石壁）

大きく整形された細長い石を水平に積み上げ、上下の接ぎ口をずらし、一段飛びで丁面石を組み込んで、壁面をより安定させる。

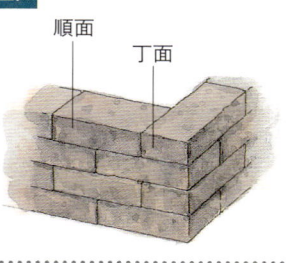

順面
丁面

人字砌石牆（人の字型石積み壁）

「人字躺」とも呼ばれる。大きさが近い石を左右に45度ずつ傾けて交互に積み上げて、「人」の字の形を作る。施工の難易度は高い。

亂石砌牆（乱積み石壁）

灰モルタルで卵石（丸い石）や硓𥑮石（サンゴ石）を積み上げる。通常、大きな石材を下部に配置することで壁の構造をより安定させる。また、壁の下部に配置したり、上部を他の材料と組み合わせたりして防湿の機能を持たせることもある。

番仔※砌砌石牆（四角い石を縦横に積む石壁）

整った形の石を水平、または垂直に交互に積み上げる。一見、乱雑な積み方に見えるが、実は規則的なパターンがある。日本統治時代後期の民家によく見られる施工法であり、その名前からも外来の技法であることが分かる。

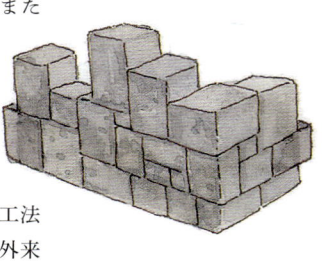

※番仔：よそ者、外国人。

編竹夾泥牆（竹小舞編み土壁）

柱間や竹と屋根の間の隙間に、細かい竹を編んで網状にし、両側を泥で塗り固めて漆喰で仕上げて白壁とする。

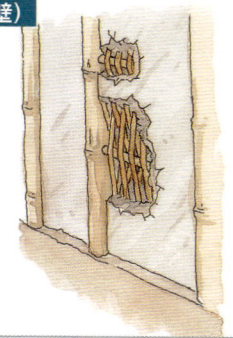

穿瓦衫（瓦を着せた壁）

土壁の外側に瓦を積み重ねて保護する。瓦の形状は、正方形、または魚の鱗形で、瓦は一枚一枚竹の釘で固定する。見た目は、まるで瓦の鎧を着ているようである。

斗砌磚牆（レンガ壁）

平たい形の大きなレンガを縦横に並べて箱状とし、その中に土や石の破片を詰め込む。この工法で作られる壁は非常に頑丈で、レンガの節約もできる。外観は、幅の広い部分と細い部分が交互に現れ、日光の下では特に鮮やかな赤色を放ち、伝統的な建築の魅力を漂わせる。

銃眼

集落の端にある家や富豪の屋敷では、門楼や塀にいくつかの穴を開けておくことが多々ある。これは職人の手抜きではなく、盗賊から身を守るために設けられた銃眼である。穴自体は外部に向かって小さくなっており、射撃を容易にし、外部からも気づかれにくい構造である。

●義芳居は台北市郊外の山のふもとに位置し、外壁には複数の銃眼が設けられている。

馬背山牆 （馬の背のような妻壁）
（マーベイシャンチャン）

官邸や屋敷は、燕尾脊（装飾的に跳ね上がった棟飾り）を好んで採用するが、一般の民家では馬背山牆がよく使われる。馬背は、妻壁の上部が膨らんでいる部分で、前後の屋根の下り棟につながっている。馬背は、様々な形状をしており、五行の図案に基づいて次のような特徴がある：金は円形、木は直線形、水は曲線形、火は鋭角形、土は四角形ということから、馬背の形状にも五行に合わせた説明がある。以下は、よく見られる形状である。

▲円形：なめらかな円弧状である。

▶直形：より尖った円弧である。

◀曲形：三つの円弧で構成され、水の波のような起伏がある。

▲鋭形：複数の逆放物線で形成され、燃え盛る炎のようである。

▲方形：頂部が平らな形状である。

建具

伝統的な邸宅の建具は、出入り、採光、換気、安全対策などの実用的な機能を提供するだけでなく、その大きさは職人の「門公尺（風水尺。吉凶を見る）」に基づいた縁起の良いサイズでなければならない。また、ガラスが普及する以前は、扉や窓の形式は様々で、装飾的な意味も持っていた。

門

門のサイズは、その位置と関連しており、中門（中央の門）は辺門（端にある門）より大きくなければならず、尊卑（身分の高いものと低いもの）を示すものである。外門は、正庁の中門よりやや小さくし、財運を逃さない意味が込められている。邸宅には次の三つの主な形式の門がある。

板門　隔扇

● 餘三館の板門と隔扇、「三關六扇」（三つの門で六枚扉）と呼ばれる。

● 宜蘭縣・頭城老街の町家の腰門と板門。

板門：厚い木板を組み合わせて作られ、防衛性能が高い。

腰門：福州門とも呼ばれ、通常は板門の前に設置される。板門を開ける時に、腰門を閉めることで通風と採光が得られ、同時に子供の安全を確保し、家禽（飼育する鳥）が室内に侵入することを防ぐ。

隔扇：上から順に四つの部分に分けられ、條環板、身板、腰板、裙板と呼ばれる。身板は、格子や彫刻されることが多く、室内の換気と採光の役割がある。隔扇は、装飾的な意味合いが強いため、主に広間の正面に使用される。

窓

窓の材料は、一般的に木材、レンガ、石などが使われる。窓は、人が通り抜ける必要がないため、窓枠や窓の格子の装飾は様々であり、建物の全体を引き立てる効果を与える。一般的な窓には次のようなものがある。

▲ **花磚窓**：中彫りの入った釉薬付き、または素焼きの花模様の装飾タイルを用いたもの。

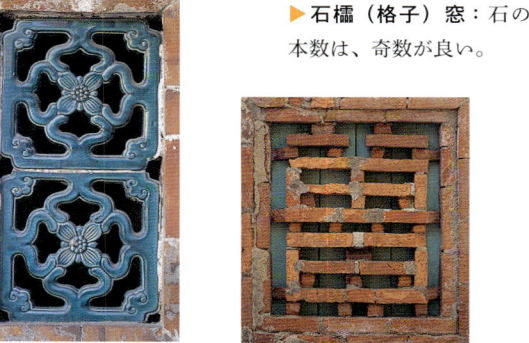

▲ **レンガ窓**：レンガを組み合わせて、様々な模様を作りだしたもの。

▶ **石櫺（格子）窓**：石の本数は、奇数が良い。

▲ **木櫺（木製のれんじ〈連子〉＝木製格子）窓**：多くは後ろに木製の引き違い戸がある。

▲ **竹節八卦窓**：格子は、石の彫刻、または漆喰で作られた竹節のような形状であり、窓枠は八卦形をしている。

◀ **書巻窓**：窓枠が開いた書巻（書物、巻物）の形状になったもの。

装飾

邸宅の装飾は、華美なものではないが、民間の質素な生命力を体現しており、装飾の意図によって次の三種類に分けることができる。

子孫への教育

彫刻や彩色には、忠孝を教える物語や文人の雰囲気が漂う山水花鳥の題材が多く見られる。また、文字や対句には先祖の起源や子孫への期待が記されている。

趨吉（幸運を呼び込む）

装飾の模様として、福禄寿（幸福・俸禄・長寿の三徳）や比喩的な物語が用いられる。例えば、コウモリは「福」を表し、鹿は「禄」を表し、花瓶は「平安」を意味する。

避凶（凶を避ける）

厭勝物（邪気を祓う物）を設置して災い避けとする。よく見られるものには、屋外の石敢当、照壁、屋根の蚩尤騎獣、門楣の獅子銜剣や八卦模様がある

日本統治時代のタイル装飾

1910年代以降、日本人は西洋の影響を受けて装飾タイルを使い始め、この風潮が台湾にも広がった。タイルは、壁や屋根の表面に貼り付けられ、主に草花や幾何学模様が描かれ、鮮やかな色彩と大面積の連続的な模様によって、優雅で華麗な印象を与える。

●台南の安平にある民家では、魔除けの「獅子が剣を噛む」装飾と太極八卦が、門の楣に掛けられている。

歴史の小道

台湾は、明朝時代初期から漢民族の移民が来ていたが、初期の移民人口は少なく、生活条件も厳しかったため、居住する建物は竹や草など容易に手に入る素材を使った簡素な仮設建築であった。

鄭氏政権（明鄭時代）および清朝時代初期になると、多くの福建と広東の移民が台湾に入植し、農業文化を持ち込んだだけでなく、福建と広東の建築様式をもたらした。

清朝時代中期になると、開墾活動が安定し、規模の大きな民家が出現し始めた。この時期の住宅形態は、倫理精神と身分地位の象徴として考えられ、配置と空間の割り当ては儒教の教えによって強く制約された。この時期に、社会的地位と経済力は民家の外観に影響を与え、一般の農家と貴族の屋敷に明確な違いが現れた。

もう一つの重要な影響は、移民者の出身地である。出身地が異なると、風習や産業形態も異なる。例えば、漳州の人々は農業に長けており、内陸平野に住むことが多い。泉州の人々は、漁業や商業貿易に優れているため、港や海辺に住むことが多い。客家の人々は山岳地帯の開墾に長けているため、丘陵地帯に住むことが多い。これらはすべて南方建築の大きな枠組みに属しているが、生活様式、居住地、地元の材料と建築技術によって、各地の民家に特徴的な様式を与えている。例えば、客家地域では黒い瓦と白い壁を好む傾向があり、閩南の人々は赤い瓦と赤いレンガの壁をよく使う。馬祖地域の福州の人々は、灰色のレンガを使う。ただし、台湾の民家自体も閩粤（福建と広東）の特徴とは異なる独自の発展を遂げており、特に材料の使用方法において顕著に現れている。

日本統治時代には、外来文化と近代建築の影響を受け、民家建築には新たな様式が出現した。一部では、伝統的な配置を基本として、近代建築の装飾を加えたもの、洋楼（洋風建築）、または和洋折衷の建築を建てたもの、さらには完全に和風建築を採用したものがある。また、建材の使用も大きく変わり、鉄筋コンクリートが登場し、建築の高度が一気に伸びた。閩南のレンガは、日本式のレンガに取って代わられ、この時期によく見られる洗い出し仕上げなど、民家の建築の外観は変化していった。

●宜蘭の頭城にある盧邸は、和洋折衷建築となっている。

街屋（町家）

往時の台湾では、都市と田舎の住宅の配置は異なっていた。田舎では、主に三合院と呼ばれる、主屋に護龍を持つ形式が多いが、都市では主に奥行きのある建物（街屋、町家）が通りに沿って建てられ、俗に「手巾寮（てぬぐい型の家屋）」と呼ばれていた。町家は、店屋とも呼ばれ、通常は通りに面した扉の板を取り外すことができるため、外部に向けて直接店舗を開くことができる。また、騎楼（亭仔脚）（アーケード）と呼ばれる屋根付きの歩道があり、通行人がウィンドウショッピングをするのに便利である。このような街に面した店舗と住宅が混在する建築は、台湾だけでなく、福州、泉州、漳州、広州でも見られ、ヨーロッパの古い商店街でも見かけることができる。台湾の町家の形態は、時代の経過とともに異なる外観を呈していた。清朝時代初期には、亭仔脚は比較的通路幅は狭かったが、清朝時代中期には道路に屋根付きの小屋が建てられるようになり、日光や雨を遮る空間として利用されていた。清朝時代末期から日本統治時代中期にかけて、レンガ積の拱廊（アーチ状の廊下）が多用され、亭仔脚はトンネルのようになり、町家の外観には西洋の要素も取り入れられた。例えば、現在の新竹県の旧湖口老街（老街＝古い町並みや古くから続く通り）は、この時期に築かれた建物が当時のままの状態でよく保存されている。

騎楼（アーケード）

騎楼（亭仔脚／アーケード）の形式を見る ▶ P.84

町家は、通りに面した部分に騎楼を設けており、これは台湾の暑く多雨な気候に対応したものである。連続して奥行きのある騎楼の空間では、街行く人々が風と日光に晒されることなく、かつ視覚的にもリズミカルな美を感じさせてくれる。

新竹の旧湖口街屋（町家）：
1910年代に建てられ、もともと客家の農村集落であったが、清朝時代末期には基隆から新竹への鉄道が開通し、華やかな市街地が形成された。日本統治時代後期には、駅が新湖口に移転したため、徐々に衰退していった。街道の両側にある赤レンガの拱廊騎楼（アーチ状の廊下を持つアーケード）は、台湾で最も保存状態の良い実例である。

●台北市の迪化街のレンガ造の騎楼は、子供たちの遊び場にもなっている。

堂号（家族の称号）や
苗字（の扁額）

神明庁
（祭祀する空間）

居室

ファサード

アーチ

店の門

排水溝

店名の看板

店舗

ファサードを見る　▶ P.80

　町家では、通りに面した店舗スペースを重視しており、より多くの戸数を確保するために、間口４～５メートルの単開間（間口が一間のみ）の形を取ることが多い。また、各時代の建築様式によって、外観にも顕著な違いが見られる。

空間機能を見る　▶ P.82

　町家は、店舗と住宅を兼ね備えた建物であり、間口が狭く、奥行きが長い間取りを持っているため、「手巾寮（てぬぐい型）」または「竹竿厝（竹さお型）」とも呼ばれている。様々な機能の空間が正面から奥にかけて順番に配置されており、内部の使い方は取り扱う商品の特徴に応じて異なる。日々の生活は忙しく、楽しさに満ちている。

●豊富な手工芸品が店の入口を華やかに飾っている。

ファサード（外観立面）

商売をするには、外観へのこだわりは欠かせないものである。初期の町家の立面は、比較的統一されており、一軒一軒にあまり違いは見られなかった。時代が経つにつれて個性を強調する傾向が強まり、店名の看板や家族の称号が立面に組み込まれ、生き生きとした面白さが見られる。町家の立面形式は、建築された時代によって以下の匹つの形式に分かれる。

伝統的な閩南（福建省南部）粤東（広東省東部）式

通常は、清朝時代末期以前に見られる形式だが、比較的辺境の村落では、日本統治時代まで作られていた。レンガ造と木造を組み合わせ、赤い瓦の屋根を持つ平屋建ての建物で、簡素な造りで機能性を重視している。正面には、扉を一つと窓を二つ設け、左右対称の木構造とし、商売をする際に窓の建具を取り外すことができる。台北市の迪化街北側や新北市の金山の金包里老街に見られる。

●台北市の迪化街北側の町家のファサード。

整然かつリズミカルな洋楼式

清朝時代末期から日本統治時代初期に見られ、主にレンガ造と木造を組み合わせた二階建ての建物である。洋楼（洋風建築）の影響を受け、赤レンガの半円アーチで立面を構成し、単一アーチ、または連続した三つのアーチが使われるのが一般的で、屋根は女牆（パラペット）または手すりで囲われている。一階正面は、正面に扉を一つと窓を二つ設け、二階は通常、通りに面して三つのアーチ型の開口、または拱廊（アーチ状の廊下）が設けられる。女牆の装飾が異なることはあるが、全体的には整然としており、連続するアーチが通りにリズム感をもたらす。金門県（島）の金城自強街や新竹県の旧湖口老街に見られる。

●金門県（島）の金城自強街の町家のファサード。

●台北市の重慶南路は日本統治時代に最も早くヨーロッパ風のファサードに改築された通り。

華麗なバロック様式

　日本統治時代中期（大正時代）に現れ、レンガ造と木造の組み合わせだけでなく、鉄筋コンクリート造も出現し、タイルが使われるようになった。建物は、平屋から三階建てまであった。この時期の建築は、主に様式建築の影響を受け、立面にはバロック様式の装飾や、伝統的な縁起の良い模様を組み合わせたものもあり、各住戸が目立つように個性的な姿を見せている。また、山頭（ペディメント）の高低差によって美しいスカイラインが形成されていた。台北市の迪化街、桃園市の大溪鎮和平路（大溪老街）、新北市の三峡区民權街（三峡老街）、雲林県の斗六市太平街（太平老街）などがある。

前衛的なモダン形式

　日本統治時代後期（1930年代）になると、鉄筋コンクリート造が普及し、レンガ造の半円アーチに代わって平らな横梁が使われるようになり、タイルの使用が増え、三階建てが多く建てられるようになった。一階の正面も対称的な形ではなくなり、モダニズムの影響を受け、設計者の個性が強く反映されたデザインによって、各々の建物が個性的な顔を持つようになった。装飾には、当時、流行りの幾何学的なデザインがよく使われた。台北市の迪化街、台南市の鹽水区中正路、雲林県の西螺鎮中山路、彰化県の鹿港鎮中山路などがある。

●台北市の迪化街中段の町家のファサード。

●鹿港鎮中山路の町家のファサード。

面白い店名扁額（へんがく）

　店名の書かれた扁額は、現代の看板に相当する。かつての商いは、代々相続し、永続的に経営していく考え方であった。そのため、多くの場合、店名が書かれた扁額は、町家の立面に作り付けで組み込まれており、その周囲を様々なデザインで飾りつけ、建築と一体化させていた。時には、取り扱っている商品を装飾のテーマとすることもあり、そのデザインは多様で、建物の外観を彩っている。

●店名の扁額には姓の「江」の閩南語のローマ字表記が埋め込まれている。

●伝統的な趣のある横長の店名の扁額。

●縦長の店名の扁額。

●店名と広告が一体となっている。生き生きとして面白く、一目でどのような店なのかがわかる。

●換気窓の格子の区切りを利用して、店名「金瑞春」を表現している。

空間の機能

人口が密集する市街地は、土地の価値が高いのと同時に、街路の賑わいを演出するために間口が狭い店舗を連続させたため、店舗は奥行きの確保が必須であった。町家の左右は共用の壁であり、窓を開けることができない。そのため、通風と採光の課題は、天井（中庭）や天窓を設けて解決する必要があった。細長い平面構成は縦横に広がる合院とは異なるが、空間の使用に関する考え方は変わらず、伝統的な精神に基づいている。一般的な町家は、以下のようないくつかの機能を備えた空間で構成されている。

店舗空間

顧客と取引を行う場所で、第一進の前庁（最初の建物）にあたる。内部には、商品を陳列するための棚や勘定台など、長年使用されてきた古いものが多くある。また、商売に使用される特殊な工具、容器、計量器具、家具などが見られる。

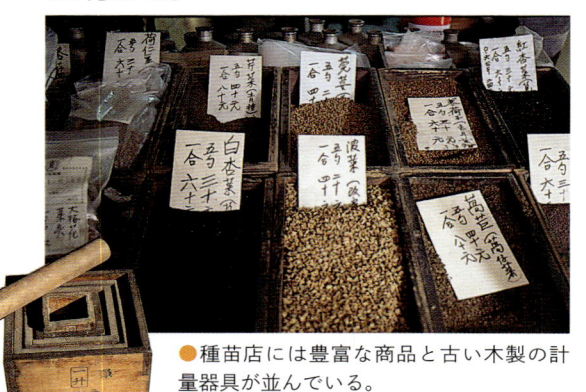

●種苗店には豊富な商品と古い木製の計量器具が並んでいる。

倉庫空間

商品の保管は、利便性と安全性を考慮し、前庁の店舗の上部に半楼（屋根裏部屋に相当）と呼ばれる中二階が設けられ、そこが貯蔵空間として使用される。半楼の床の中央には、四角い穴を開け、梁から吊り下げられた滑車で荷物を持ち上げ、作業効率の向上を図っている。在庫が多すぎて半楼が不足する場合は、奥の部屋の半楼に保管することもある。

住宅空間

店舗は、一日中店番をする必要があるため、店主の家族や店員は、皆、店内に住んでおり、住商一体の形態を成している。住宅部分には、神明庁（神様の位牌を置く部屋）、寝室、台所、飯庁（食堂）などが含まれる。空間の使用は、合院と似ており、通常は庁（リビングやダイニングなど）を前方に、室（寝室）を奥に設け、尊卑を分けている。建物空間を最大限に利用するため、2階または3階建てとすることもある。

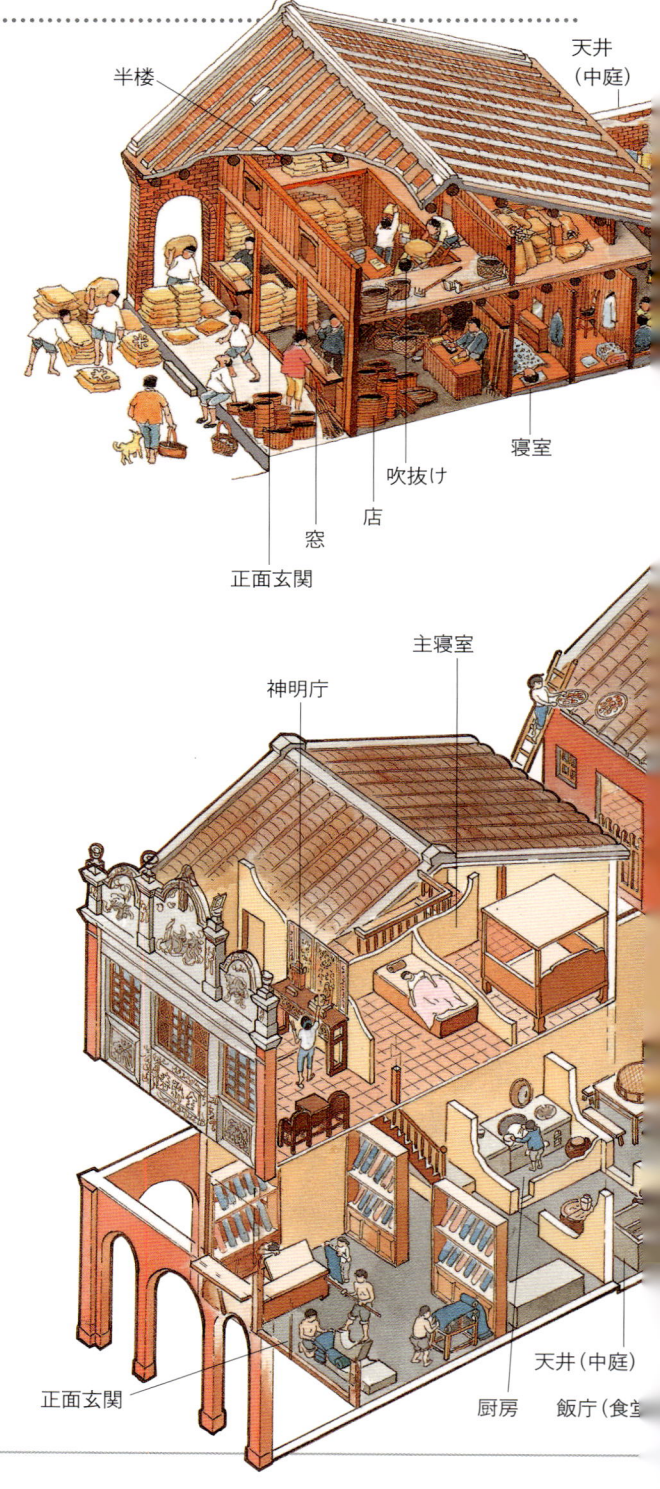

半楼 / 天井（中庭）/ 寝室 / 吹抜け / 店 / 窓 / 正面玄関

神明庁 / 主寝室 / 正面玄関 / 天井（中庭）/ 厨房 / 飯庁（食堂）

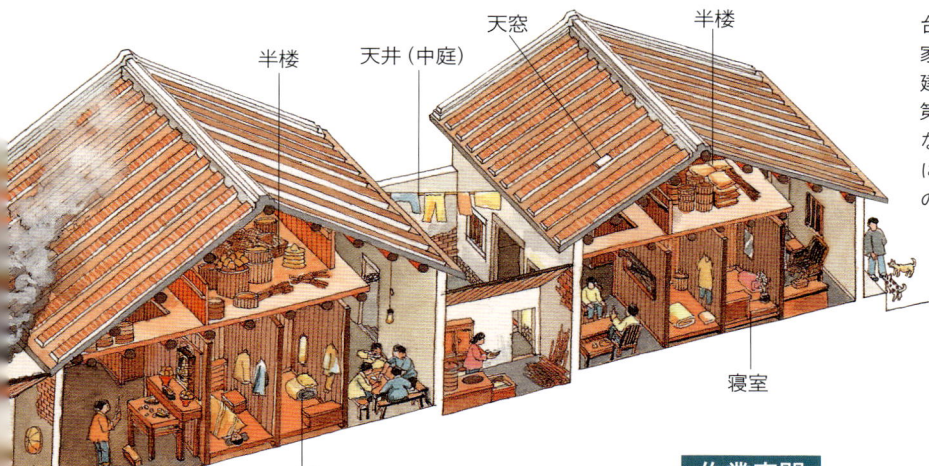

半楼　天井（中庭）　天窓　半楼

寝室

臥室

神明庁

厨房

台北迪化街北側の閩南式の町家：空間配置は三進（３棟の建物）平屋で、第一進が店舗、第二進と第三進が住居空間となっている。すべての屋根裏には倉庫として使用するための半楼が設けられている。

作業空間

扱われる商品の種類はさまざまで、卸売業者から入手するものや、加工が必要なもの、自社製造・自社販売のものがある。そのため、売り場以外にも作業空間が必要である。例えば、漢方薬店では薬材の処理を行う場所、染め屋では染色を行う場所が必要である。作業空間が必要な場合は、売り場の隅や亭仔脚（アーケード）を使用することもあるが、規模が大きな場合は、奥に作業場を設ける。このような町家は、専有面積が大きく、後方に機能が異なる五つの空間を持つものもある。

● 漢方薬店の隅に、職人が薬材を切っている。

寝室兼倉庫　作業員休憩室

染色の作業空間

三峡老街の古い染物屋：空間配置は二進（前後２棟建物）二階建てで、一階の前方が店舗、後方が染物の作業空間、二階が居住空間となっている。

正面玄関

伝統的な町家の玄関は、一般的に左右対称の形で、中央には観音開きの板扉があり、左右にある窓の建具は長方形の木板で作られる。商売をする際には、窓の建具を取り外し、前方の板を下ろして展示棚として使うことができる。閉店時は元に戻すことができるので、安全かつ便利な仕組みである。中扉の上には、小さな開口がある場合もあり、内部の半楼に荷物を持ち上げるのに使用するほか、防衛時には敵への攻撃用としても使われた。

● 伝統的な町家の玄関は、一つの扉と両側に二つの窓がある左右対称の形式が多く見られる。窓の建具の取り付けを便利にするため、長方形の板には番号が書かれている。

騎楼（亭仔脚／アーケード）の形式

騎楼は、店舗空間を外に広げ、商品と客との距離を縮めるとともに、雨風や日射しを避けられる歩行者通路でもある。構造によって、騎楼の形式は、以下の四つの形式がある。

木屋架構造（雁木造）

騎楼の軒は、木材または竹材を使用して、屋根を支えている。特に、気をつかっている例には、軒に彫刻のある角材や瓜筒（束の表面に見られる瓜型の装飾）が使用された例もある。主に閩南粤東（福建省南部と広東省東部）式の町家に見られる。アーチ型騎楼は、レンガ造のスパンドレル（正方形に正円が内包すると余る直角と円弧で構成された部分）が面になるが、これに比べて木屋架構造は三角形になる部分が開腹しているため、歩く人の視線が抜けやすい。例として、新北市金山区の金包里老街（金山老街）が挙げられる。

●金山区の金包里老街（金山老街）の騎楼。

木梁構造

通常は、2階建ての洋楼式町家に見られる。騎楼の上部に直行する梁が壁と柱の間にかけられ、その上の横材が2階の床板を支えている。構造は、至って簡素である。例として、金門県金城鎮の自強街（現・模範街）が挙げられる。

●金門県金城鎮の自強街（現・模範街）の騎楼、幅がより狭い。

アーチ構造

赤レンガや石を使用してアーチ型に積み上げ、拱廊騎楼（アーチ状の廊下を持つアーケード）とする。こうすることで、トンネルのような奥行きのある空間が生まれる。この形式は、閩南粤東式と洋楼式の町家でよく見られ、騎楼のリズミカルな美しさが最も表現されている。例として、レンガのアーチを持つ旧湖口老街と石のアーチを持つ高雄市の旗山老街が挙げられる。

●旧湖口老街の騎楼は大スパンのアーチがあるため、規模がより広くゆったりとしている。

平梁（ラーメン）構造

騎楼の開口部は、コンクリートの柱と梁で囲まれた四角形であり、これらが建物の荷重を支えている。主にバロック式や、現代の高層の町家に見られる。この形式は、構造と機能が重視され、内側は変化の少ない形式である。現代の騎楼に近い形である。例として、台北市迪化街、西螺鎮中山路が挙げられる。

●迪化街の中・北側の騎楼にあるコンクリートの平梁構造では、天井の中央部分の装飾が非常にこだわりのある作りになっている。

歴史の小道

　町家は、伝統的な住宅建築の中でも特別な空間構成を持つ。農作業を中心とした伝統的な合院とは異なり、連棟式の店舗兼住宅である。町家の登場は、社会構造の複雑化と人口密度の増加を象徴する。この密集した商業形式は、多くの繁栄した都市を生み出した。

清朝時代の市街地

　台湾初期の市街は、形式の類似する二列の町家が向かい合って建ち並び、街道は狭く、各棟の間口は狭く奥行きのある長方形の平面構成であった。これは、中国の閩粤地域で既に存在していた形式である。市街の形成は、通常は地理と産業の関係に基づいて自然発展していた。けれども、清朝時代末期に台北市を建設する際には、道路幅、町家の奥行き及び間口に明確な規定があり、都市計画という概念がすでに登場していた。ただし、当時の道路は、歩行者と簡単な交通手段のみであったため、道路幅はあまり広くはなかった。

日本統治時代の市街地

　日本統治時代初期には、総督府が「家屋建築規則」を公布し、住宅の建設には地方官庁に申請する必要があり、また、都市における建築と道路の関係も規定された。大正時代になると、各都市が「都市改正計画」を実施し、伝統的な町家の大規模改築

●台北市の衡陽路は台北城内で最も早く開発された通りの一つで、日本統治時代に華やかなヨーロッパ風の町家に改築された。

が行われた。改正という言葉から、当時の日本政府が伝統的な市街に不満を抱いていたことが分かる。特に、下水整備の欠如や、暗くて狭い道路、劣悪な衛生環境が酷いとされていた。改築後、環境設備は大きく改善された。

　町家の配置や規模には一定の規定があるが、近代的な建築の流行によって、その立面は多様な変化を見せるようになった。特に、日本統治時代後期には、様々な流行の様式が街頭に建ち並び、多様性のある外観の建築が都市の景観を豊かなものにしていた。

町家の保存

　町家の保存には、様々な困難があり、土地価格の急騰、店舗の更新、

取り扱う商品の変更などによって、完全に保存された町家を見ることは容易ではない。ただし、ごくわずかではあるが、伝統的な古い街では、少しずつ姿を消していく古い商売を見ることができる。例えば、仏具店、刺繍店、提灯店、伝統お菓子屋、木桶店などがある。中には、台北市萬華区の青草街（ハーブ）、新北市中和区枋寮の葬祭業者街などのように、同じような店舗が同じ通りに集中し、専門街を形成する例もある。多くは、元の建築の姿を維持していないが、依然として古い市街の特徴を呈している。

町家が形成される場所

　町家の形成には、産業と交通が大きく関係している。その要因となるものを以下に紹介する。しかし、これらは、単独で存在するものではなく、しばしば複数の要素が組み合わさって、市街地の急速な発展を促す。

　港に近い：港は、貨物の集散地であり、人口が多く集まるが、その繁栄も衰退も港の影響を強く受ける。例として、台南市の安平古市街（安平老街）や新北市の淡水重建街が挙げられる。

　河川に並行：古くの輸送は、水路に頼っていたため、船の使用に便利な場所では周囲に市街地が形成されや

すい。ただし、洪水の被害を防ぐために、道路は河川から適切な距離を保つ必要がある。この形式の市街地が最も多く見られる。例として、台北市の迪化街や新北市の新荘老街が挙げられる。

　山と平原の交差する場所：山の資源が豊富な場所は、伐採後に取引と輸送を行う場所が必要であるため、通常は麓に市街地が形成される。例として、三峡老街、大溪老街、旗山中山路などが挙げられる。

　鉄道沿線：縦貫鉄道の開通により、沿線の都市が急速に発展し、重要な物資の集散地となった市街地であり、例として旧湖口老街が挙げられる。

園林（庭園）

文献によれば、台湾の庭園はオランダ統治時代に始まり、裕福な商人たちが娯楽と社交を目的に庭園を建設した。清朝時代末期、道光（1821-50）と同治（1862-75）の時代には、南北各地の豪族や富裕層が競って庭園を建設した。有名なものには、新竹市の潜園や北郭園、台中市神岡区の三角仔呂氏筱雲軒、台中市霧峰区の林家萊園がある。現存するもので最も昔の状態に近いのは新北市板橋区の林本源庭園がある。庭園には、古代中国人の自然観や人生観といった多様な要素が反映され、山、岩、水、泉など、自然の一部を庭園の中に小さく象っている。水に浮かぶ島は、「蓬萊仙島」（古代中国で仙人が住むとされた東の海上にある仙境）を象徴している。庭園は、人生の理想を表現する場所であり、主人が友人とくつろぎ、心身ともに安らぐための場所である。板橋の林本源庭園は、数十年にわたる運営を通じて、画家や文学者が設計に携わったことで、歩みを進めるたびに景色は移り変わり、非日常的で豊かな境地を見せてくれる。庭園を訪れることで、古代の人々が自然に心を寄せながら生活を楽しむ気持ちを体験することができる。

図中のラベル: 横虹臥月陸橋、香玉簃、月波水榭、回廊、出口、定静堂、花牆（壁）、釣魚磯、雲錦淙方亭、半月橋、斜四角亭

庭園の配置を見る ▶ P.88

建物、池、築山、花木は、庭園の四つの主要な要素である。これらをどのように組み合わせ、庭園の特徴を表現し、訪れる人々が心を奪われるような庭園を作り出すか、これが配置の考え方の要点である。

庭園の建物を見る ▶ P.89

庭園の四つの主要な要素の中で、人工的な意匠が最も強く、最も目立ち、実用性も最も高いのは建物である。その種類は多様であり、機能もさまざまである。亭、台、楼、閣、堂、屋、軒、榭など、どれも鑑賞に値する対象である。

築山を見る ▶ P.92

庭園の中で築山を配置するのは、中国における山水画の流行と深い関係がある。有限な空間で自然の味を作り出すためには、「片山有致, 寸石生情（一片の山に趣があり、一寸の石に情緒が生まれる）」となる必要があり、造園家の芸術的創造と職人の巧妙な技術を集結させる必要がある。

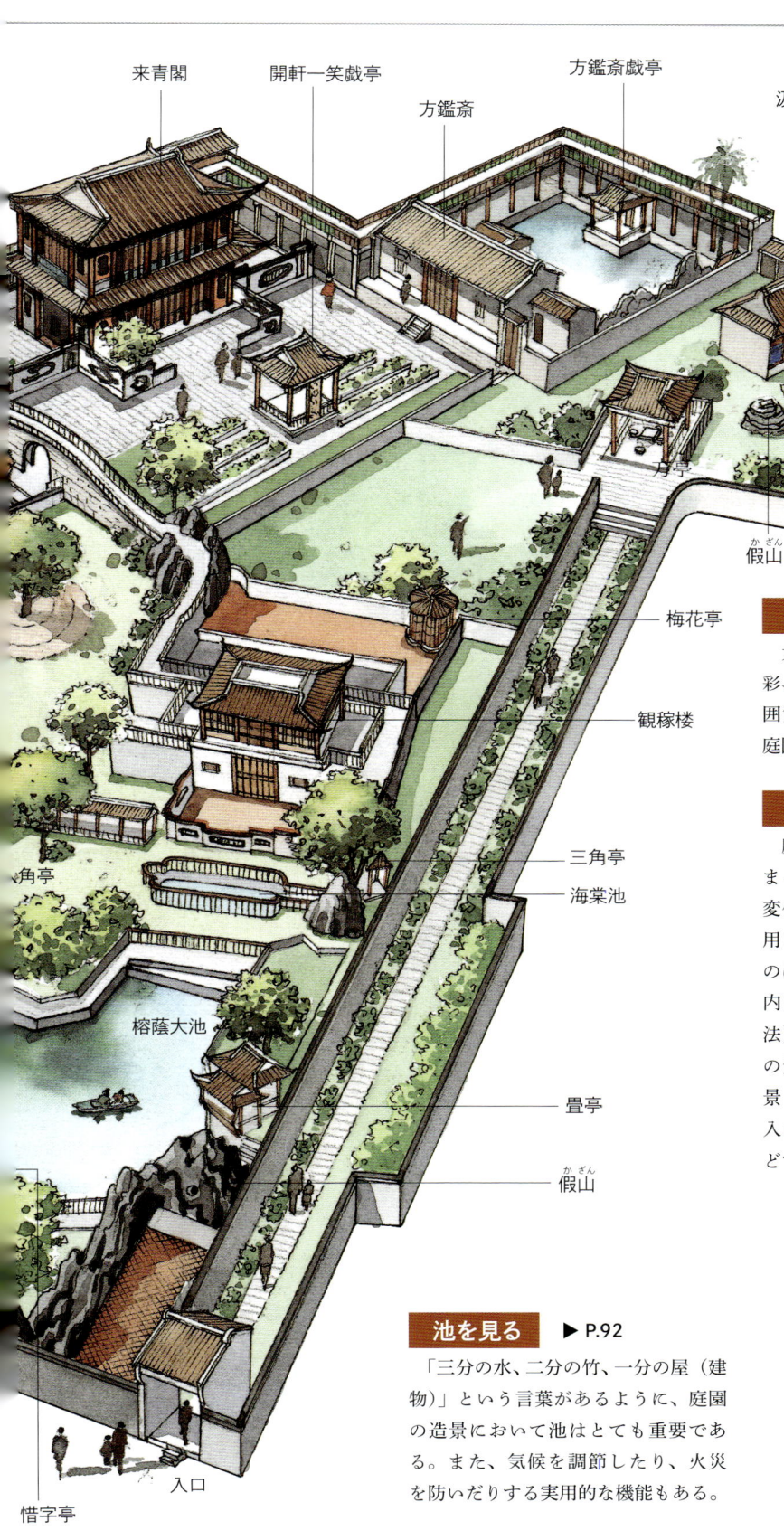

来青閣

開軒一笑戯亭

方鑑斎

方鑑斎戯亭

汲古書屋

假山（かざん）

梅花亭

観稼楼

三角亭

海棠池

榕蔭大池

畳亭

假山（かざん）

三角亭

惜字亭

入口

花木を見る ▶ P.93

　大自然が花木に与えた優雅な姿、色彩、香りは、庭園の生き生きとした雰囲気を増し、静寂な雰囲気を与える、庭園に欠かせない要素である。

修景の手法を見る ▶ P.94

　庭園の発展は、長い歴史を持ち、決まった理論が形成されていた。景色の変化は、その中のいくつかの手法を使用して設計されている。よく見られるのは、対景（たいけい）（対となる景色）、框景（きょうけい）（枠内に風景を収めて風景画に見せる手法）、借景（しゃっけい）（庭園だけでなく、庭園外の景色を庭園に取り入れる手法）、障景（直接庭園全体を見渡せないように、入口や障害物などで操作する手法）などである。

池を見る ▶ P.92

　「三分の水、二分の竹、一分の屋（建物）」という言葉があるように、庭園の造景において池はとても重要である。また、気候を調節したり、火災を防いだりする実用的な機能もある。

林本源庭園：新北市板橋区に位置し、俗に林家花園として知られる。台湾の清朝時代末期最大の富豪である林家により、二代にわたり約40年の歳月をかけて完成された。その規模の大きさから、清朝時代台湾の庭園の代表的な作品として良く知られ、現在は国定古蹟に指定されている。

布局（レイアウト）

<ruby>布<rt>ふ</rt></ruby><ruby>局<rt>きょく</rt></ruby>（レイアウト）　庭園は、個人の邸宅の付属空間である。通常は、邸宅の近くか、隣接して設けられるが、その平面構成は合院住宅のような規格化された配置とは対照的であり、自由な配置を重視し、独創的な景観を創り出す。人工物でありながら、大自然の趣が目の前に現れる。「宛若天成（まるで自然そのまま）」という境地を目指すため、各エリアの軸線は東に向いたり、西に向いたり、北や南に向いたりすることもあり、一貫した規則性は存在しない。そのため、園内を巡ると、至るところが驚きと楽しみに溢れている。このような配置効果を得るにはどうすればよいのか、以下に二つの基本概念を紹介する。

エリアの分割

同じ素材と施設を異なる組み合わせで使用すると、空間の雰囲気も大きく異なる。優れた造園家は、狭い空間でも開放感を持たせることができるが、逆に、広い庭園でも窮屈な感覚を与えることもある。その一つの鍵となるのがエリアの分割である。

分割の概念は、伝統的な庭園に共通の特徴であり、庭園をいくつかのエリアに分割することで、訪れる人が一目で全体を見渡すことができなくなる。これにより、庭園の奥行きが増し、限られた空間を高い効率で活用することができる。同時に、神秘的な雰囲気も演出される。これは、西洋の整然とした全体が一望できる庭園配置とはまったく異なる。分割のポイントは、次の二つである。

主従分明（メインエリアとサブエリアを明確に分けること）<ruby>主従分明<rt>しゅじゅうぶんめい</rt></ruby>：庭園全体は、複数のエリアから構成されている。例えば、文章は、多くの段落があってもそれぞれが起承転結の役割を持つように、すべてのエリアを主張させてしまうと、視覚的に退屈になりやすい。したがって、それぞれのエリアには、主従の区別が必要である。

多様な機能の組み合わせ：異なるエリアには、異なる機能があり、面積や性質も異なる。例えば、林家花園は、おおまかには次の四つの主要なエリアに分けることができる。第一に書斎エリアとしての汲古書屋と方鑑斎を置き、第二エリアに貴賓の宿場と集会の場としての来青閣、開軒一笑戯亭、花見のための付属建物の香玉簃である。第三エリアは、比較的正式な会議や宴会のための場所である定静堂が中心であり、月波水榭が付属建物となる。第四エリアは、観稼楼エリアである。第三、第四のエリアは、最後に榕蔭大池（大きな池のほとりにガジュマルの植樹がある）で合流している。

動線計画

エリア分割は、隔たりを生み出す手段である。一方、動線は繋がりを作り出すものであり、入口から出口までの案内経路であり、人々を前進させるための道である。時には、建物とつながる廊下であり、時には花畑の間の小道であり、時には水面を横切り、時には築山を登り、時には迂回し、時にはまっすぐ進み、時には明るく、時には暗く、時には複数の道が選択肢として現れることで、訪れる人々は常に異なる体験をすることができる。実際に足を運ぶことで前方の景色が絶えず変化し、これが「歩移景異（歩くごとに景色が変わる）」の境地である。また、曲がりくねった動線により、庭園に「小中見大（狭い空間で広い自然を見せる）」の効果を持たせている。

林本源庭園のエリア区分と動線図

庭園の建築

庭園の建築は、単に景色を眺めるための場所というだけではなく、鑑賞の対象としての建築でもある。そのため、場所の選択や外観のデザインは非常に重要であり、特に屋根の形式や建具の装飾は、常に変化を持たせることが大切である。文人の風流優雅な気質を表現するため、庭園の主人は各建物に名前を付け、額に掲げる。例えば、「定静堂」は心境を表現し、「月波水榭」は景色を描写するものである。庭園の建築は多様であり、亭、廳（庁）堂、楼閣などがある。以下によく見られる建築の種類を紹介する。

亭（あずまや）

亭とは、停まることを意味し、人々が立ち止まって休息し、景色を楽しむ場所である。庭園において最も一般的で、多様な装飾を持つ建築であり、庭の景観に対して画龍点睛の効果を発揮する。亭の形状は、通常小さく、開放的であり、平面形状には四角形、円形、菱形、三角形、六角形、八角形、梅花形、扇形などがある。屋根は、攢尖（宝形造に相当）、歇山（入母屋造に相当）、これらの複合式がよく見られる。林家花園には十数棟あり、様々な姿形で趣深く造られている。

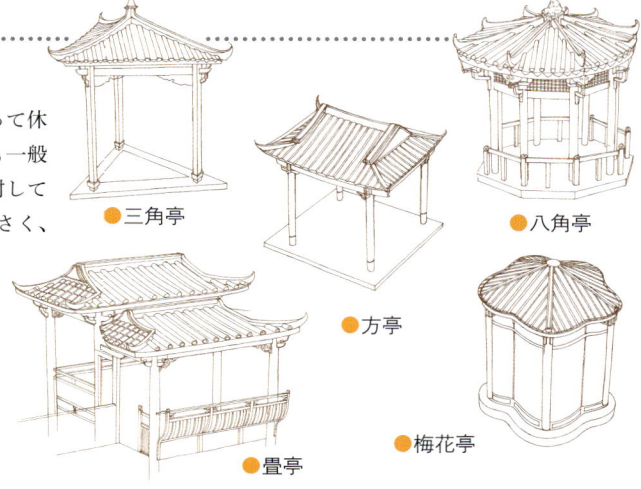

●三角亭

●八角亭

●方亭

●畳亭

●梅花亭

廳（庁）・堂

庁堂は、庭園において最も格式高い主要建築である。一般的に、主人が宴会や会議を行う場所として使用され、容積が最も大きく、左右対称で厳格な配置を持つことが特徴である。庭園の作庭時には、庁堂を各区域の基準として配置することが多い。位置は通常、庭園の池や主要な景色に近接しているが、独立した小さな庭を配し、別世界を創ることもある。林家花園の定静堂がその一例である。

●定静堂の本堂は、天井が高くて、堂々としている。

樓（楼）・閣

一般には、楼閣という二文字を連ねて使用するが、両者の違いはあまりなく、いずれも庭園にある多層式で主要な建築であり、景色を鑑賞したり、宴会や来賓をもてなしたり、宿泊施設として使用される。ただし、楼の一階は、しばしば重厚感があり、高い基礎が設けられる。一方、閣の一階は、木造が主体で、四周に回廊を設け、格子戸や窓を取り付け、開放感を持たせている。

楼閣は、通常、庭園の高い位置や目立つ場所に配置される。高所に位置することで遠くを望むことができ、また、建築自体の美しさが庭園全体の焦点となる。林家花園の観稼楼、来青閣、霧峰萊園の五桂樓および新竹潛園の爽吟閣がその例である。

●観稼楼は、下層部が石とレンガ造り、上層部が木構造となっている。

●来青閣は外観が美しく、林本源庭園の主要な景色の一つである。

軒

　軒は、主要な建物の前方に置かれる付属建築である。多くは、捲棚頂形式（屋根の頂部が曲面になる外形）を採用し、空間の機能と様式は比較的自由である。例えば、林家花園の来青閣前にある「開軒一笑」は、宴会が開かれる時に劇の舞台として使われる。

●「開軒一笑」という名称は、非常に趣がある。

回廊

　回廊は、連続した通り道としての建物であり、目線を誘導する効果もある。回廊の紆余曲折によって、「歩移景異」（歩くたびに景色が変わる）の効果をもたらすため、遊廊（回遊できる）とも呼ばれている。回廊の構造は、比較的簡素であり、列を成す柱によって屋根を支えているのみである。その形式には、両側の景色が見られる「双面廊」、片側が壁である「単面廊」、さらに上下階のある「楼廊」がある。台湾の気候は、高温多湿であるため、庭園では回廊が多く使われる。回廊を設けることで、間が制限されることなく、

雨風の日の普段とは異なる景色の庭園を楽しむこともできる。また、回廊は「隔而不絶（隔てるが断絶させない）」であるため、庭園空間において見え隠れする効果もある。

●両側の景色が見られる双面廊は、その間を歩くと格別な趣がある。

花牆（かしょう）（壁）

　壁には、隔離させたり、空間を囲ったりする機能がある。適切な壁配置は、空間をより階層的にするだけではなく、動線を誘導することもできる。壁自体の装飾にこだわり、添景としての機能をもたらすこともある。その手法としてよく見られるのは、一つは壁そのものに装飾は行わず、白壁のまま背景としておき、その前方に植栽や庭石を置くことで絵画作品としてみせるものである。もう一つは、壁に

高低差をつけたり、装飾を施したりするものである。例えば、模様のある開口を開けることで壁自身が鑑賞対象となる。また、空間に開放感をもたらし、次の景色への予告を感じさせ、庭園の楽しさを創出する。牆洞（壁の開口部）の形式には、以下の二種類がある。

　洞門：壁を通り抜ける出入口であり、円形、八角形、つぼ形などがある。

●洞門に高低差のある花壁を組み合わせることで、庭園の景観がさらに引き立っている。

漏窓：様々な形がモチーフとして使われ、職人の芸術的な才能が問われるが、壁に装飾性をもたらす最も重要な要素である。よく見られる幾何学模様以外にも創意工夫を凝らし、花瓶型、香炉型、書簡型、果物型、蝶々型、コウモリ型など、いずれも幸福をもたらす図案が使われる。

●蝶々窓（一）

●花瓶窓

●蝶々窓（二）

●果物窓

書斎または書庫

　文人思想の影響により、庭園の主人がどんな職種でも、ほぼ必ず庭園内に書斎や書庫を設置し、蔵書の保管や読書のための空間として使用する。通常は、静かで閉鎖的な独立した小さな庭として庭園の隅に置かれ、庭園内の静的な区画となる。例えば、林家花園の汲古書屋や方鑑斎、新竹潜園的梅花書屋がある。

簃（イ）

　閣の側に置く小屋であり、他の建物と比べると造形としては簡素で、庭園内の静的な区画に置かれる。花の鑑賞や読書するための場所である。林家花園の香玉簃がこれにあたる。

水榭（すいしゃ）

　水上の建物であり、休憩や風景を眺めるための場所である。池との関係性を強調するため、低めに作られる。外観は、透明感を重視して変化に富み、水面に映る景色を眺めることも重要な演出である。例えば、林家花園の双菱形水榭では、水面に映る月の姿が有名であるため「月波水榭」と呼ばれ、風雅な情景を創出している。

●方鑑斎は独自に静かな小さな庭を形成しており、他の景観エリアとは異なる雰囲気を醸し出している。

●月波水榭は形状が巧みに設計されている。屋根のテラスへ通じる階段も備えられている。

假山 (築山)

<ruby>假<rt>か</rt></ruby><ruby>山<rt>ざん</rt></ruby>（<ruby>築山<rt>つきやま</rt></ruby>）築山は、専門の職人によって作られ、成熟した技法が確立されている。まるで、本物の自然の中に作られたと見紛うような、観賞や遊覧のしやすさは最高の境地といえる。築山の配置は、主従の区別が必要である。乱雑さを避けるために、高低差のある山の形状を利用し、嶺、巒、巌、壁、谷、澗、臺、洞、蹬道を配置することで、高さがなくても迫力があり、広さがなくても迂回や転回で広く感じられるようにする。築山の製作手法には、以下の二つがよく見られる。

塑山

　江南式庭園の影響を受けつつも、台湾では奇石（歪な形をした石）は産出しないため、主にレンガや石を積み上げ、外観はモルタルで造形されることが多い。そのため、自由な形状を作ることが可能であり、石材の大きさや形状に制約されない。塑山では、骨組みの構造の強さ、全体的な形態の自然さ、石材の質感を表現することが重要視される。職人は、山水画に使われる様々な技法を使って自然な質感を表現し、掻き落とし仕上げを応用して山石の質感を作り出す。

●皴法（水墨画の技法）を用いて山石の紋様を表現した灰泥塑山は、小さなものでも大きく感じさせる。

掇山

　天然の石を大量に積み重ねて築山を作る方法である。江南地方では、奇石が多く産出されるため、厳密な技法が発展し、庭園の假山は主にこの方法で作られている。台湾では、海岸で産出される硓𥑮石を利用して築山を積み上げ、外観は壮大さに欠けるが、拙さに趣がある。

●硓𥑮石（ラオクーシー）を積み上げた築山には拙さに趣がある。

水池

水池　水景の処理手法は、「理水」と称されており、伝統的な庭園における水の扱いはすでに成熟した理論が存在していることがわかる。

　機能的に見ると、池は船を渡らせる、花木の灌水、気候の調節、雨水の排出、火災の防止などに利用される。情景的には、波立つ水面や、景色の映り込み、魚やスイレンが重厚な山や建築物と対照を成すことで、庭園の活力を増している。

　台湾では、多くの場合、水の供給源が非常に難しく、地中に池を掘ったり、小川の流れを利用したり、外部とつながるようにすることが最善である。さもなければ、生気のない池となってしまう。理水の原則は、おおむね次の四つにまとめることができる。

自然風景の模倣

　泉、滝、小川、池など、さまざまな形式にすることで、水面に動きと静けさ、大小の変化をもたらす。庭園の中心に、一つの大きな池を配置することが多い。例として、林家花園の榕蔭大池が挙げられる。

建築物との調和

　様々な景色や観賞地点が池を取り囲んで配置されることで、静かな水面が相互観賞の最適な媒介となっている。林家花園の榕蔭大池の周囲には亭、台、山などが配置され、互いに輝き合っている。

花木

花木の植栽は、庭園の必要な要素であり、四季折々を楽しむというだけでなく、日陰を作ったり、空間を隔てたり、実用的な機能もある。花木の種類は、多岐にわたり、選定には気候要因だけでなく、庭主の好みにも大きく影響される。

種類

喬木（高木）、灌木（低木）、草花、蔓藤（ツル）、水生植物などが含まれ、実際の景色の需要に応じて配置される。特に、文人的側面や吉祥な意味を持つ花木が人気である。

例えば、梅、蘭、竹、菊は、君子（人格者）の気概を象徴し、松や柏は長青（若さの永続）を表し、牡丹は富貴を象徴し、蓮花は汚泥にあっても汚れないことを象徴し、萱草（かんぞう）（忘れ草）は人を憂いから解放するとされている。

植栽方法

伝統的な庭園では、花木は意図的に整えられていない自然の姿が原則とされている。一般的な植栽方法には、以下の四つがある。

単植：孤植とも呼ばれる。単一の樹木を独立して植栽し、その姿をまるごと楽しむことができるため、庭園で最も一般的な植栽方法である。

列植：花木を列に並べて植えつける。観賞するだけでなく、樹木が一列に並ぶ様子は壁のようであり、空間を分隔する機能を持つ。

●林家花園に列植された竹林。

群植：比較的多くの花木を集めて植栽し、「数が多ければ美しい」という効果を生み出す。同じ種類の香りのある花の植物であれば、濃厚な花の香りを楽しむことができる。

盆栽：植物を器に植え込み、室内や台の上に置く。季節によって交換できるので便利である。

●方鑑斎池の中に群植されたスイレン。

●鑑賞用のために、精巧に彫刻された石花椅に盆栽が置かれている。

島や橋の設置

池の上に島や小さな橋を配置することで、水面に変化をもたらし、空間の階層感を高める。同時に、訪れる人々は水辺を歩き、池の上を渡ることができるようになる。

水辺の処理

水の形態に応じて、岸辺の処理は異なる。自然な小川の表現では、石を乱雑に積み重ねて岸を形成する。池の場合は、整然とした石を積み上げ、整備された岸辺とすることが一般的である。

●林家花園の榕蔭大池は景観が美しいだけでなく、ボートを漕ぐこともでき、庭園散策の楽しさを一層引き立てている

造園技法

伝統的な庭園における素材の組み合わせは、高度な芸術性を持ち、庭園のあらゆる景色は成熟した造園理論のもとに設計されている。そのため、古くから「造園如作詩文（造園は詩歌を作るようなもの）」と言われるが、まさに適切な表現である。庭園を訪れる際には、設計者の意図を理解するために、注意深く観察し、心で感じ取る必要がある。基本的な造園技法は、以下の四つがある。

対景（たいけい）（対となる景色）

　最も基本的な技法である。庭園のどこにいても、視線が落ちる場所には必ず景色があり、歩くたびに異なる景色を楽しむことができる。また、対象物は、しばしば対になっており、それ自体が観賞地点であると同時に、観賞の対象にもなる。例えば、林家花園の来青閣と観稼楼、雲錦淙、畳亭がある。

●林家花園では、遠くにある雲錦淙と訪ねる人がいる畳亭は、互いに対景になる。

框景（きょうけい）（枠〈額縁〉のある景色／フレーミング）

　壁の開口部や、2本の柱、花木の枝などで形成される枠を利用して、庭園の景観を意図的に切り取り、そこを通る際にまるで絵画を鑑賞しているような印象を与えることができる。例えば、林家花園の方鑑斎や観稼楼のそばにある「小橋度月」の門がある。

●方鑑斎の柱の間から、戯亭を一つの景色として切り取っている。

借景（しゃっけい）

　異なるエリアの景観を庭園内に取り込み、背景として利用する。遠くの高山や庭園外の建物、空の白い雲や鳥、池の魚や蓮、夜の星や月、そして四季の自然の風景も含まれる。これにより、庭園の空間の階層を拡張し、景色の変化を豊かにする。例えば、新竹潛園では竹塹城西門を借景として利用している。

●香玉簃の前の花壇から眺めると、来青閣の高く反り上がった軒もまた一つの景観となっている。これは、異なるエリア間で借景の手法を活用した例である。

障景（しょうけい）

　空間の収縮や暗さなど、さまざまな要素で前景（手前に見える景色）を意図的に隠し、鑑賞意欲を高める。動線の誘導に沿って、訪れる人々に柳暗花明（柳の陰がほの暗く、咲き誇る花を強調させる）の強い感動を与えることができる。この手法は一般的に、住宅から庭園への入口や各区間への入口に使用される。

●横虹臥月陸橋内の空間は狭くて暗いが、洞門や花窓から射し込む光が、外にある別の世界を暗示している。

歴史の小道

台湾において庭園を作る風習は、非常に早くにはじまっていた。明朝の鄭氏時代には、皇族や重臣たちが豪華な住宅と一緒に庭園も作っていた。清朝時代初期にもこの習慣が続き、重臣や富豪だけでなく、官庁内に庭園が設けられることも増えて行った。残念ながら長い年月が経ち、今ではそれらの建物は一片の瓦も残っていないが、文献には風流な文言で詳細に記述されている。

台湾庭園の最盛期

清朝時代中期には、社会が安定し、経済が豊かになり、学問が隆盛し、富豪や貴族たちは大邸宅を建てるだけでなく、庭園も作るようになった。当時特に有名だった庭園には、台南市の呉商新が造った「紫春園」、新竹市の林占梅が造った「潛園」、鄭用錫の「北郭園」、台北市の陳維英の「太古巣」などがある。これらは特に、文人の思想が感じられる庭園である。

清朝時代末期には台湾が開港され、外界との接触も増えていった。南洋の風も台湾に吹き込み、この時期の庭園は、規模が大きく、少し文学的な雰囲気に欠けるが、独創的なアイデアが見られた。例えば、板橋の林家花園は、当時の台北の城とほぼ同等の建設費がかかったと言われており、園内の「汲古書屋軒亭」や「月波水榭」などは伝統的な形式をとらず、清朝時代末期の庭園の特色をよく表している。

日本統治時代にも庭園の建設は続く。他の建築と同様に、この時期の外来の形式も多様であり、洋館の割合が高くなるとともに、純和風庭園も見られるようになった。例えば、基隆の顔家が建てた「陋園」がその一例である。

台湾庭園の特色

台湾庭園の規模は大小様々で、中国の江南地域の庭園にも負けずとも劣らない。しかしながら、配置の特色としては、現地では奇石が採れず、庭園が主に都市内に作られるため、水の利用が難しいことから、石や水の配置に対する要求は江南地域ほど高くはない。逆に、建築は、閩南の伝統を受け継いでおり、亭台楼閣が非常に独創的な構造を持っている。例えば、林家花園の「畳亭」がその典型的な例である。また、台湾の気候は、暑く多雨であるため、庭園内

🟠 日本統治時代の台南紫春園。

🟠 板橋林家花園の畳亭の下部は水面に近いため、鵝頸椅（美人靠／建物から少し外に突き出した椅子のこと）を設置し、訪ねる人をもっと水面に近づける。

には多くの亭廊が設置され、水上の建築や水辺の配置も人気が高い。これらにより、暑い夏でも爽やかな風を楽しむことができる。台湾の庭園の多くは、2〜3代の庭主によって運営されてきた。彼らは、地方の富豪として成功した後、官僚の道に進むことが一般的であった。この商人から官僚への転換が、台湾の庭園を世俗的なものにしている要因である。また、台湾は、閩粤地域に近いため、閩粤地域の庭園は緻密な装飾の嶺南スタイルを踏襲しつつ、南洋からも影響を受けている。これらの要素が台湾の庭園に大きな影響を与えていた。

🟠 日本統治時代、板橋の林家花園は一般に開放され、当時は多くの人々が訪れ、池ではボートを漕ぐ人々の姿も見られた。

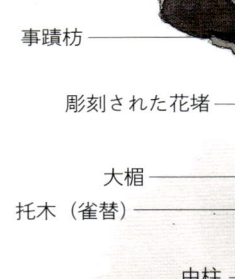

牌坊 <ruby>牌坊<rt>バイファン</rt></ruby>

※ 古代中国では、功績を紀念し、恩や恵への感謝の気持ちや人々が従うべき規範を正しく教え導くことを称賛するなどの目的で牌坊が設置された。それは、通りに建つ西洋の凱旋門のような存在であり、通行する人々に崇敬の念と感心を抱かせていた。清朝時代の台湾の牌坊は、ほとんどが石造であり、その耐久性から長く受け継がれてきた。金門の「邱良功母節孝坊」は、清朝時代の嘉慶年間（1796-1820）に建てられたもので、台閩（台湾と福建省）地域に現存する石造の牌坊の中で最も大きく、壮観なものの一つである。額匾（扁額）や事蹟枋（扁額の下の横架材に刻まれた文字）、梁や柱の文字から、牌坊建設の動機を読み取ることができる。また、その構造や装飾のモチーフは、伝統的な建築の象徴的な特徴を示している。

※牌坊：柱を一列に立てた、扉のない開放的な門型の伝統様式の建築物。

機能の種類を見る ▶ P.98

なぜ、牌坊を建てるのか？ 牌坊で顕彰されるのはどのような人物か？ 重道崇文坊、節孝坊、接官亭坊にはどのような違いがあるのか？ これらを探る手がかりは、扁額（額匾）や事蹟枋の文字から見つけることができる。

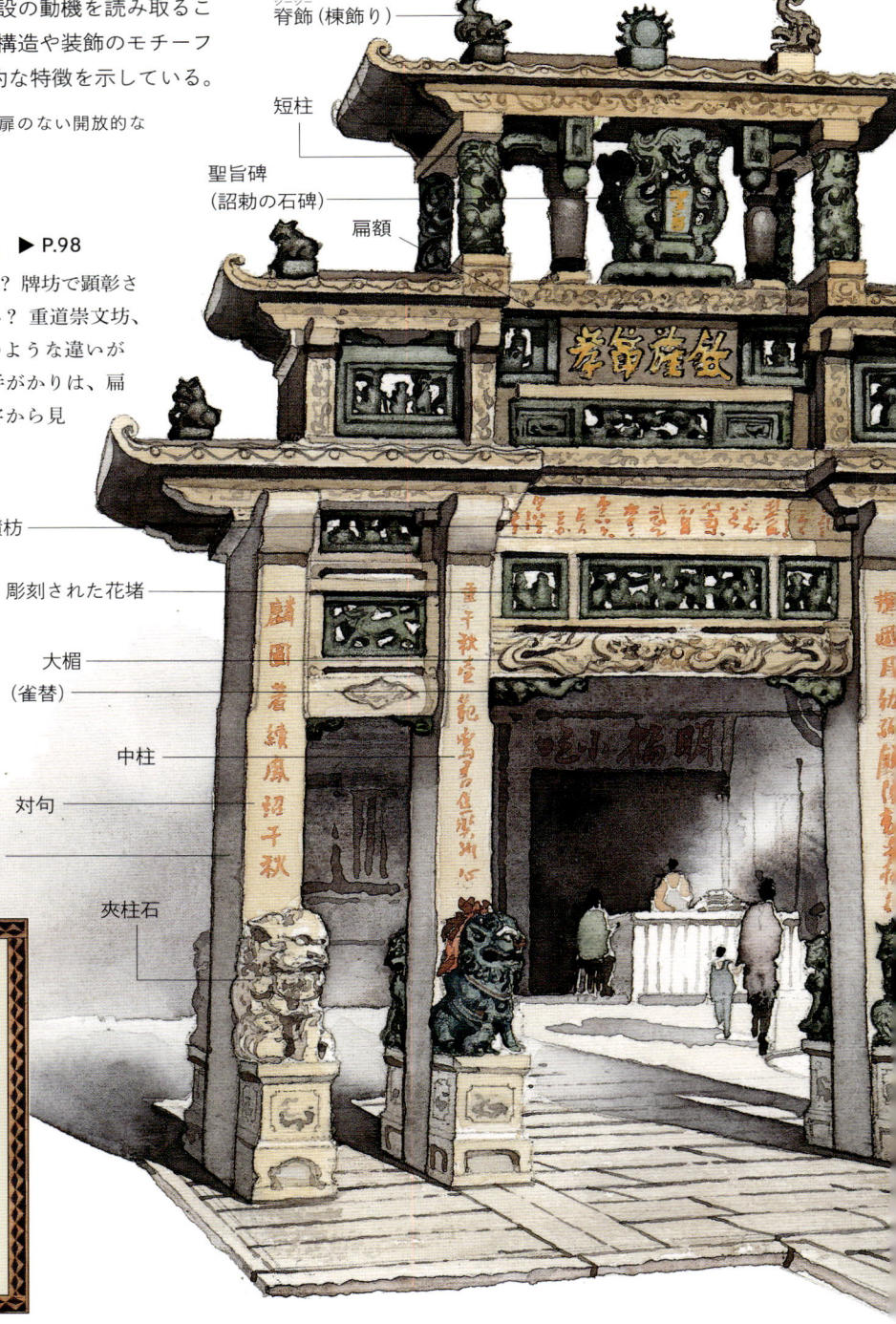

脊飾（棟飾り） <ruby>脊飾<rt>ジーシー</rt></ruby>

短柱

聖旨碑（詔勅の石碑）

扁額

事蹟枋

彫刻された花堵

大楣

托木（雀替）

中柱

対句

辺柱（外側の柱）

夾柱石

邱良功母節孝坊：金門県の金城に位置する。1812年に清朝の嘉慶帝が、功臣の邱良功の母である許氏を表彰し、節操を守り女手ひとつで子供たちを養育し、教育したことを記念して建設された。精巧で壮大であり、「台閩第一坊」と称えられ、国定古蹟に指定されている。

材質を見る

　台湾に現存する牌坊はすべて石造であり、ほとんどが中国福建省産の石材を使用している。中でも泉州白石（花崗岩）は、牌坊の構造体、例えば柱や夾柱石（柱の裾にある柱を安定するための石）、梁材などによく使用される。一方、青斗石（玄武岩の一種）は細かく加工しやすく風化しにくいため、装飾に使われることが多く、例えば花堵（欄間のような彫刻された装飾）や脊飾（棟飾り）、聖旨碑（牌坊の上部にある台座に掲げられた詔勅（皇帝の言葉）を記した碑）などに使われる。異なる材質同士の色調の組み合わせも重要な鑑賞のポイントである。

形式を見る　▶ P.97

　邱良功母節孝坊の形式は、「四柱三間五楼式」と呼ばれ、外観は精巧で壮大である。あまり知られていないことであるが、受旌表者（旌表制度を受けた人）自身の経済力も、牌坊の外観に重要な影響を与える要因である。

構造と装飾を見る　▶ P.98

　牌坊は、横方向の梁、垂直の柱、そして重ねた屋根で構成されている。規模は小さいが、構造と装飾は伝統的な木造建築の形式を踏襲しており、手を抜くことなく作られている。そのため、木造建築に由来する部位の名前も多く使われている。

形式
牌坊の形式は、建設年代、地理、職人、経済力などに影響される。台閩地域の牌坊の形式は、大きく以下の三つに分類される。

二柱単間二楼式

　最も簡素な形式で、二本の柱で間口一間を形成し、通過できるのは一つの門洞（戸口／出入口）のみである。「楼」は簷楼（軒）を指し、「滴水」とも称されるので、「二柱単間二滴水」とも呼ばれる。台湾では、台南の府前路にある蕭氏節孝坊が唯一の例である。

四柱三間三楼式

　四本の柱で間口は三間（出入口三つ）、中央が最も広く、屋根は上下二層であり、三つの簷楼（軒）がある。台湾地域の牌坊は、この形式が最も多い。

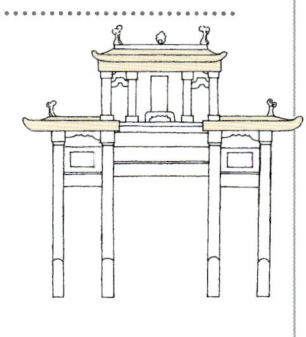

四柱三間五楼式

　同じく四本の柱で間口は三間（出入口三つ）だが、屋根は上下三層であり、合計で五つの簷楼（軒）がある。高くそびえ立つ外観は、特に華麗である。

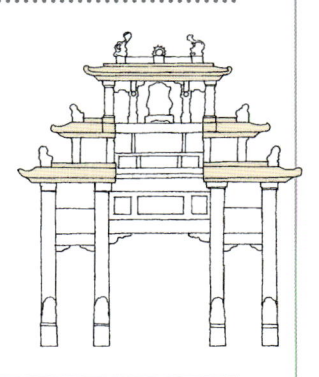

予算と規模

　同じ節孝坊でも、なぜ一部の牌坊が特に壮観で、他のものが質素に見えるのだろうか。これは、官庁が建設を承認した後、通常30銀兩（当時の通貨）の補助金が与えられるが、当事者が自ら建てるため、各家の財力によって牌坊の豪華さが異なるからである。実際には、財力的に牌坊を建てられないこともあるため、実際に建てられた牌坊の数は、実際の受旌表者の数よりもずっと少ない。

機能の種類

牌坊は、その機能から大きく二種類に分けることができる。一つは、玄関のようなイメージを強調する入口牌坊（敷地の入口などにあって空間の入口を明確に区別する牌坊）、もう一つは古風な伝統社会を想起させる旌表牌坊である。

入口牌坊※

※空間の入口を明確に区別する牌坊。

古代の里坊制度の坊門に類似するが、空間の入口を明確に区別することに重点を置いている。ただし、防衛機能はないため、門扉は設けられていない。一般的には、官署や寺院などの重要な建物の前に建てられる。また、大型墓地の入口にも墓坊があり、入口を示す役割の他に、故人を記念、賞賛する目的もある。

● 台南孔子廟の左側にある「泮宮坊」は、入口牌坊に属する。

旌表牌坊※

※古風な伝統社会を想起させる牌坊。旌表制度は忠誠や礼儀を尽くした人々、善い行いをした人々をたたえるために定められた制度。

旌表型の牌坊は、伝統社会に特有の、賞賛のための建築物であり、その最大の目的は人々を教化することにある。そのため、多くは繁華街や賞賛される人物の住宅の前に建てられる。優れた功績を持つ者は、社会的信頼性のある人物によって推薦され、官庁による確認を経て、旌表牌坊が設立されることになる。《欽定大清會典事例》（清朝の政治制度に関する史書）によれば、旌表により建てられる牌坊は主に以下の三種類がある。

熱心公益者（公益に貢献した熱心な人）：例えば、艋舺（現在・台北市萬華区）の富商・洪騰雲が科挙の試験所の建設に寄付を行ったことによって建てられた「急公好義」坊、また、貢生林朝英が単独の出資で台湾県学文廟を修復した際に建てられた「重道崇文」坊などがこれに該当する。

節烈孝順者（堅く礼節を守る人や忠実で親孝行な人）：一般的には、貞節牌坊や孝子（孝行息子）・孝女（孝行な娘）牌坊に該当し、台湾にはこの種類のものが多く残っている。

得享耆寿者（百歳を超える長寿の人）：伝統的な考えでは、百歳の長寿は賞賛に値するものとされていたが、台湾ではこの種類の牌坊は存在しない。

● 台北の二二八和平公園内に移築された急公好義坊は、上部の聖旨碑（詔勅の石碑）が失われている。

構造と装飾

石造の牌坊は、基本的に木造の建築様式を模倣している。石工は、一般的な民家や寺院を建てる職人が多く、この経験から牌坊の建築は、木造に似た装飾を施すことがよくある。完全な牌坊には通常、以下の重要な部分が含まれる。

脊飾（ジーシー）

牌坊の最上層の棟の中央部分には、通常火珠（火焔玉）やひょうたんが飾られ、邪気を払う役割がある。両端には、棟飾りとして蚩吻や鰲魚（ぎょ）（共に神獣の一種）、獅座などがよく使用される。

聖旨碑

旌表牌坊を設立する際は、皇帝の詔勅による承認が必要であったため、詔勅を示す聖旨碑はほぼ必須の部材である。高い位置にある聖旨碑は、台座の上に立てられ、左右及び上方には双龍または三龍が配され、帝王の威信と受旌表者（旌表制度を受けた人）の尊厳を象徴している。

扁額

通常、聖旨碑の真下に設置される。当時の名士による書き下ろしであり、威厳を示す。短い文字で、時に力強く、時には繊細で、背後に深い意味を持つ事蹟が垣間見える。扁額の内容から受旌表（旌表制度を受けた）の理由が分かる。

事蹟枋

通常、扁額の下部にあり、受旌表者の氏名、官職、功績などを簡単に説明したもので、牌坊の設立理由が記される。

雕刻花堵※

※欄間のような彫刻された装飾。

梁、枋（横架材の一種）、柱間にはめ込まれた彫刻の板である。構造としては機能せず、装飾的意図が強いものであり、精緻な彫刻が施された青斗石が主に使われる。花鳥や人物、瑞獣（古代中国で霊獣とされた龍、鳳凰、麒麟、亀）などがよく見られる。題材は、牌坊の性質に合わせたものが多い。

大楣

柱の中央部に設置される最も太く頑丈な横梁で、構造上重要な役割を果たし、上部の屋根の重みを支える。大楣の両側には、口が開いている龍首が彫刻され、中央には双龍が玉を守護している姿が彫り込まれる。

柱と夾柱石

柱は、牌坊を支える重要な部材である。また、柱が安定するように、その前後に柱の形をした夾柱石で柱を挟むように設置する。単なる長方形の石板であることもあるが、抱鼓石や獅子型の座が彫刻されたものもあり、牌坊に、より堂々とした雰囲気を演出する。柱の正面と背面には、対聯（対句）が刻まれており、その内容から牌坊の背後にある物語を読み取ることができる。

歴史の小道

古代の都市では、水平と垂直の道路によって、碁盤目状の街路が形成されていた。このような住居（都市の）形態を里坊制度と呼び、安全を考慮して四方には壁と坊門が設けられ、出入りの管理がされていた。坊門は、地域の入口に建てられ、人々が必ず通る場所にある。そのため、目につきやすく、次第に人物や出来事を賞賛するためのものに進化し、牌坊の前身となった。牌坊は、単なるランドマークではなく、記念碑的な側面を有している。

牌坊の存在は、中国固有の文化的特質を深く表現している。これは、儒教の伝統的な道徳観念と大きく関係している。忠孝節義や貞節の行いは、一般的に美徳として認知されており、親が子供たちに期待することでもあった。これらを人通りの多い市街地に立てることで、表彰するためだけでなく、教化する意味も大きく込められている。

昔の社会では、特定の使用者を持つ建築物もあれば、特定の状況でのみ関わる建築物もあった。牌坊は、まるで道端や路地に建つ門のようなもので、いつでも見ることができ、通り抜けることができ、さらに触れることができる建築物であった。このように、ひっそりと影響を与え続け、伝統的な道徳観念を根付かせていたのである。

清朝時代は、台湾で最も多くの牌坊が建てられた時代であったが、外観の形式はほとんど似通っていた。ただし、金門地域には、明朝時代の正徳年間（1506-21）に建てられた陳禎恩榮坊という形式が古風で特異な牌坊が存在する。四柱三間で両側に簷楼（軒）がない形式で、中国にある沖天式牌坊に似ており、古風で非常に特別なものである。

これらの牌坊は、都市的な観点から見ると、空間を区切り、街道の景観を美化する役割がある。これらは、しばしば繁華街に多く、都市が発展するに連れて道路が拡幅されるため、古い牌坊の多くは公園に移設された。さらに、文化財の研究としてみると、石造の牌坊は保存が比較的容易であり、他の類型の文化財に比べて、台湾の清朝時代の乾嘉時代（乾隆、嘉慶の時代）の牌坊は多く残っており、研究的な価値が高い。

●陳禎恩榮坊は台湾と福建地域で最も完全な形で保存されている明朝時代の牌坊である。

古墓（古墳／古い墓）

墓は、死者が永眠する場所である。墓は、陰宅（生前の住居を陽宅と呼ぶことに対して死後に住む場所の意）とも称される。古代では、厚葬（手厚く葬る）が一般的であり、これは輪廻の思想に影響されたものである。別の世界でも、食べ物や衣服、住まいなど、生活の必要があると考えられていたため、生前も死後も同等に扱う必要があった。中国古代の皇帝の陵墓は特に大規模で、秦始皇帝陵（世界文化遺産）の地下には兵馬俑が配置されており、禁衛軍（皇帝を守護する軍）として彼を守護していた。台湾の清朝時代にも、いくつかの官宦の大規模な墓が登場していた。『大清会典』（清朝時朝の政治制度に関連する史書）によれば、異なる官職に応じて異なる規模の墓を使用する必要があり、墓の前面には「石象生」と呼ばれる文官と武将の石像（武石人など）、人を乗せる動物の石馬、石虎、石羊、文筆望柱（筆のような形の柱）などが設置されていた。さらに、墓道碑（石碑）と碑亭（石碑を保護する覆い屋）も作られていた。王得禄は、清朝時代の台湾出身の武将の中で最高位の官職を持つ人物である。その墓は、大規模で精巧な石像を備えており、冠や服飾、装飾品などの細部まで細かく彫刻されている点が見所である。

武石人

石馬

石虎

墓塚

肩石

墓碑

石供桌

墓庭

拝石

石羊

墓埕

墓の種類を見る

墓は、一般的に中国式古墓と西洋式墓地の大きく二つのタイプに分けられる。前者は、主に明清時代の官墓であり、大規模で厳格な配置が特徴である。後者は、清朝時代の末期に台湾にやってきた西洋の宣教師による墓地で、規模は小さく配置も簡単である。墓主は、キリスト教徒であるため、墓碑には十字架と聖書の文句が記されている。

● 宣教師マッケイの家族墓地は、新北市淡水の淡江中学内に位置する。その碑は後方に設けられ、塚は前方に配置されており、地表から突出しない形式を採用している。この配置は、台湾の伝統的な墓地形式とは大きく異なっている。

配置を見る ▶ P.102

中国式古墓の形式は、家族の経済力や官職の大きさに影響される。裕福な家庭の墓は、規模が大きく、使用される材料も非常に厳選されている。一方、官宦の家庭には、清朝が規模や配置方法を明確に定めていた。台湾には、大規模な皇族の陵墓はないが、慎終追遠（死者を尊ぶ）や厚葬の概念により、墓は独特で芸術的価値の高い古蹟である。

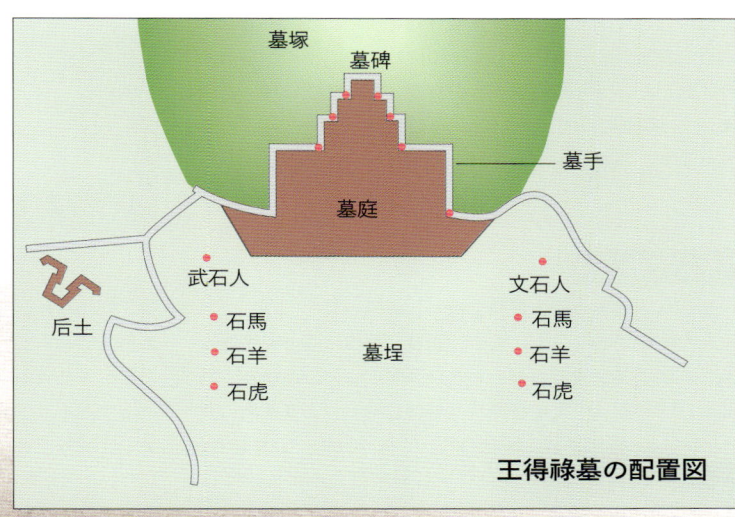

王得禄墓の配置図

墓塚
墓碑
墓手
墓庭
后土
武石人
　石馬
　石羊
　石虎
墓埕
文石人
　石馬
　石羊
　石虎

● 王得禄の墓は、墓塚と墓碑を中心とし、両側の墓手（低い塀）が外側へ段階的に広がる構造となっている。この配置は、墓庭を囲むように対称性を持たせた設計が特徴である。

文石人

墓手

環境と風水を見る

伝統的な思想では、先祖を風水の良い場所に葬ることで子孫に福をもたらすと信じられていた。したがって、この世の建物が風水を重視するように、あの世の住処も風水を重視する必要がある。風水の重要な要素は、地形環境と方角である。後ろに山があり、広く開けた地に面していることが理想的である。「葬者が身を潜められ、暴風、蟻害、水害によって体を蝕まれる恐れのないこと」が条件である。ただし、一般的な農家は、自分の家の田園の中に埋葬されることが一般的である。

王得禄の墓：王得禄は、清朝時代の台湾の武将で、嘉慶年間に蔡牽の乱を平定した功績があり、浙江提督に任命された。道光21年（1841）、アヘン戦争（1840-42）の際に澎湖諸島の駐屯地で亡くなり、後に嘉義県の六脚郷に葬られた。王得禄は、優れた官職で、清代の台湾で最高位の官位である。その墓地は、約2ヘクタールを占める大規模なもので、精巧な石像を備え、国定古蹟として指定されている。

配置

台湾の古墓は、伝統的な閩南の形式を採用しており、基本的な配置は墓塚（墓の背面にある目印のための小高い盛土）を中心に、墓庭と墓埕（墓の内側と外側の広場）を前方に配置している。官職者の墓は、《大清会典》の規定に従って建造され、比較的大規模で配置が整っている。一般的な家庭の墓地は、経済力に応じて形式が決まる。

墓塚の区画

墓塚は、下部に深さ4～5尺（120～150cm）の墓穴があり、棺を収める場所として使用される。表面に土を被せて、亀甲のような盛り上がりを形成する。周囲には、斜面に沿って低い壁が築かれ、縁には排水溝が設けられる。これにより、墓塚に水が溜まることを避け、土砂の崩壊を防ぐ。

●王得祿の墓の墓塚と墓庭。

墓庭の区画

墓庭は、墓碑の前方空間を指し、両側の墓手（塀）で囲まれた空間である。主に墓碑、肩石（墓碑の脇の装飾壁）、墓手、供桌（お供えの台）などが設置され、地面は硬く舗装されており、中央には拝石（墓参しやすいよう地面に敷かれた板状の石）が置かれることもある。

墓碑：分厚い石材で作られ、表面には墓誌が刻まれており、亡くなった人の官職、名前、出身地、生年月日などが記されている。地位の高い死者の墓碑の頂部には二匹の龍が彫刻され、周囲には複雑な文様が彫られる。

肩石：墓碑の両側に設けられ、墓碑を固定するためのもので、表面には繁雑な花の模様が彫られており、芸術的な価値が高い。

石供桌：石素材の作り付けの台で、祭祀の際に供物、香燭、鮮花などが置かれる。天板は平らで、正面や側面には通常、細かく優雅な模様の彫刻が施される。

墓手：墓碑の前方両側にあって、段々状に外に広がる低い塀である。また、餘蔭子孫（子孫に恩恵を残す）を象徴する「宝城」とも呼ばれる。折り曲げの部分には、石柱が立ち、その柱頭には龍や鳳凰、獅子、象などが装飾される。

碑亭：一部の古墓には、墓碑の上に亭が建てられており、墓碑を保護すると共に古墓の壮麗さを物語る役割を担う。

●明朝時代に建てられた金門の陳禎の墓には碑亭が設けられている。

特殊な配置を持つ古墓

旗杆（旗竿）のある墓：台北市内湖区の陳維英は、その功績が地方で名高く、自宅前（台北市・陳悦記祖宅・老師府）だけでなく、墓地にも石で作られた一対の旗竿が立てられた、非常に珍しい例である。

墓廟のある墓：墓前に建てられた廟を墓廟と呼ぶ。こだわりのある配置であり、台南市の五妃墓（五妃廟）などが該当する。

墓坊（墓の入口に建つ牌坊）と墓道碑（墓に建つ石碑）のある墓：金門

県の邱良功墓は、最も完全な形式の官墓である。石象生のほか、前方には墓坊があり、両側の石亭には清朝の嘉慶皇帝から授与された墓道碑がある。

バロック装飾のある墓：日本統治時代の一部の富豪の家では、当時の建築様式の影響を受け、墓地が広く、華麗なデザインで洗い出し仕上げや漆喰によるバロック模様が装飾として使われていた。例として、台中市太平区の呉鸞旂の墓が挙げられる。

墓埕区（墓前の広場）

　墓前に広がる空間で、通常、地面は舗装せずに土のままである。庶民の墓埕は、小さく特別な配置はないが、官職者の場合は「石象生」と呼ばれる対を為す石像を設置することができる。「石象生」は、大きな石を彫刻して人物や動物、もしくは望柱とするもので、墓主の生前の名声を示すだけでなく、墓を守護する意図もある。清朝時代の《大清会典》において、石象生の配置は明確に規定されており、官職の階級に応じて数と形式が異なるため、自由に使うことは許されていない。石象生は、墓地の一部にすぎないが、古代から大規模な丸彫の作品が欠けていた伝統芸術にとって、極めて高い価値のある存在である。

　石人：通常は、向かい合って立つ文官と武将の対であり、石翁仲とも呼ばれる。二品（含）以上（官位）の官職者のみが使用でき、文官は優雅な表情で左に、武は威風堂々として右に配置される。面白いことに、石人はみな明朝時代の官服を着ており、清朝時代の衣冠（衣装／衣服と冠）ではない。

● 文石人

● 武石人

　石獣：石馬、石虎、石羊がよく見られる。それぞれの姿勢も決まっている。石馬は、墓主の乗り物として立ったままの姿で、鞍と縄がついている。石虎は、強い力を持ち、邪気を払う役割があり、しゃがんだ姿勢である。石羊は、吉祥を象徴し、ひざまずいている。これらの石獣は、前を向いて並べられており、非常に趣がある。

● 石馬

● 石羊

● 石虎

　望柱：上に向かって伸びる石の筆のような形で文運を象徴しており、石人や石獣の外に配置される。例としては、苗栗県後龍鎮の鄭崇和の墓や金門県の陳禎の墓が挙げられる。

● 望柱

后土

　通常、墓埕の前方の片側に、「后土」と刻まれた石碑が墓主の方向に向かって設置されている。これは土地神を象徴しており、こだわりのある大規模な墓は墓手まで后土が配置される。

● 王得祿墓の右側にある后土。

歴史の小道

　墓は、人間の肉体の死後も霊魂が存在すると考える信念に基づいている。したがって墓は、遺体の安息場所であり、亡くなった人の霊魂の住まいでもある。風水では、墓を「陰宅」と呼び、亡くなった人の住宅として扱う。

墓の観念

　儒教の厚葬による孝道の影響を受けて、中国人は古来より墓に重きを置く民族である。皇帝や高位の官僚から一般の庶民に至るまで、誰もが死者を葬る場所として墓地を慎重に選ぶ。さらに、死者の霊魂が鬼神のような変化を起こし、人間の生活に影響を与えると考えられていたため、死者に尊敬を払い、彼らの加護を願い、家族生活を乱さないよう願うという考え方は、現代でも多くの人々の思想の根本に存在している。

台湾の墓の形式

　台湾の墓は一般的に墓塚、墓碑、墓手を基本配置としているが、官民や貧富の差が規模の大きさや装飾の割合に大きく影響する。特に墓前の石象生は、一般市民が勝手に使用することができず、《大清会典》には以下のように規定されていた。石象生の数は官職に応じて異なり、公侯伯及び一、二品官は石望柱、石虎、石羊、石馬、石人各一対の使用が許され、三品官は石人の使用が許されず、四品官は石羊と石人の使用が禁止されており、五品官は石虎と石人を使用することができない。さらに、六品官以下の職位ではそもそも石象生を使用することができない。

　前述した漢民族の墓以外にも、古い時代の台湾の原住民による墓もまた異なる風貌がある。彼らは墓碑を立てず、比較的簡易に埋葬を行い、民族ごとにその慣習も大きく異なり、死者に対する考え方の違いも顕著である。

砲台

砲台は、火薬と戦いの雰囲気が漂う歴史的な場所である。清朝の咸豊時代（1850-61）以前、台湾の砲台は伝統的な中国式であったが、1843年英仏連合軍（アロー戦争）の五港通商章程（南京条約の追加条約）後、西洋の大砲が台湾に導入され、西洋人を雇い、西洋式の砲台の設計、建設が始まった。初期の砲台は、英国人やフランス人が設計し、主に赤レンガと西洋から輸入された鉄水泥（早期のセメント）で建てられていた。清仏戦争（1884-85）後に劉銘傳（1836-95）によって建設された砲台は、主にドイツ人を雇って設計され、石材の使用が多いものであった。高雄市旗津区の旗后砲台は、初期の代表的な砲台である。西洋式の砲台であるが、門の額字、装飾の模様、祭祀の神龕など、中国的な特色が忠実に反映されており、19世紀の台湾の湾岸要塞建設と国防戦略の思想を示している。

環境と配置を見る ▶ P.106

清朝時代末期に、西洋の技師によって設計・建造された西洋式の砲台は、海の防衛に必要であった。そのため、主に港に設置され、いくつかの砲台が一組となって設置された。配置は、隙なく防御効果を発揮できるように港の地理環境に応じて全体的な配置が決定された。

形式と区画を見る ▶ P.107

砲台の平面構成は、地形と地勢の影響を受けて形状が異なる。内部空間には、作戦、訓練、兵士の生活などの区域が主に含まれている。

大砲を見る ▶ P.111

堅固な砲台建築は、優れた大砲と組み合わせて、最高の戦闘効果を発揮する必要がある。大砲の種類、サイズ、射程は、砲台の防御特性に応じて様々な選択がある。

前操練場
兵舎
指揮所
祭祀堂
弾薬庫
観測所
後操練場
砲座
子牆（胸壁）
大砲
牆垣（塀）

営門（入口）

設備と構造を見る ▶ P.108

　砲台は、戦闘のための軍事空間であり、その建築設備は実用性を優先して考慮されている。さらに、砲弾の攻撃に耐えるために、材料と構造は堅固で洗練されている。

高雄市の旗后砲台：清朝の光緒元年（1875）に建設され、英国の技師が設計、施工を行っている。高雄港の南岸、旗津口に位置しており、「威震天南」という額字が飾られている。現在は、直轄市の指定古蹟に指定されている。

105

環境と配置

清朝時代末期の新型の砲台は、大砲の改良により射程が変化できるようになった。また、測距装置（距離を測定する装置）の進歩により、防御時に敵艦の位置を容易に把握できるようになった。そのため、設計時には、港湾の地形に応じて複数の砲台を手落ちがなくすみずみまで注意して配置した。砲台配置の主要な理論には、以下のようなものがある。

互いに支援できるように配置すること

湾岸要塞の砲台は通常複数あり、海に近い場所にあるものもあれば、港内に設置されるものもある。また、左右・高低の差によって異なる高さと角度を組み合わせ、死角のない緻密な射撃網を形成する。

明暗があること

砲台は、「明台」と「暗台」に分けられる。明台は、目立つ場所にあって敵を威嚇する効果があるが、攻撃を受けやすい傾向がある。一方、暗台は、隠れた場所にあり、敵に予期せぬ攻撃を仕掛けることができる。例えば、高雄港の大坪砲台は暗台、旗后砲台は明台で、両方が相互に作用している。

地形を利用すること

砲台の機能に合わせて、最適な地形を選択する。例えば、谷に位置すれば周囲に天然の防衛壁があり、防御性が高い。砲弾が山に当たって跳ね返るのを防ぐために、背後に高い山がある場所を選ばないようにするなど、地形を理解することで防衛の優位に立つことができる。条件が不利でありながらも戦略的に重要な場所であれば、防御力を高めるために施設を強化する必要がある。

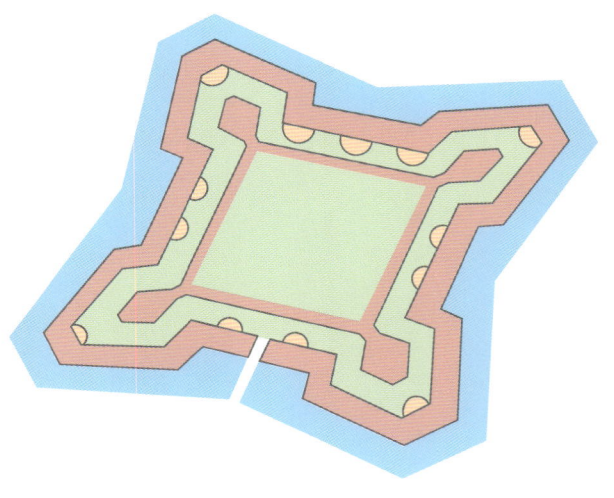

● 台南の億載金城砲台は砂州に位置し、河口に孤立して周囲に遮るものがないため、四隅が突き出た稜堡（りょうほ）の形式が採用され、さらに周囲には堀が設けられている。

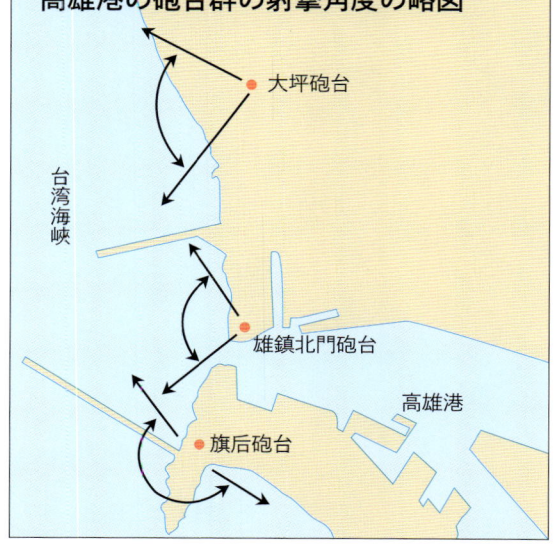

高雄港の砲台群の射撃角度の略図

大坪砲台

台湾海峡

雄鎮北門砲台

高雄港

旗后砲台

大坪砲台（高）

壽山

旗后砲台（中）

台湾海峡

旗后山

高雄港

雄鎮北門砲台（低）

高雄港の砲台群の高さ関係図
（大坪砲台は現在、わずかな遺構しか残っていない）

形式と区画

砲台が位置する地形は、平面形状と配置構成に影響する。近代の西洋式砲台は、地理的環境に基づいて区分すれば、平地の平面式砲台と傾斜地の坡地式砲台に分けられる。また、ゾーニングは砲座区、兵舎区、操練区の三つに分かれる。

平面式砲台

砲台が平坦な地形や広い空間に設置される場合、形状は比較的整然としており、大砲の位置も比較的容易に配置できる。清朝時代末期に建設された近代西洋式砲台の多くがこれに該当する。旗后砲台、億載金城砲台、澎湖西嶼砲台、淡水滬尾砲台などがこれに含まれる。

坡地式砲台

砲台が斜面に立地する場合は、地形環境に合わせて砲の位置を配置する必要があるため、平面は不規則な形状となる。基隆市の海門天険砲台、大武崙砲台などがこれに該当する。

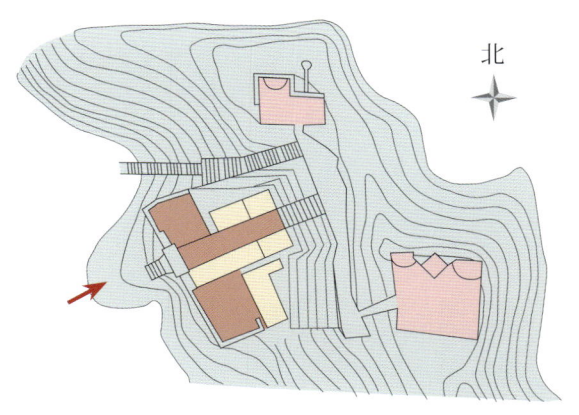

北

●海門天険砲台は山の斜面に位置し、平面は不規則な形をしている。砲座区は海に面した高台にあり、東側と北側の二箇所に分かれている。一方、操練区と兵舎区は海を背にした中央の低地に配置されている。

●海門天険砲台の砲座区の弾薬庫。

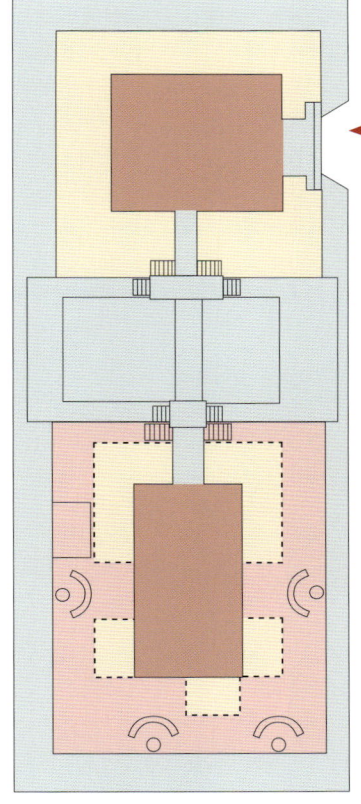

●旗后砲台は横長のサンゴ岩の台地上に位置し、長方形の平面になっている。平面配置は「目」の形に区画され、操練区は南北二箇所に分かれている。砲座区は南側に設置され、三方に大砲が配置されている。兵舎は南北両側の塀の内側に配置されている。

●旗后砲台の南操練場と周囲の兵舎。

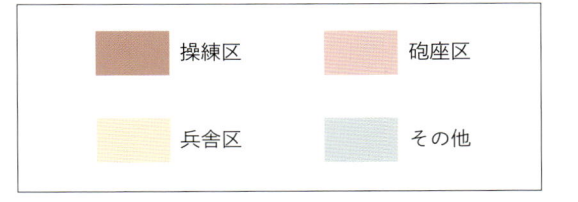

操練区		砲座区
兵舎区		その他

設備 と 構造

砲台は普通の建物とは異なり、風雨をしのげるだけでは充分ではない。砲台は砲弾の攻撃に耐える必要があり、戦闘に必要な建築設備を提供するため、その構造は非常に堅固に造られる。重要な設備及び構造について以下に説明する。

営門（入口）

砲台の営門は通常一箇所のみ設置し、堅固であることが特徴である。その外観はよく目立ち、塀との対比が強調される。門扉は重厚で、門洞は通常レンガのアーチや木梁で架けられる。一般的な形式には以下の二種類がある。

四角形の門洞：太い横材と密に並べられた梁で上部の門額や雉堞（城壁の上のぎざぎざのある低い壁）を支える形式であり、例として旗后砲台が挙げられる。

半円アーチ型の門洞：伝統的な半円アーチを持つ城門に似た形状で、一部の門には雉堞も設置され、外観は城門座と同じである。海門天險砲台がこれに当たる。

● 海門天險砲台の営門は城門に似ている。

● 旗后砲台の営門は密梁式の構造で、力強く雄大な雰囲気を醸し出している。両側には「囍」字と八の字形の壁が設けられており、伝統的な趣を感じる。

営門の伝統的な雰囲気

砲台の多くは西洋の技師によって設計・施工されているが、中でも営門は伝統的な雰囲気を感じられる唯一の場所と言える。例えば、営門には伝統的な建築に欠かせない扁額が掲げられる。沈葆楨による安平二鯤身砲台の「億載金城」や「萬流砥柱」、劉銘傳による滬尾砲台の「北門鎖鑰」、李鴻章による「西嶼西台」などがある。旗后砲台の営門は伝統的な斗砌法（石積み工法）で築かれ、両側には「八の字形の壁」と「雙喜」という文字が飾られている。このように中国と西洋を掛け合わせた趣向は戦争の厳しさを和らげているようにも思われる。

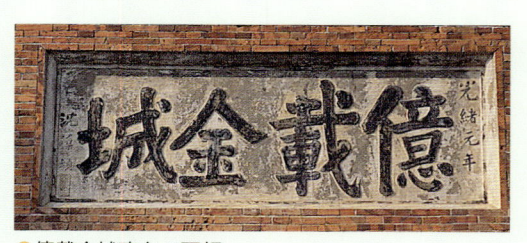

● 億載金城砲台の扁額。

● 基隆の白米甕砲台は、すべての設備が一直線に配置されており、非常に独特な配置である。

指揮所

牆垣（塀）

　砲台は一つの独立した小さな城郭のようであり、周囲は高く厚く堅固な塀で囲まれており、砲弾を防ぎ、防御機能を果たしている。材料には土や石以外に特殊な材料として鉄水泥が使われる。これは19世紀に開発された初期のセメントであり、現代のものとは成分が異なる。中にセメントに加えて伝統的な三合土（三和土）も含まれ、非常に堅固であるため、多くの軍事施設に使用された。施工時には一層一層積み上げられるため、表面には版築のような水平な線が現れる。壁厚は環境の状況に応じて2メートルから5メートルまで異なり、一部の砲台では内外に二重の土塀が設置され、砲弾の爆発の威力を減少させ、防御能力を向上させている。

●砲台には主に鉄水泥の塀が使用されている。

砲座、子牆（胸壁）

　砲座は一般的に塀の上に設けられ、地面には円形の砲盤があり、大砲を左右に自由に旋回させることができるようになっている。新型の大砲は非常に重いため、その真下には鉄水泥の基礎が設置される。大砲の使用に合わせて、前方には低いアーチ型の胸壁が設置されることがあり、または内側が狭く外側が広いラッパ口のような開口が設けられる。胸壁の側面には踏み台が設けられ、兵士が大砲の砲弾を装填するために使用される。

●旗后砲台の砲座と胸壁。

弾薬庫

　弾薬庫は通常砲座区の下に位置し、孔道（運搬用通路）を通じて砲座との間の砲弾の供給がスムーズに行われるようになっている。一部の砲台には砲座の胸壁の内側に貯弾孔（即用弾置き場）が設けられ、各孔に一つずつ砲弾が保管されている。

観測所

　観測所は戦闘時に大砲の角度と着弾点を計算するための場所で、一般的には高い位置にある平台や砲座の近くに、レンガのアーチで構築された小屋である。

指揮所

　指揮所は砲台の指揮センターであり、一般的には隅に設置されるか、砲台の中央に位置し、独立した建物となっている。

弾薬庫　貯弾孔　胸壁　砲座　観測所

営舎（兵舎）

　兵舎は通常、砲台の塀の内側に配置される。このため戦闘時の出動に便利であり、砲弾から逃れることもできる。中央の広場に別の建物を建てる場合もあるが、砲弾の攻撃を受けやすくなる恐れがある。兵舎には一般的に以下の二つの構造がある。

　密肋木楔：柱と縦の梁を構造フレームとして、その上に狭い間隔で梁を並べ、上部に厚い鉄水泥の屋根を設ける。例として旗后砲台が挙げられる。

●旗后砲台の兵舎は密肋木楔構造。

　拱巻結構（アーチ構造）：レンガや鉄水泥で築かれたアーチ型の屋根で覆われた空間である。例として、西嶼西台、東台、滬尾砲台が挙げられる。兵士の機動性を高めるために、通常内部は仕切りがなく、隧道（ずいどう）のようになっている。

●西嶼西台の隧道式兵舎。

祭祀堂

　旗后砲台の南区兵舎には南向きの部屋があり、兵士たちの心を安定させるための祭祀の空間が設けられている。壁にはレンガで積み上げられた祭壇がある。また、台南の安平小砲台の雉堞（ちちょう）には小さなくぼみがあり、同様の機能を持っていた可能性がある。これらの場所には神像は保存されていないものの、民間の習慣によれば、戦神の関聖帝君が祀られていたと考えられる。

●旗后砲台の祭祀堂。

操練場

　砲台の中央には広い空間があり、兵士が訓練を行う場所として利用される。

●億載金城砲台の操練場。

壕溝（堀）と引橋

　平地に位置する砲台は周囲に自然の防壁がないため、塀の外周に堀を設けて敵の侵入を防止する。堀に水が溜まっている場合、営門の前に引橋を設置して出入りできるようにし、敵軍が襲撃してきた際には橋を引き上げて通路を遮断する。

●億載金城砲台の外周には堀が巡らされており、その引橋は元々は跳ね橋だった。

大砲

清朝時代末期の台湾の砲台には、伝統的な火砲と、英国やドイツから購入した西洋式の大砲が見られる。ただし、現在では砲台に実際に備えられている大砲は非常に少なく、一部はレプリカの大砲を配置している。

伝統的な火砲

清朝の咸豊時代以前、台湾では自家製の鉄砲や青銅砲が使用されており、そのサイズは1000斤から8000斤（一斤＝600グラム）までのいくつかの重さの規格で分類されていた。砲身には製造年、重量、製造者などの刻印があり、今日でも多くの遺物が見られる。これらの火砲は単筒状で、先端が細く、後部の火薬室で太くなり、火門として小さな穴が空けられている。中央の両側には突起（砲耳）があり、固定と角度の調節に役立っていた。このような火砲は直径約10センチの鉄球を砲弾として使用していた。

●億載金城砲台の中国式火砲。

西洋式の大砲

台湾が開港すると、西洋式の砲台が建設されるようになり、西洋式の大砲が使用されるようになった。これらの大砲は伝統的な火砲よりサイズも重量も大きく、鋼鉄の砲身はより高い強度を持ち、より強力な砲弾の衝撃に耐えることができた。使用する弾丸は細長い形状をしていた。当時の台湾では特にドイツ製のクルップ（Krupp）大砲やイギリス製のアームストロング（Armstrong）大砲がよく使用されていた。

●台北市の二二八和平公園内に移設されたクルップ砲。

●億載金城砲台のアームストロング大砲（模造品）。

歴史の小道

砲台は防衛上の重要な施設であり、宋朝時代の火砲の発明が砲台建築の歴史の始まりである。清朝時代末期以前の砲台は伝統的形式であり、城郭の上に築かれるものもあれば、湾岸地域に築かれるものもあった。これらの砲台はアヘン戦争で大きな挫折を経験し、清朝時代末期の洋務運動（西洋の近代技術の導入を図る一連の運動）の幕開けとなった。

18世紀末は、重商主義（商業を重視する考え）が盛んであり、西洋諸国は積極的に海外展開を進めるようになった。大砲の設計はますます精密になり、火力の強化が図られ、その強力な武力によって周辺地域を侵略し、当時のアジアの多くの地域が犠牲となった。これらの国々は抵抗できない状況に直面し、西洋からより強力で遠距離射撃が可能な新型大砲を購入し、西洋式の砲台を建造するようになった。

台湾は牡丹社事件で海防の重要性を示し、清朝政府の注目を集めるようになった。朝廷では「台湾有備沿海無憂」（台湾に備えがあれば、沿海の憂はなし）という声が高まり、李鴻章による洋務運動の推進に伴い、西洋技術を利用して沿岸の防衛力を高めるという概念も台湾にもたらされた。光緒元年（1875）には台湾初の西洋式砲台である億載金城砲台が完成した。

劉銘傳が台湾を管理していた時期には、西嶼西台や東台、滬尾砲台、基隆の獅球嶺砲台など、近代的な砲台が10数基建設された。同時にこれらの砲台は多くの戦闘で功績を挙げた。台湾の砲台は清朝時代末期に海防に対する重要性が認識された結果として建造されており、設計者は主に外国人であった。武器や装備も外国製だったが、施工者は地元の技術者であったため、「中西合璧（中国文化と西洋技術の融合）の趣がしばしば現れている。現存する砲台は澎湖、高雄、淡水、基隆などの沿岸地帯に広く分布しており、かつて多くの外来の敵に侵されていたことが分かる。

海防に代わって防空の時代が到来すると、砲台の建設は徐々に行われなくなったが、砲台が要塞にあるため、日本統治時代から光復後まで、その多くが軍の管理下にあった。近年では軍事用途を失い、古蹟として開放され、参観できるようになっている。

燈塔 (灯台)

灯台は船舶の航海の道しるべとなるものである。台湾最初の灯台は清朝時代初期の乾隆年間に建設された澎湖の西嶼石造灯台で、火薬を燃やすことによって発光させていた。嘉慶初年には淡水港に望高楼が設置され、出入船舶は媽祖廟の住持（管理運営者）に寄付し、労働者を雇い、夜間の航海を支援するために灯油を点灯していた。これが台湾の伝統的な灯台の形式である。港が開かれた後、船舶事故が増加し、航海の安全性を向上させるために、西洋の有力国からより先進的な灯台を購入した。例えば、今日見られる西嶼の鋳鉄製灯台はイギリスから購入したものである。灯台を鑑賞する際には、機械構造のみならず、周囲の景観や地形にも注意し、その明かりを灯す場所の役割を理解することが重要である。

設置場所と地形との関係を見る

灯台は船舶が方位を測定し、暗礁の位置を警告する海上防御施設である。設置場所は主に重要な海岸の曲がり角、岬、または海中の島などの突出した地形が選ばれる。

外国籍灯台守の墓

塀

霧笛

灯台記念碑

霧砲

灯ろう（灯台の上部構造）を見る

▶ P.114

灯ろうは灯台の照明装置を設置する場所であり、主に冠蓋とガラス窓の二つの部分で構成される。最上部には風向を示す風向計が設置される。風向計は一般的に上下に分かれており、下部は固定の方位盤、上部は矢印状で、風向に応じて回転する。

入口を見る

塔の構造に応じて異なる形式をとる。レンガ造の場合、通常は半円のアーチが作られ、鋳鉄造の場合はドア枠上部に三角形の庇が取り付けられており、古風な趣を持っている。西嶼燈塔には鋳造の年代や製造者の銘が刻まれており、重要な歴史的証拠となっている。

灯塔を見る　　▶ P.114

白い円筒形の灯塔は、灯台が人々に最初に与える印象である。白い塗装は目立つだけでなく、構造を保護し、断熱の効果もある。日本統治時代以前の灯塔の構造は石、レンガ、鋳鉄が主であったが、近年では主にコンクリートが使用されている。

螺旋階段を見る

円筒形の灯塔内部の空間は狭いため、一度に一人しか通れない。多くは螺旋階段が使われ、材料は鋳鉄製や銅製のものがある。

霧砲または霧笛を見る

天候が悪化し濃霧が発生すると、灯台の視認性が低下する。船舶の方向測定機能を維持するために、音響信号が補助的に使用されていた。初期には霧砲が配置されていたが、近年では霧笛がその代わりとして使用されている。

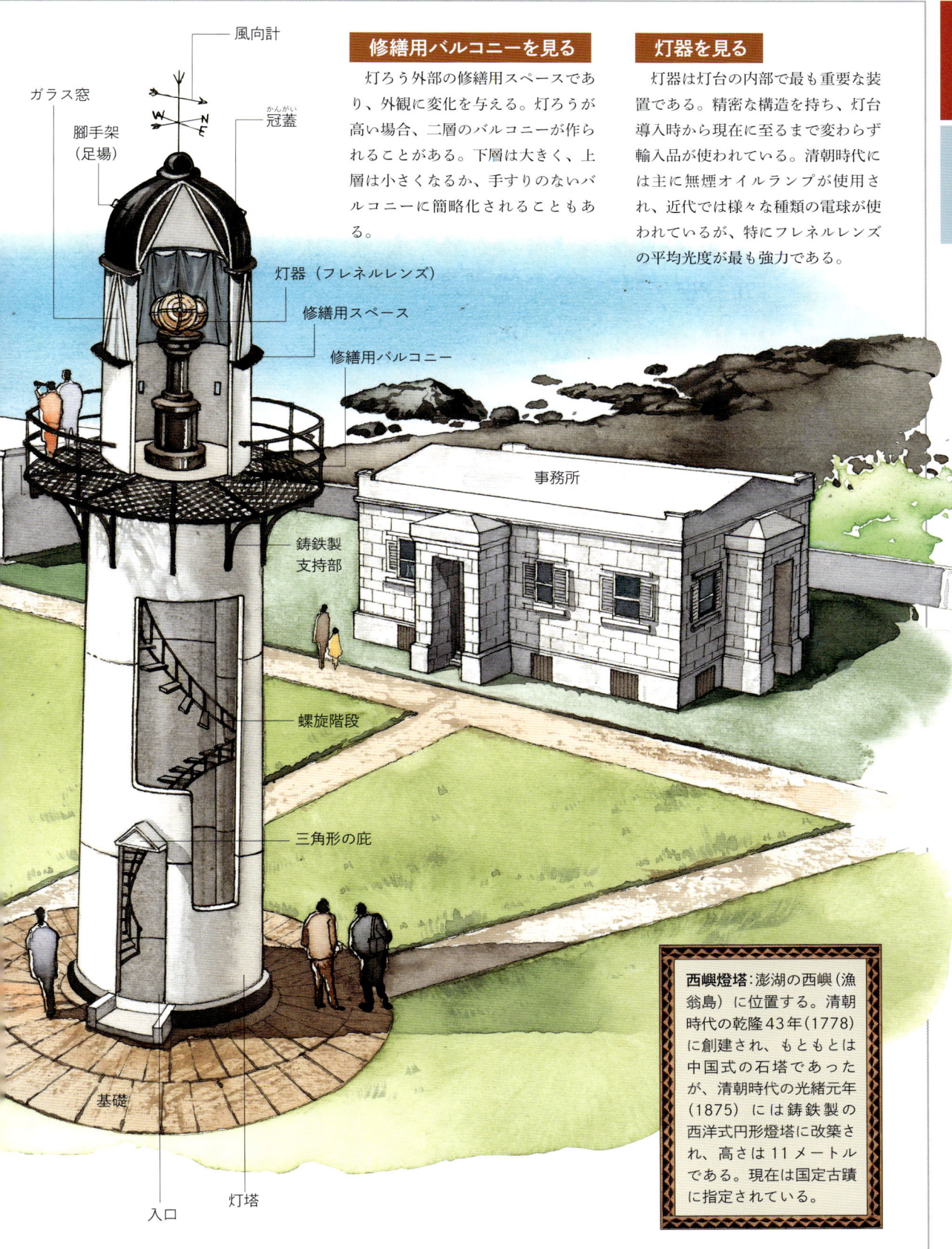

修繕用バルコニーを見る

灯ろう外部の修繕用スペースであり、外観に変化を与える。灯ろうが高い場合、二層のバルコニーが作られることがある。下層は大きく、上層は小さくなるか、手すりのないバルコニーに簡略化されることもある。

灯器を見る

灯器は灯台の内部で最も重要な装置である。精密な構造を持ち、灯台導入時から現在に至るまで変わらず輸入品が使われている。清朝時代には主に無煙オイルランプが使用され、近代では様々な種類の電球が使われているが、特にフレネルレンズの平均光度が最も強力である。

風向計

ガラス窓

脚手架（足場）

冠蓋（かんがい）

灯器（フレネルレンズ）

修繕用スペース

修繕用バルコニー

事務所

鋳鉄製支持部

螺旋階段

三角形の庇

基礎

入口

灯塔

西嶼燈塔：澎湖の西嶼（漁翁島）に位置する。清朝時代の乾隆43年（1778）に創建され、もともとは中国式の石塔であったが、清朝時代の光緒元年（1875）には鋳鉄製の西洋式円形燈塔に改築され、高さは11メートルである。現在は国定古蹟に指定されている。

灯ろう （灯台の上部構造）

主に冠蓋とガラス窓の二つの部分で構成されている。さまざまな形状の冠蓋とガラス窓が灯台の外観に変化をもたらす。

冠蓋

多くはドーム形であり、鋳鉄や銅板を一枚一枚花びらのように貼り合わせ、海辺の塩分による腐食を防ぐために、表面には黒色の防錆塗料が塗られている。外部に脚手架（足場）が設けられ、定期的な塗装やメンテナンスが容易に行えるようになっている。頂端には灯器が点灯するときの熱を逃すための通気孔が設けられている。

ガラス窓

ガラス窓は灯器の光を拡散させ、日光や雨、海風、塩分から灯器を保護する役割がある。通常は、ガラスの強度を高めるために枠が組まれている。ガラスの分割に特定の規格はないので、設計者の工夫次第で建築の美しさを表現することができる部分である。なお、昼間は強い日差しやレンズの焦点による損害を防ぐためカーテンで覆っている。

よく見かける灯ろうの形式

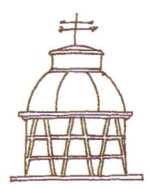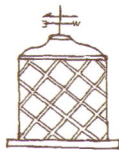

灯塔

台湾の初期の灯台は主に石造、レンガ造や鋳鉄造が主流であった。後期には鉄筋コンクリートや鉄骨造が採用され、建物の高さは材料や技術の制約を受けることがなくなり、構造材料の違いによって全体の造形や趣も変化した。

石造

台湾で最も古い灯台は、漁翁島燈塔（西嶼燈塔の前身）であり、現在は馬祖東莒燈塔と烏坵島燈塔が唯一の石造の灯台となっている。前者は清朝の同治 11 年（1872）に建てられ、現存する最も古い西洋式の石造灯台で、英国人によって設計されたものである。石造の灯台は平面形状がすべて円形であり、灯塔は円筒形である。灯ろうとの比率は約 3 対 2 で、装飾はあまり施されないが、外観に堅固に見える。

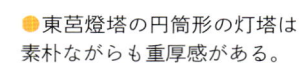

●東莒燈塔の円筒形の灯塔は素朴ながらも重厚感がある。

レンガ造

清朝時代のレンガ造の灯台と石造の灯台は外観、形態、比率などがよく似ている。日本統治時代に入ると、レンガ造の灯台の灯塔は明確に下部が広く、上部が狭くなる傾向が見られ、比率がより細長くなり、細かい装飾が施されるようになった。平面形状も変化し、高雄旗后燈塔のように八角形の灯塔も存在する。日本統治時代はレンガ造の灯台の全盛期であり、その数は最も多かった。

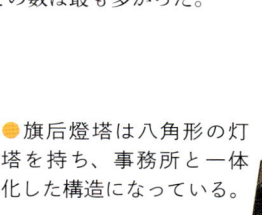

●旗后燈塔は八角形の灯塔を持ち、事務所と一体化した構造になっている。

歴史の小道

古代から台閩（台湾と福建省）間の交通は海路に依存しており、台湾周辺海域は南方の呂宋へ向かう船や北方の中国大陸、日本、琉球などへ向かう船が必ず経由する場所であった。しかしながら当時は船舶と航海機器の能力が限られていたため海難が頻発していた。特に台湾海峡は特殊な自然環境であるため、航海の安全のために灯台を建設する必要があった。

初期の灯台は単純な目印であり、岸にある仏塔か、あるいは山の上に目印となる大きな石が置かれることがあった。現在、金門に保存されている文台古塔は、明朝時代の洪武20年（1387年）に江夏侯・周徳興によって石で積み重ねられたもので、当時の航海の目印とされていた。これはいわば明かりのない灯台といえる。

清朝時代の伝統的な灯台には旗竿や燈竿式、または頂部にガラスをはめ込んだ石塔などがあり、毎晩ろうそくやオイルランプに点火され、長明燈と称された。灯油の費用は船舶の往来の際に徴収されるか、台廈（台湾と廈門[アモイ]）両地の船に寄付を求めるか、近くの土地を購入し寺を建て、農地の貸出費を徴収することで賄っていた。

清朝の咸豊年間になると、台湾の港は次々と開港され、出入船舶がより多くなった。また、帆船から新しい汽船に変わっていったため、港の伝統的な灯台は海上の安全に対応できなくなっていった。清朝政府もこの問題に真剣に取り組むようになり、近代建築の出現とともに西洋式の灯台を導入するようになった。西洋式の灯台は当初外国人を雇って設計され、漁翁島燈塔（西嶼燈塔）の塀の外には外国人の墓が残っていることからも、当時は灯台の管理人さえ外国人だったということがわかる。

日本統治時代には台湾の輸出産業に重点が置かれ、船舶運送が主要な手段であったため、灯台建設のピークを迎えた。台湾に現存する灯台のうち、半数以上が日本統治時代に建設されたものであり、より先進的な建材はしばしば日本から輸入され、台湾で組み立てられたものである。

● 金門の文台古塔は、かつて航海の目印であった。

鋳鉄造

銑鉄（初製の鉄）を使用して鋳造したものである。灯塔はやや円錐形で、鋳鉄が継ぎ合わされた痕跡が見られる。修繕用のバルコニーはボルトで組み立てられ、ベランダの下部の鋳鉄の支持部には西洋風の古典的な装飾の雰囲気が強いものが見られる。灯台の材料は日本統治時代以前には中国大陸から輸入され、日本統治時代以降は日本で製造されたものが台湾に輸入されて組み立てられるようになった。現在、台湾には澎湖の西嶼、目斗嶼、屏東の鵝鑾鼻の三つの鋳鉄造灯台が現存している。

鉄筋コンクリート造

日本統治時代後期から登場したコンクリートは柔軟性のある材料であり、従来の構造の制約を打破し、灯台の形状に豊かな変化をもたらした。特に日本統治時代のコンクリート造の灯台では、基礎が事務所や宿舎などの付属空間と一体化している場合が多く、外観は全体的にすっきりとしている。

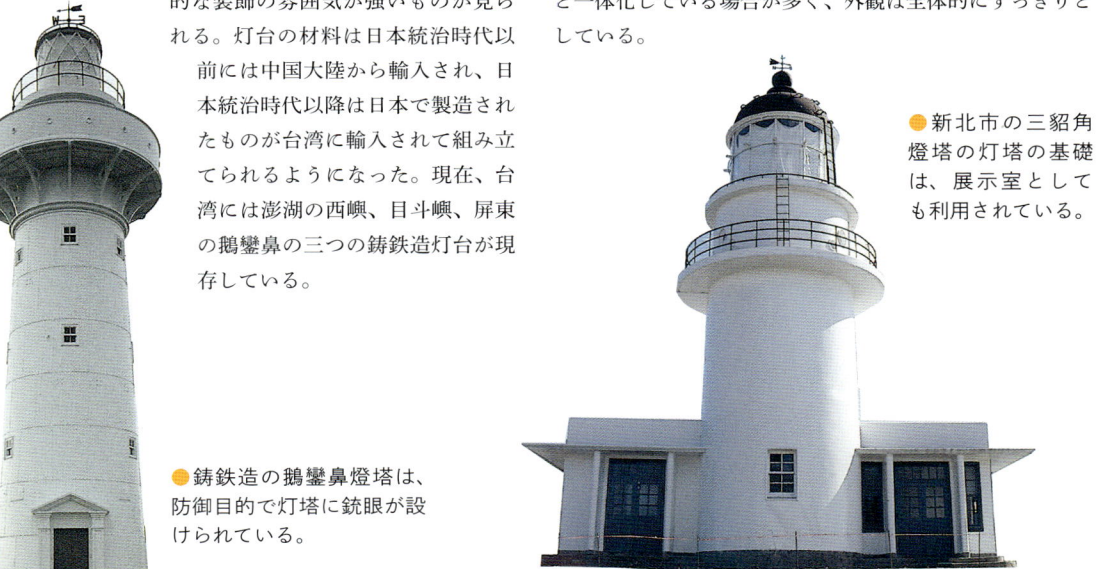

● 鋳鉄造の鵝鑾鼻燈塔は、防御目的で灯塔に銃眼が設けられている。

● 新北市の三貂角燈塔の灯塔の基礎は、展示室としても利用されている。

領事館、洋行（外国人経営の商社）

1860年代は台湾が対外的に開放され、通商が開始された歴史的な時期であった。西洋列強の商人や宣教師が上陸し、外国商社や領事館の建設も始まった。これらの洋館は、ヨーロッパの建築とは異なり、熱帯地域の暑さを防ぐために拱廊（アーチ型の回廊。アーケードやベランダを配したコロニアル・スタイル）のデザインが取り入れられた。拱廊が建物の周囲を廻る、この様式は標準の洋楼（洋館）の仕様として、シンガポール、マカオ、香港、台湾、そして中国の上海や青島に至るまで建築され、西洋勢力の到来を示していた。高雄と淡水のイギリス領事館は、1860年代から1870年代に建設されたもので、東アジアに現存する数少ない初期の洋楼である。特に淡水の領事官邸は、施工技術が優れ、素材にも非常にこだわって建てられている。現在も19世紀末期の耐火のための鉄製の浪板拱（なみいたきょう）（アーチ形の鉄板。日本の生子鉄板（なまこ）の防火床に相当）が当時の形で保存されており、鉄筋コンクリートが発明される以前の技術として、学術的研究や鑑賞の価値が非常に高い。

空間の特徴を見る　▶ P.118

洋楼の使用者は、主に西洋人であり、その生活習慣は当時の現地住民とは大きく異なっていた。彼らの多くは中・上流階級に属し、生活の質にこだわっていたため、空間の配置から室内の装飾まで、非常に特徴的である。

床を見る　▶ P.121

床は、荷重を支えるため、構造の安定性が特に重要である。ただし、当時はまだ鉄筋コンクリート造が使われていなかったため、特殊な工法が採用されていた。これも洋楼を観察する際の注目すべきポイントである。

欄干（手すり）を見る

洋楼の基礎は、高く設けられ、安全のために一階と二階には手すりが取り付けられていた。上部には、石製の笠木（かさぎ）が使われ、支柱には当時流行していた釉薬をかけた陶製の花瓶や、伝統的な緑釉薬をかけた模様のある磁器、レンガで作られた透かし模様などが用いられている。さらに、底には排水を促す小さな孔が開けられている。

テニスコート

浪板拱（なみいたきょう）（アーチ形の鉄板）

ブラインド

●台南安平の東興洋行の基礎には、防湿用の通気口が設けられ、拱廊の縁には緑釉の花瓶状の手すりが配置されている。

基礎を見る

湿気を防ぐため、建物の最下層の床を地面から離すために基礎を高くし、基礎を高くすることで地下室も確保できる。基礎の外壁には、通気口を設けて内部の乾燥を保ち、木製の床板が腐るのを防いでいる。基礎の構造には、レンガ積み、石積み、そしてレンガと石を組み合わせた積み方の三種類がある。

屋根を見る

多くの洋楼は、基本的に四つの屋根の基本形式と、これに変化を加えた屋根である。小屋組には、西洋式のトラス組が採用されている。屋根には、閩南様式の赤瓦が葺かれている。屋根の上には煙突がよく見られる。これは当時、台湾に来た西洋人が自国の暖炉を設置する習慣があったためである。

主寝室　　煙突　　アーチ

拱廊（きょうろう）

基礎の通気口

緑釉の花瓶状の手すり

リビングルーム　　タイル仕上げ　　防湿基礎

床材を見る　▶ P.119

洋楼では、空間に応じて、さまざまな床の仕上げ材が採用されることが多い。台湾産の赤レンガが使われることもあれば、南洋風のタイルが使われることもある。それぞれが独自の特徴を持つので、細部まで鑑賞することができる。

アーチを見る　▶ P.120

さまざまな大きさの円弧や平らな形のアーチ構造が、建築の外観にリズム感を生み出している。また、建物を囲むアーチ型の拱廊は、日差しを避ける機能を果たすだけでなく、そこに暮らす人々の生活に優雅な趣を与えている。

> **淡水イギリス領事官邸**：1870年代に建てられたが、正面の壁に施されたレンガ彫刻から、1891年に大規模な増築が行われたことがわかった。新北市淡水区の見晴らしの良い丘の上に位置し、眺望が素晴らしい精美な赤レンガの洋館である。現在は、紅毛城古蹟区に含まれており、国定古蹟に指定されている。

空間の特徴

領事館は、外交官の事務所と住居を兼ねている。一方、外国商社は、現在の貿易商社のようなものなので、事務所と倉庫の空間が必要である。それぞれ空間の用途は異なるが、どちらも換気や衛生などの条件を非常に重視し、当時としては先進的な衛生設備や給排水システムを備えていた。これらに加えて、以下のような共通の特徴がある。

配置が対称

洋楼（洋館）の平面配置は、一般的に中央に廊下を配置して平面を対称にする中廊下形式を採用している。つまり、中央に通り抜けられる廊下や2階へ上がる階段を設け、部屋は左右両側に配置される。ただし、領事館と外国商社では機能が異なるため、実際のニーズに応じて空間の利用方法が異なる。

空間の機能が明確

洋楼は、室内外を問わず、空間の機能が非常に明確である。周囲には、広場が設けられ、花や草木を植えるとか、活動の場所とかに使用されている。主な空間として、応接間、食堂、書斎、寝室、拱廊（きょうろう）などがある。その他、台所、物置、女中室などの空間は、建物の背面側や周辺の付属屋に配置され、それぞれ独立した出入口を持っている。これは、ヨーロッパの邸宅の概念をそのまま用いたもので、主人と女中の間に明確な身分の差がある。

● 寝室は大きな掃き出し窓があり、拱廊とつながっていて、広々として快適である。

● 1階に位置する応接間は社交の空間であり、拱廊のリラックスした雰囲気と一体化している。

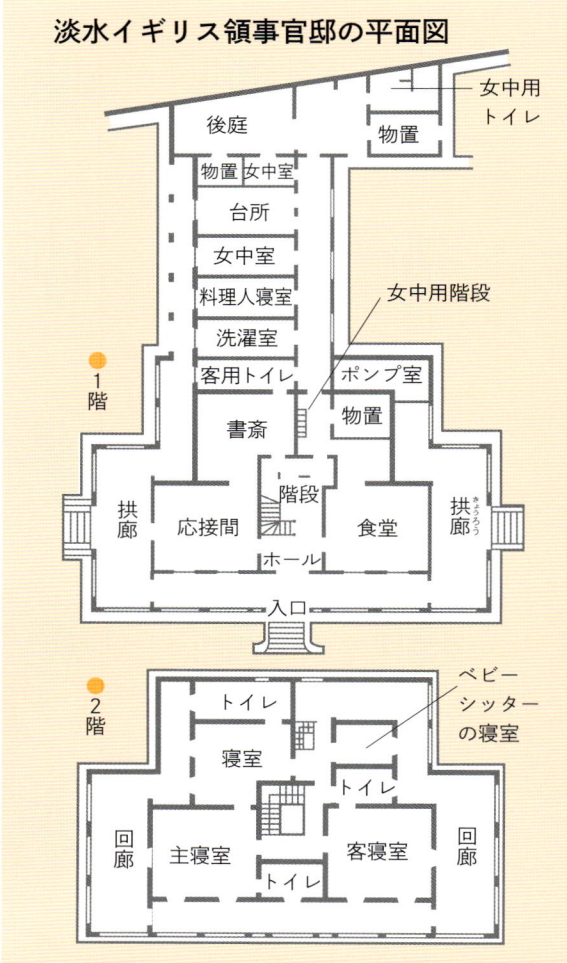

淡水イギリス領事官邸の平面図

1階

- 後庭
- 物置
- 女中用トイレ
- 物置 女中室
- 台所
- 女中室
- 料理人寝室
- 洗濯室
- 客用トイレ
- ポンプ室
- 物置
- 書斎
- 女中用階段
- 拱廊
- 応接間
- 階段
- 食堂
- 拱廊（きょうろう）
- ホール
- 入口

2階

- トイレ
- 寝室
- ベビーシッターの寝室
- トイレ
- 回廊
- 主寝室
- 客寝室
- 回廊
- トイレ

● 食堂は東側に設けられることが多く、小さな扉が設置され、直接台所と繋がっている。朝の太陽の光の中で朝食を楽しむ趣を満喫できる。

室内外の空間の調和を重視

応接間と食堂は、玄関の両側の最も眺めの良い場所に配置される。食堂は、通常東側に設けられており、朝日を浴びながら朝食を楽しむことができる。最も特徴的なのは、建物の外側にある半屋外のくつろぎ空間——拱廊（アーチ型の回廊）である。イギリス人は、特にこの場所でアフタヌーンティーを楽しむことが好きだ。

●拱廊は洋楼（洋館）における重要な休憩空間である。

特殊な設備ー室内階段、壁炉（暖炉）

室内階段は主に中央のホールに位置し、全体的にとても凝ったつくりである。特に手すりの細部の彫刻が精巧で、階段の踏み板には木製と石製の二種類がある。石製は堅固で防音性に優れているが、高価である。階段の構造に合わせて、この空間は2階まで吹き抜けになっていることが多く、屋根には天窓が設けられたり、シャンデリアが吊り下げられたりして、ホールを明るくし、格式を高く見せる。

居住者の故郷の習慣の影響を受け、応接間や食堂、寝室など主要な部屋には、壁炉（暖炉）が設置されている。これは亜熱帯地域では、非常に珍しいことである。壁炉は、実用的な機能以外に、壁面の美しさを増すための装飾品としても扱われているので、その外形は凝っており、バロック様式のような繊細な装飾も施されている。

●華やかな室内階段が、玄関ホールの空間にさらなる変化をもたらしている。

●暖炉の造形や焚き口の鉄細工、そして床の仕上げなど、どれも見逃せないポイントだ。

床材

19世紀の台湾の洋楼における床の仕上げは、一般的によく見られる木製のフローリング以外に、以下の三種類の仕上げがある。

赤レンガ

構造は、主に木の梁と根太（だ）（P.178参照）の上に木の板を載せ、その上に赤レンガを敷く。この方法は、防音効果が比較的優れている。

●洋館の床には伝統建築でよく使われる赤レンガが用いられる。

タイル

床にタイルを敷く。材料は、当時流行していた南洋から輸入された小さなタイルである。様々な色のタイルを組み合わせて四角い連続模様を作り出しているため、色彩が鮮やかで、南洋の様式が強く感じられる。

●小さめのタイルは、モザイクのような芸術的効果が強い。

漆喰

直接漆喰で平らに仕上げ、コンクリートの床のようにする。この方法は、防音効果が最も高いが、重量も最も重いので、2階での使用にはあまり適していない。

●漆喰の表面には、ノミで穴を刻むことで滑り止めの効果を持たせる。

アーチ

アーチの使用は、古代ローマ時代にすでに発達しており、西洋建築の重要な要素であり続けてきた。東方に伝わった後、初期の洋楼（洋館）建築には欠かせない要素となった。アーチは、鉄筋コンクリートが使用されていなかった時代の知恵のある構造技術であり、開口部上部の重量をしっかりと柱に伝えなければ、構造的な弱点となってしまう。精密なアーチの施工によって、この目的を達成することができる。一般的なアーチの形式には、以下の三種類がある。

● 淡水のイギリス領事官邸では、三種類のアーチ構造を同時に鑑賞することができる

半円形アーチ

円の中心の位置がアーチの基準線と同じ高さにあり、ちょうど半円形になっているものは半円形アーチである。円の中心が基準線より高い位置にあるものはスティルテッドアーチである。

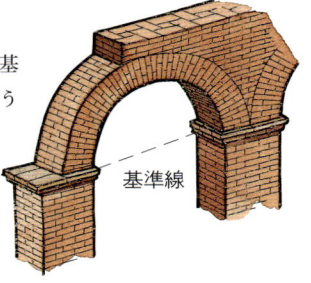

基準線

円弧（楕円形）アーチ

円の中心の位置がアーチの基準線より低い場合、アーチは円弧形になる。半円形アーチでも円弧形アーチでも、アーチを構成するレンガは扇形に配置される。

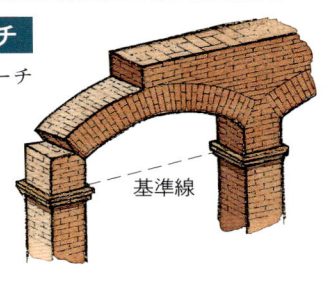

基準線

ジャックアーチ（フラットアーチ）

アーチの上部が水平になっている。レンガで築かれる場合は、放射状に配置される。これはアーチ構造の中では、比較的強度が弱い工法である。一方、石造の平らなアーチは、一枚棒状の石材（楣石）を梁として用いるため、構造がより安定し強度が強い工法である。

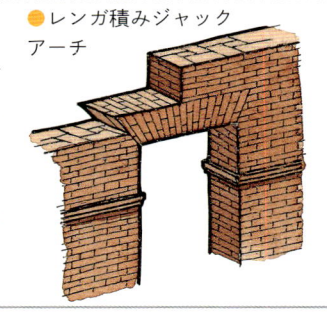

● レンガ積みジャックアーチ

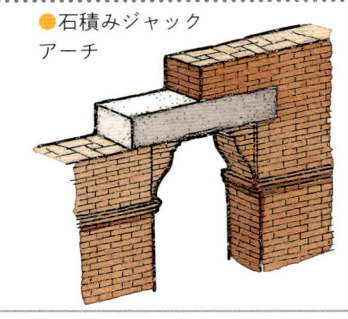

● 石積みジャックアーチ

歴史の小道

領事制度は、19世紀以前から広く発展しており、各国の領事館は、ヨーロッパの海洋権力の拡張と植民地政策の発展の産物であった。派遣された領事は、現地で自国民の権益を保護し、ビザの発行などの日常業務を行った。また、外国商社は、現在の外資系企業の事務所のようなもので、台湾から主に茶葉、樟脳、砂糖を輸出する一方、台湾の人々の健康を損なうアヘンを輸入していた。

清朝時代末期の台湾の領事館と外国商社

早期の交通輸送は、主に船舶に依存していた。そのため、舟運が便利な台北の淡水、大稲埕、台南の安平、高雄の打狗港などの地域は、外国人が領事館や外国商社を設置するために適した場所であった。それだけでなく、外国人と取引を行う地元の貿易会社も多くあった。建築様式も外国の洋風建築の影響を受けつつ、独自の本土建築の要素が加えられた。

イギリスは、16世紀末から植民地を拡大し、19世紀にはポルトガル、スペイン、オランダといった海洋大国を超えた。その強い勢力により、初期の台湾は、イギリスとの取引が最も多く、次はドイツであった。そのため、台湾で最も古い領事館建築は、1865年に建てられた高雄打狗のイギリス領事館である。イギリスは、安平（台南）や淡水（台北）にも領事館を設置した。ドイツの領事館は、安平（台南）と大稲埕（台北）にあったが、現在残っているのは淡水と高雄の二つのイギリス領事館のみである。外国商社では、安平の英商徳記と独商東興洋行が最も完全な形で保存されている。

これらの領事館や外国商社の使用者は主に西洋人なので、建物の様式は主に西洋から取り入れられ、植民地の気候に合わせて改良されたものである。当時流行していた「コロニアル・スタイル」は、レンガ造で、

床の構造

床は歩行などの重量を支えるため、丈夫な構造が必要である。また、上下階両面からの視覚的な仕上げ方法にも注意を払う必要がある。上は床、下は天井の仕上げ材となる。台湾の洋風建築の床の工法には二種類がある。

梁組み工法

一般的な床の工法の一つである。この工法は、横方向と縦方向の梁と根太が長い荒板を支え、床を構成する。この下は、天井の仕上げ材で覆うことができるが、梁組みをそのまま露出させることもできる。

長い荒板

梁

●台南安平の徳記洋行にある梁組み工法の床。

Ｉ型の梁と鉄製の浪板拱（アーチ形の鉄板）による工法

Ｉ型の梁を壁にかけ、その間にアーチ形の鉄板を設置し、この鉄板の上に漆喰を流し込み、床面を平らに仕上げる。耐荷重は高く、遮音性を持ち、さらに防火機能もある。下から見るとアーチによる波板の天井も美しい。19世紀末に発展した床構造である。

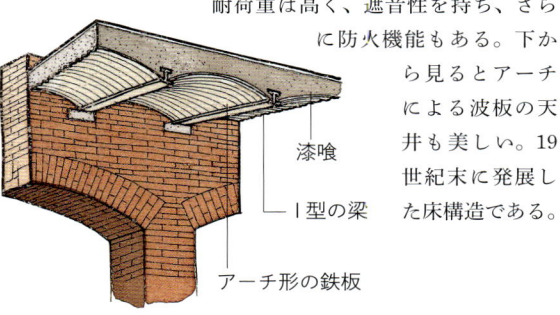

漆喰

Ｉ型の梁

アーチ形の鉄板

●淡水のイギリス領事官邸は、台湾で唯一鉄製の浪板拱の床の洋館である。

亜熱帯の高温に対応するために四面にアーチ状の回廊を設置するのが特徴である。この様式は、イギリスのヴィクトリア朝時代の赤レンガ建築と熱帯建築の特徴が融合したものである。これらの洋館は、外国人によって設計されたが、施工は多くの現地の職人によって行われた。

日本統治時代後の変化

日本統治時代になると、日本の植民地政策は経済の権力が複数の国に分散することを許さず、日本企業は強力な政治的支援を受け、徐々に台湾の経済を支配した。その結果、他国の領事館や外国商社の機能は失われ、台湾から撤退することになった。

これらの建物は、日本政府により徴収されたり、他国によって管理されたりした。例えば、淡水のイギリス領事館は、民国69年（1980）によ うやく台湾の所有物となった。その過程には、数多くの歴史の波乱が隠されている。

領事館や外国商社の元々の用途には回復できないので、現在は、その多くは歴史展示館などとして新しい価値を与えられているが、建築自体の時代的な意義を無視してはいけない。

●台南安平の港の近くには洋館が立ち並び、異国情緒にあふれている。

教堂（教会）

台湾の教会建築は、オランダ・スペイン統治時代に始まったが、現在はすべて存在していない。19世紀末には、外国との貿易のために開港し、これに伴ってキリスト教の第二波が台湾に上陸した。この中には、長老教会とカトリック教会が含まれており、これらの教会の建築様式はそれぞれ異なる。現存する最も古い屏東の萬金天主教堂や馬偕が建設した教会を見ても、西洋の宣教師たちは、台湾の地域特性を教会建築に取り込み、台湾と西洋の建築要素を組み合わせて建築に反映させている。

けれども、日本統治時代に日本の建築家によって設計された教会は、完全に西洋の様式の原型を模倣しており、台北の済南教会がその典型的な例である。済南教会の建築には、多くの赤レンガが使用され、外壁や尖頭アーチの窓はゴシック様式の教会から影響を受けており、現存する日本統治時代初期の教会建築の中で最も精緻なものである。

建築の外観を見る ▶ P.124

西洋の教会建築には、長い発展の歴史があり、その宗教的な意義と相まって、台湾に移植された時点では西洋ほどの厳格な建築作品とはいえないが、外観は近代建築の中でも独自の特色を持っている。

屋根を見る

急勾配の二つの傾斜の屋根は、礼拝堂の空間を高く見せる効果を持ち、同時にファサードには巨大な切妻壁が形成される。最上部には、十字架が配置され、宗教の神聖な意味を十分に伝えている。

ファサードのガラス窓を見る

教会建築の大きな特徴は、入口上部にある大きなガラス窓である。円形のものは「バラ窓」と呼ばれ、聖書の物語を描いたステンドグラスで装飾されることが多い。これにより、礼拝堂内には、柔らかな光が後方から差し込み、教会の雰囲気が一層深まる。

●台北の林森北路の長老教会のバラ窓に描かれた、牧羊者が羊の群れを守る姿はイエスと信徒との関係を象徴している。

十字架

ペディメント

尖頭アーチの門

正面のガラス窓

尖頭アーチの

キリスト教（基督教）：中国語では、基督宗教（キリスト教派）から、天主教（カトリック教会）と基督新教（プロテスタント）と東正教（正教会）に分かれる。しかし、現在、台湾では、プロテスタントと正教会の信徒は基督教（キリスト教）と呼んでいる。本書で「キリスト教」と表記しているものは、カトリック以外のキリスト教を指す。

鐘楼

鉄骨造の小屋組

十字架

講台

聖歌隊の席

礼拝堂

控え壁

塔楼（鐘楼、塔）を見る

塔楼内に吊り下げられた鐘は、信徒に集会を呼び掛けるためや、讃美歌と合わせて反響効果を高めるために用いられる。塔楼は、片側や中央に一つの塔が位置する単塔式がある一方で、左右にそれぞれ対称的な塔が設けられた双塔式もある。

十字架を見る

十字架は、キリスト教とカトリック教会の精神的な象徴である。イエス・キリストが十字架にかけられて苦しみながら亡くなったため、教会の正面の屋根や説教台にはよく十字架が見られる。さらに、扉や窓、家具などにも十字架の装飾がよくある。

小屋組を見る ▶ P.125

礼拝堂の屋根構造である小屋組を露出させることで、高く厳かな感じを損なうことなく、空間に広がりや変化を加えることができる。一般的には、木造の小屋組、鉄骨造の小屋組、そしてリブヴォールト型の三種類がよく見られる。

礼拝堂を見る ▶ P.126

まるで大講堂のような礼拝堂は、信徒が礼拝を行う場所であり、高い空間が神聖な雰囲気を生み出している。カトリック教会とキリスト教の礼拝堂は、空間の設計において明確な違いがある。

台北済南基督長老教会：1916年に建設されたこの教会は、日本統治時代の台湾総督府営繕課課長であった井手薫によって設計された。レンガ造りが精緻で、石彫りも精美であり、イギリスの田舎に見られる赤レンガの教会を感じさせる。教会内部は高く、広々としており、外観には尖頭アーチや控え壁など、ゴシック教会の典型的な要素が取り入れられている。現在は、台北市の指定古蹟となっている。

建築の外観

教会は、キリスト教とカトリック教会の信徒が礼拝を行う場所であり、この二つの宗教は、発祥は同じだが、信仰に対する理解が異なるため、建築の外観にも違いが現れる。カトリック教会は、左右対称のルールを厳守する一方、キリスト教会は自由度が高く、塔を片側に配置するファサードの形式がよく採用される。よく見かける建築様式は、以下の二種類がある。

ゴシック様式を模倣した建築

　ゴシック式建築は、12 世紀のヨーロッパで発展した教会建築の様式である。当時の施工技術の進歩により、尖頭アーチ構造が多く使用され、建物を支える構造が外側の控え壁（バットレス）に変わったことで、窓や扉の開口部を大きくすることができた。これにより、礼拝堂内部は高く、神聖な空間が生まれ、外から射し込む光が信徒に神の存在を強く感じさせるものとなった。

　典型的なゴシック様式教会の小屋組は、リブヴォールト構造である。ファサードには、奥に段々と雁行した中央入口、華やかなバラ窓やステンドグラス、四つ葉の装飾、左右対称の双塔、尖頭アーチの扉や窓、そして外壁の控え壁などが見られる。これらの要素により、全体として天に向い、人と神の距離感が縮まるような雰囲気が生み出され、信仰と建築技術が最も良い形で融合した。

　台湾には、このように正統なゴシック様式の教会建築はないが、これらの建築要素が散見されるとき、私たちはそれを「模倣ゴシック様式教会」と呼ぶ。台北の済南長老教会や、新北の淡水長老教会がその例である。

尖頂や小尖塔：塔楼の尖頂や屋根の上の小尖塔の装飾は、ゴシック様式の教会が持つ、上へとそびえ立つ効果を強調している。

●済南長老教会。

中西合璧※の建築

　台湾の住民のキリスト教やカトリック教会への反感を減らすためと、宣教師が現地の建築様式に敏感であったことから、台湾の教会建築には時折、西洋と中国の建築様式を融合させる試みが見られる。例えば、正面の切妻壁が台湾の民家に見られる「馬背」（馬の背中の形を指す）形式を模倣したり、内部の柱に対聯（対句）を掲げたり、屋根には小さな仏塔のような装飾を施すなど、外来の建築様式と台湾の伝統建築と融合ないし共存させようとした努力が明確に表れている。これらの融合は、当時の宣教師たちがもたらした文化現象の証である。屏東の萬金天主堂が、その例として挙げられる。

●屏東の萬金天主堂。

※中西合璧：一般には、中国と西洋の建築様式の折衷様式を指す。台湾の伝統的な建築と西洋の建築様式との折衷様式もこの呼称を用いることがある。

バットレス（控え壁）：壁の外に突き出たレンガによる補強用の構造で、上部が狭く下部が広い形状をしている。重量を支える柱に沿って設置され、建物を強固にする。これにより、室内の空間を占有せずに建物の外観に変化を加えることができる。

クアトレフォイル（四つ葉形の装飾）：ゴシック様式の教会でよく見られる四枚の花弁の装飾である。

アーチウィンドウ（アーチ形の窓）：窓のデザインは、細長い尖頭形や半円形アーチが多い。幅広い窓の場合、大きなアーチの中に小さなアーチを組み合わせる高い技法が用いられる。特に尖頭形のアーチは、上昇を意味し、ゴシック様式の教会で好んで用いられる。

入口：主な入口は、長軸の前方に位置し、講台（床が一段高い場所。ステージ）と向かい合う。開口部は、段々と奥に雁行させる方法で強調される。

馬背山牆（馬の背のような切妻造の妻壁）：切妻造の妻壁の形は、台湾の伝統的な民家によく見られる「馬背」様式に似ている。

聖旨牌（勅令の牌）：中国本土で外国人宣教師が地元住民によって殺害された影響で、清朝末期に建てられた教会は、清朝政府が発行した勅令を記した看板を正面にぶら下げ、住民からの攻撃や嫌がらせを避ける。

●高雄の玫瑰天主堂には、創立時の聖旨牌が現在も残っており、その左右に配置された天使によって見守られている。

尖頭アーチの窓：ゴシック様式の尖頭アーチの窓は、現在でもファサードの不可欠な建築要素である。

小屋組

教会の小屋組は、礼拝堂の屋根を支える構造的な役割を果たすだけでなく、小屋組が連続して並ぶことによって視覚的に焦点を集め、神聖な宗教的雰囲気を作り出す重要な役割も果たしている。一般的に教会でよく見られる小屋組は、以下の三種類がある。

木造小屋組

一般的な西洋の三角形状の小屋組（トラス組）と同様の機能を持つが、外観の美しさにはより注意が払われている。また、大小異なる木製の部材を組み合わせ、精巧な外観を作り出している。中央部分は、尖頭アーチになり、ゴシック様式を模した特徴を十分に表現している。

●台北の林森北路にある長老教會禮拜堂の小屋組は、イギリス風の上品で整った小屋組の特徴を備えている。

鋼製小屋組

構造は、非常に強く、高くて開放的な空間の礼拝堂には最適である。装飾の繊細さは木造の小屋組には及ばないが、モールディングに変化を加えることで、重量感のある小屋組でも美しく仕上げることができる。

●濟南長老教会礼拝堂の鋼製小屋組は、くり抜くことで小屋組の重厚感を軽減させている。

リブヴォールト構造

ゴシック様式の教会では、柱から四方に伸びるリブによって、複雑で多方向の尖頭型アーチの天井を形成する。これは非常に難易度が高い小屋組の構造なので、台湾で見られる例は実際の荷重を支える構造ではなく、装飾的な天井として使われている。

●高雄の玫瑰天主堂は、交差リブヴォールトのような装飾的な天井である。

礼拝堂

礼拝堂は、信徒が毎週日曜日に神を礼拝する場所であり、教会内で最も重要な空間とも言える。また、キリスト教とカトリック教会は、礼拝の儀式や教義の解釈が異なるため、その違いが礼拝堂の空間形式にも反映されている。

カトリック教会

カトリック教会の礼拝の重要な点は「ミサ」である。これは、イエス・キリストが十字架にかけられて復活したことを記念する特別な典礼である。カトリック教会は、イエスだけでなく、その母マリアなども礼拝の対象となる。カトリック教会における礼拝堂の見解として、「教会はイエスの身体である」という概念があることからこの考えを厳守し、礼拝堂は神聖な場所であり、なおかつ一定の形式を備えた建築でなければならないとされている。礼拝堂の典型的な形式は、バシリカ式と呼ばれる。礼拝堂の平面配置は長方形が主で、入口は短辺に配置され、半円形の祭壇（祭祀の儀式を行なう壇。または、宗教儀礼で供え物を捧げるために設けられた壇）と向かい合わせになる。祭壇には、聖母マリアやイエスの像が設置され、信徒が集まる空間とははっきりと分かれている。講壇（説教台）は片側に寄せられ、祭壇の神聖さを強調する配置となっている。

● カトリックの祭壇にある神龕（しんがん）には、聖母マリアとイエスの像がある。

● 高雄の玫瑰天主堂の礼拝堂の奥に円弧状の祭壇が設けられている。

キリスト教

16世紀の宗教改革運動以降、キリスト教は多くの宗派が派生し、礼拝の儀式においてもカトリック教会に比べて自由度が高い。キリスト教の礼拝の重要な点は、牧師が講壇（説教台）で行う説教（聖書の解説や信仰の教義の解説）である。キリスト教では、聖母マリアはイエスの母ではあるが神ではないので、マリアを神として崇拝すべきではないとされている。また、キリスト教は、「教会はイエスの身体である」という言葉における「教会」を、物理的な建物ではなく、教会という団体の身体とみなしている。そのため、礼拝堂は、象徴的な意味よりも実用的な機能が重視されている。

礼拝堂の平面構成は長方形が主流で、一部の保守的な宗派を除き、多くの場合、中央に牧師が説教を行うための講壇（説教台）がある。信徒のいる場所と空間を隔てることもない。また、偶像崇拝（偶像を信仰の対象として重んじ尊ぶこと）を厳しく禁じているため、礼拝堂内には十字架のみが存在し、具象的な像は一切置かれていない。

● 濟南長老教会では日曜礼拝が行われ、左側には聖歌隊の席がある。

聖歌隊の席

聖歌は、キリスト教とカトリック教会の信仰において重要な役割を果たしている。特に礼拝の過程には、聖歌隊による歌がほぼ組み込まれている。聖歌隊には、特定の席が設けられており、通常は講台（床が一段高い場所／ステージ）の横に配置される。伴奏の楽器は、主にパイプオルガンやピアノが使用される。

歴史の小道

　台湾とキリスト教、カトリック教会との接触は、17世紀にオランダ人やスペイン人が台湾を占領した時期に始まった。当時、多くの地域に教会が設立されたが、これらの建築物は非常に簡素であり、現在に至るまで残っているものは一つもない。この最初の宗教活動は、明鄭時期に入ると一旦終息した。

台湾へのキリスト教教派の正式な普及

　台湾におけるキリスト教教派の本格的な発展は、清朝の咸豊8年（1858）に締結された天津条約による台湾の開港とともに始まった。港の開放は、台湾に貿易活動をもたらすだけでなく、組織的な宗教の普及も進めた。初期の伝道活動は、民家を借りて行われていたが、安定的に信徒が増えると、教会が建設されるようになった。咸豊11年（1861）、スペインから来たカトリック教会の神父・郭徳剛（Guo Degang）が現在の屏東地域で布教を始め、同治8年（1869）に、郭神父が設計した台湾に現存する最古の赤山天主堂（現在の萬金天主堂）が建てられた。教会のファサードの切妻壁は、閩南（中国福建省南部）の民家の特徴を持っており、カトリック教会の土着化と布教活動の証となっている。

　キリスト教の長老派教会は、台湾に最も早く進出した。南部では、イギリスの宣教師ジェームズ・レイドロー・マクスウェルが主導し、北部ではカナダ出身のマッケイが代表的な存在である。マッケイは、五股坑、大稲埕、艋舺、新店、錫口（台湾北部の地名）などに教会を建設した。これらの教会の形式は類似しており、正面の中央には尖塔が設けられ、屋根には仏塔に似た小さな塔の装飾がある。これは伝道の際に、地元住民の反対の気持ちをやわらげるための対策として、当地の建築様式を取り入れたものだが、最も重要な礼拝空間は、伝統的な西洋の構成が維持された。

　台湾に来た初期の宣教師たちは、福音を広めるため、地域医療や教育活動に協力することが多く、宣教師の住宅や学校、病院などの付属施設もあった。これらの建物は、一般的な西洋の洋風建築の形式が多く、多才な宣教師たちが自ら設計を手掛けることもあるので、建築のデザインが伝道師たちの故郷の建築様式の影響を強く受けていることがあった。例えば、赤山天主堂には、スペインの要素が含まれるなどその影響の大きさがわかる。

日本統治時代以降の教会の発展

　日本統治時代前期は、教会の発展は依然として盛んであり、教会建築には様式建築の登場とともに新たな

●カナダ出身のマッケイ牧師は、台湾北部におけるキリスト教宣教活動で最も重要な人物である。

形式が現れた。そして、専門の建築家が設計を担当するようになった。しかし、昭和時代に入ると、軍国主義の高まりと積極的な皇民化政策が進められ、天照大神や日本天皇を祀る神道教が強制的に推進され、キリスト教やカトリック教会の宣教活動は圧迫され、停滞の危機に直面した。

　台湾が光復（日本の統治が終わり、台湾が中華民国の統治下に編入されたこと）した後、アメリカとの関係が密接になったため、多くのキリスト教教派が宣教師を派遣し、台湾での布教を再開した。当時、社会は物資不足のため、教会の福祉政策が布教活動の大きな助けとなった。この時期の教会建築は、地元の建築家が設計を手がけることが多くなり、現地化や現代化に向けて進み始めた。しかし、経済成長とともに地価が急騰し、近年の教会は独立した建物を建てることが難しくなり、教会が集合住宅やビルの中に設置されることが一般的となっている。そのため、かつての建築や空間に込められた宗教的意義は失われつつあり、実用性が優先されるようになっている。

●新店の長老教会は、マッケイ牧師が設計・建設した尖塔型の教会の一つだが、残念ながら現在は存在しない。

127

博物館

博物館の登場は、その地域の文化水準の向上や歴史に対する敬意を示している。19世紀末期、宣教師マッケイが台湾の鉱物標本を収集し、私設の展示室を設立した。けれども、正式に西洋式の博物館の概念が台湾に導入されたのは、日本統治時代になってからのことである。植民地政府は、「児玉総督および後藤民政長官記念博物館」（第4代総督・児玉源太郎と当時の民政長官・後藤新平／現・国立台湾博物館）を設立し、より良い効果的な統治を果たすために、学者による台湾研究を奨励した。この博物館は、人類学や自然、歴史など、さまざまな分野の研究成果を集め、保存している。

国立台湾博物館の建物自体も台湾近代建築史における重要な画期となっており、設計は厳密で、素材は厳選され、施工は精巧である。特に、古代ギリシャ様式の列柱が、貴重な文化財を収めた要所であることを表現しており、大英博物館やニューヨークのメトロポリタン美術館の影響を受けている可能性がある。

ギリシャ様式の
ペディメント

古典様式の列柱

国立台湾博物館：台北市の二二八和平公園内に位置しており、かつては日本統治時代の「児玉総督および後藤民政長官記念館」であった。1915年に完成した台湾で最も歴史のある博物館である。収蔵品は、主に台湾の歴史資料を中心としている。建物は、厳密な古典様式の建築で、近代建築の中でも際だつ傑作である。この博物館は、国定古蹟に指定されている。

古典様式のファサードを見る ▶ P.130

初期の博物館は、都市計画におけるランドマークとして、意図的につくられた建築物である。重要な通りや目立つ場所に位置し、厳密な古典様式のファサードと、ひときわ華麗な入口で、訪れる人々の目を引きつけた。

ホールを見る ▶ P.131

　博物館の配置は、広々とした大きなホールを来館者の誘導と展示室への分散のための通路として利用している。ホール内には、華麗で高くそびえるオーダーの柱、T字型の大階段、ドーム形の天井から得られる特殊な採光の効果、そして至る所に当時流行していたバロック装飾が施されている。知識の殿堂としての知的な雰囲気が生み出されている。

回廊を見る

　国立台湾博物館の背面側は公園に面しているので、特別に回廊が設計されている。この回廊は、日光の直射を軽減するだけでなく、来館者が大自然と一体化した感覚を得ることができる。また、見学の合間に休憩するスペースとしても最適である。

展示空間を見る

　国立台湾博物館の大ホールの左右両側には展示室があり、現在、1階はテーマ展示に、2階は収蔵品の常設展示に使用されている。日本統治時代から、収蔵品は台湾の歴史資料を中心に集められ、台湾の豊かな文化遺産を保存してきた。

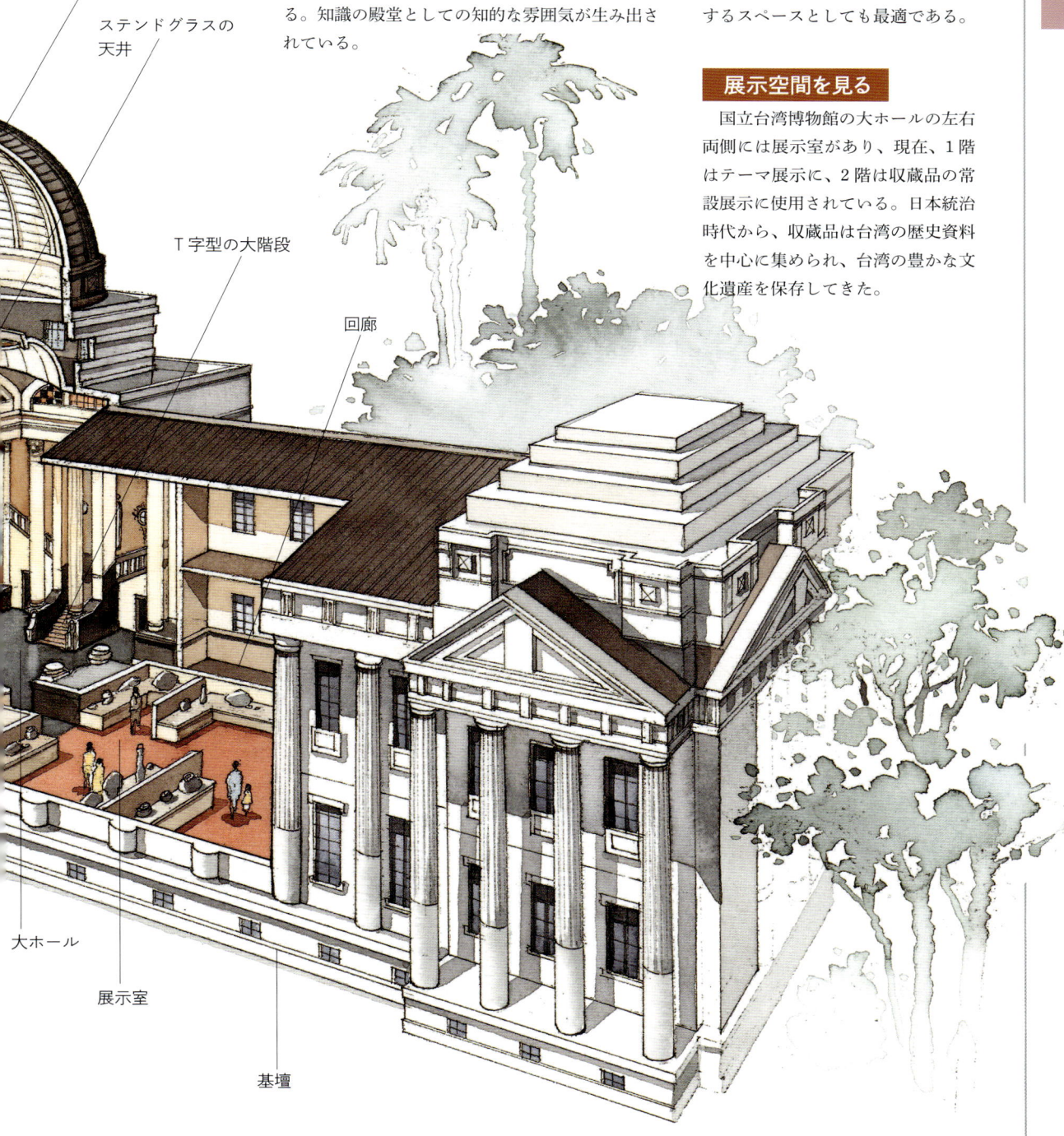

中央ドーム

ステンドグラスの天井

T字型の大階段

回廊

大ホール

展示室

基壇

古典様式の ファサード

日本統治時代、博物館の建設は植民地政府の重要な政策の一つであった。設計や施工には、当時の一流の専門家が起用され、博物館の威厳を表現するために古典様式が採用された。建物の外観には、明確な中心軸があり、平面・立面の両方が、ともに左右対称の原則を厳守している。国立台湾博物館の入口正面からは、以下のような基本的でわかりやすい古典様式の要素を確認することができる。

ギリシャ様式のペディメント

正面入口の上部には、三角形のペディメントがあり、そこには彫刻・塑像のメダルや花や葉で飾られた月桂冠、そして渦巻く植物模様などの装飾が施されており、非常に華麗で繊細なデザインとなっている。

古典様式の源流

国立台湾博物館の外観は、古典的な建築様式であり、その原形は古代ギリシャ神殿にある。厳粛な建築様式に基づき、完璧な比例を追求したこのデザインは、荘厳で優雅な雰囲気を持つ。この様式は、ヨーロッパの歴史のある公共建築や記念碑的な建築によく見られ、多くの有名な博物館でも採用されている。

中央ドーム

中央入口の上部には、半球形のドーム型の屋根が採用されており、外観の威厳を増すとともに、室内空間に変化をもたらす。ドームは、鉄筋コンクリートで作られ、外側は銅板で覆われている。下部の四角い台座には高窓が設けられ、この窓から自然光が内部に差し込み、ステンドグラスの天井を照らすように設計されている。

基壇

近代の施工技術の進歩により、安定性を高めるために高く大きな基礎を設ける必要はなくなったが、古典様式の比例効果を維持するために、1階の外観は石造の基礎で装飾されている。また、入口部分には大階段が設けられ、来場者を導く役割を果たしている。

古典様式のオーダーの列柱

列柱は、古代ギリシャで発達したドリス式を採用している。柱頭（キャピタル）の装飾は控えめで、柱身（シャフト）には縦に刻まれた凹凸の溝（フルーティング）がある。

ホール

博物館に入ると、まず狭い玄関ホールを通り、次に2階分の吹き抜けがある広々とした大ホールへと進む。この空間構成により、来場者の視線が一気に上へと引き上げられる。この演出は、劇的な効果を生み出している。このようなデザイン手法は、同時期の海外の博物館でもよく見られる。この優雅な空間では、以下の観察ポイントを見逃さないようにしよう。

開口部の装飾

扉や建具枠には、彫刻や塑像を施し、バロック様式の華麗な装飾を表現している。これにより、大ホールの雰囲気はさらに引き立てられ、空間全体ともよく調和している。

屋根と天井

天井は、ドームの形状に応じて半球形になっており、頂部や周辺にはステンドグラスがはめ込まれている。ここから自然光を取り入れるだけでなく、美しい模様には装飾としての効果もある。

古典様式のオーダーの柱

周囲を32本のコリント式の柱で取り囲み、柱頭（キャピタル）の装飾は華麗で、美しさで人々を楽しませるだけでなく、空間全体をより豊かにしている。

壁面の材料

壁面の下半分には、イタリアから輸入された貴重な大理石が使用されており、その華麗な模様と深みのある色合いが高貴な雰囲気を生み出している。これにより、博物館の特別な存在感をさらに際立たせている。

歴史の小道

昔の台湾社会には、個人による収集は存在していたが、公的機関が博物館を設立し、西洋の概念に基づいて系統的に収集・研究するようになったのは、日本統治時代に入ってからのことである。

日本は、1868年の明治維新以降、西欧諸国の文化の概念を導入するが、その中には博物館の設立も含まれていた。博物館の存在は、学術研究の基盤を強化するだけでなく、一般の人々に新たな学びの場を提供するものとされた。設立された博物館の数が増え、その種類が多様になるほど、その国の文化レベルが高いと考えられたのである。

国立台湾博物館は、かつて「児玉総督および後藤民政長官記念博物館」と呼ばれ、日本統治時代に台湾統治に功績を残した児玉源太郎総督と後藤新平民政長官を記念して建てられた。そのため、現在も館内には二人の銅像が残っている。博物館になってからは、台湾の人文・自然史、林業、農業、鉱業、原住民族の文物、華南（中国南部）や南洋の資料などが収集・研究の対象とされていた。これらの資料収集は、実は日本のアジア侵略計画の一環として、その準備を目的としていたが、結果として台湾に多くの貴重な文化財や研究資料が残されることとなった。

この記念館の設立後、台湾各地で博物館の設立が普及することはなかったが、台中や台南、嘉義など一部の主要な都市に、史料館や教育博物館が設立された。日本人が台湾に博物館を設置した背景には、このように、人々の知識向上よりも、政治的な目的や宣伝の意図が強く含まれていた。

●日本統治時代の「児玉総督および後藤民政長官記念博物館」内の原住民文物展示室。

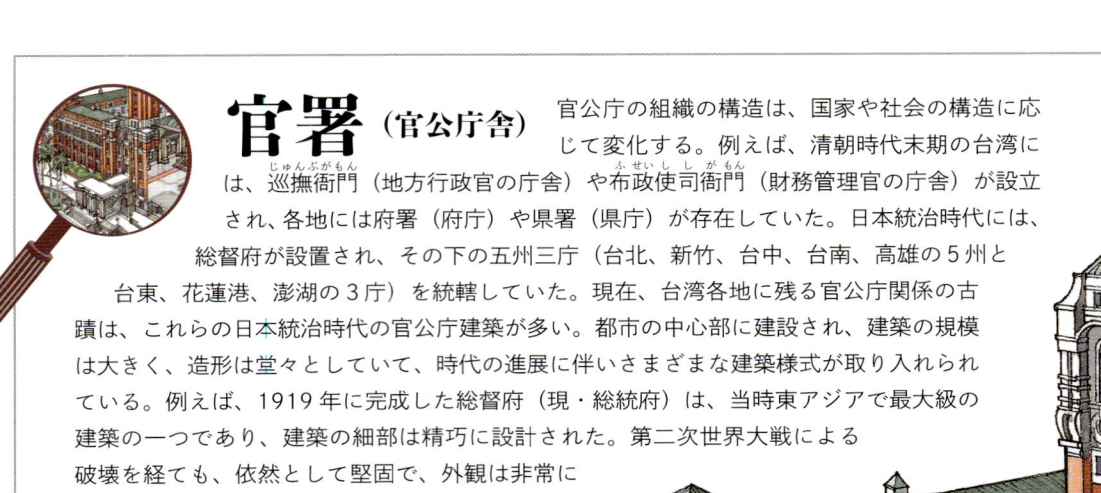

官署（官公庁舎）

官公庁の組織の構造は、国家や社会の構造に応じて変化する。例えば、清朝時代末期の台湾には、巡撫衙門（地方行政官の庁舎）や布政使司衙門（財務管理官の庁舎）が設立され、各地には府署（府庁）や県署（県庁）が存在していた。日本統治時代には、総督府が設置され、その下の五州三庁（台北、新竹、台中、台南、高雄の5州と台東、花蓮港、澎湖の3庁）を統轄していた。現在、台湾各地に残る官公庁関係の古蹟は、これらの日本統治時代の官公庁建築が多い。都市の中心部に建設され、建築の規模は大きく、造形は堂々としていて、時代の進展に伴いさまざまな建築様式が取り入れられている。例えば、1919年に完成した総督府（現・総統府）は、当時東アジアで最大級の建築の一つであり、建築の細部は精巧に設計された。第二次世界大戦による破壊を経ても、依然として堅固で、外観は非常に壮大である。

中央の尖塔

大庁（ロビー）

玄関ホール

建築の外観を見る ▶ P.134

日本統治時代の官公庁建築は、権威主義の象徴であった。建築の様式は、常に時代の最先端のもので、民間で模倣される対象にもなった。したがって、近代建築の各時期における特徴を理解するためには、官公庁建築は最も良い例である。

敷地の選択を見る ▶ P.137

日本統治時代には、政権を強調するために官公庁の建築は都市の中心に設置されることが多く、重要な寺院や建物を取り壊して官公庁を建設することもあった。また、都市計画と連携し、建築物の配置や道路との関係なども考慮され、目立つ景観になる敷地が選択されていた。

正面の主要な入口

スロープ（車道、車寄せ）

●大規模な総統府は、T字路の突き当たりの位置にあり、台北市の著名なランドマークとなっている。

空間の機能性を見る　▶ P.136

　官公庁建築は、主にオフィス空間として使用されており、最も一般的な空間配置は中央階段式である。建物の中央に主要な入口を設け、建物に入ると玄関ホールと大庁（ロビー）が配置された。ロビー内に主要な階段が設置され、左右両側のオフィス空間に最も効率的にアクセスできる動線が確保されている。

●旧台中州庁の大庁（ロビー）にある主階段。なめらかな動線と自然光との調和が空間の威厳と優雅さを高めている。

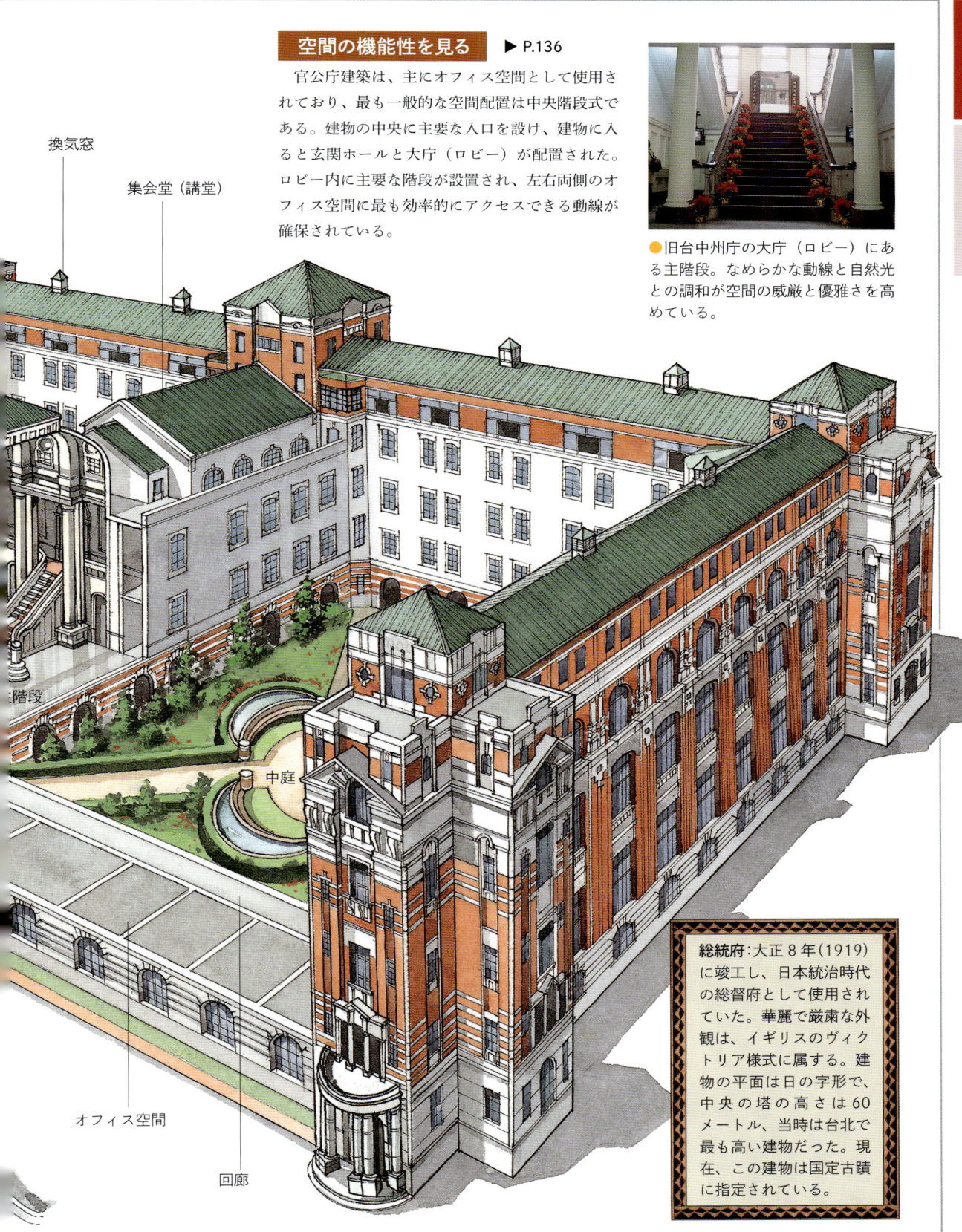

換気窓

集会堂（講堂）

階段

中庭

オフィス空間

回廊

総統府：大正8年（1919）に竣工し、日本統治時代の総督府として使用されていた。華麗で厳粛な外観は、イギリスのヴィクトリア様式に属する。建物の平面は日の字形で、中央の塔の高さは60メートル、当時は台北で最も高い建物だった。現在、この建物は国定古蹟に指定されている。

建築の外観

日本統治時代の官公庁建築は、多くの場合、政府の有名な建築技師（建築家）が設計を担当した。そのデザインは、豊かで多様であり、建物の規模も大きかったため、民間の建築の模範となる存在であった。よく見られるのは、以下の様式である。

様式建築

様式建築の建物は、主に1920年代以前、特に大正時代に建てられた。この建築様式はヨーロッパから伝わってきたもので、共通の特徴として、外観が華やかで、装飾のディテールが複雑であることがあげられる。例えば、イギリスのヴィクトリア様式に基づく総督府や総督府専売局、フランスのマンサード屋根を採用した台中州庁や台北州庁、古典主義の建築様式の台中市役所や総督府交通局逓信部などがある。それぞれが精巧に設計され、人々の記憶に残る重要な都市建築となっている。

官公庁建築デザインの プロフェッショナル ──森山松之助

森山松之助は、東京帝国大学を卒業し、西洋建築教育を受けた第一世代である。1907年に台湾に来て建築技師として活躍し、総督府専売局、台北州庁、台中州庁、台南州庁、台南地方裁判所などを設計した。当時、総督府の設計コンペでは長野宇平治が入賞したが、中央尖塔の高さを引き上げるなどの最終修正を行ったのは森山松之助である。彼は、日本統治時代の台湾における官公庁の建築設計の専門家といえるだろう。

赤レンガ　　白い帯状の装飾

●旧専売局（総督府専売局）の建物は、イギリスのヴィクトリア様式に属し、外観はとても華麗である。

マンサード屋根　　ドーマー窓

●旧台中州庁は、特徴的なマンサード屋根を持ち、1階のファサードにはアーチが設けられ、2階には列柱が配置されており、外観に豊かな変化を与えている。

古典様式の柱　模造石の壁　　　　ドーム

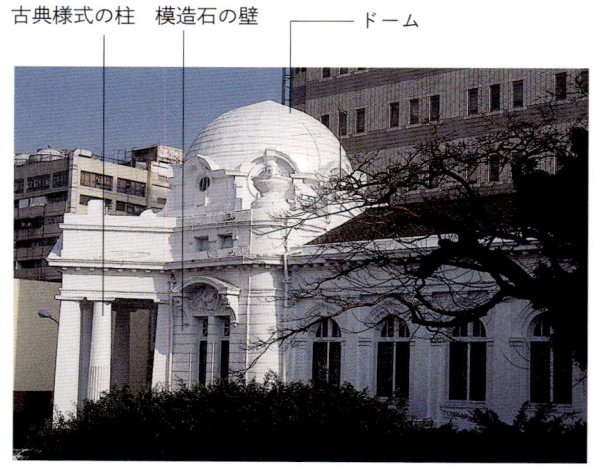

●旧台中市役所の主要な入口は古典様式である。

折衷様式

1920 年代から 30 年代に建てられた官公庁建築は、折衷様式が多く採用された。外観においては、装飾の多い伝統的な様式建築から脱却しようとしつつも、依然として厳密な対称性を重視している。初期の建築は、国防上の安全性を考慮し、外壁のタイルはよく暗色を使用したが、後期には淡い色へと変化した。代表的な建築物としては、台北市職業紹介所、専売局新竹支局、税務出張所、台北北警察署、台南警察署などがある。

暗色タイル　　簡素化したペディメント　　簡潔な装飾

● 台南市警察局（現在は台南市美術館）は、現代建築の簡素な要素を持ちつつも、ファサードの主要な入口には装飾的な要素が強く表れている。

帝冠様式

1940 年代前後、日本の軍国主義や南進政策の影響を受け、帝冠様式の官公庁建築が主に高雄地域に多く登場した。帝冠様式の建築は、外観は折衷様式に近いものの、権威を強調するデザインが特徴的である。よく見られる要素としては、東洋風の攢尖頂という円錐形の宝形造のような屋根や、盔頂という軍帽のような照り起りの反転曲面を組み合わせた宝形造の屋根がある。1938 年に建てられた高雄市役所がその代表例の一つである。

タイル　　東洋式の冠帽（冠の形）のような形状の屋根

● 高雄市役所（現在の高雄市立博物館）は、厳密に左右対称な外観を持ち、権威を象徴する建築の要素を備えている。

初期のモダニズム様式

この建築様式は、簡潔で整然とし、水平線を強調したデザインが特徴で、建物の角がアールになるようにデザインされているのも特色である。スカイラインの変化が少ないため、官公庁建築の巨大なボリュームを際立せることができる。1930 年代に建設された台北市役所、台北電話局、基隆庁舎がその代表例である。

水平方向の流れを強調　　平らな屋根　　タイル

● 日本統治時代末期に建設された台北市役所（現在の行政院）は、整然とした外観が、初期のモダニズム建築の特徴をよく表している。

135

空間の機能性

日本統治時代の大規模な官公庁は、ほとんどが平面的に左右対称の「日」の字型で設計されていた。例えば、総統府（旧総督府）、高雄市立博物館（旧高雄市役所）、行政院（旧台北市役所）などがよく知られる。通常、周囲にはオフィスが配置され、中央には集会堂（講堂）が設けられ、大庁（ロビー）や回廊と組み合わせて、機能的な空間構成になっていた。ここでは、総統府の1階平面を例にし、各空間を見ていこう。

主要な入口及び玄関ホール

高くそびえる尖塔や華麗なドームの下には、官公庁建築が重視する主要な入口がある。通常、この場所には屋根付きの車寄せが設置され、地面の車道とスロープで接続されており、役人の出入りに便利な構造となっている。主要な入口を通過すると、比較的狭くて低い玄関ホールがあるが、これは内部空間へと移行していく上での演出である。

オフィス空間

官公庁で最も重要な空間であり、高官のオフィス、応接室、休憩室などは、壁で仕切られた独立した部屋に分けられていることが多い。

大庁（ロビー）

ロビーは、玄関ホールを通過した後に、通路の機能を持つ広間の空間で、回廊によって各所に接続する。天井が高く、広くて明るい空間で、周囲には豪華な装飾が施された列柱が立ち並び、高貴で優雅な空間を演出している。内部には、広々としたT字型の階段が設けられており、階段の姿形や手すりのデザインも凝っている。

回廊

回廊は、建物の外周を囲むように設けられている。オフィスやさまざまな空間との連絡通路であり、断熱効果や暑さを防ぐ役割も果たしている。

集会堂（講堂）

官公庁内にある大きな講堂である。重要な集会や晩餐会が行われる場所であり、現在の総統府内にある介寿堂は小規模な音楽ホールとしても利用されている。

●総統府（旧総督府）の平面図である。平面は、日の字形で構成されているので、中庭は左右に分かれている。建物の規模が大きいので、構造を強くするため、中庭の4隅に櫓が設置された。

主要な入口及び玄関ホール	オフィス空間
ロビー	講堂
回廊	中庭

敷地の選択

官公庁の所在地は、通常、市町村の中心地にあり、都市計画と連携して都市の発展を促進する。敷地の選択には、一般的に以下の四つがある。

主要な道路沿い

主要な道路は、比較的幅員が広く、建物はやや後退して建てられているため、官公庁建築の全体的なファサードを鑑賞することができる。例えば、旧交通部（旧総督府交通局遞信部）のように、建物の幅が街区全体にわたって広がった立派な例もある。

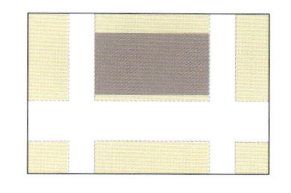

十字路の角

ファサードが両方の道路に面しており、建物はL字型になっている。華やかで突き出した主要な入口はその角に位置し、道路に面した左右の両側に棟が延びるのが特徴である。このような官公庁建築の形式は多く見られる。例えば、監察院や台中市政府などがある。

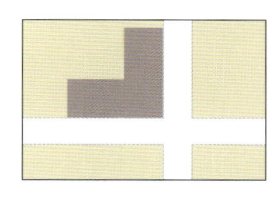

T字路の突き当たり

T字路の突き当たりに位置する建物は、遮られることなく完全にファサードを見渡すことができる。さらに、直線道路と相まって、視覚的に迫力のある景観を形成する。例えば、総統府や新竹市政府（旧新竹州庁）などがある。

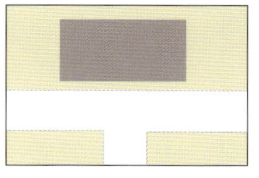

ロータリーの角

交通の要所であるため、自然と視覚的な注目を集める。場合によっては、複数の重要な建物がそれぞれの角に配置されることがある。例えば、台北の北門円環（ロータリー）周辺にある旧鉄道部や郵便局などである。

歴史の小道

台湾の官公庁建築は、政治的な移り変わりを反映するだけでなく、台湾建築の進化の軌跡も示している。

清朝時代及び日本統治時代初期の官公庁建築

台湾の清朝時代の伝統的な衙署（役所）建築は、主事官員（責任者）の故郷の影響を受け、さまざまな建築様式が現れた。例えば、福州（中国福建省福州）建築、閩南（中国福建省南部）建築、安徽（中国安徽省）建築などがある。これらは都市の重要な場所に位置し、街並みを豊かにしていた。日本統治時代初期の日本政府は、これらの伝統的な官公庁の多くをそのまま利用していたが、統治が安定するにつれて、これらを取り壊し、新しい建築物を同じ場所に建てていった。現在、唯一残っているのは、台北植物園に移築された布政使司衙門の一部である。

日本が伝統的な官公庁を取り壊した理由は、使用に適さなくなったことに加え、伝統文化を抑制し、植民地統治の権威を示すためであった。日本は、まず台湾の行政制度を確立し、総督府を最高機関として、台北州、新竹州、台中州、台南州、高雄州、台東庁、花蓮港庁を設置し、後に澎湖庁を追加した。これにより、五州三庁の体制になり、庁の下には市、郡、街（町）、庄（村）を管轄し、それぞれに官公庁が設置された。州は「州庁」、市は「市役所」、郡は「郡役所」、街は「街役所」などと呼ばれていた。これらの建物の多くは、中央政府と地方自治体の建築土木部門によって設計された。これら行政区が設置された地域には、現在も近代建築が比較的多く残されている。

官公庁建築の最盛期

1910年代には、日本による台湾の統治が安定し、官公庁建築の最盛期が始まった。明治から大正時代にかけて、総督府、台南州庁、台北州庁など、いくつかの重要な官公庁建築が建てられた。50年間にわたる日本統治時代には、官公庁は西洋の建築様式の流行をいち早く取り入れた建築であり、伝統的な社会において最も先駆的な象徴であった。現在でも、台湾各地にこれらの建築が多く残っており、近代建築の潮流を研究する上での貴重な例となっている。

統治者の権威を示すため、壮大で厳格な左右対称のデザインや目立つ高塔や外観の装飾に力を入れた建物が日本統治時代の大規模な官公庁建築の特徴である。これらの建物は、都市の中心部に位置し、当時の都市計画において重要なランドマークとなった。

●日本統治時代初期には、台北にあった清朝時代の布政使司衙門が臨時の総督府として使用されていた。

火車站（鉄道駅）

ホーチェージャン

蒸気機関は、19世紀の産業革命の象徴であり、鉄道の建設は、当時の国家の文明と進歩を象徴するとともに、鉄道駅は王宮に代わって近代都市の中心となった。清朝時代末期、劉銘傳（元台湾巡撫、知事相当）が台湾で新政（新たな政策、各種インフラの整備など）を実施した際、鉄道建設は最も重要な事業の一つであったが、建設された駅舎は一つも現存していない。日本統治時代に縦貫鉄道（台湾の南北に貫通する鉄道）が延長されたことにより、台中で鉄道が合流するようになったため、台中駅は都市の中心部に位置している。建物は、1910年代の建築様式を代表する姿を持ち、非常に精巧に作られ、屋根が高いことや尖塔が特徴で、注目されるランドマークとなった。台中駅は、1930年代の嘉義駅や1940年代の高雄駅との比較においても興味深い存在である。

建築の外観を見る ▶ P.140

鉄道駅は公共建築であるため、よくその地域のランドマークになる。建物の外観は、非常に目立ち、時代の特徴を反映している。

待合室を見る

大勢の乗客を収容するために、大規模な鉄道駅の待合室は、通常、二階や三階までの吹き抜けになることが多く、乗客に広々とした空間を提供している。そのため、天井や柱頭の装飾にもこだわっている。現在、一部の小規模な駅の待合室では、古い時代の待合室用の椅子がまだ残されている。この椅子は、長い木の角材を使って座面と背もたれを作り、丸みを帯びたラインが特徴で、感触も快適である。

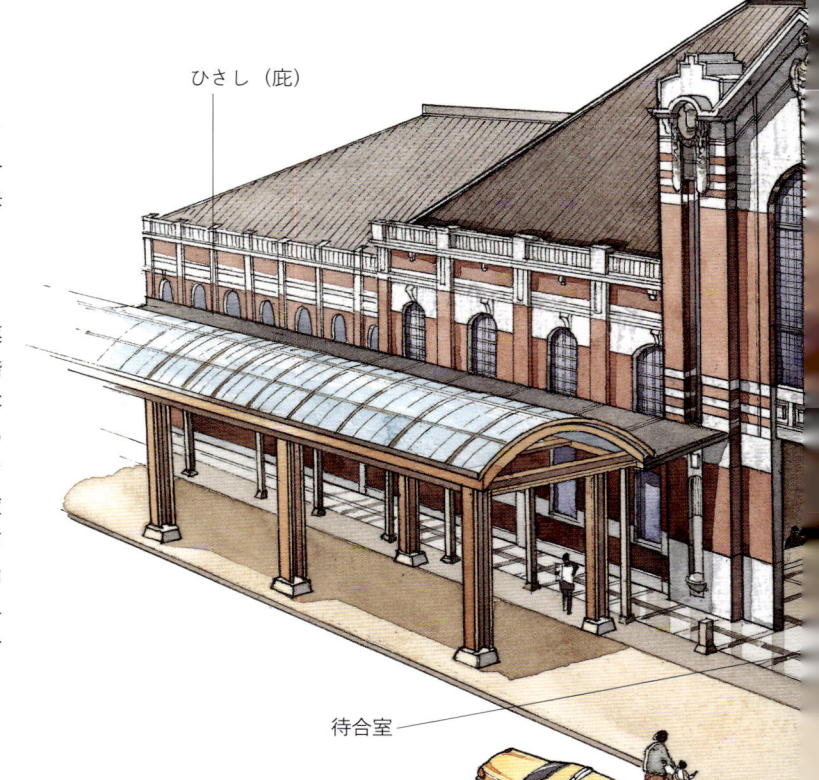

ひさし（庇）

待合室

●嘉義駅の高く広々とした待合室では、人々が行き交っている。

●台南後壁駅の待合室には、木製のベンチが設置されている。

きっぷ売り場を見る

きっぷの販売システムの進化に伴い、大規模な駅のきっぷ売り場はすべて改築された。昔ながらの木造の小さな窓口式のきっぷ売り場は小規模な鉄道駅でしか見ることができない。

●後壁駅のきっぷ売り場は、素朴で親しみやすい雰囲気が漂っている。

プラットホームを見る　▶ P.141

長いプラットホームでは、温かい見送りや出迎えの感動的な場面がよく見られるが、実はプラットホームの上屋の構造や装飾も、昔の鉄道駅の重要な見どころである。

●高雄旧駅のホームの上屋は、シンプルで美しいデザインである。

中央の尖塔

プラットホームの上屋

プラットホーム

改札口

きっぷ売り場

台中鉄道駅：1917年竣工の台中駅は、縦貫鉄道が南北に敷設され、台中駅で線路が交差するため、特に重視された。華麗な外観としてよく知られ、1910年代の様式建築の鉄道駅の代表例である。現在、国定古蹟に指定されている。

改札口を見る

昔の駅の改札口は、待合室とプラットホームを木製の柵や扉で仕切っており、駅員（係員）がアーチ状の柵の後ろに立って乗客の出入りを管理していた。そのデザインはシンプルながらも、とても親近感を感じさせるものだった。

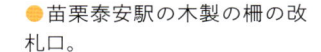

●苗栗泰安駅の木製の柵の改札口。

建築の外観

鉄道駅は、都市において重要な建築物である。政府の資金によって建設されるため、その時代の建築の様式が特に反映されている。大都市の駅は、多くの人々が利用し、駅の業務も忙しく、建物の規模が大きく、機能も複雑である。一方、地方には小さく、親しみやすい駅が多くある。現存する初期の駅で、代表的な外観様式には、以下の四つのタイプがある。

様式建築

1900年代から1920年代にかけて建てられた、このタイプの駅は、レンガと木材を組み合わせた構造からなる華麗なスタイルが特徴である。屋根には、高くそびえた鐘塔（鐘楼）があり、壁面には柱型の装飾がある。また、多くのアーチ窓が設けられている。代表的な駅は、新竹駅や台中駅である。

● 1917年に建設された台中駅は、イギリスのヴィクトリアン様式の駅の代表的な例である。

折衷様式の建築

1920年代から1930年代にかけて建てられたこのタイプの駅は、鉄筋コンクリート構造を採用しており、大きな立方体を組み合わせたようなデザインが特徴である。外壁にはタイルが貼られ、外観は複雑な装飾が少なく簡素なスタイルだが、左右対称の概念はまだ完全には払拭されていない。中央の入口の壁面が少し高くなっており、簡素化されたペディメントのような形をしている。代表的な駅は、嘉義駅や台南駅である。

● 1933年に建設された嘉義駅は、簡素化されたペディメントと、幾何模様の装飾が特徴である。外壁には、淡色のタイルが貼られている。

帝冠様式の建築

1940年代の日本の軍国主義が高まった時期に現れたこのタイプの駅は、外観は多くが折衷様式の建築に近いが、上部には大きな屋根が乗せられており、まるで冠をかぶっているようなデザインである。細部の装飾は、東方の要素が取り入れられている。代表的な駅は、高雄駅である。

● 1941年に建設された高雄駅は、宝形造の屋根と、正面の「唐破風」（日本の切妻破風に相当）式屋根が特徴で、帝冠様式の建築を味わえる。

和洋折衷の建築

いつの時代にも建てられた、このタイプの駅は、主に都市から離れた町にある小さな駅に多く見られる。外壁は、木製の下見板を貼り、屋根には日本の黒瓦が使用されている。代表的な駅は、台南の後壁駅、保安駅、苗栗の勝興駅である。

● 1943年に建設された後壁駅は、外観は親しみやすく民家のような雰囲気を持っている。待合室の外側にはL字型の軒下があり、日本統治時代の小規模な駅の典型的な構成である。

プラットホーム

プラットホームのデザインの要点は、上屋（うわや）にある。側面から見ると、ほとんどがＹの字型の構造になっており、屋根が上に持ち上がることで、列車の高さにも対応し、雨の時に乗客も濡れずに乗り降りできる。例えば、台中駅の二重Ｙの字型の上屋は最も一般的な形式であり、新竹駅の片方のＹの字型の上屋は簡素で力強い印象を与える。また、日本統治時代の駅の上屋には、以下の二つの特殊な構造がある。

特注の鋳鉄製の柱とトラス

華麗な様式のある駅は、プラットホームの上屋も非常に凝ったデザインが施されている。屋根や柱は、すべて海外で特注された鋳物であり、表面には美しい模様が施されている。台中駅や新竹駅などがその例である。

● 台中駅のプラットホーム上屋の特注の鋳鉄構造。

Ｉ型の樑架※（屋根構造）

1930 年代、鉄道部の松山機械工場ではすでに鉄道レールの自社製造を開始していた。このため、この時期に建設された多くの駅の上屋は、Ｉ型のレールを加工して、屋根の構造や柱に使用している。嘉義駅、台南駅、高雄駅などがその例である。

● 嘉義駅の上屋の構造は、鉄道用のレールを曲げて作られている。

※樑架＝梁の上に架かった構造、小屋組の意味。

歴史の小道

台湾の鉄道の建設は、清朝時代の光緒 13 年（1887）に台湾を統治していた劉銘傳によって始まった。劉銘傳は、西洋の技術を積極的に取り入れ、「全台鉄路商務総局」を設立した。台湾全体の革新を推進するため、基隆から台南までの鉄道を建設する計画を立てた。その最初の区間として、基隆から台北を経由し、新竹に至る路線が完成した。基隆にある獅球嶺隧道は、現在でも保存されており、隧道の南口に刻まれた「曠宇天開」という言葉は、この難工事を物語っている。清朝時代の鉄道駅の規模は小さく、外観は民家と似ている。現在に至るまで残っているものは一つもない。

日本統治時代の鉄道駅

日本統治時代、台湾を効率よく統治するために交通建設が積極的に進められ、既存の鉄道建設をさらに発展させた。1908 年には新竹から高雄までの縦貫線が完成し、台中で開通式が行われた。同時に、これを記念して台中公園にあずまや "雙閣亭" を建てた。さらに 1926 年には東部線と宜蘭線が完成した。

日本統治時代の鉄道駅の設計は、鉄道部に属する改良課や工務課によって行われ、時代ごとに流行した建築様式に応じて、さまざまな建築様式の駅舎が建てられた。初期の駅舎は、主に簡素な木造の建物であった。1900 年代に入ると、より華麗な建築様式が登場するが、そのほとんどがレンガや木造の駅舎であった。また、洋風と和風を融合させた「和洋折衷」の駅舎も見られるようになる。萬華、桃園、彰化、屏東などの駅舎がその代表例である。残念ながら、これらの駅舎はすでに改築された。1930 年代に建てられた駅舎には、かつての華麗な建築とは異なり、簡素で力強い折衷様式の建築が登場する。第二次世界大戦末期になると、都市の新たな顔として、軍国主義の影響を受けた帝冠様式の建築が現れた。その代表例が高雄駅である。

鉄道駅の設置は、地方の発展を促すだけでなく、その駅舎自体が都市の新しいランドマークとなり、時には流行の建築様式を各地に広げる役割も果たしていた。重要な都市の駅は規模が大きく、さらに運営が多忙なため、何度も改築されてきた。例えば、台北駅は現在で 4 代目の建物である。一方、小さな町や村の駅舎は、平面や外観が似ている駅舎が多く見られるが、これは当時、労力を節約するために、同じ設計図を使って建てられた結果である。

● 1908 年に建てられた基隆駅は、華麗な様式を持つ建築だが、残念ながらすでに改築された。

銀行

銀行は、日本統治時代に台湾に導入された近代的な金融機関である。当時は、官設の銀行のほか、台湾人が資金を集めて設立した銀行や信用組合もあった。銀行の建築は、外観の壮麗さと構造の安全性が重視されているため、都市の街角におけるランドマーク的な建物になることがよくある。太い柱を並べた列柱は、日本統治時代の銀行建築によく用いたデザインの手法であり、特に台北と台南の土地銀行は非常に重厚感がある外観となっている。中央アメリカの建築のスタイルを多少取り入れた巨大な柱や浮彫りの壁が特徴的である。これらは非常に興味深く、比較する価値がある。これらの柱は、本物の石ではなく、石材を模倣した人造石で作られていたが、その施工は非常に精巧で、当時の優れた建築技術を示している。

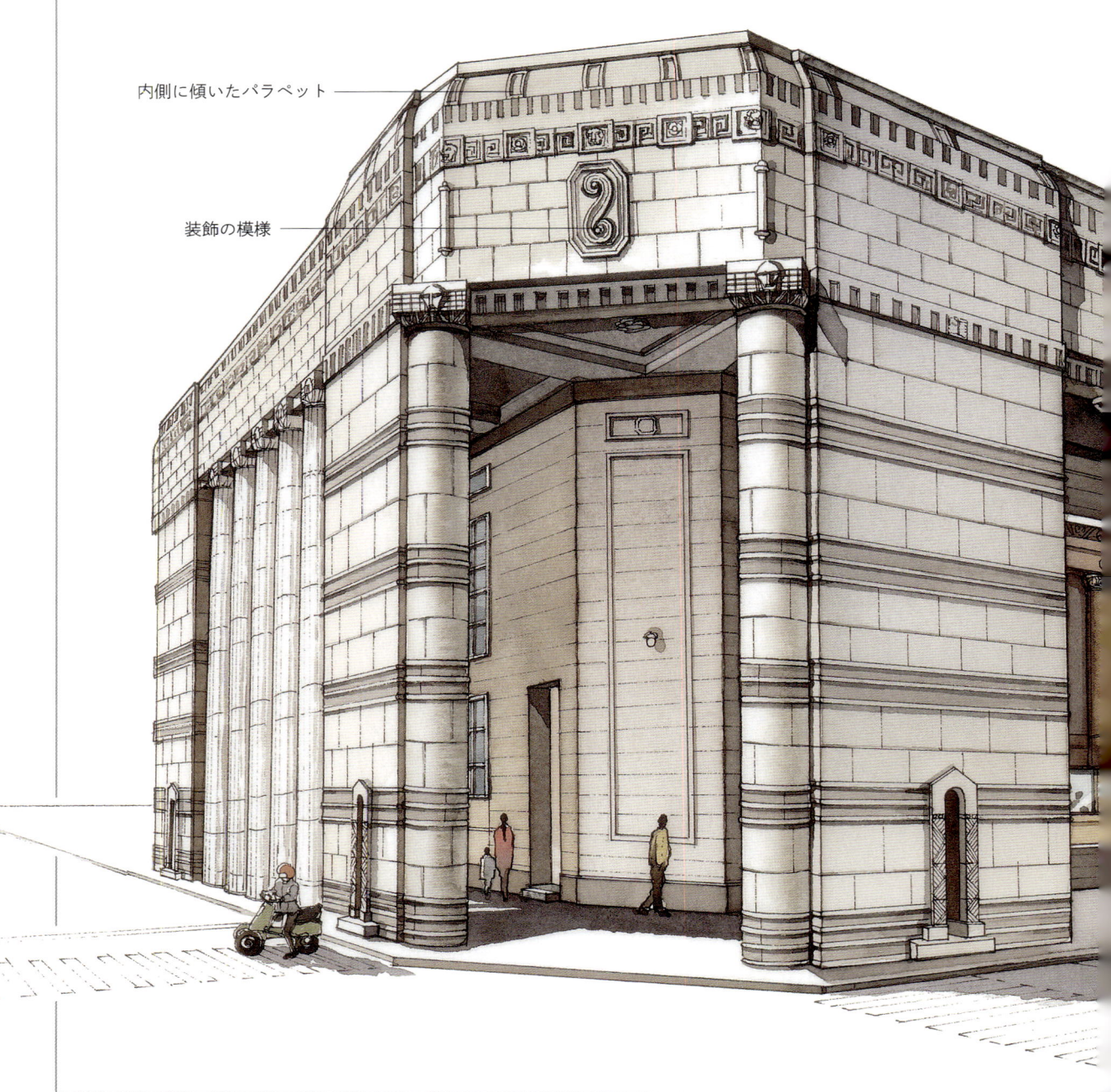

内側に傾いたパラペット

装飾の模様

敷地を見る

　銀行は、都市の中心に位置し、都市の活動と密接に関わっている金融機関である。また、重要な官公庁の近くにあることが多く、主要道路の両側や交差点の角に位置することが一般的である。そのため、平面はほとんどが直線やL字形になり、都市の中で目立つランドマークとなっている。

●台北の土地銀行は、交差点の角に位置し、建物の両側が通りに面している。

建築の外観を見る　▶ P.144

　銀行建築の外観の共通の特徴は、ほぼすべてにおいて重厚感があり、かつ理性的であることである。それは主に建物に財産を保護する役割があるのと、顧客に安心感を与えるためである。一般的な外観は、様式建築と折衷様式の建築の二つに大きく分けられる。

空間の機能性を見る

　銀行の内部空間は、営業ロビーを中心に構成されている。営業ロビーは天井が高く、周囲の壁面は外観のスタイルに合わせて、付け柱（壁に貼り付けられた柱や壁面に埋め込まれた装飾用の柱。ピラスター）や装飾帯（モールディング）で装飾され、堂々とした印象を与える。内部空間は、カウンターで区切られ、顧客エリアと職員の事務エリアに分けられている。その他、銀行の内部には、事務所やサービス空間があり、さらに厳重に守られた金庫も存在するが、金庫は簡単に見学できるものではない。

外壁面上部に設けられた装飾帯（蛇腹やフリーズなど）

人造石の壁面

人間の顔を模して装飾された柱頭

巨大な列柱

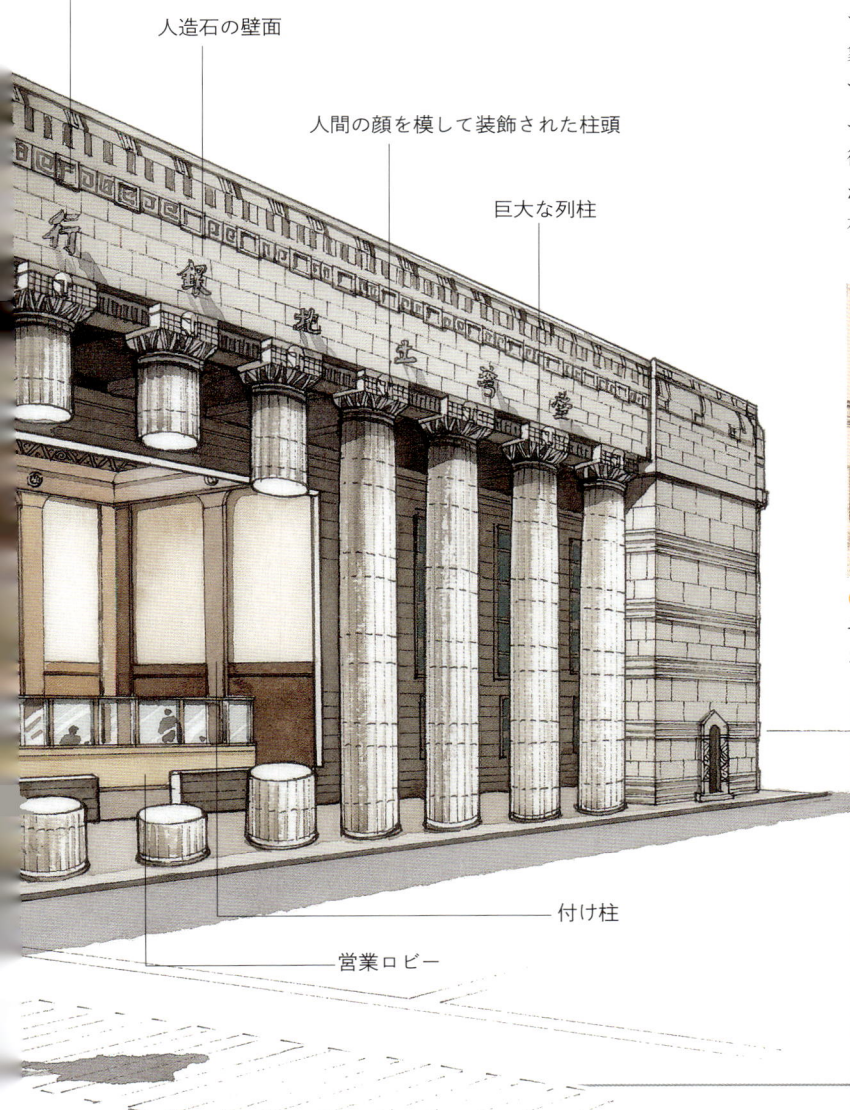

付け柱

営業ロビー

●台湾銀行本店の営業ロビーの昔の様子。内部空間が3階分の吹き抜けになっており、とても堂々としている。

> **台北襄陽路の土地銀行**：昭和8年（1933）に建てられ、元は日本勧業銀行台北支店と呼ばれていた。主な業務は、農林水産業などの産業団体への融資を行い、基盤整備を支援することで、日本統治時代には、台湾各地に五つの支店があった。建築は、壮大で重厚感があり、独特なスタイルが特徴で、現在は直轄市の指定古蹟になっている。

建築の外観

現存する銀行建築の多くは、1930年代に建設されたものである。建築の構造は、堅固なコンクリートが主流となっており、時代の特徴を十分に反映している。一般的な外観は、以下の二種類に分類できる。

様式建築

1930年代の銀行建築には、より簡素で洗練された建築形態が登場し始めた。当時の銀行建築は、材料や構造に現代建築の要素が見られる一方で、外観には多くの様式建築の要素が残されており、威厳を保っていた。これらの建築は、以下の二つの様式に分けられる。

古典様式：全体の壁面に石材や人工石を使用し、1階部分に意図的に石造りの基壇のようなデザインを施し、2階や3階には高くそびえた列柱が設置され、古典的な重厚感と厳密な比例を表現している。また、精巧な装飾帯（蛇腹やフリーズなど）や柱頭の装飾も特徴的である。ただし、現代建築の影響を受けて、パラペットは水平となり、古典的な三角形のペディメントは採用されなくなった。例としては、台湾銀行本店や屏東の台湾銀行が挙げられる。

珍しい様式：様式建築が台湾で最盛期を迎え、成熟した段階で現れた異国的な様式である。南米やエジプトなどの装飾の要素が採用され、特に銀行建築でよく使用されている。この様式の特徴として、パラペットが内側に傾く。これは中米のマヤ文明の建築的特徴を表している。また、柱頭や壁面の装飾、装飾帯などにインド、エジプト、南米などの模様がよく用いられ、従来の西洋のギリシャ・ローマ系のデザインとは大きく異なっている。例としては、台北と台南の土地銀行や、台中の彰化銀行が挙げられる。

巨大な基壇のような一階 / 水平なパラペット / 装飾帯 / 石積みの壁面 / 列柱

●台湾銀行本店。

特徴のあるオーダー / 内側に傾くパラペット / 装飾帯 / 獣頭装飾

●台南の土地銀行。

珍しい様式の模様

銀行建築にしばしば見られる異国風の装飾模様は、それまでの古代ギリシャやローマ、ゴシック建築の装飾模様とは大きく異なる。1930年代の日本では、西洋化の考え方が成熟した一方で、西洋の伝統様式から脱却しようとする動きが生じ、異国の文化から新たなデザインのインスピレーションを得始めた。これが珍しい様式が登場した背景である。

●中央アメリカのマヤ文明風の人面のレリーフ彫刻。

●中央アメリカのマヤ文明風の渦巻き模様。

●東アジア風の福神と卍の模様。

●南米風のライオンの頭。

●南米インカ風の渦巻き模様。

折衷様式の建築

　全体的に簡潔な造形が特徴で、水平性を強調している。外壁には、タイル貼り、洗い出し仕上げ、モルタル製の人造石などの素材が使用され、すでに現代建築の特徴を持っている。けれども、パラペットや柱には、依然として装飾が残されている。また、様式建築でよく用いられる入口を強調するデザインの手法を用いて、建築の外観に変化をもたらしている。例としては、台中の華南銀行や高雄の合作金庫などがあげられる。

八角形の塔を用いて入口を強調
人造石
2階まで届く高い列柱
パラペットの装飾帯

●台中の華南銀行。

高大な柱

　高大な柱は、銀行建築の外観にほぼ共通して見られる特徴で、銀行建築の重厚感を生み出す重要な要素でもある。柱のデザインには、二つの主な手法がある。

　柱廊（ストア、コロネード）：この手法は、建具が内側の壁に配置され、外側に巨大な列柱が並び、2階分の高さを持つ柱廊が特徴である。立面が壮観なだけでなく、その中を歩くと、自分が小さく感じられる。台北や台南の土地銀行、屏東の華南銀行が代表例である。

●台南の土地銀行の柱廊。

　付け柱（ピラスター）：この手法は、列柱が壁面に付いており、建具は列柱の間に配置される。このデザインによって、建物の外壁に凹凸のある立体的な効果が得られる。台中の彰化銀行や屏東の台湾銀行が代表例である。

●屏東の台湾銀行の付け柱の列柱。

歴史の小道

　清朝時代の台湾には、民間の両替所以外に近代的な金融機関は存在せず、銀行という金融機関は日本統治時代から始まった。

日本統治時代の金融機関

　日本統治時代初期の台湾では、流通する貨幣が多種多様であった。財政や金融の安定化を図るため、日本政府は貨幣制度を整備し、基幹産業の発展を支援した。統治開始から5年目の1899年に独立の金融機関として台湾銀行が設立された。その後、台湾商業銀行（1902年）、台湾農商銀行（1903年）、嘉義銀行及び彰化銀行（1905年）、台湾商工銀行（1910年）、新高銀行（1916年）、華南銀行（1919年）など、さまざまな銀行が次々と設立された。これら大手銀行の他にも、地方の銀行や、日本の有名な銀行の支店（例：勧業銀行）も存在する。また、民間の資本参加による信用組合（現在の合作金庫）もあり、中小企業向けの融資や貯蓄を奨励していた。

　日本統治時代の金融機関は、台湾経済の安定に重要な役割を果たしたが、その設立の背景には植民地政策の野心も伴っていた。例えば、台湾銀行の華南や南洋地域への支店設置、華南銀行の設立は、海外貿易の拡張や経済侵略を目的としており、彰化銀行は大租権整理（清朝時代の土地の権利関係の整理）後の地主への補償金交付のための公債を発行するために設立された。勧業銀行は生産の奨励を目的として設立され、「工業日本、農業台湾」という目的を達成しようとした。また、日本政府は、日本の大企業の台湾進出を奨励し、融資の優遇措置を提供した。初期の段階では、普通預金の利息でも、日本人は台湾人よりも高い金利を得ていた。

　1930年代には、台湾の社会は安定し、経済成長は頂点に達した。民間の貯蓄が増加し、土地開発や貸借政策が形成され、銀行業はさらに繁栄した。この時期には、多くの銀行が支店を設立し、古い建物もこの時期に改築された。そのため、現在、私たちが目にする銀行建築の多くは、当時流行していた折衷様式の特徴を持っている。

学校

清朝時代の台湾における教育は、府県（台湾府と府内の行政区画としての県）の儒学（地方政府が管理する学校）と書院（学問所）を中心に行われた。清朝時代末期には外国との貿易が行われるようになり、近代的な制度を備えた学校が登場し始めた。日本統治時代になると、広く小学校や公学校が設立され、その後も中学校、職業学校、大学が続々と設立された。学校建築は、教育理念と密接に関係しており、日本人が建てた小学校は、軍国主義的な教育が強く、教室の配置はきちんとしていて単調である。学校の中央には運動場が設けられ、ここで国旗の掲揚式・降納式が行われた。一方、教会が創立した学校は、個人を重んじる人間中心の思想である人文主義的な精神を育てるため、環境や社会との理性的な関係を啓発する教育に重点を置いていた。淡江中学（中学校）はその代表例の一つである。校舎は、ヨーロッパと台湾の伝統建築を融合させたデザインとし、アーチ状の回廊が各教室を繋ぐ形式である。芝生の上に建てた赤レンガ造の八角形の塔楼が、古典的で落ち着いた学習空間を作り上げている。

八角形の塔

講堂及び旧教会

学校建築の計画（キャンパス計画）を見る

▶ P.148

　学校の教育目的が異なるため、キャンパスの規模にも大きな差が生じる。ある学校では、正門から入るとすぐに見えてくる主要な建物が中心となる。ある学校では、建物が分散して配置され、多様性のあるキャンパスが表現されている。

空間の機能性を見る　▶ P.148

　学校の主要な空間には、教室、講堂、図書館、体育館などと、これらを繋ぐ廊下や階段がある。空間には、それぞれの異なる機能があり、設計や設備にも各々の特徴がある。また、西洋式の学校と伝統的な書院（学問所）の大きな違いは、広大な校庭にある。

階段教室

●淡江中学の校舎にあるアーチ状の回廊は、校内に静かで安らかな雰囲気を醸し出している。

建築の外観を見る ▶ P.150

　親しみやすく優雅であることは、学校建築に共通する特徴だが、学校の性質や歴史的背景が異なることによって、やはりその外観にも形式の違いが現れる。

●淡江中学の八角塔の入口には、石彫の灯籠や雀替（舟肘木に似た構造、柱の上に取り付けて軒桁を支える構造）があり、台湾の伝統建築の趣を感じさせる。正面上部には、聖書から引用した「信望愛」という言葉が刻まれている。

教室

アーケード

小型の八角形の塔

新北市淡水の淡江中学：全体の配置は、ヨーロッパの大学キャンパスの雰囲気を持つ。最も代表的なレンガ造の八角形の塔を中心とした建築群は、羅虔益（Kenneth Dowie）牧師によって設計され、1925年に完成した。この建物は、伝統的な中国の宝塔と洋式建築の要素を融合させたものである。平面の配置は、三合院のような形をしており、八角形の塔を中心に建物が外へ広がり、その末端にはさらに小さな八角形の塔が立っている。

学校建築の計画（キャンパス計画）

学校は、学生の年齢層に応じて教育目標が設定されている。また、学校の創立者によって、教育理念も異なっている。これらの違いは、学校建築の設計や配置といったキャンパス計画にも反映されている。台湾の初期の学校における一般的な学校建築の配置には、以下の二種類がある。

主要な入口のある本館を中心とした計画（集中配置）

初期の小・中学校教育では、統一された管理と指導が重視されており、学校の規模も小さかったため、キャンパス計画は比較的標準化されていた。通常、正門を入ると最初に本館があり、教室と教務空間がここに集約されている。本館には、片側に日差しを防ぐための回廊が設置してあり、背後には運動場が配置されていた。本館の建物には、直線型（例：台北の建国中学の紅楼）、L字型（例：台北の北一女中の光復楼）、U字型（例：台北の旧建成小学、台南の長栄女中）などの形状がある。

●台南長栄女中は、平面構成がUの字型である。ファサードの装飾は特に凝っており、中庭の回廊で各棟が繋がるようになっている。

※中学＝日本における中等教育、中学校と高等学校を指す。
　女中、女高＝女子高級中学（高等学校）／小学＝小学校／北一女中＝台北市立第一女子高級中学（高等学校）

空間の機能性

室内空間は、それぞれ用途が異なるため、建築構造や内部の装飾にもそれぞれ特徴がある。学校の重要な室内空間として、以下の場所が挙げられる。

教室

教室は、学校の主体であり、学生が最も長い時間、活動を行う空間である。教室は、普通教室と特別教室に分けられる。観察する際には、建具枠のディテール、演台や黒板のデザインに気を配る。特別教室には、美術室、音楽室、実験室などがあり、それぞれ内部の空間設計や装飾が異なる。

●淡江中学の階段教室（階段状に座席を設けた教室）は、当時、非常に先進的な学習空間であり、座席はすべて木製である。

●台湾の師範大学の講堂には、上下二層の座席があり、手すりの多くは古いもののままである。

礼堂（講堂）

大型の講堂である。全校生徒や教師が式典、演奏、講演などを行うために使用される。初期の学校では、「講堂」と呼ばれており、教会系の学校では教会としても使用されることがある。そのため、広くて天井が高く、室内に柱がないことが特徴で、木造や鉄骨造の屋根構造が一般的である。講堂は、校舎にある一つの大きな部屋（例：台北の旧建成小学校）の場合もあれば、独立した建物（例：台湾師範大学、台南一中の小礼堂）の場合もある。講堂内部の装飾や演台は、多くは昔からあるものなので、観察する際には見逃さないようにしよう。

複数の建物が敷地（キャンパス）内に分散される計画（分散配置）

この配置は、高等教育機関や教会系の学校によく見られる。これらの学校では、思想の啓発をより重視するため、建物の配置に高い自由度があり、各建物が明確な機能を持っている。例えば、台湾大学（旧台北帝国大学）や成功大学の成功キャンパス（旧台南高等工業学校）では、広い道路をキャンパスの中心軸にし、その両側に統一感のある建物が建ち並んでいる。また、教会系の学校である淡江中学や台南の長栄中学では、中国と西洋の様式を折衷した中西合璧の建物や、不可欠な教会があり、豊かで多様性のあるキャンパスを形成している。

🟠台南の成功大学では、中央の大通りをキャンパスの中心軸とし、その両側に校舎が配置されている。周囲には緑地が広がり、キャンパスの雰囲気を美しく整えている。

図書館

図書館は、書籍を保管し、学生が閲覧するための場所である。学校にとって不可欠な空間であり、特に大学では重要である。例えば、台湾大学の旧総図書館のように、独立した建物として設計されることが多い。その主要な空間には、書庫、閲覧室、事務室が含まれる。

体育館

西洋式の教育では、学生の身体能力が重視されるため、屋外の運動場だけでなく、屋内の体育館も学校にとって不可欠な空間である。体育館は、広々として柱がなく、高い窓が設置されており、バスケットボールやバドミントン、バレーボールのコートとして利用されるほか、講堂として利用されることもある。

🔴淡江中学の体育館は、鉄骨造である。

連絡空間（接続つなぎ空間）

学校は多くの人が集まる場所であり、出入りの利便性を図るために多くの廊下や階段が設けられている。廊下は、教室間を結ぶ主要な動線であり、学生が休み時間に活動する場所でもある。また、暑い気候に対応するため、窓が数多く設置されていることがある。学校によっては、窓台の前に木製の収納棚を設置し、学生が使用できるようにしている。学校の階段の幅は広く、手すりや手すり壁（手すりの下にある腰壁や柵のこと）には当時の装飾がよく施されている。

🔴台北の中山女高の逸仙楼の広い階段と手すりや手すり壁には、モダンなデザインが取り入れられている。

🔴中山女高の廊下の窓台の前には木製の収納棚がある。

建築の外観

台湾の初期の西洋式教育は、大きく二つの系統に分けられる。一つは西洋の宣教師が設立した教会の学校、一つは日本統治時代に政府が広く設立した小・中学校、職業学校、高等学校である。校舎建築の様式もこれらの二つの視点から観察することができる。

日本統治時代の官設学校

現存する学校建築の多くは、日本統治時代のものである。その設計者の多くは、官公庁の営繕部門に所属する専門の技師であった。建築の外観は、当時の建築様式に応じて異なり、以下の三つの種類がよく見られる。

様式建築：一定の建築様式の外観を持つ学校は、おおよそ三つの類型に分類できる。

◆**古典様式**：古典様式は、古典的な柱、アーチ、或いはバロック様式の模様で装飾された外観などが特徴である。古典様式の代表例としては、台湾大学の行政大楼や法学部があり、華麗なバロック様式の代表例としては、成功大学の礼賢楼や台南女中などがある。

◆**赤レンガの洋風様式**：素朴な赤レンガを使用し、レンガによって規格化された窓やアーケードを備えている。様式建築のような装飾要素を持ちながらも、装飾の面積は少なく、なおかつそれは入口部分に集中している。全体的に混合された様式が特徴である。代表例としては、建国中学の紅楼、台北の旧建成小学校、台南の師範学院などがある。

●台湾大学の行政大楼（古典様式）。

●台北の建国中学の紅楼（赤レンガの洋風様式）。

●台北の中山女高の逸仙楼。

●台湾師範大学の講堂（模倣ゴシック様式）。

◆**模倣ゴシック様式**：尖頭アーチ、控え壁、四つ葉の装飾、尖頭型、モールディング、細長い窓などが特徴である。代表例に、台湾師範大学の講堂や台中師範学院などがある。

折衷建築：この建築様式は1920年代後半に登場した。装飾が簡素化された様式で、現代的な雰囲気を醸し出しながら、学術的な趣に満ちている。特徴的な要素としては、連続したアーチ状の開口部、簡素化された妻壁（ペディメント）、そしてレンガ壁を模倣した茶色のタイル貼の仕上げ手法が挙げられる。代表例としては、台湾大学文学部や旧図書館、成功大学の格致堂などがある。

●成功大学の格致堂。

初期モダニズム建築：この建築様式は、1930年代以降に建てられた学校に多く見られる。特徴としては、主要な入口が中央に設置されていないことや、装飾が極めて少なく、四角い窓が一列に並び、外壁に淡い色のタイルが貼られていることが多い、などである。代表例としては、中山女高や北一女中などがある。

キリスト教主義学校（ミッションスクール）

キリスト教主義学校は、官設の学校から独立して発展した系統であり、多才な宣教師が設計の中心的な存在となることが多い。彼らは、自国の建築様式を基に、台湾の文化的特徴を敏感に取り入れた。キリスト教主義学校の建築は、主に次の二種類の様式が見られる。

洋楼（洋風）建築：レンガと木材によるコロニアル様式の特徴を取り入れた建築様式である。外観は、上下層ともアーケードが設置され、花瓶型やレンガ積みの手すりが設けられている。そして、内部の中央には階段が配置されている。代表例としては、淡水女学校（現・淡江中学の校舎）がある。

●淡水女学校（現・淡江中学の校舎）。

中西合璧（中国と西洋の折衷）様式の建築：中西合璧様式は、台湾の伝統的な建築と西洋の建築の特徴を組み合わせたデザインの手法である。例えば、淡水の牛津理学堂は、平面が四合院の形をしており、屋根の小さな尖塔は仏塔のように見えるが、窓は西洋風のアーチ型になっている。また、台南の長栄中学の工芸教室は、西洋風のレンガ柱やアーチ型の窓を使用しているが、中国風の馬背型（馬の背の形と似ている）の妻壁や小屋組が取り入れられている。

●台南の長栄中学の工芸教室。

●1882 年に宣教師マッケイによって設立された淡水牛津理学堂。

歴史の小道

清朝時代の台湾における教育制度は、儒学（地方政府が管理する学校）と書院（学問所）を中心に展開されていた。ところが、宣教師が台湾に現れたことで、宗教の理念を普及させるとともに学校を創立し、台湾にこれまでとは異なった教育制度をもたらした。

清朝時代の末期になると、台湾の近代化に多大な貢献をした劉銘傳が、1887 年に西学堂（西洋の知識を学習する場所）を開設した。この学校では、国学以外に、英語、フランス語、歴史、地理、数学、科学などを学習することができ、非常に充実した教育内容であった。けれども、この西学堂は、劉銘傳が台湾を離れたわずか 4 年後に閉校された。西学堂は、現在の台北市の長沙街辺りに位置しており、日本統治時代に取り壊された。

日本統治時代の教育制度

日本人は、日本統治時代に植民地の統治を徹底させるため、教育の力を利用して台湾本土の文化や言語を押しのけようとした。そのため、初期には、台湾総督府内に学務部を設立し、全面的な教育政策を推進した。当時の規定では、台湾人、原住民、日本人が通う学校は区別されていた。例えば、現在の建国中学は、当時は日本人の子供専用の学校であり、「台北州立第一中学」と呼ばれていたが、台湾人は「第二中学」にのみ通学を許されていた。このような違いは、統治者の差別意識をあきらかにしたものといえる。民族の融合を図るために、すべての各クラスの学校で共学制度が実施されたのは 1922 年以降のことである。

初期のキリスト教主義学校は、主に宣教師の養成を目的としていたが、後に一般教育も提供するようになった。また、日本人が台湾籍の学生に対して入学の選択肢を制限していたため、独立した教務管理を行うキリスト教主義学校は、台湾人にとって教育を受けられるもう一つの機会となった。

日本統治時代の教育の制度は、細かく系統化されていた。その系統は、初等普通教育（小学校や公学校）に始まり、高等普通教育（中学校、高等学校、高等女子学校）、実業教育（農業学校、商業学校、工業学校、実業補習学校）、師範教育（師範学校、教員を養成する学校）、専門教育（高等商業学校、高等工業学校、帝大附属農業学校や医学学校）、大学教育（帝国大学）、特殊教育（盲唖学校・盲者と聾唖者に教育を施す学校）などが設けられ、これによって台湾に西洋式の教育の基盤が築かれた。

医院（病院）※

19世紀後半の台湾では、近代的な西洋医学が登場した。台北、台南、打狗（高雄の旧称）には、外国人向けの医療を提供する西洋医が現れた。キリスト教会が普及した後には、病院や診療所も次々と設立された。けれども、本格的に大規模な西洋式の病院が設立されたのは、日本統治時代の初期になってからのことである。

現在の台大病院（国立台湾大学医学部付属病院）の旧館は、日本統治時代の病院建築の中で唯一現存しているものである。前身は、台湾初の大病院「台北病院」であり、日本の建築家によって設計された。当時、その規模の大きさは、東アジアにおいても非常に稀であり、建築のディテールは精巧であった。病院の平面構成は、中央の廊下を軸にし、病室を左右対称に配置した、機能的かつ合理的なものである。完成してから80年以上を経た現在でも、依然としてその機能を果たしていることは容易なことではない。

建築の外観を見る　▶ P.154

西洋医学の病院が登場したのは、西洋化の結果であり、近代化の産物である。その建築には、様々な外来の様式が採用された。様式建築に属する台大病院はその例で、バロック風の装飾は非常に華麗である。

空間の機能性を見る

大規模な病院の基本構成には、入口（エントランス。車道に接続する連絡通路）、大庁（ロビー）、受付・薬局カウンター、待合室、診察室、病室、事務室などが含まれる。これらの空間は、円滑な動線で繋ぐことが非常に重要であり、多くの場合、廊下でつながっている。一般的な平面配置としては、前面にサービス空間があり、中央に診療空間、背面に病室空間が位置する。

入口：入口は、病院の「顔」である。そのため、設計には特にこだわりがあり、多くの装飾を施すことでファサードを豊かにする。また、患者の利便性を考慮して車道を直接入口まで引き込むことが一般的である。

大庁（ロビー）：病院には多くの人が出入りするため、広々とした空間が必要である。この空間は、患者を案内する役割を果たすため、受付や薬局カウンターもロビーの近くにあることが通常である。台大病院のロビーは、格子状の天井に照明を埋め込むことで天窓のような光を演出し、良い雰囲気を作り出している。また、壁には独特なベージュ色のタイルが使用され、病院の清潔感を表現している。

病室：病室は、サービス空間や診療空間の後方に位置しており、中央の廊下を軸に各病室が連結されている。動線は、はっきりしていて、互いに干渉を受けにくい。

● 台大病院のロビーは、アーケードに囲まれ、高くて明るい空間である。

※ 現在の日本の医療法では病床 20 以上は病院、19 床以下の小規模なものを医院・診療所などと呼ぶが、ここでは現在の病院と医院に相当する両方を指している。そのため、本項では理解がしやすいよう上位の概念である "病院" を用いることにする。ただし、台湾では総称して "医院" という表現を用いている。

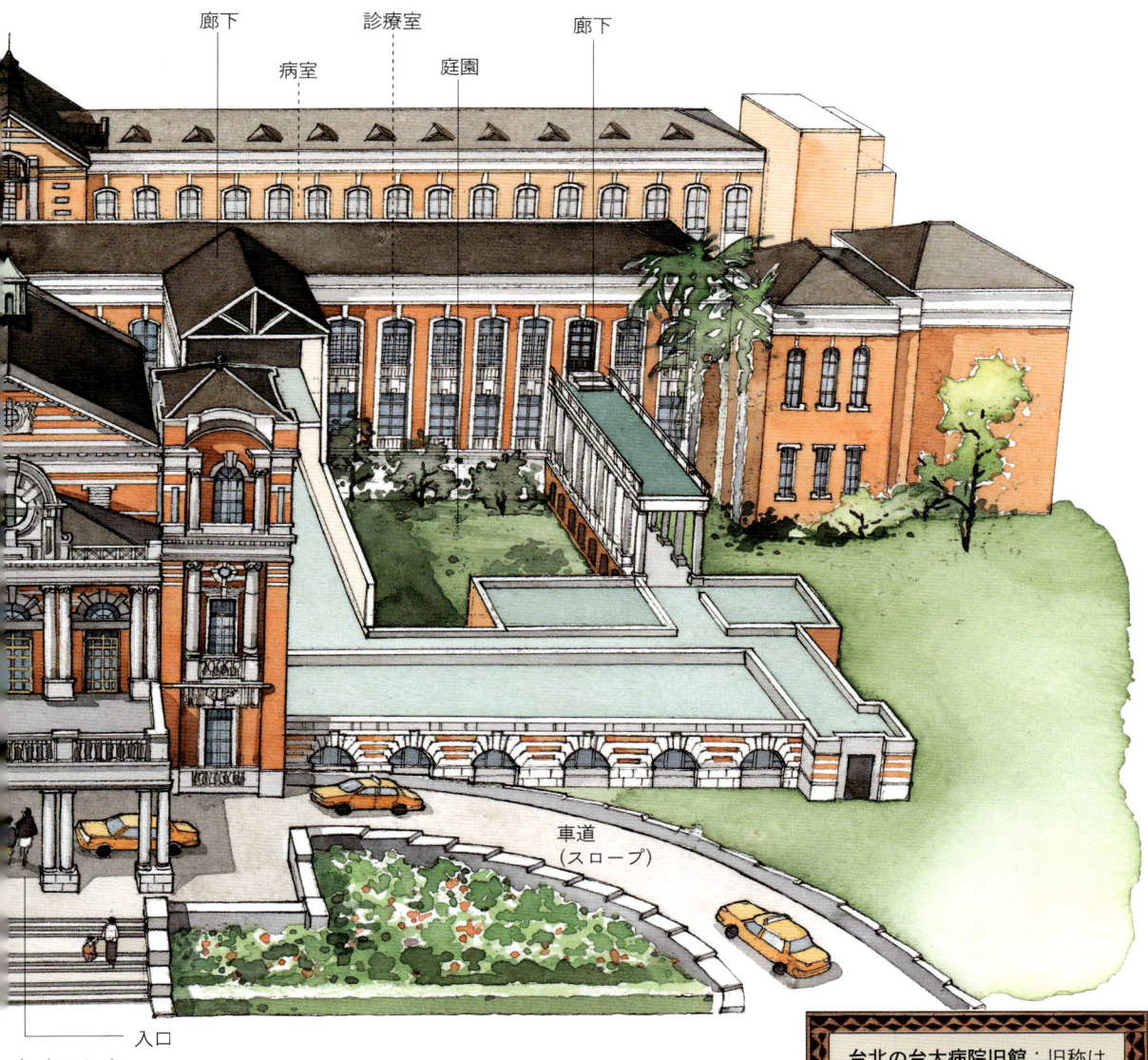

廊下　診療室　廊下

病室　庭園

車道
（スロープ）

入口

庁（ロビー）

庭園：大規模な病院の設計は、大きな邸宅のように各棟の間に空地（中庭）を設け、庭園を配置して池を掘って魚を飼ったり、花や樹木を植えたりすることもある。これらの景観は、美しいだけでなく、患者にとっては重要な心理療法の一環にもなっている。

●大病院にある廊下は、広く、動線がはっきりしている。

廊下：病院内で各空間をつなぐ廊下は、車椅子や病床を移動させるために、一定の幅が必要である。

台北の台大病院旧館：旧称は「台北病院」で、1912 年に現在の場所に移築された。規模が非常に大きかったため、全ての工事が完了するまでに 12 年を要した。当時、この病院は、極東地域（far east）で最大規模の病院であった。その華麗な外観は、英国ヴィクトリア様式で、台湾近代の様式建築の代表作でもあった。現在、この建物は直轄市定古蹟に指定されている。

建築の外観

病院建築の外観には、各時代に流行している様式や、建築主の違いによって、さまざまな建築様式が見られる。たとえば、キリスト教会系統の病院は、洋楼（洋風）の形式を持つ。また、日本統治時代に建設された病院は、その当時の建築の流行に応じて多様な外観を備えている。現在、完全に保存されている病院建築は、主に以下の三種類に分類することができる。

中西合璧（中国と西洋の折衷）の洋楼建築

洋楼風の病院は、主に初期の宣教師によって建てられたもので、最大の特徴はアーケードがあることである。けれども、これらの多くは取り壊されており、現在では淡水の偕医館のみが残る。この建物は、湿気を防ぐため、基礎を高く設けており、屋根には赤瓦を葺き、アーチ形の開口部を持つ外観が特徴である。これは、中西合璧（中国と西洋の建築様式の折衷）のキリスト教会建築である。偕医館の規模は大きくはないが、マッケイ牧師によって創立された台湾北部で最初の西洋式病院である。

赤瓦の屋根　　アーチ型の開口部

● 1879年に創立された、新北市淡水の偕医館。

和洋折衷の建築

和洋折衷の病院建築の特徴は、木構造の建物が多く、外壁には下見板が仕上げとして採用されている。そして、建築から突き出したポーチ（車寄せ）と、そこに用いられた和風建築に似た破風板を持つ入口も特徴のひとつである。その簡単な構造と施工のしやすさから、日本統治時代には地方の小規模な病院にはじまり、各地に数多く建てられた。けれども、木造であったために損壊しやすく、保存状態の良い、建築年代の古い建物は数少ない。例としては、旧日本軍の台北衛戌醫院北投分院や、宜蘭の羅東五福眼科などがある。

下見板　　破風板を見せた入口

● 1910年代に創立された旧日本軍の台北衛戌醫院北投分院。

歴史の小道

台湾の伝統的な医療は、東洋医学が主流であった。西洋医学は、早くはオランダとスペインの時代に台湾に導入されていたが、当時は大きな影響を与えることはなかった。

清朝時代末期、劉銘傳が台湾の統治に携わった際に、新しい形式の病院が設立された。また、熱心にキリスト教を布教していた宣教師たちは、病気の治療を通じて人々の心の壁を取り除くことを一つの方法としていた。当初の宣教師は、理学と医学の知識を持っていたので、教会を建てるだけでなく、病院も建設した。これらの建物は、洋楼の特徴を持ちながらも、台湾本土の文化的な要素も取り入れられており、そこには文化交流の趣が感じられる。これらのキリスト教系病院は、現在も医療活動を続けており、台湾の医療に多大な貢献をしている。残念なことに、当時の建物の多くは保存されていない。

日本統治時代の病院

日本統治時代初期、日本人は台湾の気候に適応できず、多くの人々が病気にかかった。そのため、環境衛生の改善に加え、多くの病院が設立された。例えば、1895年の日本統治の最初の年には台北の大稲埕に、翌年には台中や台南に病院が設置された。しかし、初期の病院は非常に簡素なもので、本格的な病院の建設は統治の政情が安定してから進められた。

日本統治時代後期には、台湾各地のほぼすべての主要都市に官設の大病院が存在し、同時に医療も専門分野に分かれていた。よく見られるのは、各地域の総合病院である（代表例：台大病院や赤十字会病院、新竹病院、台南病院など）。また、軍病院（台北

英国ヴィクトリア様式の建築

　建築様式の要素を取り入れて、ファサードなどの外壁を装飾することは、1920年代以前の建築の特徴である。典型的な代表例は、英国ヴィクトリア様式を取り入れた台大病院旧館である。立面の特徴は、赤レンガの構造、柱頭の装飾（オーダー）、白い水平の装飾帯（フリーズや蛇腹）、装飾に富んだ開口部、ペディメントなどが挙げられる。特にその特徴は入口部分に際立っており、全体的にとても華やかな外観となっている。

赤レンガの壁　　オーダー　　ペディメント　　牛の目窓
（牛の目のような円形の窓）

アーチ型の窓　　水平装飾帯

● 1912年に創立された、台大病院旧館。

先駆的な個人医院

　大規模な公立病院に加えて、各地の町や村には多くの個人医院が存在しており、これらの病院建築は開業医が自ら創建したものである。日本統治時代、医師は社会的地位が高く、知識人の代表とされていた。彼らは、厳しい専門教育を受けていただけでなく、外部との接触の機会も多かったため、新しいものを受け入れる力も高かった。当時の地方では、病院建築や医師の住居が、より前衛的な建築様式を持つことがよくあった。特に1920年代以降、台湾におけるモダニズムの芽生えとともに、建築表現の自由度が高まった。

　これらの小規模な医院は、居住機能を兼ね備えていることが多い。また、内部の設備には、例えば待合室の椅子、薬局のカウンター、診察室の家具などがあり、これらは現在でも保存され、その時代の様子が感じられる。

● 彰化の渓州医院は、前衛的な外観をしているが、大規模な病院にはない親近感がある。

衛戍病院）、精神病院（台北松山精神病院）、感染症病院（台北稲江伝染病院）、タバコと薬物の依存症専門病院（台北大稲埕更生院）、ハンセン病療養所（新荘楽生院）などもある。

　地元の医療人材の育成を進めるため、専門的な医学校も設立され、台湾の西洋医学教育の基礎が築かれた。現在も台湾大学医学部の隣（台北市仁愛路）には、1907年に建てられた旧校舎が残っており、台湾の医師を育てた歴史的な場所と言える。当時の植民地教育政策には制限があり、台湾人学生は進学の選択肢が限られ

ていたため、多くの優秀な学生が医学校への進学を選び、その割合は61％にものぼった。

　医療設備の進歩とともに、初期の病院を残すことは難しくなっており、現在でもその姿を保存している大規模な病院は、かつて極東最大の病院

であった台大病院のみと、その数は非常に少ない。台大病院が使い続けられる理由の一つは、新しい建物を建設できる敷地があり、設備や施設のスペース不足を解消できたからである。各地にある小規模な診療所は、現在でも使用中のものもあるが、その多くは急速に姿を消しつつある。

● 日本統治時代に建設された台南病院は、様式建築の一例だったが、すでに解体され再築された。

法院 （裁判所）

清朝時代の台湾では司法と地方の行政が一体となっており、各地の府県衙署（府や県の庁舎）が司法の責任を担っていたが、日本統治時代に、西洋の三権分立の制度が導入される。司法は、政治的な事件を除き、依然として総督府の管轄下にあったが、一般的な刑事や民事訴訟は公正に処理されるようになった。当時は、高等裁判所と地方裁判所に分かれており、それぞれに壮大な建築が建てられた。台南地方裁判所や台北高等裁判所（現・司法大廈）がその典型的な建物の代表的例である。特に、日本の建築家・森山松之助の設計による台南地方裁判所のロビーの八角形のドームは台湾唯一のものであり、デザインや構造、インテリアの装飾も非常に優れている。

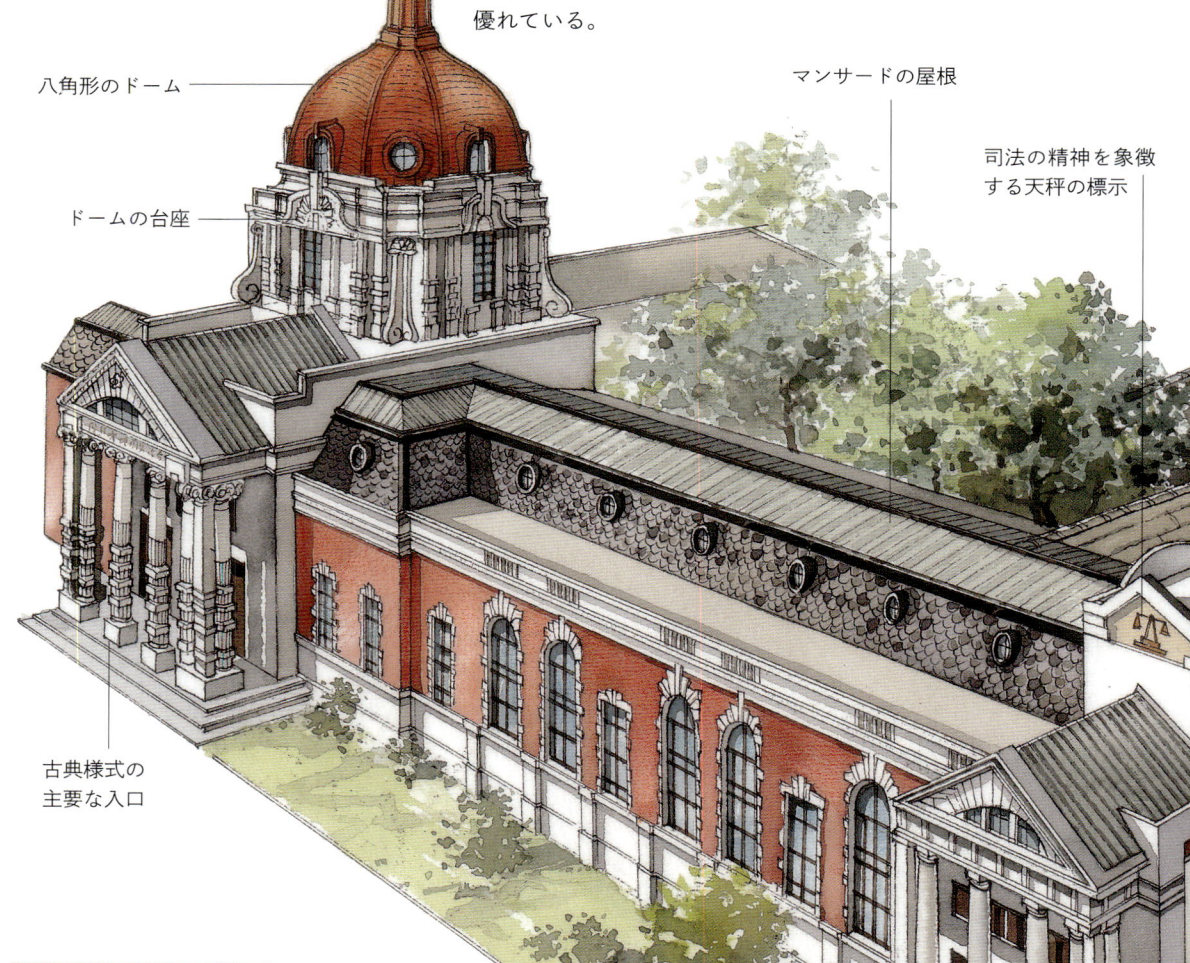

八角形のドーム

ドームの台座

マンサードの屋根

司法の精神を象徴する天秤の標示

古典様式の主要な入口

古典様式の脇の入口

建築の外観を見る ▶ P.158

裁判所は官公庁の建築類型に属するが、その特殊な性質から建物の数や様式は官公庁建築ほど多様ではない。現存する日本統治時代の二棟の裁判所建築を観察すると、その外観は異なる時代の建築様式であることがわかる。共通の特徴として、司法の尊さを表現するために威厳のある視覚効果を強調していることがあげられる。

空間の機能を見る

裁判所の外観は時代の流行に応じて異なるが、内部の空間配置はほとんど変わらない。主に公務の内容に応じて、ロビー、廊下、事務空間、そして最も重要な法廷の空間が設けられている。

●台南地方法院のロビーは、高くそびえる柱に囲まれ、ドームの奥行きを一層際立たせている。

台南地方法院：台湾で最も美しい裁判所建築と言われており、総統府や国立台湾博物館と並び、台湾の日本統治時代を代表する三大建築の一つである。大正元年（1912）に建設され、屋根はマンサード屋根で、華麗なバロック風の装飾が施されている。主要な入口が中央に配置されていない点が、当時の官公庁建築としては珍しい事例となっている。現在は国定古蹟に指定されている。

法廷：法廷は、裁判が行われる専用の場所であり、外部からの干渉を避けるため、裁判所の内側の比較的人目につきにくい場所に位置している。また、音漏れを防ぐために防音性が重視されている。法廷の内部は、大きく3つのエリアに分かれている。まず、前方には裁判官席があり、その下に検察官、弁護士、当事者の席が配置されており、後方には傍聴人席が設けられている。全体的に装飾は控えめで、法廷の威厳が十分に強調されている。

廊下

ドーマー窓

法廷

執務空間

●法廷内の裁判官席は高い台の上に設置され、独立した出入口がある。これは、一方では裁判官の地位の尊厳を表現すること、他方では当事者との私的な接触を避けるための配慮である。

建築の外観

台湾に現存する日本統治時代の裁判所建築——台南地方裁判所と台北司法大廈（司法ビル）の外観は、それぞれ様式建築と帝冠様式の建築に属している。以下にその特徴を説明する。

様式建築

台南地方裁判所の建築の外観は、非常に堂々としており、特に建築様式の中で最も壮観なマンサード屋根が特徴である。さらに、入口の地位を強調するため、主要な入口と脇の入口の上にはそれぞれドームと高い塔が設置されていたが、残念ながらこの塔は現存していない。また、両方の入口には、バランスよく古典様式のペディメントと列柱が用いられている。外壁の装飾は、特に窓の開口部に重点が置かれ、赤と白の色調が1910年代に流行した建築の様式を表現している。

ドーム：半楕円形で、八等分に分かれており、頂上に小さな塔が設置されている。採光と装飾のために、ドームの上部には円形と垂直のドーマー窓が設けられている。その下の基壇は八角形で、四面にパッラーディオ様式の窓がある。

古典様式の入口：上中下の三段に分かれている。上段は、三角形のペディメントと楣式構造（エンタブラチュア）である。中段には列柱があり、隅部は一本の角柱と二本の円柱で構成された柱がひとまとめになっている。柱頭には、羊の角の渦巻き装飾があり、柱身には突出した立方体が施されており、華麗さを一層増す。下段は基壇で、視覚的な安定感を与えている。

帝冠様式の建築

1934年に竣工した台北司法大廈（司法ビル）は、中央に高い塔があり、その両側に左右対称に展開する建築形式は、隣接する総統府と似ている。異なる点は、華麗な様式建築から脱却し、外観の装飾が極めて少ないことである。最大の特徴は、中央の高い塔の屋根の形が兜のようになっている点であり、これは日本の軍国主義の象徴である。このような帝冠様式の建築は、当時の最高司法機関の権威を象徴するのに最も相応しい表現となった。

高い塔：兜のような屋根に加えて、塔身にもアーチ状の窓が設けてある。窓枠は、石材で作られており、とても重厚で簡素な印象を与えている。

入口：中央に位置し、外壁から突き出た巨大な立方体の構造物である。コーニスや装飾帯のフリーズがあり、正面には三つのアーチが設けられ、アーチの柱はビザンティン様式の双柱（柱を二本で一単位として並べる手法）が使われている。アーチの縁は、石材で装飾され、その他の部分は人造石で仕上げられている。

ドーマー窓を鑑賞する

　台南地方裁判所を観察する際に、ドーマー窓を見逃してはいけない。ドーマー窓は、ルネサンス様式の建築に起源を持ち、19世紀から20世紀後期にかけて広く普及した特徴である。採光と換気の機能を持つだけでなく、ドーマー窓の多様な造形は屋根の美しさを増し、視覚的な焦点にもなっている。屋根の斜面から突き出ているものもあれば、軒先の壁（コーニス、蛇腹など）と繋がって独立した小さな屋根を持つものもある。形状については、円形、半円形、三角形、長方形などが一般的に見られる。

マンサード屋根：急勾配の屋根で、魚の鱗のような石製のスレート瓦が使用されている。屋根には、数多く円形のドーマー窓が設けられ、注目を集めている。

窓：すべての窓の開口部には、アーチの頂部にあるキーストーンや隅石（すみいし）が装飾されている。アーチ窓二窓に対して四角い窓が一窓設けられており、要素を統一させながらも変化のある外壁となっている。

壁面装飾：防空の機能を考慮して、淡い緑色のタイルが使用されている。3階のコーニス部分（4階は戦後に増築）と中央の簡素化されたペディメントは、異なる色のタイルを使って幾何学模様を作り出しており、モザイクのような芸術的な美しさがある。

窓：外観は、依然として古典的なアーチ窓だが、複雑な装飾がなくなり、浅く彫刻した石材で縁取りされているのみである。

歴史の小道

　清朝時代の司法制度は、地方と中央の二層に分かれていた。地方では、行政官が獄訟（監獄、訴訟）の事務を兼任し、軽微な事件は地方において一審判決で決着がつくことが多いが、より重大な刑事事件は、府（地方政府）、按察使（最上位の司法官）、巡撫（省の長官。台湾巡撫は知事に相当）などによって審理が進み、その判決は中央司法機関である刑部（刑事事件や訴訟を担当する部署）に送られ、異議がなければ判決が確定する。地方衙署（がしょ）（地方の役所）が裁判所を兼ねていたため、正義の実現は行政官の清廉さと個人の能力に左右されることが多く、民間での私的制裁の横行や人権の抑圧を招いた。「包青天」（青天は、清廉な官吏、公正な裁判官などを指す言葉。包拯（ほうじょう）という北宋時代の裁判官が、清廉な地方の裁判官として腐敗した官界を正したことがよく知られていた）のような物語が絶えず語り継がれてきたため、人々に官公庁に対する恐れと不信感を与えていた。

日本統治時代の司法制度

　日本は明治維新以降、西欧の制度や文化を導入したことで、近代的な司法独立制度が確立された。そのため、日本統治時代の台湾にも新しい司法制度が導入されたが、総督の専制政治の体制下では、立法権と司法権は総督によって統制されていた。特に初期の軍政時代には、しばしば反対派に不利な法令が公布され、人々の自由が抑圧された。その後、審判制度は、一審終審制から、より人道的な三審制へと発展した。法令は厳格に執行されるようになったため、治安の良い時代が生まれ、これらのことは年配の人々が懐かしく語る話題となった。

　日本統治時代の末期には、司法機関の構成が徐々に整備され、第一級の高等裁判所、第二級の地方裁判所、地方裁判所の支部および出張所があった。出張所以外は、すべて法廷を備えた裁判所建築であった。地方裁判所は、台北、新竹、台中、台南、高雄など5つの主要都市に設置され、台北地方裁判所と高等裁判所は現在の司法大廈（司法ビル）にあった。台南地方裁判所を除く、他の地方裁判所は規模が小さいか、すでに取り壊されている。

　司法制度は、西欧に由来し、裁判所建築も西欧から伝わった。台湾の裁判所の歴史は100年に満たないものの、台南地方裁判所と司法大廈の建物は、現代の司法制度が導入された明確な証拠となっている。いずれの建物も元の機能のまま使用されており、司法の歴史に重大な意義を持つだけでなく、その特殊な外観も近代都市の重要なランドマークとなっている。

●右側の高い塔がまだ存在していた当時の台南地方裁判所の様子。

159

産業施設

近代産業は、農業時代の手工業とは異なり、工業生産を指す。特に、19世紀の産業革命以降の機械の動力を主要な動力源とした産業が主流になるものを指す。台湾の産業建築は、19世紀後期に通商を行うようになって以降に現れた。最も早期の産業建築としては、港の付近にある石炭、製茶、樟脳の倉庫が挙げられる。

20世紀初頭には、機械による製糖、樟脳の精製（防虫剤や合成樹脂の原料）、伐採業に加えて、後に酒造所、タバコ生産、製鉄工場などの産業が登場し、政府や資本家の支援を受けて台湾に大規模な産業施設が次々と誕生した。例えば、台北には自来水場（水道関連施設）、鉄道工場、酒造所、タバコ工場があり、台湾の中南部には彰化の穀倉、虎尾、溪州、橋頭、屏東各地の製糖工場が建設された。また、高雄には、水泥（セメント）工場や竹仔門発電所、さらには嘉南大圳（農業水利施設）や花蓮酒廠（酒造所）などもある。これらの大規模で頑丈な産業施設は、原材料から製品までの生産過程や、建築物の構造と形式の視点から分析でき、スケールの大きい鉄骨のトラス構造や、通気や採光を考慮した設計が特に観察の要点である。

産業の種類を見る　▶ P.162

各種の産業施設は、製品のために特別に設計されており、工場や機械は多くの場合、独自の特性を持っている。例えば、酒造所では、米酒（米で作られた蒸留酒）と紅露酒（もち米と紅麹で作られた酒）の生産設備が異なるため、生産内容を理解することが観察の第一の要点である。

工場の配置（レイアウト）を見る

▶ P.164

工場の配置は、生産プロセスと密接に関連している。原材料が工場に入るところから始まり、その処理、製造、包装、保管、完成品の出荷までの過程において、各工場、設備、機械などとの円滑な関係が必要である。建物の配置の良し悪しは、生産量や生産能力に大きな影響を与える。

機械を見る　▶ P.169

産業の近代化の鍵は機械の発明にある。これにより人力が機械に取って代わり、生産が大量化し、品質も向上した。これらの機械自体が、当時の機械製造技術の証であり、人類の知恵の結晶であった。

樟脳精製工場

備品倉庫兼集会所

木工場

第二乾燥工場

第三乾燥工場

原料倉庫

圧縮工場兼包装工場

包装工場

修理工場

職工室

（元宿舎区域）

入口

土木施設と建築物を見る ▶ P.166

　産業施設の最大の特徴は、製品の種類に合わせて特別に設計されていることである。製作の工程、機械の操作、空間の使い方などが、土木施設や建築の構造や形式を決定する。時代の変遷にともない、新しい建材やデザインスタイルも導入されるので、産業施設は力強さと美しさの両方を兼ね備えている。

台北酒廠（酒造所）および樟脳精製工場：これら二つの工場は、鉄道輸送の利便性から併置されていた。台北酒廠の前身は、1914年に創立した民間の芳醸会社酒造所である。1922年に酒類の専売制度が実施されるようになり、官営の酒造所へと変更された。1930年代には、酒造技術の進歩にともない、生産量と品質の両方が優れた近代的な工場へと更新された。

　樟脳工場は、1918年に創設され、1967年に樟脳精製業務を終了後、部分的に取り壊され、酒造所に統合され、使用された。現在、この一帯は「華山1914文化創意産業園区」として再整備され、一部の建物は直轄市定古蹟や歴史建築となっている。

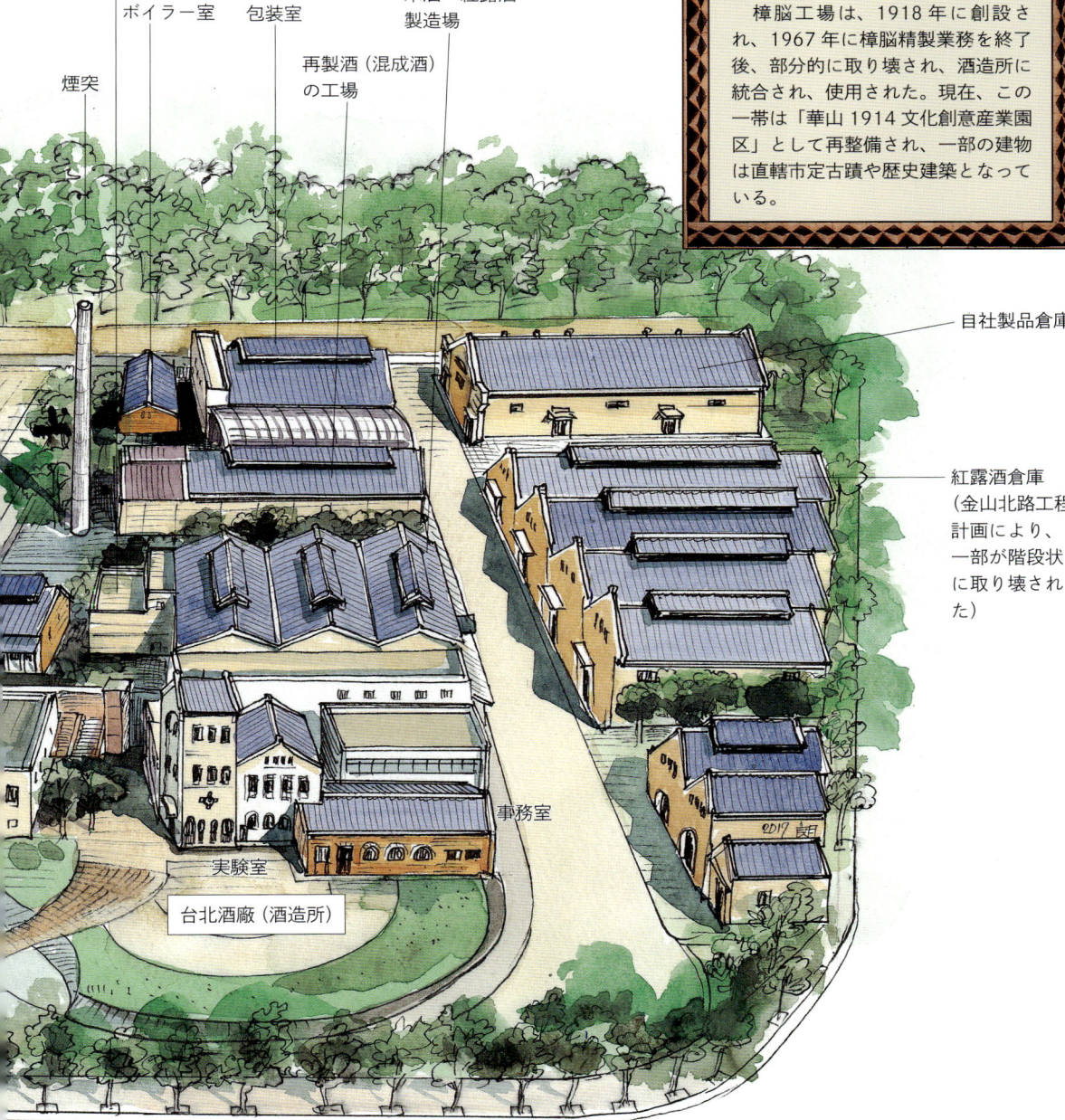

蒸留室
ボイラー室
煙突
包装室
再製酒（混成酒）の工場
米酒・紅露酒製造場
事務室
実験室
台北酒廠（酒造所）
自社製品倉庫
紅露酒倉庫（金山北路工程計画により、一部が階段状に取り壊された）

産業の種類

産業の類型を簡単に分類すると、以下の三種類に分けられる。製造業とは、農林業や鉱業などで産出した原材料を利用し、生活必需品を加工、製作する産業である。例えば、塩、砂糖、タバコ、酒、レンガなどの産業が相当する。供給業とは、水やエネルギーの生産を指し、水道関連施設や発電所が相当する。サービス業は、生活に必要なことの提供や前述の産業を支援する分野が相当する。例えば、運輸や通信などの産業が含まれる。以下は、日本統治時代のいくつかの重要な産業の種類について取り上げる。

酒廠※（酒造所）　※廠＝工場。

初期の台湾では、酒類の供給は、自家醸造や小規模な酒造業者が主流であった。日本統治時代から経済発展の一環として酒甑税（甑：酒米を蒸すために用いる大型の専用蒸篭のこと）、酒造税が導入されることになり、伝統的な酒造業者は税の負担に耐えられず廃業に追い込まれた。これにより、工業化、資本化、多様化が促進され、酒造所（酒造工場）の革命（自家醸造から大規模な酒造工場へ）がはじまった。1922年に酒専売制度が施行され、台湾全土の大型酒造所は政府に買収されることになった。これ以降、製造から販売までの過程は、すべて政府によって管理されるようになり、酒造は政府の重要な財政収入源にもなった。2002年に台湾烟酒公売局が株式会社に改組され、政府の独占が終わった。

台北酒造所は、日本統治時代から、米酒、紅露酒、再製酒（混成酒）、洋酒、燃料用アルコールを中心に生産していたが、第二次世界大戦後は米酒、再製酒（混成酒）、果実酒、紹興酒などを生産した。

●台北酒造所の紅露酒倉庫。

樟脳工場

樟脳は、古くから薬効が知られていた。また、19世紀後半にはプラスチックであるセルロイドや、無煙火薬の重要な原料として注目された。さらに、台湾は天然樟脳の希少な産地の一つであるため、清朝時代から政府が樟脳の生産と販売に関与していた。日本統治時代の1899年には樟脳専売規則が公布され、官営の台北南門工場（現存する一部は国定古蹟）で粗製樟脳の加工が行われた。1918年には、政府が民間の樟脳精製業者を強制的に統合させ、日本樟脳株式会社台北支店が設立された。

●樟脳精製工場。

専売事業

日本が台湾を統治し始めたとき、台湾の財政を早急に自立させるため、「専売」制度が提案された。これは、政府が法律を制定し、この法律に基づいて特定の産業を独占し、その利益を政府に還元する制度である。最初は、1897年（明治30）にアヘンの専売が開始され、2年後には食塩と樟脳の専売が追加された。1901年には「総督府専売局」という専門機関が設置され、1905年にはタバコ専売、1922年には酒類専売が実施された。第二次世界大戦時には物資の管理のため、度量衡の測定に用いる機器類（日本統治時代初期は、日本と台湾で重さなどの度量衡の単位の統一がなく売買が混乱したため）、無水アルコール、マッチ、石油、苦汁（にがり）なども専売の対象に加えられた。

●台北市南昌路にある総督府専売局。

製糖工場

　初期の頃の台湾では、伝統的な「糖廍」と呼ばれる旧式の製糖所で、簡易な方式によるサトウキビからの砂糖生産が行われていた。日本統治時代の1902年、植民地政府が「台湾糖業奨励規則」を公布し、これによって砂糖産業の近代化の基礎が築かれた。当時、日本人だけでなく、台湾の地元有力者や商人も資本を投入し、新式の製糖工場を設立した。けれども、日本の商社が政府の支援を受けて増資や合併を進め、安定した原料供給と販売ルートを確保し、最終的には数社の製糖株式会社が独占する状況になった。

　第二次世界大戦後、政府はこれらの製糖工場を引き受け、1946年に経済部（経済省）に属する国営企業「台湾糖業股份有限公司（台湾糖業株式会社）」を設立した。現在も操業を続けている古い製糖工場は、虎尾と善化の製糖工場

である。その他の工場は、文化園区（文化や芸術を推進するため歴史的な景観を継承した総合的な施設）や観光用製糖工場として転用されている。蒜頭、橋頭、南州などの製糖工場がその代表例である。

●嘉義にある蒜頭製糖工場は「蔗埕文化園区」に転用された。

水道施設

　清朝時代末期、台湾巡撫の劉銘傳は、台北に公共用水を備蓄するために「鉄枝井」（井戸）を設置したが、これが台湾における最初の公共給水施設である。日本統治時代に入ると、総督府は英国の衛生工学技士バルトンを招聘し、台湾全土の水資源や水道施設の設置について総合的な調査を実施した。その調査に基づいて、最初の水道施設が淡水に建設された。1920年には、水道施設の管理が台湾総督府から地方の州庁（地方政府）に移管されていることから、この頃には水道施設の設置が普及していたことがわかる。1950年代になると、人口の増加や工業の発展に伴い、従来の沈殿や緩速ろ過法（水をゆっくりろ過する方法）による水質改善は、エネルギーを多く消費する急速ろ過法に取って代わるなど水道施設の設計も変化していた。例えば、1924年に竣工した台南水道は、台南市と安平地区に水を供給し、生活用水だけでなく産業の発展にも大きな影響を与えた。

鉄道工場

　清朝時代末期、台湾ではすでに基隆から新竹までの鉄道が完成しており、台北城北門の外に「台北機器局」が設立されていた。この機器局は、軍事用弾薬の製造や鉄道車両の修理を担っていた。日本統治時代にこの施設が日本政府に接収された後、徐々に軍事用途から鉄道の修理を専門とする施設に変わり、鉄道輸送の発展を支える重要な施設となった。1930年代、市街地の変化と鉄道の発展にともない、工場を拡大し、「台北鉄道工場」として現在の台北市信義区に移転した。この工場には、組立、鍛冶、塗装などの鉄道車両の修理や保守を行う施設などがあり、規模は非常に大きく、設備も数多く備わっていた。これは当時の台湾における機械製造と修理技術の中心地と言える。このような鉄道関連の産業は、前述の産業施設とは異なり、直接目にする機会は少ないものの、日常の交通輸送を支える裏方として重要な役割を果たしている。

●台南水道のろ過器室にある大型急速ろ過槽は英国から輸入された。

●台北鉄道工場。

工場の配置（レイアウト）

近代の工場は、一般的に生産製造区域と倉庫区域を中心に構成されている。その周囲には、付帯施設、管理事務（総務）、従業員の福利厚生などの区域が配置されている。各施設間には、人の通行や車両、台車の輸送のための動線が必要に応じて設けられている。また、工場は、原材料や製品の輸送の効率を図るために、主要な幹線に接続できる場所に設置されることが多い。例えば、台北酒廠（台北酒造所）、樟脳精製廠、建国啤酒（ビール）廠、松山菸（タバコ）廠、台北機廠（台北鉄道工場）、台中と高雄橋頭の製糖廠などは、その設置当初から鉄道と接続され、道路にも近接していた。

※廠＝工場。

■ 管理事務（総務）区域

■ 従業員の福利厚生区域

■ 備蓄倉庫区域

■ 生産製作区域

■ 付帯施設区域

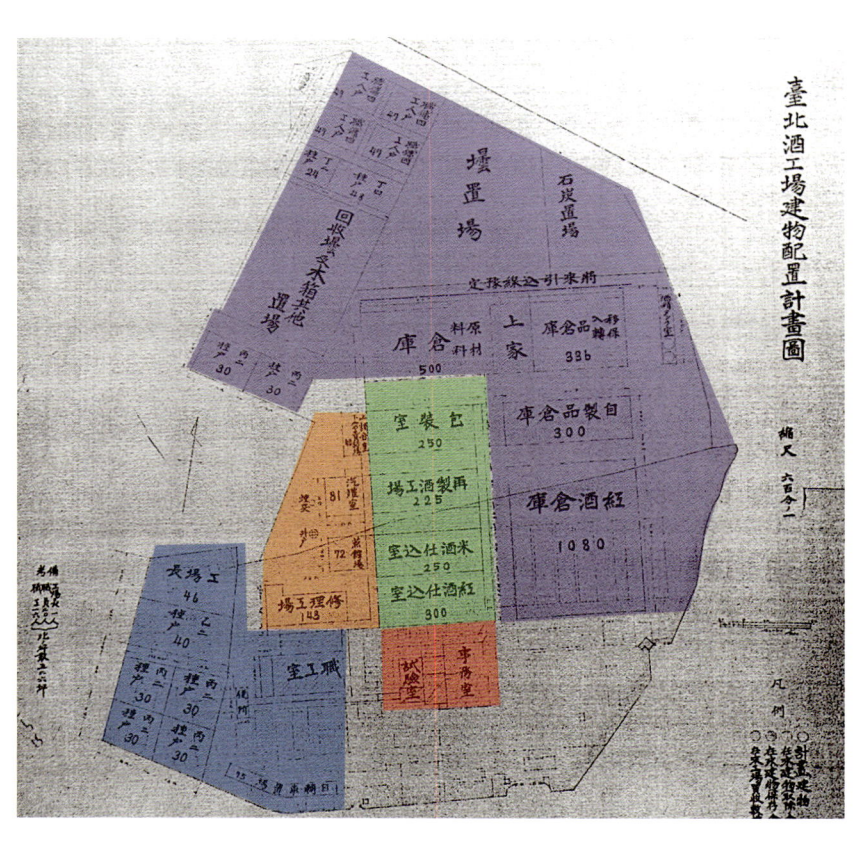

● 1931年に日本人が台北酒造所を経営していた時代の工場配置は、当時の産業施設における典型的な工場配置であった。

生産製作区域

　生産製作区域は、工場の中心部に位置し、原材料から製品をつくる上で必要な原料の処理、製品の製造、包装などの施設が配置されている。例えば、台北酒造所では、米酒や紅露酒の製造場、再製酒（混成酒）工場、果実酒工場などがあり、完成品は包装室に運ばれ、そこで瓶詰めや甕詰めが行われる。

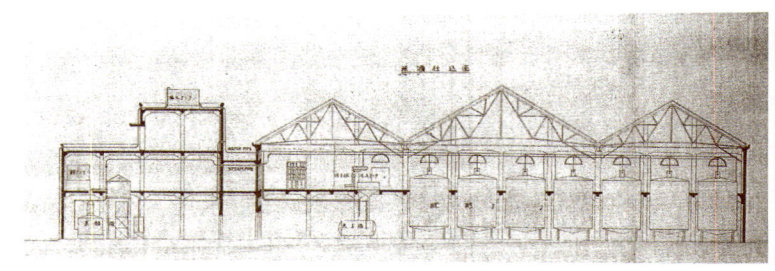

●台北酒造所の米酒と紅露酒製造場（断面図）。

●日本統治時代の米酒製造場。

備蓄倉庫区域

備蓄倉庫は、生産工程に基づき、運送の利便性を考慮して配置される。一般的には、原材料、製品、その他の品物の三種類に分けられる。製品倉庫は、製品の特性に応じて必要な保存面積が異なる。例えば、紅露酒は、最高の品質を達成するために数年間甕で貯蔵する必要があるため、酒造所には広い倉庫エリアが必要である。その他の品物には、包装材や燃料などが含まれる。

●宜蘭酒造所の紅露酒は、陶製の甕で倉庫に保管されている。

付帯施設区域

主要な生産ラインに隣接して配置されている。ここは、核となる製造工場の運営を維持する役割を果たす施設のある区域である。その中でも最も重要なのは「心臓」と呼ばれるボイラー室である。ボイラー室では、石炭や重油を燃やして動力を生み出し、機械を稼働させる。また、高くそびえる煙突から煙が排出されるので、当時の工場はランドマークとなっていた。その他にも、機械を修理するための修理工場や、関連設備を製作する木工場など、いずれも欠かせない付帯施設である。

●松山タバコ工場のボイラー室と煙突。

管理事務（総務）区域

工場の管理者や一般事務職員のオフィスの区域である。産業の特性に応じて、商品の研究開発や品質管理のための実験スペースも含まれることがある。多くの場合、工場の正門内の主要な位置に配置され、従業員の出入りや工場全体の管理を行いやすくしている。

●台北酒造所の実験室と事務室。

●台北鉄道工場では、ボイラーから発生する蒸気を従業員用の浴場に導入して温水を供給する。

従業員の福利厚生区域

従業員の日常生活に必要な施設として、食堂、休憩室、浴場、医務室、託（育）児室、宿舎、招待所（ゲストルーム）、運動や休憩施設などが設置されている区域である。これは「工業村」（19世紀のイギリスで試みられた工場に付属する住宅都市）の概念に基づいており、従業員の生活をサポートすることによって生産力の安定を図るという考え方である。これらの施設は、多くの場合、工場敷

●台中酒造所の事務所。

地の端に配置される。宿舎の区域は、管理の利便性のために敷地外に独立して設置されることもある。

土木施設 と 建築物

土木施設とは、工場内の運送用の鉄道軌道、給排水設備、煙突と煙道などが挙げられる。一方、建築物は、その工場内の役割に応じて、生産工場、倉庫、事務所や宿舎が一般的に挙げられる。

堅固で耐久性のある土木施設

産業用の土木施設は、一般的なスケールを超えることが多く、高い耐荷重や耐震性が求められる。その機能性を向上させるため、1920年代から台湾で鉄筋コンクリートが普及し始めると、レンガや石材に代わって主要な構造材料となった。各種産業施設の敷地内では、大規模な貯水池、水路、耐久性のある道路、十数階建て以上の高さの煙突、環境に配慮した護岸などがよく見られる。これらの土木施設は、日々の工場運営に欠かせない縁の下の力持ちである。

物理環境や建築の構造を重視した工場

原料、製品の特性、生産過程に基づいて、建材や空間の配置、建築様式を選定することが重要である。例えば、台北酒廠では、当時、断熱効果を持つ新たな材料としてセメント瓦やコンクリートブロックを採用した。屋根には、換気機能を持つ太子楼（屋根の上にある換気用の越屋根）を設置している。また、大型機械を支えるために、当時としては珍しい鉄筋鉄骨コンクリート構造（SRC構造）と銑鉄製の床が採用された。

●嘉義朴子水道の配水塔。

銑鉄製の床

SRC構造

太子楼

●台北酒造所の米酒製作場は断熱と換気機能を持つ屋根を備えている。

●台北酒造所の紅露酒製作場はSRC構造を採用している。

●台北酒造所の米酒製作場は銑鉄製の床とSRC構造を採用している。

広々とした倉庫

倉庫の設計は、保管スペースの有効活用をはかるため、原則としては広々としている。しかし、初期の建材の制約により、木造の屋根構造や鉄骨トラス構造もスパンはそれほど広くはできなかったので、内部空間は仕切り壁のない連棟形式がよく見られる。そして、広い出入口やプラットホームを設置して線路と接続することで、品物の搬入や搬出の効率を高めている。倉庫の窓は、通常、高い位置に小さく設けられている。これは日差しを避け、保管されている品物の品質を保護するための特別な設計である。

●台中酒造所の半成品倉庫。

●宜蘭酒造所の連棟式容器倉庫は木造小屋組を採用した。

流行の建築様式を反映した事務所

工場内外の連携や受付の場である事務所は、産業運営の中枢を担う重要な施設である。その外観は、「企業イメージ」を象徴する特別な意義を持っている。そのため、近代産業の特徴を表現するために、当時の建築様式や建材を取り入れ、非常にこだわったデザインが施されている。

●松山タバコ工場の事務棟は1930年代に流行したモダニズム様式である。

● 1901年に創建された橋仔頭製糖工場の事務所は、ベランダコロニアル様式を採用している。

167

日本式の宿舎

宿舎は、主に幹部職員と日本人の職員の居住空間として提供された建築物である。そのため、日本人の習慣に合わせて、木造の和室を中心とした日本の伝統的な家屋建築の形式を採用している。宿舎の間取りは、職員の階級に応じて、一戸建て、二戸一（一棟の建物に独立した二つの住戸がつながっている連棟式住宅）、四戸一（一棟の建物に独立した四つの住戸がつながっている連棟式住宅）などの形式がある。政府が運営する産業施設の場合は、「台湾総督府官舎建築標準」を参考にして設計された。

● 花蓮製糖工場の職員宿舎。

神社

神社は、産業施設の中では特殊な建物である。日本統治時代には、敷地内に小規模な神社が設置されることが多く、定期的に祭典が行われていた。これらの神社は、その産業の発展を守護するだけでなく、従業員たちの信仰の場でもあった。産業の種類に応じて、守護神も異なっている。例えば、酒造所には松尾神社が設置され、酒造業と醤油醸造業の守護神が祀られている。

● 1924 年に設置された台北酒造所の松尾神社は、現在は跡形もない。

歴史の小道

産業は、人々が生存していくための基本的な活動であり、古くから存在しているが、時代の進歩とともに変化し、新しい形態が現れていった。

初期産業の段階

台湾は、漢民族が大量に移住してから、産業が経済的価値を持つようになった。初期は、農業、漁業、牧畜業、林業、鉱業など、天然資源を直接利用した生活必需品の産業が主であった。特徴は、小規模で、加工度が少なく、人員とエネルギーが少なく、工具と技術は簡単であり、比較的少ない資本で、民間が自ら設立できることである。明鄭時代からの塩田や製糖所、清朝時代以降の樟脳、茶業などが挙げられる。

清朝時代末期には、洋務運動（欧米の近代技術を導入するなど近代化運動）の影響と軍事的な必要性から、政府は 1876 年（清朝光緒二年）にはイギリスの鉱業エンジニアの協力で、基隆八斗子に官営の炭鉱工場を設置した。翌年には、米国のエンジニアの協力で苗栗の牛鬥山で油田の開発を始めた。同年には、台湾初の鉄道も建設された。1885 年に台湾省が成立した後には、軍需工場の台北機器局が設置された。これにより、清朝政府の主導による産業の近代化がすでに始動していたことがわかるが、残念ながら十分な成果を上げる前に、政局はすぐに変わってしまった。

台湾産業の近代化

日本は、明治維新以降、西洋諸国の近代工業技術を積極的に学び、日本の後ろ盾として台湾の経済を強化するために、政府は一般国民の利益を犠牲にしてでも資金を投入し、法令や政策の改正、さらには都市基盤の整備（インフラストラクチャー）の強化に努めた。これにより、台湾の産業は、近代化の軌道に乗った。その中で、専売制度は 1897 年のアヘンに始まり、1922 年の酒への導入で最盛期を迎えた。その他、樟脳、タバコ、塩などの産業も専売の対象になった。この他、糖業などの経済的に価値の高い産業は専売の対象にはならなかったが、これらは政府の保護と支

機器

機器とは、製品の製造工程や包装に関わる機器、そして水道、電気、消防などに必要な様々な機器を含む。当時、欧米や日本の工業がより進んでいたため、台湾の近代工場では輸入された機器がよく用いられていた。これらは、産業施設の中では興味深い動的な物品であり、それ自体が芸術品のように貴重な歴史的価値を持っている。残念ながら、エネルギーと技術の変化により多くの機器が淘汰されてしまったため、台湾の古蹟に機器が残っているものは少ない。その中で、まだ稼働して生産を続けている機器は極めて稀である。

●農業委員会の茶業改良場魚池分場にある紅茶用の揉捻機には、「日本松下工場製造」が記されている。

●宜蘭酒造所の酒発酵槽。

●宜蘭酒造所の瓶の装填機。

援のもとで、経営上の大きな利点を享受し、大きく発展した。これにより、台湾各地には、多くの雇用の機会を創出する規模の大きな設備が整った新式工場が建設された。また、周辺の農業もそれに伴い大きく変化した。さらに、生活だけでなく産業の発展を支えるため、この時期の台湾では、水利、電力、運輸といったインフラも急速に整備された。

近年、都市の拡張や技術の進歩により、かつての「新式工場」はもはや「新しい」とは言えなくなったので、多くの工場は工業団地内に移転して再建築されるか、取り壊されて土地が再利用されている。一部の工場の跡地は、文化資産（文化財）として認められ、芸術や文化のエリアとして保存されることもある。特に貴重なのは、わずかな工場が施設だけでなく生産技術も保存しており、生きた文化財として残されていることである。これらは大切に守っていく価値がある。

●日本統治時代に工芸の美を表現した米酒の煮米機（米を煮込むための機器）。

●台北南門の工場。

日本住宅

日本での発掘調査で出土した埴輪^{はに}によれば、日本古代の住宅は、独自の伝統様式を持っていた。けれども、中国から仏教が伝来すると、木造建築が発展し、貴族の邸宅には庭園が付属されるようになった。日本住宅の最大の特徴は、室内空間が3×6尺を単位として拡張できるように設計していることである。現在でも「畳」の数で空間の大きさを制御するようになっている。また、湿気対策として室内の床が高く設置され、庭に面した廊下である「縁側」が内外の空間をつなぎ、日本住宅独特の様式を形成している。日本統治時代の五十年間には、公務員の宿舎として多くの「日本宿舎」が建設された。階級が低い官吏には、連棟式や二戸一式の住宅が提供され、高級官吏には一戸建て形式が提供された。現存例には、「和洋」併置の配置も確認できる。例えば、洋楼（洋館）の隣に日本住宅が建てられた総督官邸（現・台北賓館）や台北南昌路の軍司令官官邸などが挙げられる。また、名勝地には、皇室の宿泊施設として高級住宅が建設された。ここでは、金瓜石の太子賓館を例に、日本住宅の空間構成や建築の構造的特徴を詳しく紹介する。

弓道場

平面構成を見る ▶ P.172

日本住宅は、日本人の生活習慣に基づいて建てられている。通常、住宅部分と庭園部分の二つに分かれている。官設の宿舎においては、その間取りや建物の広さは、文官や武官の階級の高さによって決定されていた。

空間の機能を見る ▶ P.174

住宅の空間構成は、規模によって異なるものの、日本人の生活習慣に対応するため、基本的な要素として踏込^{ふみこみ}（履物を脱いで置く場所）、玄関、居間、台所、風呂、便所、縁側などが含まれている。最大の特徴は、住宅の中心となる空間が、必要に応じて面積を調整できる「和室」である点である。

外観の形式を見る ▶ P.177

日本住宅が与える第一印象は、素朴な木造、高い床、透けた引き戸（障子）、勾配のある灰黒色の瓦屋根であり、一般的に「和風」と称される住宅の外観である。また、一部の高級住宅では、西洋の近代建築の要素が取り入れられ、時代の特徴を反映している。

材料と構造を見る ▶ P.178

日本住宅は、断面から見ると、台湾の伝統建築と類似しており、地面から床部（基礎、床組）、軸部（軸組）、屋根（屋根、小屋組）の三つに分けることができる。けれども、その構造の細部はまったく異なる。

庭園を見る ▶ P.180

日常生活において、日本人は室内と室外の繋がりを非常に重視する。そのため、規模に関わらず、日本住宅では庭を配置することが好まれる。建物の配置に応じて、景色が巧みに設計されている。庭には植栽だけでなく、池や石灯籠といった景観要素がよく見られる。

金瓜石太子賓館：大正12年（1923）に日本の裕仁皇太子が金瓜石の鉱業を視察するために建てられた一戸建ての住宅で、現在は新北市立黄金博物館内に位置している。皇太子の多忙な日程により滞在は実現せず、その後は主に迎賓館として使用され、1930年代に増築された。この建物は、建設の経緯から、台湾における高級な日本住宅の代表とされており、特に背面の庭に運動施設が配置されている点は非常に珍しい。現在は市定古蹟に指定されている。

建具を見る ▶ P.179

日本住宅は、窓や扉といった建具が壁面の大部分を占めている。通風や採光といった目的に加えて、室内では引き戸を用いることで壁の代わりに空間を仕切り、同時に空間を繋げる役割も果たしている。これも和風の空間を創り出す重要な要素の一つである。

ゴルフ場

雁行型(がんこう)の間取り

飛び石

心の字の池

門塀

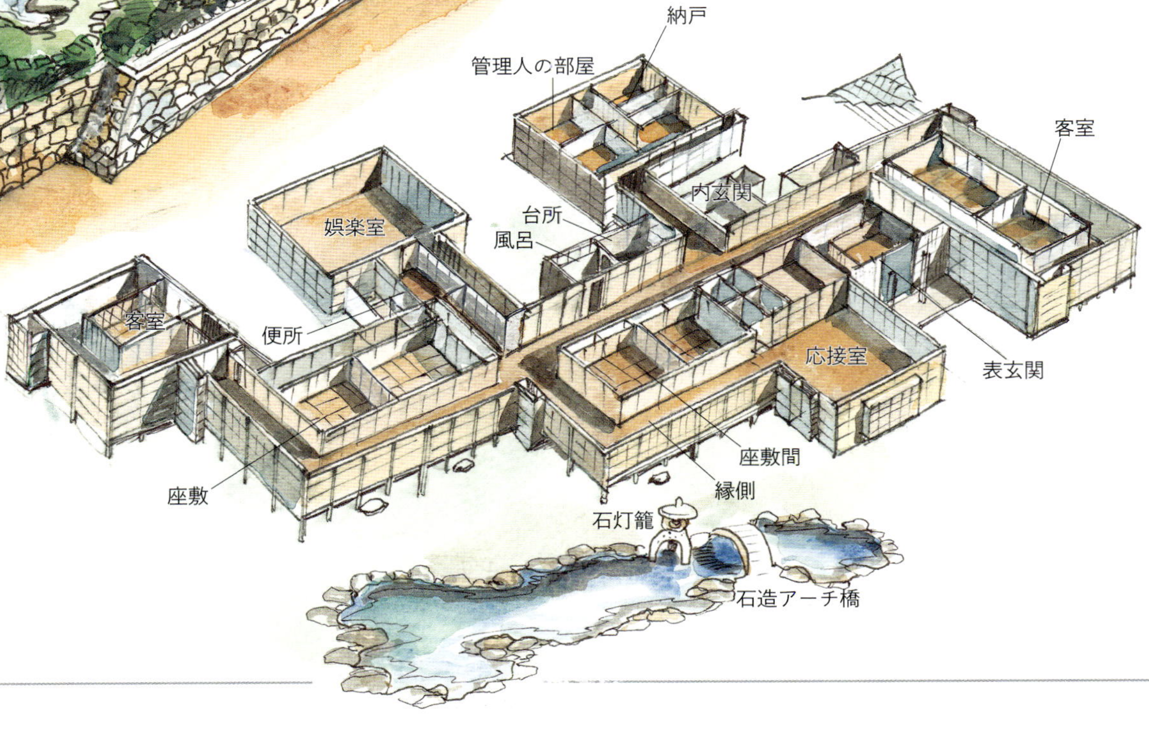

納戸

管理人の部屋

客室

娯楽室

内玄関

台所

風呂

客室

便所

応接室

表玄関

座敷

座敷間

縁側

石灯籠

石造アーチ橋

平面構成

日本の住宅には、一般的に独立した一戸建てや双拼（二戸一住宅）、四拼（四戸一住宅）、六拼（六戸一住宅）などの平面構成が見られ、単身用の独身寮も存在する。政府の官舎は、階級によって高等官舎と判任官舎に分けられる。どの平面構成であっても、寸法は日本の伝統的な「間（けん）」を基準にするので、一定の規則性が保たれる。

一戸建て

独立した一戸建ては、家主の財力や階級に応じて、その規模や配置が決定される。一般的に、不揃いな階段状の平面配置がよく見られ、雁の群れが列をなして飛ぶ様子に似ていることから雁行型と呼ばれる。構造上は複雑になるが、室内空間のほとんどが外部とつながっているため、採光や通風に優れている。同時に地形にも柔軟に対応できるため、庭との関係性がより密接になる。

水池

風呂

縁側

座敷間

次の間

押入

便所

押入

女中室

床の間 床脇

内玄関

応接室

表玄関

居間（茶の間）

押入

子供室

台所

踏込

廊下

縁側

床の間

客室

押入

踏込

- 入口の空間
- 接待（接客）の空間
- 起居空間
- 接続空間
- 付属空間

＊この見開きの平面図の中の長方形は一畳の大きさを表す。

面積の単位「間」

一間は約6尺、約181.8cmである。（日本各地によって若干の違いがある）この「一間」の大きさに合わせて、和室の畳（たたみ）が発展した。（畳の長さは一間、幅はその半分となっている）。畳二枚分の面積が約3.3平方メートルであり、これが現在、台湾でも広く使われている面積単位「一坪」である。

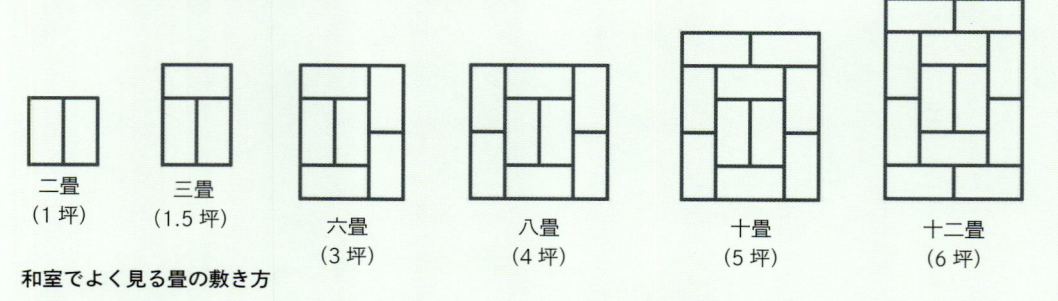

二畳
（1坪）

三畳
（1.5坪）

六畳
（3坪）

八畳
（4坪）

十畳
（5坪）

十二畳
（6坪）

和室でよく見る畳の敷き方

双拼（二戸一住宅）

二戸が隣り合って建てられている状態である。平面構成は、中央の戸境壁を中心に、左右対称の配置となる。面積の大きさや部屋の数は、二戸が完全に一致する設計である。

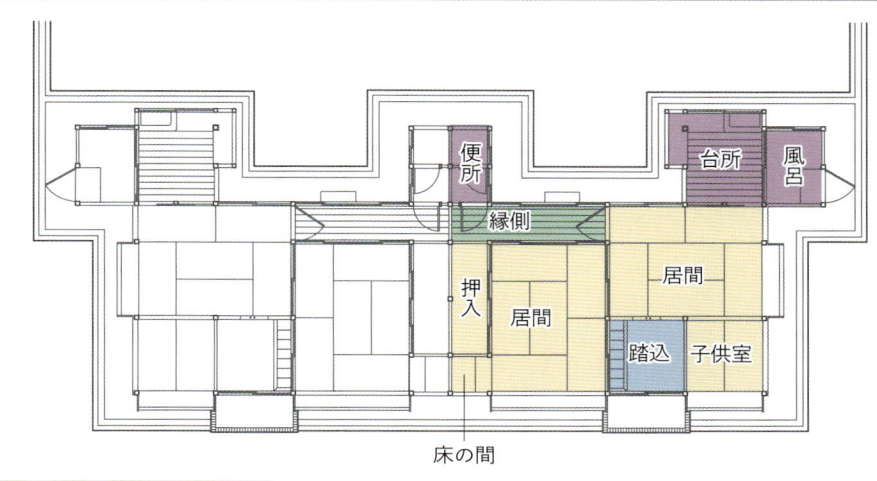

四拼（四戸一住宅）、または六拼（六戸一住宅）

双拼住宅の二戸一組の配置を一単位として、四戸は三つの戸境壁で区切られた「四拼」、六戸は五つの戸境壁で区切られた「六拼」となる。敷地面積に応じて、奇数の戸数で組み合わせることも可能である。

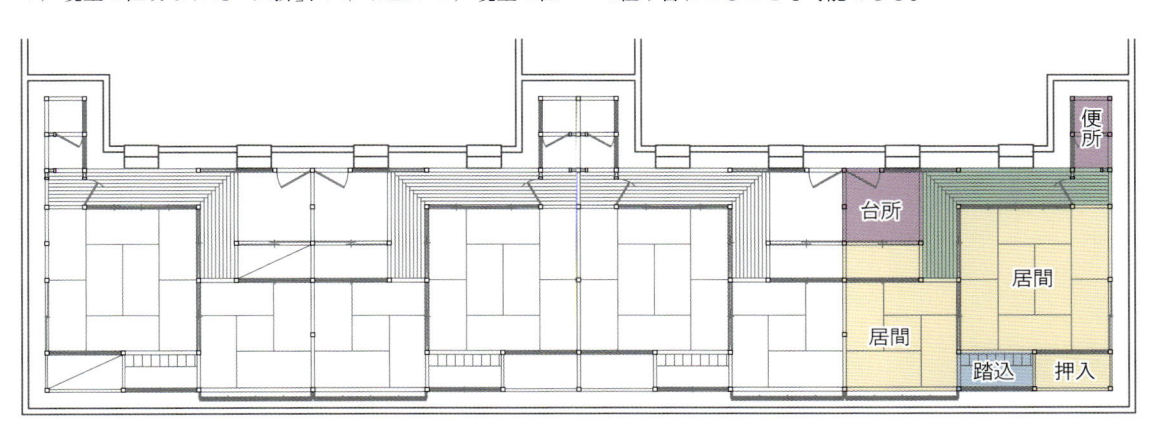

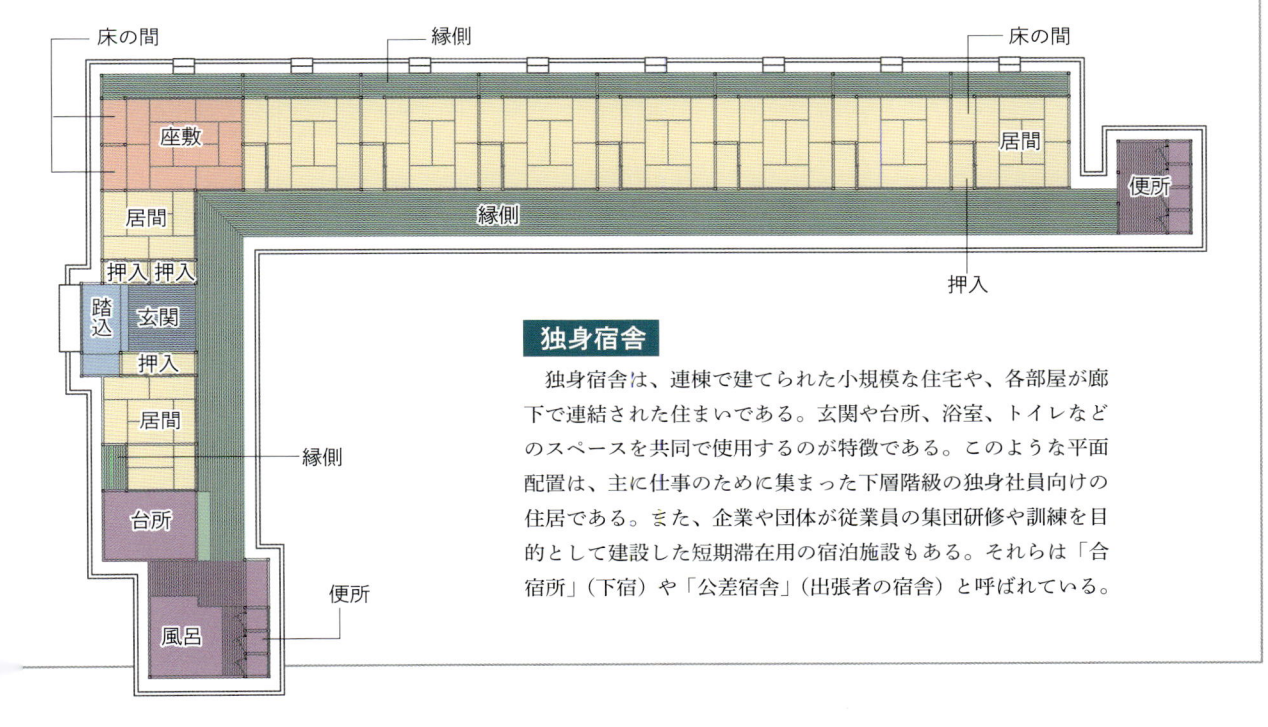

独身宿舎

独身宿舎は、連棟で建てられた小規模な住宅や、各部屋が廊下で連結された住まいである。玄関や台所、浴室、トイレなどのスペースを共同で使用するのが特徴である。このような平面配置は、主に仕事のために集まった下層階級の独身社員向けの住居である。また、企業や団体が従業員の集団研修や訓練を目的として建設した短期滞在用の宿泊施設もある。それらは「合宿所」（下宿）や「公差宿舎」（出張者の宿舎）と呼ばれている。

等級制度による官舎は、台湾に赴任した日本の官吏を居住させるため、当時の日本の官舎基準に基づいて大量に建てられた。当時、文武官の官職は、親任官、勅任官、奏任官、判任官の四階級であった。

親任官：天皇により任命された台湾総督が該当し、総督官邸（現在の台北賓館）に居住。

勅任官：天皇の勅令で任命される高官。例えば、民政長官、軍司令官や帝国大学総長などが該当する。

奏任官：内閣総理大臣により任命された技師、庁長官、庄長（知事や村長）、中学校長などが該当し、勅任官も奏任官も高等官舎に居住する。

判任官：一般の官史や職員、階級の低い軍の官史、警察官などが該当し、判任官舎に居住する。

台湾に現存する多くの日本官舎は、1922年に公布された「台湾総督府官舎建築標準」に基づき建てられた。また、高等官舎と判任官舎は、居住する官吏の階級によってさらに4等級に分かれている。

等級	高等官舎（勅任、奏任官）				判任官舎			
官舎種類	第一	第二	第三	第四	甲	乙	丙	丁
室内面積	< 100 坪	< 55 坪	< 46 坪	< 33 坪	< 25 坪	< 20 坪	< 15 坪	12 坪
敷地面積	< 6〜700 坪	< 302.5 坪	< 207 坪	< 132 坪	< 100 坪	< 70 坪	< 52.5 坪	36 坪
建築用式	一戸建て				二戸一住宅			四戸一住宅

空間の機能

日本の住宅の精神は、「和室」にある。「和室」は、中国の唐朝時代の住宅設計を起源に、日本文化の発展を通じて、簡素な家具や畳が敷かれた多様な使い方のできる特徴のある空間へと発展してきた。そして、日常生活では、主に裸足で使用するので、畳の上に直接座ったり寝転んだりすることができ、人間の身体と空間とがかなり親密になる。

入口の空間

踏込：住宅の出入口で、外履きはここで脱ぐ。床は、「土間」と呼ばれ、土やコンクリートでできている。

玄関：室内に入る際の接続空間で、接客などのサービス機能もある。高級な日本住宅には、来客を迎えるための正式な表玄関と、家族や使用人が日常的に使用するための内玄関がある。「踏込」と混同して呼ばれることもある。

● 日本住宅でよく見る入口の空間構成。

接客の空間

応接室：高級な日本住宅では、玄関の横に設けられることが多く、来客が部屋に入る前の一時的な接客空間として用いられる。家主の趣味を反映した洋風の家具が置かれるなど、洋風のデザインになっていることが多い。

● 建具、チェスト（収納家具）、床タイルに至るまで、すべて洋風デザインの応接室。

● 二つの座敷を繋げると、より多くの客をもてなすことができるようになる。

座敷：主要な客間で、風通しが良く、景色に優れた、もっとも広い部屋である。この部屋には「床の間」が設けられ、賓客のもてなしや家族の重要な儀礼がここで行われる。

床の間：座敷や居間に設けられた装飾的な空間である。内側に凹んだ壁龕（壁を窪めた部分）のような形状をし、もともとは仏龕（仏像や経文を安置するために壁面や塔内に設けられた小室）に由来する。ここに

●床の間を配置することによって、和室の独特な雰囲気が醸し出される。

●縁側に突き出した書院。

は、美術品（骨董品）や日本刀（刀剣）、掛け軸や生け花などを置き、和室に独特のおごそかな雰囲気を醸し出す。床の間には、桜や黒檀、檜などの銘木で作られた重要な床柱がある。床柱には、儀礼的な意味が込められており、精神的な柱とも呼ばれている。

床脇：床の間と組み合わせて用いられる空間である。床脇には、上下に収納が設けられている。上部は天袋、下部は地袋と呼ばれ、その間には左右にずれた棚「違い棚」がよく見られる。通常、茶道具や文房具などが置かれる。

書院：床の間から縁側に向かって突き出た小さな壁龕のような空間である。障子が設置されており、採光に優れている。書院を中心とした設計は、武士の住居に由来し、「書院造」と呼ばれる。

生活空間

居間：日常生活の中心となる空間である。規模が小さな日本住宅では、客間、食堂、さらには寝室など、多機能に使用される。座敷と隣接している場合には「次の間」と呼ばれ、台所と繋がっている場合には「茶の間」とも呼ばれる。

客室：主に客が宿泊するために使用される部屋である。高級な日本住宅や迎賓施設によく見られる。

管理人部屋または小使室：主に大規模で高級な日本住宅に設置される部屋である。このような住宅では、家の管理を手伝う人手（働き手・小使）を雇用することがある。その人手のために設けられた部屋である。

女中室：主に高級な日本住宅に設置される、女中のための部屋である。この部屋は、通常、3〜4畳ほどの小さな空間で、台所や内玄関などのサービス空間の近くに配置される。

押入：居間に設けられた、内側に凹んだ収納スペースである。引き戸（襖）が付いており、日中は布団や寝具を押入に片付けておき、夜にはこれらを取り出して畳の上に敷くことで、居間はすぐに寝室として使えるようになる。

●居間は、座敷と隣接することが多く、間にある襖を開けると、より大きな空間として使用できるようになる。

子供室：子供のための部屋である。一般的な日本住宅では、通常、大人と子供が同じ居間で寝ることが多い。けれども、より大規模な住宅では、子供専用の独立した子供室が設けられる。

●押入は、通常寝具の収納に使われる。

縁側：家屋の側面にある廊下は、軒や椽（垂木）の下にあることから「椽側」とも呼ばれ、幅の広いものを広縁や広と呼ぶ。この場所は、室内の各空間をつなぐだけでなく、庭に直接つながっており、ここに座って屋外の景色を楽しんだり、本を読んだりすることができるため、多くの人が日本住宅の中でも最も印象的でロマンチックな場所と感じている。

廊下：屋内にある廊下は、各空間をつなぐ役割を果たすだけでなく、空間の独立性を高める効果もある。特に、1930年代以降に建てられた日本住宅に多く見られ、プライバシーの意識が高まったことにともなう間取りの変化の一例である。

●幅約6尺の広縁。

●幅約3尺の縁側。

●廊下は、各空間をつなぐことと、仕切ることの両方の役割を兼ね備えている。

附属空間

台所：炊事場、つまり現代のキッチンを指す。ここには流し台（シンク）が設置されている。多くの場合、踏込の土間と同じく、床が土のままの空間である。そして外部に通じる勝手口があり、庭とつながっている。

風呂：浴室を指す。日本家屋では、風呂とトイレが分かれている。これは現代の水回りの分離のような考え方である。浴槽や床のタイルも、こだわりのあるものが使われている。これは、日本人独特の入浴文化を反映した空間である。

●入浴前に浴槽の外で身体を洗ってから入浴する浴槽の配置。

便所：トイレを指す。通常、洗面台、小便器、便器という三つの小さな空間に分かれている。初期の便器は主にしゃがんで使う和式便器で、その後、西欧の影響を受けて座って使う洋式便器が登場した。

●この台所の床は、室内の床とつながる部分には木の板が敷き詰められ、屋外につながる部分は土間になっている。

●外側に小便器、内側に和式便器が配置された便所。

外観の形式

日本住宅の原型は、幕府時代の貴族や武士階級の住宅に由来している。また、禅宗寺院の影響を受けているため、厳かで落ち着いた建築様式となっている。近代化以降、社会的地位や公的な地位が高い邸宅では、洋風建築を併設するようになり、「和洋」を併置する様式となる。

和風

日本の住宅は、床部（基礎、床組）、軸部（軸組）、屋根（屋根、小屋組）の三つの部分に分けられており、内外ともに主に木造で作られている。この形式は、古代の高床式建築に由来している。日本では、環境や気候、豊かな木材資源などの要因から、この古い形式の建築が発展し、日本の伝統的な住宅が完成した。台湾に現存する多くの日本住宅も、この形式が主流である。

● 高床式の木造建築。室内は、引き戸を使って柔軟に利用できる和室を作る。日本の典型的な和風住宅である。

洋風

西洋の近代建築の影響を受けて、日本の伝統的な和風住宅に洋風の要素が取り入れられるようになった。場合によっては、独立した洋風住宅が設置されることもあった。洋風住宅は、外観の素材や構造、装飾に近代的な歴史様式を取り入れるだけでなく、室内での生活様式にも西洋文化を取り入れるようになった。

● 日本の伝統的な住宅の一部に洋風の建物を組み合わせ、室内は高床ではなく、完全に洋風のリビングルームとして設計されている。

材料と構造

日本の住宅建築は、主に水平と垂直の木材を組み合わせて骨組みを形成する、木造の「軸組工法」が採用されている。床は地面を高くする「高床式」、壁は下見板張り、下地は木摺りや竹小舞の土壁が用いられている。屋根の構造には、「洋小屋」と「和小屋」の二種類がある。

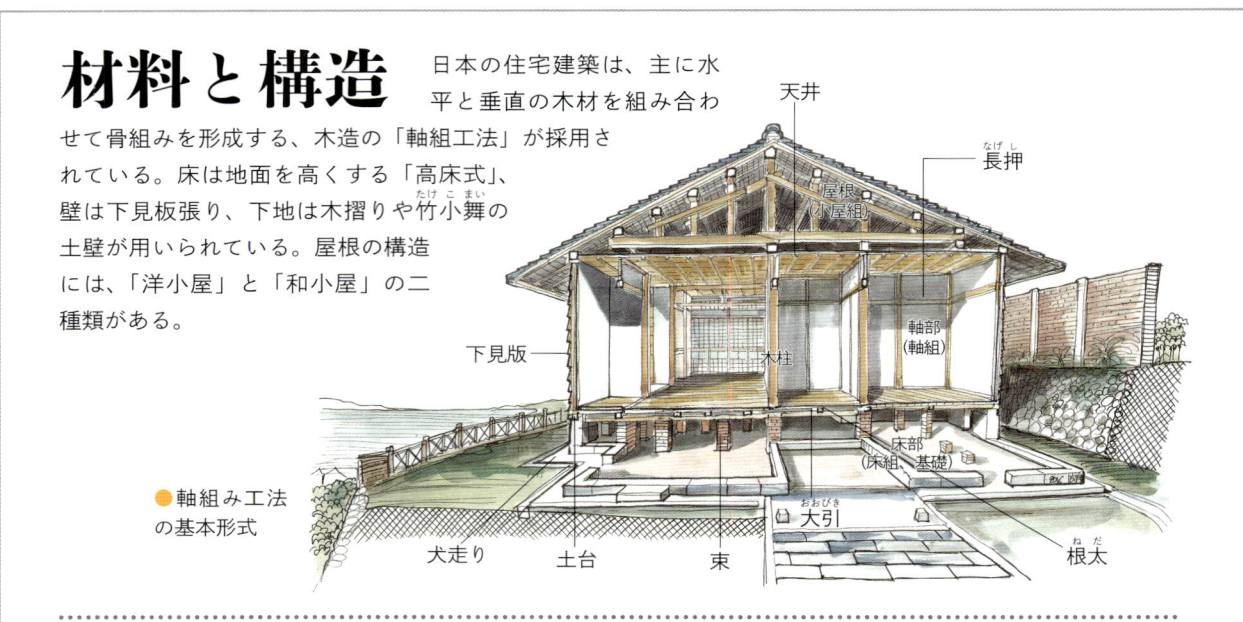

●軸組み工法の基本形式

天井 / 長押（なげし）/ 屋根（小屋組）/ 軸部（軸組）/ 下見版 / 木柱 / 床部（床組、基礎）/ 大引（おおびき）/ 犬走り / 土台 / 束 / 根太（ねだ）

床部

「基礎」を指す。高床式建築から発展したものである。木やレンガの束（つか）を格子状に並べ、その上に大引や根太などの部材を架け、この上に板が敷かれる。この構造全体を「床組」と呼ぶ。床下は、空洞で、地面からの湿気を防ぎ、虫害の対策にも効果がある。これは、基礎の中身が詰まった閩南式（中国福建省南部）の伝統建築の基礎とは異なる。

根太 / 大引 / 束

●床組の基本的な作り方である。「束」（つか）は、木製とレンガ製がよく使われる。

軸部

軸部（軸組）は、建物の主体部分である。主に木構造と壁体の二つの部分から構成される。軸部は、柱、土台、長押（なげし）、貫材（ぬきざい）、筋違（すじかい）などの部材で組み合わせ、金具で補強するなどして骨組みが構成される。外側は、一枚一枚下見板を張り、内側の骨組みは竹小舞や木摺りで組み上げ、その上に漆喰を塗って白壁を仕上げる。

貫材 / 筋違 / 柱

●壁体の骨組は、垂直な材は柱、横の材は貫（ぬき）、建物の耐震性を強くする斜めの材は筋違（すじかい）。

屋根

屋根は、木製の小屋組、野地板、瓦で構成されている。軸部の上に架けられ、室内とは天井で区切られている。構造的には、上部が重く下が軽いという特徴があるので、建物全体の安定性を高めるため、小屋組の接合部には45度の火打梁（ひうちはり）が設置されている。

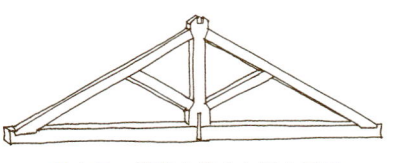

●トラス構造を備えた洋小屋組。

●屋根の安定性を強化する火打梁。

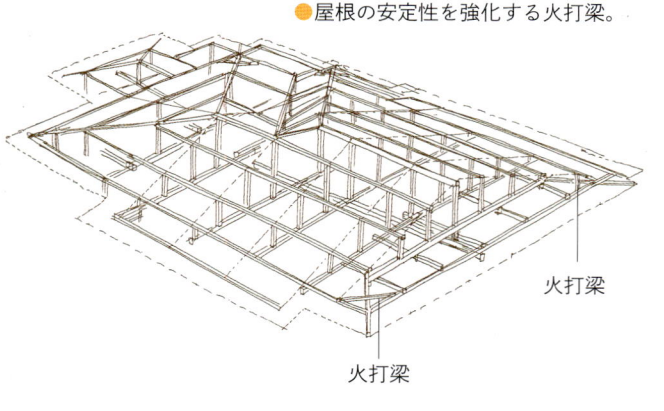

火打梁 / 火打梁

扉・窓

日本住宅の扉・窓は、場所や機能によってさまざまな名前がある。一般的に「戸」という字が扉を表している。『説文解字』（最古の漢字字典）にある「半門曰戸」の説明に由来し、これは一枚の扉を指している。

門

雨戸：建物の最外層にある木製の引き戸である。防犯や悪天候を防ぐ機能を持ち、日常使用される内側の引き戸を保護する役割もある。

戸袋：木造の雨戸の収納である。建物の壁面から外に突き出た形で収納に似ている。引き戸の敷居の端部に位置しており、普段は雨戸を一枚ずつ重ねて収納することができ、必要な時に引き出して使用する。

板戸：木の板で作られた扉である。光を通さず、風も通さない扉なので、トイレや押入によく使われる。

障子：室内で使用される和紙を貼った木製の格子扉である。光を通し、視線を遮る機能を持つ。日本住宅にある柔らかな光は、この障子からもたらされる。

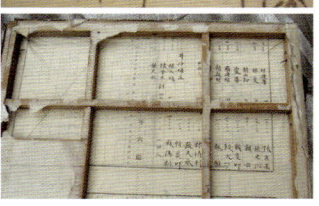

●襖の和紙は、網状の綿糸を用いて強度を高めている。内側には、廃棄された公文書（書類等の反古紙）が用いられている。

襖：木製の格子扉に、厚い襖（アオ、平安初期の武官の朝服）を着ているように、何層にも紙を貼り付け、光を通さないようにしたものである。一般的には、装飾的な機能を高めるため、最外層には上品な模様が施された和紙が使われるが、内層には当時一般的であった古紙が裏打ちされている。

窓

肘掛け窓：日本住宅は、主に床に座って使用するため、その生活様式に合わせて、窓の高さは一般的な座椅子の肘掛けの高さである、約40センチメートルで設計されている。窓台の下には、収納棚を設置するが、室内の空気の循環を促進するために、開閉可能な小さな板戸が設置されていることもある。

格子(窓)：窓の外には、木製の格子を取り付ける。格子は、日除けや防犯の役割を果たす。木製の格子は、一般的にほぞ接ぎで長短交互に組み立てられ、これによって立面には変化が生じる。

意匠窓：採光や通風などの一般的な機能だけでなく、装飾的な意味も持ち、通常は住宅内の重要な空間で、ある役割を果たす特殊な形状の窓である。

欄間（らんま）：和室では、いくつかの空間を仕切るため、天井と引き戸の間の垂れ壁に開口部を設ける。この様子は、換気窓の考え方と似ている。形式としては、開閉可能な障子戸や、透かし彫りなどの彫刻が見られるものなどがある。

庭園

大規模な高級住宅には洋風の庭園が併設されるが、それ以外の日本住宅の庭園は、一般的に仏教や中国の山水画の影響を受けた日本庭園が採用されている。その特徴は、山水の風景を象徴する石や水の配置、或いはより深い意義としては枯山水の概念を取り入れた風景である。

●細かな石で仕上げた地面の模様は水の流れを象徴し、石や丘が水中にある亀島を形成している。これが日本庭園独特の枯山水である。

心字池

心という字のように曲がりくねり、池の岸には石材で高低を表現した築山が配置され、池の中には島が設けられている。これは日本の室町時代にはじまり、江戸時代に最も普及した。池は、建物の縁側に面していることが多く、景色が室内にまで広がるよう意図されている。

飛び石

一見無造作に置かれているように見える石や石板だが、実は自然な効果を演出するために精巧に配置された石の歩道である。

心字池

●心字池の側に飛び石が配置され、室内へと続く通路を繋ぐ。

飛石

石灯籠

仏教の供養灯に由来するものである。構造は、上から順に笠、火袋、受、足（柱）に分かれている。よく見られるのが雪見灯籠である。その特徴は、火袋が低く、水面や地面を照らすように設計されている。笠は、円形、方形、六角形があり、下には三本または四本の足が付いている。

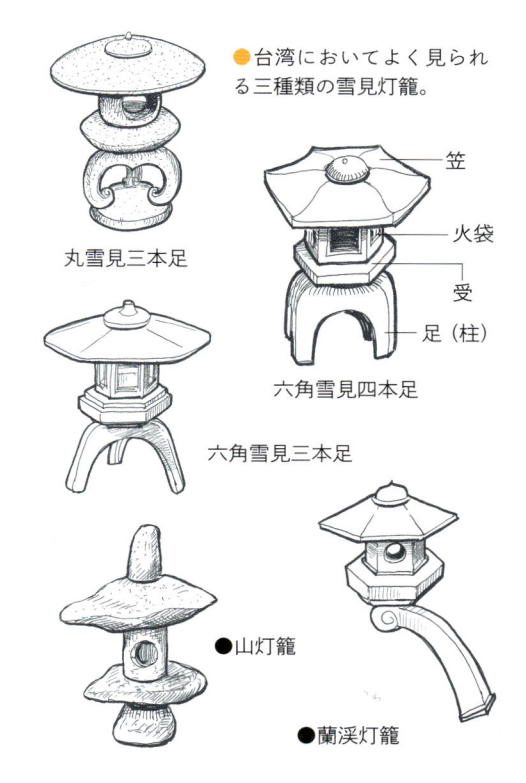

●台湾においてよく見られる三種類の雪見灯籠。

丸雪見三本足

笠
火袋
受
足（柱）

六角雪見四本足

六角雪見三本足

●山灯籠

●蘭渓灯籠

橋

形状にはアーチ橋や平橋があり、主に石材で造られている。

●池の上に架かる小さなアーチ橋は、一枚の石から切り出された。

歴史の小道

1895 年に日本人が台湾を統治し始めた初期には、清朝時代末期の各地の建築をそのまま行政施設や住居として利用したが、これは一時的な対応だった。その後、多くの日本人が台湾に移住し、各地域を管理する日本人の福利厚生の充実のために、住みやすい住宅環境の整備が重要となった。明治維新後、日本政府は官吏や職員に支給する「職階住宅」（職務上の階級に応じた住宅）を発展させた。これらの日本住宅は、台湾という新しい植民地の必要に応じて、20 世紀初頭から日本政府主導で建設が進められた。1905 年には台湾総督府が「判任官以下官舎設計標準」を公布し、官舎の設計基準を明確に定めた。けれども、初期に建設された日本官舎の多くは存在していない。これは、当時の設計者が台湾の風土に不慣れであったことが要因である。例えば、木材の使い方が適切でなかったり、基礎の高さが不十分だったりして、シロアリなどの被害を受け、建物の寿命が短かったためである。

1910 年代以降、台湾に来る日本人は政府職員だけでなく、この植民地で才能を発揮する機会を得ようとする様々な職業の人々が訪れ、台湾における日本人の人口は増加し、多くの日本住宅が建てられるようになった。1922 年に台湾総督府は、「台湾総督府官舎建築標準」を公布し、これにより日本住宅の建設がさらに促進された。この標準の図面を参照して各地で官舎が大量に建設され、建設の速度が向上した一方で、平面配置など類似点も多かった。けれども、上級の官舎や民間人が建てた日本住宅には、より多様な設計が見られた。この頃には、台湾は日本統治下で約 30 年が経過し、日本住宅や和室のある住宅に住む台湾人世帯も増え、施工も主に台湾の職人が担当するようになっていた。

1930 年代以降、世界的な建築様式の流行に伴い、日本住宅の外観や材料、構造にも大きな変化が見られるようになった。例えば、プライバシー意識が高まり、外壁や屋根に自然環境に耐性のあるコンクリートが多く利用されるようになった。これらの変化から、日本住宅の建設年代はある程度推定できる。第二次世界大戦後、これらの日本住宅は台湾人に引き継がれる。その中で、官舎の多くは新政府によって、台湾本土に移住してきた外省人（中国からの移民）に割り当てられた。日本式の生活の経験が乏しい彼らは、和室の畳をフローリングに変更し、テーブルや椅子、ベッドなどの大量の家具を備えることで、新たな生活スタイルをつくりあげた。こうした変化は、台湾の眷村（けんそん）（軍人や警察とその家族の宿舎群）文化に独特な住宅の思い出を生み出した。

橋梁

台湾には多くの河川があり、清朝時代から多くの橋梁が築かれてきた。これらの橋梁建設や道路整備は、地域の有志者に寄付を募って行われることが多く、郷土誌にも特別な記録がある。木橋や石橋のほか、台南には「鉄線橋」と呼ばれる橋もあり、これは吊り橋の一種と推測される。清朝時代末期、劉銘傳が鉄道建設を行い、基隆河には単孔アーチの鉄橋、淡水河には広東の職人を招いて木梁の多連アーチ橋を架けた写真も残っている。橋梁と一般建築物の大きな違いは、上部の荷重と下部の水流の衝撃力を同時に受ける点であり、そのため力学的な設計が重要である。

台湾の古いアーチ橋の例には、日本統治時代初期に建設された縦貫鉄道のレンガ造の魚藤坪橋がある。これは山線（縦貫鉄道が苗栗から彰化の間に山線と海線に分岐した）の最高地点にある勝興駅近くに位置している。しかし、1935年の中部大地震で大きな被害を受け、いくつかのアーチが崩壊し、「龍騰断橋」とも呼ばれるようになった。また、日本統治時代の中期において、最大かつ最も有名なコンクリート造アーチ橋は、台北の明治橋（後に中山橋と改名）で、長大なスパンを持ち、非常に美しいデザインの作品であった。残念ながら、2002年に洪水対策を理由に取り壊された。

機能を見る ▶ P.184

橋梁は、両岸をつなぐために設置される構造物である。最も一般的な役割は、人や車の通行を支える交通施設であるが、物資の運搬に特化した産業施設でもある。それ以外にも、美しい景観を彩る観賞的な役割を果たすこともある。

床版

水平梁

支承

2017.

三峡拱橋（アーチ橋）：三峡渓に架かるこの橋梁は1933年に完成した。日本人の杉村庄一によって設計・施工された下路式3連アーチのコンクリート橋である。先進的な構造が用いられただけでなく、アール・デコ（Art Deco）様式の細部装飾が施され、当時の世界のモダニズムの流行りにも乗っていた。長年にわたり三峡のランドマークとなっており、画家や写真家の作品にもよく取り入れられてきた。現在は市定古蹟となっている。

材料と構造を見る ▶ P.184

橋梁の建設には、竹、木、石、レンガ、鉄、コンクリートなどの多くの材料が使用されるが、時代の進化や機能の違いに応じて、建設には異なる材料や構造が選ばれる。

路面を見る ▶ P.186

床版の部材は最も注目されやすく、橋梁のデザインに大きな影響を与える重要な要素である。また、構造材としてや安全を保つための役割を持つ手すり、照明器具なども一つ一つ観察する価値がある。

橋脚と橋台を見る ▶ P.187

橋の「脚」に相当する部分である。橋梁がしっかりと建つために重要な構造である。設計の際には環境との調和が求められ、水中では水流の向きに合わせ、谷では地形や地質に配慮する。観察する際には足元に注意が必要である。

アーチ

塔

高欄（防護柵）

橋頭堡

橋台

橋脚

基礎

機能

台湾の橋梁では、運搬する主な荷重対象に基づき、以下のような機能に分けられる。ただし、複数の機能を兼ね備えた例もある。例えば、渓流を横断する嘉南大圳のいくつかの渡槽橋（導水橋）や美濃水橋などは、人や車の通行路と導水路の機能を兼ね備えている。

人道橋

歩行者専用で路面が狭い橋梁である。山間部や郊外に多くあり、よく古道と結びついている。例えば、桃園の龍潭にある大平橋は、かつて交通の要所として機能していた。また、屏東の中山公園の池に架かる橋のように、景観の質を高めることを目的に設計された例もある。

●桃園龍潭の大平橋。

鉄道橋

台湾の鉄道は、清朝時代末期の 1890 年頃から発展し、東西方向に流れる多くの河川に対応するため、数々の鉄道橋が築かれた。これらの橋は、線路幅に合わせた広さで設計されている。例として、台中の大甲渓鉄橋、雲林の台糖石亀渓鉄橋、下淡水渓鉄橋（高屏渓旧鉄橋）が挙げられる。

●下淡水渓鉄橋。

材料 と 構造

橋梁の構造は、基本的に床版、親柱、主桁（しゅげた）、橋台、橋脚、基礎の部分で構成されている。材料や構造の進化に伴い、スパンや耐荷重が向上した。以下に一般的な種類を挙げる。

石板橋

最も簡易な構造の橋梁である。板材を直接橋台または橋脚にかける形で、通常は水面が広くなく、水流も穏やかな渓流や水路の上に架けられる。さらに、湿気に強い石材が使用される。例えば、三芝（新北市の区）の三板橋が挙げられる。

●三芝の三板橋。

●新北市の碧潭吊橋。

吊り橋

両岸の塔にケーブルをかけ、床版を吊り下げる構造である。多くは山間部の深い谷に見られる。施工技術は、川の中に橋脚を立てないため比較的単純で、古い時代から発展してきた。当初は、自然の藤（蔓）や竹を結んでつくられていたが、近代に入ると鉄筋コンクリート製の塔にメインケーブルを掛け、アンカーによって固定した木の板を路面として使用している。例えば、新北市の碧潭吊橋がある。

桁橋

橋脚の上に主桁を置き、その上に床版を配置する構造である。造形は比較的単純で変化は少ないが、橋の長さ、スパン（径間）、荷重は増加する。主桁の構造の多くは、鉄筋コンクリート造や鋼製である。双柱式の橋脚に鋼製の主桁が置かれた例に台北市の中正橋（川端橋）がある。

●台北市から新北市永和区に架かる中正橋。

通水橋（導水橋・水路橋）

導水を目的に設計された特殊な橋梁である。通常は、周辺の産業施設と結びついている。例えば、金瓜石の鉱業導水路や、台中新社の白冷圳矮山支線の導水橋などがある。

●金瓜石鉱業の導水橋。

道路橋

近代台湾における自動車の普及や道路網の発展に対応して、主要道路の橋梁は新たな道路橋に架け替えられた。橋の幅は、一車線と二車線に分けられる。例としては、新北市の坪林尾橋や台北市の中山橋がある。

●新北市の坪林尾橋は、1910年代に軍用物資を輸送するために建設された。

支承の種類

床版と橋脚を接続する支承は、荷重を伝達する機能を持っている。ヒンジジョイントは、X字型の特殊な金属部品であり、ローラージョイントはローラー状の部品である。一見弱そうに見える接合部は、温度による膨張や収縮の変形を吸収する機能があり、高度な構造設計となっている。この支承は三峡拱橋にも見られる。

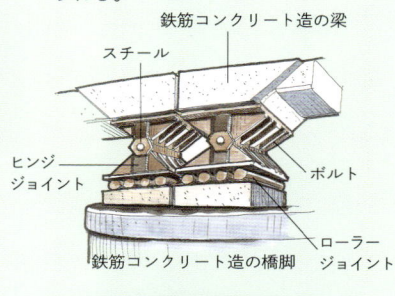

鉄筋コンクリート造の梁／スチール／ヒンジジョイント／ボルト／ローラージョイント／鉄筋コンクリート造の橋脚

アーチ橋

川をまたぐ虹のような美しいアーチを持つ橋は、アーチを通じて橋の荷重を両側の橋脚や基礎へと伝える。床版の位置は、アーチの上部、中間、または下部に設置され、その位置によって、それぞれ上路式、中路式、下路式と呼ばれる。アーチの材質は、レンガや石造、鉄骨造、鉄筋コンクリート造などがある。レンガや石造のアーチは、内部が充填されているものが多い。そして、材質の制約でスパンは大きくできない。例として、新竹県関西の東安橋が挙げられる。

●新竹県関西の東安橋。

上路式（台北中山橋）

中路式（關渡大橋）

下路式（三峡拱橋）

トラス橋

トラス橋は、水平、垂直、斜めの四つの方向の鋼材を組み合わせたトラス（Truss）フレーム（架構）を主構造とする橋である。この種の橋は、長いスパンを持ちながらも見た目の軽い造形に特徴があり、橋を渡る際に、特にリズミカルな美しさが感じられる。けれども、錆びやすいため定期的なメンテナンスが必要である。日本統治時代の鉄道橋では、この構造がよく採用された。例えば、下淡水渓鉄橋（高屏渓旧鉄橋）や戦後に建設された西螺大橋がその代表である。

上弦材／上横構（横からの荷重に抵抗するために連結した上部の水平部材）／斜材／鉛直材／下弦材

●濁水渓に架かる西螺大橋。

橋梁の路面

床版のほかに、橋の上で最も目を引くのは、橋頭堡、高欄、そして灯柱（橋上灯）である。これらは当時の装飾様式を代表していることが多い。例えば、三峡拱橋では幾何学的な形状が立体的に構成されており、1930年代に流行したアール・デコ様式を強く感じさせる。

橋頭堡

橋の上の両端にある構造物である。出入りを規制するための防御柵として設置される場合もあるし、単に装飾物として設置されることもある。橋の「顔」として当時の建築のスタイルがよく反映されている。

●三峡拱橋の橋頭堡。

橋上灯

1920年代の台湾では、電気の普及と都市の発展に伴い、近代的な橋梁には高くて華麗な橋上灯が設置された。これにより夜間は歩行者や車両を照らすだけでなく、橋の外観にも変化をもたらした。もっとも代表的なのは台北の明治橋（中山橋）だったが、残念ながら既に取り壊された。

●三峡拱橋の橋上灯。

高欄（防護柵）

高欄は、通行人の安全を守る役割を持つだけでなく、人々が寄りかかったり、しばしば留まる場所にもなる。時には、三峡拱橋のように、構造の力強さを強調するために荒々しいデザインが施された例もある。また、精巧なアール・ヌーヴォー様式の鋳物の装飾物が施されたものもある。台中市の中山緑橋（新盛橋）はその代表例で、じっくり観察する価値がある。

●台中市にある中山緑橋。

橋脚と橋台

橋梁の下部の支持構造は、通常、両側に位置する橋台と、中央にいくつか立てられる橋脚に分けられる。その構造や形式は、当時の土木工学の技術を反映している。

橋脚

通常、橋脚の安定性を高めるために、構造物の下部を大きくし、地下や河川の地盤下に深く埋め込んで、岩盤に固定させる。河川や渓流の流れの中に立つ橋脚は、水流の衝撃を軽減するため、水流の方向に合わせた特殊な設計が施されることが多い。例えば、新北市の坪林尾橋では、斜め配置の船型の破水式の橋脚が採用されている。

●下淡水渓鉄橋の橋脚。

●坪林尾橋の橋脚は船型の破水式の橋脚が採用されている。

橋台

橋台は、橋の重量を支えるだけでなく、両岸からの土の圧力にも耐える必要があるため、通常、体積を大きくさせる。また、橋の構造をより強固にするために、設計では下部を広げた形状にし、地形と一体化させる。

橋台

橋脚

●魚藤坪断橋の橋脚と橋台。

歴史の小道

台湾の地形は、自然の障壁が多く、豊かな資源を有する一方で交通の障害にもなっている。そのため、早い時期から竹や木を編んで作った橋や、石板を用いた小型の橋が発展してきた。同時に、広い河川は、筏（船）や危険を冒して徒歩で川を渡る必要があった。

清朝時代の光緒年間に台湾が省に昇格した後、西洋諸国を模倣して近代化へと進む中で、最も重要視されたのが交通網の整備であった。特に劉銘傳による鉄道建設が代表的で、彼は奏摺（皇帝に進上した報告書）で「淡水から基隆までは山と川が混じり合い、九十余丈（一丈は約3メートル）のトンネルを掘り、大小百二十本以上の橋を架ける必要がある。山を貫き、水を渡り、高低差を埋めるなど、工事は非常に大掛かりである」と述べた。この複雑な

●劉銘傳の時期に架けられた基隆河鉄橋。

地形環境が、逆に台湾の橋梁工学の技術の発展を加速させた。大稲埕（台北市大同区）から淡水河を横断する大規模な橋は、清朝時代の光緒15年（1889）年に完工した。この橋は、すべての鉄道橋工事の中で最も長く、困難なものであった。鉄橋は、もともと外国人の技術者によって計画されていたが、建設予算が高すぎたため、広東省の請負業者である張家徳によって進められ、四十六連の木製アーチ橋が建設された。橋の北端には、船が通過できるように、手動で定時開閉できる鉄製の浮橋が設けられた。当時は、英国やドイツから鉄のアーチ橋の購入もあった。これらの鉄道橋は、台湾の橋梁史において重要な一章である。

日本統治時代には、鉄道と道路が急速に発展し、地方財政は次第に安定してきた。1942年の公式統計によると、台湾全土の橋梁はすでに一万本弱に達していた。橋に使用される材料は、木造、レンガ造、石造、鉄骨造、鉄筋コンクリート（RC）造などで、機能や形式は多様であった。初期の大型橋梁

●1930年代に建設された鉄筋コンクリート構造の台北明治橋。

は、主に鉄骨のトラス構造を用いており、スパンを大きく確保することで、橋脚の本数を減らし、施工の困難度を下げることができた。これによって、河川の流量の影響も少なくなったが、昭和時代に入ると、鉄筋コンクリート造の発展が成熟し、鉄骨造に代わり主流となった。1910年には、新北市の北勢渓を横断するため、日本人の十川嘉太郎によって設計された坪林尾橋が建設された。この橋は、宜蘭と台北の交通を結び付け、軍事用の物質も輸送できるようになった。建設に必要な砂利は現地調達したが、主要な材料である鉄筋やセメントは日本から輸入された。この橋は、台湾に現存する最古の鉄筋コンクリート橋で、象徴的な橋梁である。

認識編

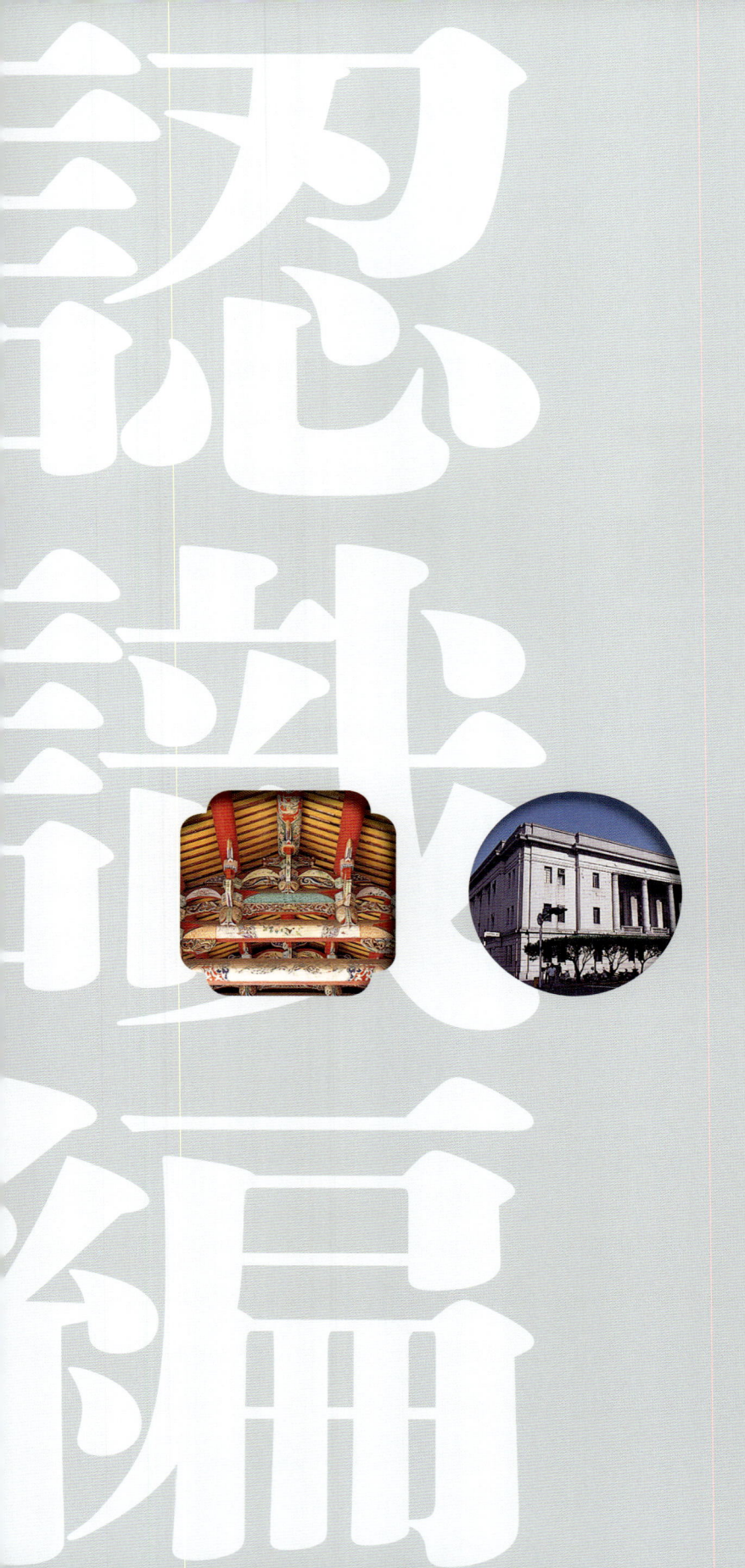

認識編

建築の系統的な分類と各類型の古蹟を再統合することによって、
台湾建築の発展における古蹟の役割や位置づけを理解できるようにする。

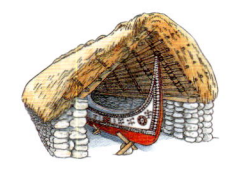

原住民の建築

台湾における原住民の歴史は、先史時代にさかのぼる。各部族は、自らの起源について多くの伝説を持ち、一般的には南洋諸島と親縁関係があると考えられている。あるいは先史時代の部族が継続している可能性もある。これらの部族の文化的多様性は、集落の形態や建築空間にも反映されているが、外来文化の影響により、一部の部族は消滅した。または文化的な思想が徐々に変化した部族もある。

原住民の建築とは何か？

「原住民」とは、漢民族が台湾に入る前から住んでいた様々な先住の部族を指す。彼らは文字による記録を持たず、また長い間、歴史が漢人の視点を中心に語られてきたため、多くの人が単純に原住民を一つの部族だと考えがちである。実際には、居住地によって大きく平地部族と山地部族に分けられ、それぞれ異なる言語や習慣を持つ複数の部族を含んでいる。平地部族は、総じて平埔族（へいほぞく）と呼ばれ、西部平原、北部沿岸、蘭陽平原（らんよう）（宜蘭（ぎらん））などに居住し、古くから漢文化と融合してきたため、元来の文化はほとんど失われている。一方、山地部族は、中央山地、東部縦谷（山脈の走向と平行する谷）、海岸平原、蘭嶼島に分布する泰雅（タイヤル）族、賽夏（サイシャット）族、布農（ブヌン）族、鄒（ツォウ）族、排湾（パイワン）族、魯凱（ルカイ）族、卑南（プユマ）族、阿美（アミ）族、雅美（ヤミ）族（達悟〈タオ〉族とも呼ばれる）などを指し、これらの部族は必ずしもすべて山間部に住んでいるわけではない。文化や言語も異なり、建築様式も各自独特なものを持っている。

原住民の建築の特徴

自然環境との密接なつながり：原住民の生活様式は非常に原始的で、自然環境によって生存方法が決定されていた。住居地を選ぶ重要な条件は、耕作、飲料水、日照、そして防御機能である。建材は、竹、木、石、茅、樹皮などの現地で調達できる自然素材が使用された。建築形式は、環境や地勢に応じて建てられており、環境に適した好例といえる。これらには、限られた環境条件下での人類の建築に関する知恵が表れている。

簡素で原始的な形態：環境の影響や使用する道具、技術の制約により、原住民の建築の構造は極めて簡素で実用的なものになる。建築の形態は、機能によって決められている。少数の部族の頭目の住居を除いて、一般的に装飾はほとんどなく、素朴で原始的な形態である。

集団生活と公共建築：原住民の社会組織は、生産と防衛機能に基づいて構築されていた。通常は、共通の利益のために集団で自給自足の生活をし、氏族の集団や頭目、長老が統括して集団を管理していた。そのため、個人の住居の他に、部族のための集会用の建築も存在している。

墓と住居の結びつき：原住民は、葬儀をとても重視しており、独特な埋葬方法を持っている。一部のパイワン族、タイヤル族、ルカイ族、ブヌン族、ツォウ族、プユマ族などの部族は、かつては屋内葬（死者を屋内に葬る）を行っていた。

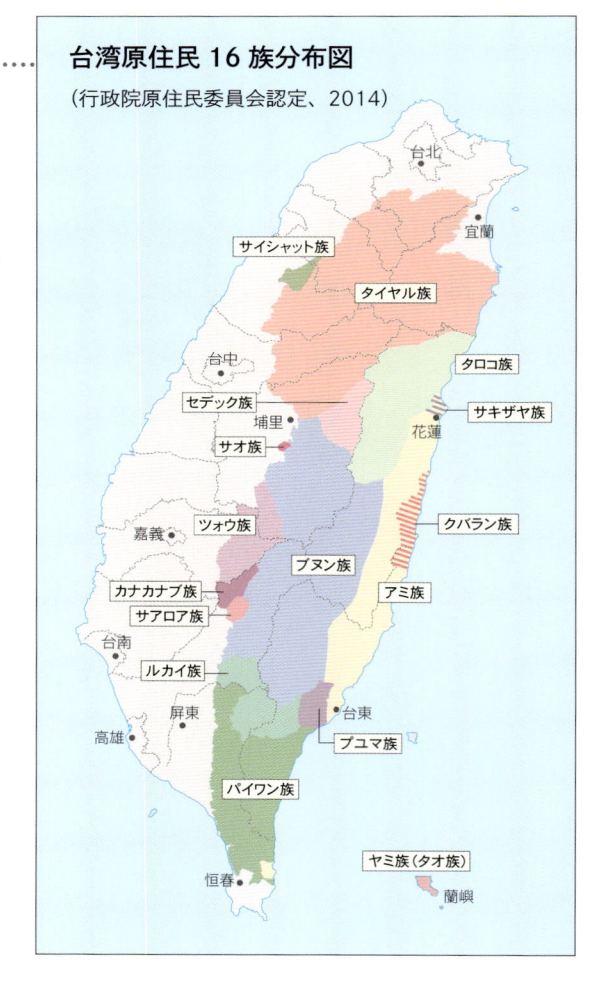

台湾原住民 16 族分布図
（行政院原住民委員会認定、2014）

台北 ・
宜蘭 ・
サイシャット族
タイヤル族
タロコ族
台中 ・
サキザヤ族
セデック族
埔里 ・
花蓮 ・
サオ族
ツォウ族
クバラン族
嘉義 ・
カナカナブ族
ブヌン族
サアロア族
アミ族
台南 ・
ルカイ族
屏東 ・
台東 ・
高雄 ・
プユマ族
パイワン族
ヤミ（タオ族）
恒春 ・
蘭嶼

部族による建築様式の違い

原住民は、居住環境や生活習慣の違いにより、それぞれ異なる建築様式を持っている。以下に、比較的研究が進んでいる九つの部族について述べる。

タイヤル族：台湾の中・北部の山岳地帯に分布している。新北市、桃園、新竹、苗栗、台中、南投、宜蘭、花蓮を含む広大な範囲にわたる、主に標高 200 メートルから 1,500 メートルの渓谷地帯に居住している。父系社会の傾向があり、共同労働・共同生活をし、社会的地位は平等である。

分布地域が広いため、建築の形式は当地の環境に応じて異なり、平地式や深い竪穴式の形式がある。使用する材料は、竹、木、茅、石などがある。住居の室内空間は長方形で、主に単室型を特徴とし、付属建築として穀倉、鶏小屋、豚小屋などがある。集落の入口には、見張りの機能を持つ望楼（展望台）が設置されている。これがタイヤル族特有の建築形式である。

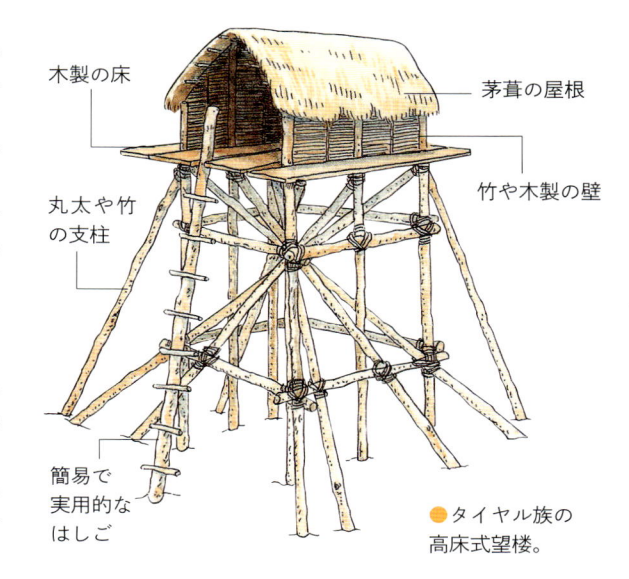

木製の床 — — 茅葺の屋根
丸太や竹の支柱 — 竹や木製の壁
簡易で実用的なはしご

●タイヤル族の高床式望楼。

サイシャット族：新竹の五峰郷、尖石郷、苗栗の南庄郷、獅潭郷の山間地に分布しているが、人口は非常に少ない小規模な部族である。地理的な関係から、その文化はタイヤル族や漢民族の影響を大きく受けており、父系社会の傾向がある。

建築の形式は、隣接するタイヤル族と似ており、平地式で、材料は主に竹や雑木が使われている。住居の室内空間は、複数の部屋がある複室型で、囲炉裏は居間ではなく、独立した炊事用の空間にある。この点は、漢民族の影響を受けたものである。

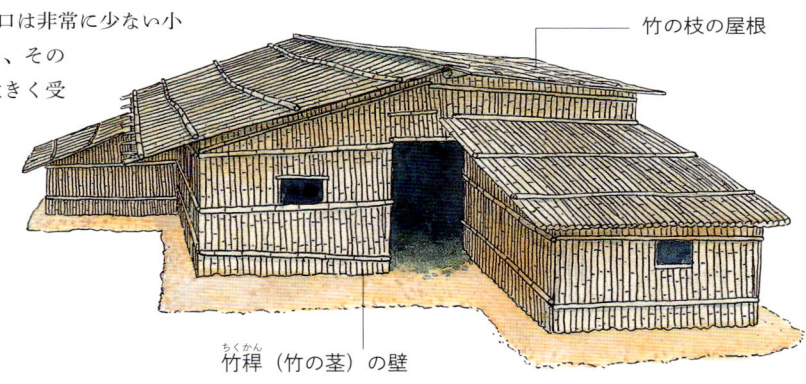

竹の枝の屋根
竹稈（竹の茎）の壁

●サイシャット族の平地式住居。

アミ族：花蓮や台東一帯の海岸平野に分布している。分布地域は、南北に細長いため、各部落の連係が難しく、互いに違いが見られる。氏族は母系社会の傾向があるが、部落の公共事務は男性による年齢階級の組織が担当する。

建築形式は平地式が主で、建材には竹、木、茅を多く用いる。室内空間は単室型が基本で、囲炉裏が設置されている。住居のほかに、畜舎、穀倉、作業小屋などの付属建築もある。部落内には、複数の集会所が設けられ、青少年の宿舎や村民の会議、祭儀の場として利用される。

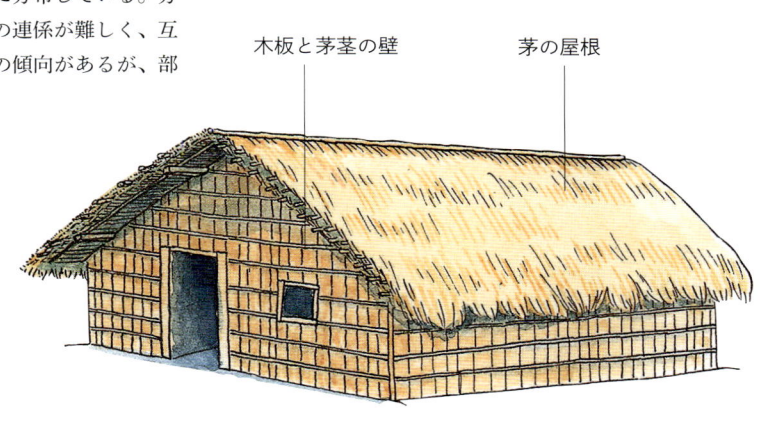

木板と茅茎の壁 — 茅の屋根

●アミ族の平地式住居。

ブヌヌ族：南投、花蓮、高雄、台東を含む台湾の中央山脈の中心部に分布しており、標高 1,000 ～ 1,500 メートルの高山地帯に居住している。台湾において最も標高の高い山岳地帯に暮らす原住民族で、比較的複雑な父系社会組織である。

高山地帯の限られた敷地のため、多くの部族は点在する村の形式である。建築は、急峻な地形に制限される場合があり、浅い穴を掘って浅穴式にするものや、平地式も見られる。建材は、主に現地で容易に調達できる木板、樹皮、茅、石板などが使用される。室内空間は、主に単室型であり、大家族制を採用しているため、住居の面積は広いのが一般的である。

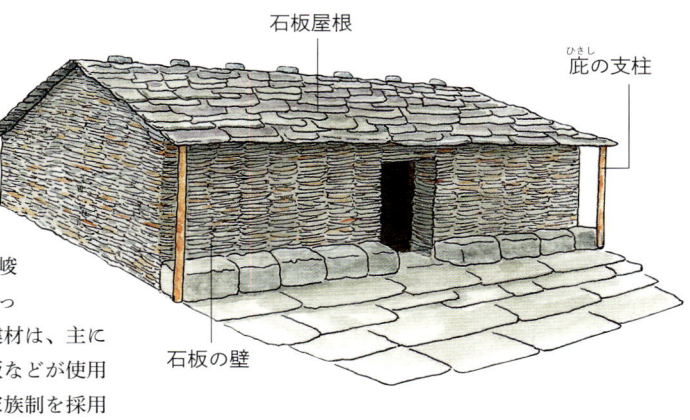

石板屋根

庇（ひさし）の支柱

石板の壁

●ブヌヌ族の平地式住居。

ツォウ族：主に嘉義県阿里山郷と南投県信義郷に分布し、標高 500 ～ 1,500 メートルの高地に居住している。父系社会であり、厳格な大小の社会組織を有している。部落の管理は、長老会議が中心となって行われている。集会所は、男性青年の訓練の場であると同時に、部落の中枢としての役割を担っている。

建築の形式は、集会所のみ高床式で、他はすべて平地式である。屋根は独特で、他の部族では見られない楕円形の茅葺き屋根である。建材は、主に竹、木、茅が使用される。室内空間は主に単室型で、囲炉裏を設けている。穀倉は、室内に設けられることもあれば、屋外に設置されることもある。

少し楕円状の茅葺屋根

木板の床

丸太の支柱

木製はしご

藤を編んだ囲い

●ツォウ族の高床式集会所。

ルカイ族：台東県、屏東県、高雄県の間に位置する山間部に分布している。この民族は、厳格な階級制度を持ち、社会組織はパイワン族と似ているが、継承制度は長男制であり、男子がいない場合だけ長女が継承する。

建築の形式も階級によって異なり、頭目の住居と庭は広々としており、梁や柱にはその地位を示す木彫りの装飾が施されている。また、部族に話しかける司令台もある。一方、一般の住居は、規模が小さいものが多い。穀倉は高床式、それ以外の建物は浅穴式（浅い竪穴式）や平地式が多く、主な建材は板岩（スレート）や木板である。ただし、台東地域では、木材、竹、茅が多く使用される。室内は単室型が主で、付属建築として穀倉や作業小屋などがある。

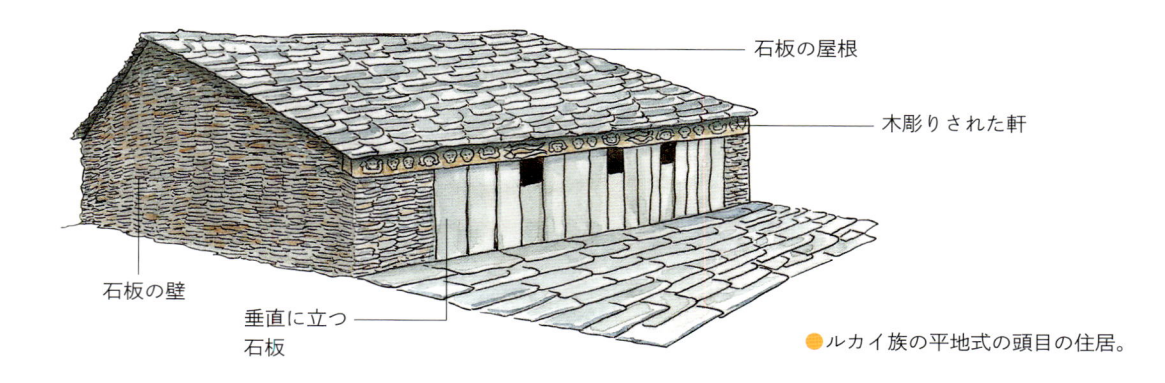

石板の屋根

木彫りされた軒

石板の壁

垂直に立つ石板

●ルカイ族の平地式の頭目の住居。

プユマ族：台東の沖積平原に分布し、人口は比較的少ない。地理的な関係からパイワン族の影響を強く受けているので、長女が継承する母系社会の傾向を持っている。男性は、年齢によって階級が分かれ、部落の集会所で厳格な訓練を受ける。頭目制は、世襲である。集会所は、部落の公共事務を行う役割を果たす。

平地に位置するため、建築形式は漢民族の影響を大きく受けており、集会所、巫女の霊屋、祖先を祀る建物だけが元来の特色を保っている。集会所は高床式が多く、その他の建物は平地式となっている。建材は、主に竹や茅が使用されている。

茅葺の屋根

竹で編んだ床

竹や丸太の支柱

●プユマ族の青年たちの高床式集会所。

パイワン族：屏東県と台東県の中央山脈の両側、標高500から1,300メートルの山地に居住する。地主、貴族、小作人からなる厳格な階級制度を持つ。各部落では、貴族の頭目が、政治、軍事、宗教の指導者となる。家族の継承は、男女を問わず長子が継承する。

階級制度が厳格なため、住居も階級によって異なる。頭目の住居と庭は広く、軒下には木彫りの装飾が施された梁がある。前の庭には身分を表す標石（彫刻された石の板）が立ち、大きな榕樹（ガジュマル）がある。また、大きな穀倉や部族民を集めて話しかける司令台も設置されている。一方、一般の住居は、規模が小さいものが多い。建築の形式は、平地式と浅穴式があり、多くは石板の家屋である。けれども、南部のパイワン族は、木板や茅葺き屋根を使用することもある。

茅葺き屋根

頭目の身分を象徴する彫刻された石板

人面とヒャッポダ（蛇）の模様が彫刻された木彫り

垂直に立つ大きな石板

石の彫刻

●東部パイワン族の平地式の頭目住居。

アミ族（タオ族）：孤島の蘭嶼島にのみ分布する海洋性の民族である。本島の原住民族とは生活習慣が大きく異なり、独自の文化を形成している。生業は、主に漁業とタロイモの栽培であり、父系の血縁集団によって構成される漁業グループが漁を行う。

集落は、海に近い傾斜地に位置し、海に面して建つ。強い海風を防ぐため、住居は深穴式（深い竪穴式）で建てられている。建材には、竹、木、茅、石が用いられる。室内空間は複室型である。各世帯には、家屋に加えて、涼台や作業小屋が不可欠な付属建築である。アミ族の舟屋が海辺に並び、漁船を停めている。

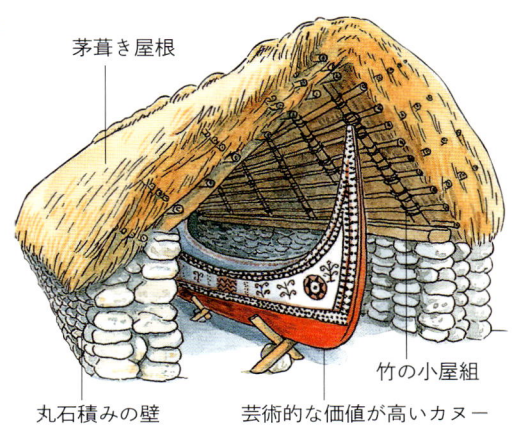

茅葺き屋根

竹の小屋組

丸石積みの壁

芸術的な価値が高いカヌー

●アミ族の舟屋とカヌー。

伝統建築

清朝時代以降、漢民族の文化は台湾の主流文化となった。そのため、台湾で一般に「伝統建築」と称されるものは、その建築様式、構造、施工過程のいずれをとっても、中国で数千年にわたり発展してきた漢民族の文化建築である南方系統の一部に属している。

伝統建築とは何か？

一般に伝統建築とは、閩粤移民（中国の福建省や広東省からの移民）によってもたらされた漢民族文化に由来する伝統建築を指す。最も多いのは閩南系（福建省南部）の建築で、少数の閩東系（福建省東部）建築や広東建築が含まれる。

明鄭時代に少数ではあるが漢民族が組織的に台湾に移住を始め、清朝時代に渡台禁止令が解除されたことで、さらに多くの福建省と広東省の移民が定住した。彼らは強靭な開拓精神を発揮し、最初は台南地域から始まり、西部の平原全体へと広がり、さらに東北部の宜蘭へと広がっていった。約300年の歴史を経て、福建・広東の文化は台湾各地に根付き、繁栄し、台湾の主流の文化になった。

移民初期には、建築の職人も中国から招聘されていたが、徐々に地元の職人も育成されていった。ただし、移民の特性、自然環境の違い、材料調達の制限などによって、台湾の伝統建築は独自の特徴を持つようになったため、福建・広東の建築文化とは完全に同じではない。

伝統建築の基本概念

中軸線（中心線）：「分金線」とも呼ばれ、家屋を建てる際に風水師が設定した家の向きを基準に引かれる中心線（中央の軸）である。

開間（間口）：建築正面の幅を示す基本単位である。柱間や壁間の距離を一つの「間」とする。中央の一間は「明間」と呼ばれる。正面の総開間（間口）数は一般的に奇数であることが多い。それは、奇数は陽を象徴し、縁起が良いとされるためである。

院落（奥深さ）：建物の奥行きの規模を示す表現である。「落」は「進」とも呼ばれ、中軸線（中心線）上にある建物のことを指す。「院」は埕（庭、広場、空き地、稲を干す場所）を意味する。正面の最初の建物は「第一落（進）」と呼ばれ、その後に中庭があり、次の建物は「第二落（進）」と続いていく。

左右の位置：伝統建築の左右の位置は、正庁（正面の大広間）、または正殿の先祖、或いは神の位牌を基準として判断するため、私たちが建物を正面から見たときの左右とは逆になる。さらに、左側が上位とされる。

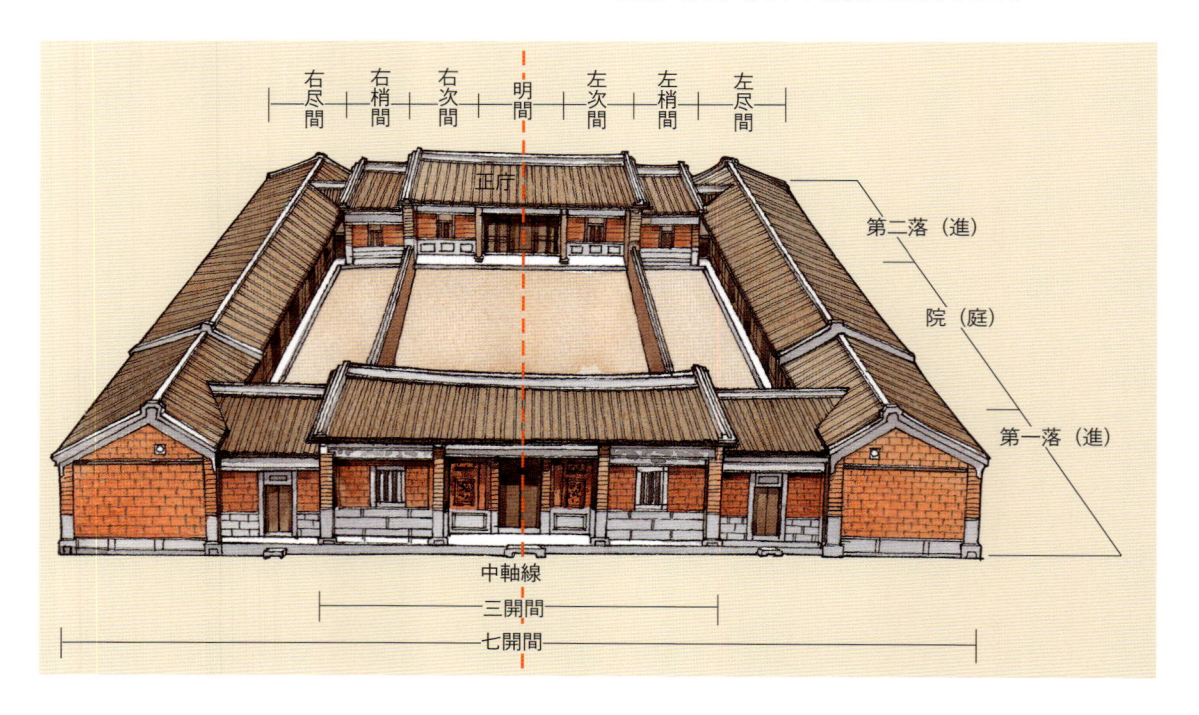

伝統建築の特徴

　中軸（中心線）による対称性の追求：平面の配置や立面の外観に関わらず、明確な中央の軸線を中心に左右対称を強調する。

　平面の拡張：合院を基本配置の単位とし、空間が不足する場合は、この合院を基礎として外側に展開する。多院落や多護龍（左右両側の建物）は、虚（何もない空間、ここは庭を指す）と実（実体、建物本体を指す）を交互に配置し、明暗の対比を生かした空間的な変化の構造を形成したものを指す。町家を除き、伝統建築は一般的に高さ方向への発展が少ない。

　倫理観念の反映：伝統的な倫理思想の影響を受け、建築には尊卑の観念が反映されている。例えば、住宅の正庁（正面の大広間）や寺院の正殿など、中軸に近い部屋ほど地位が高く、基壇や屋根の高さが最も高く、最も優れた材料を使用している。その外観も壮麗である。これにより、その空間の重要性を示している。

　自然素材の使用：当地で容易に調達できる土、石、木、竹などの自然素材や、レンガ、瓦、漆喰などの加工の工程が少ない資材が使用される。その色は自然で、環境と調和した美しさを感じる。

　木構造の精神：建築構造の本質は、数千年にわたって発展してきた漢民族文化の木構造にある。最大の特徴は、西洋建築の構造とは異なり、釘を一本も使用せずに、全ての部材をしっかりと組み合わせることができることである。その秘密は、複雑なほぞ組みにある。木構造の基本は

斗栱とほぞ

　斗栱は秦漢朝時代にはすでに発展し、成熟していた木構造の技法である。斗は立体的な木製部材で、方斗、円斗、八角斗などの種類がある。一方、栱は板状の部材である。斗と栱を交互に重ね合わせ、ほぞで接合することで、まるで積み木のように外側へと延長することができ、屋根を支えることができる。これによって変化のある小屋組が形成される。

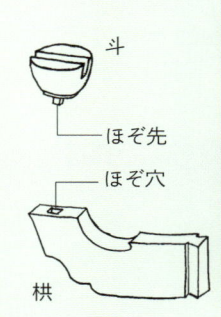

「斗栱」である。

　建築の象徴的意義：伝統建築は、構造や芸術的表現において、深い象徴的な意義と結びついていることがよくある。例えば、壁は、頭、体、脚と人体を象徴している。装飾の題材には、豊かさと繁栄を願うなど、期待が込められている。

伝統建築の匠

　伝統建築の設計と施工は、切り離せないものである。通常、設計者は、実際の施工にも関わる職人であることが多い。けれども、建物が完成するには、さまざまな専門分野の職人の協力が必要である。主な職人には、石工、大工、左官、瓦職人、剪黏職人（砕いた陶器による装飾の職人）、交趾焼職人（交趾焼は陶磁器の一種）、彩繪（彩色）職人などがいる。これらの匠たちは、すべて手作業で建物を作り上げる。

●熟練の職人が紙型に従い、木彫りを行っている。

　大木匠（大工）、小木匠（より繊細な彫刻、指物などを作る職人）：大工は伝統建築の中心的な存在である。総設計者であり総工事責任者でもある。複雑な木構造の寸法や部品の数、接合部の関係などは、経験が豊かな大工にしか把握できない。小木匠は、彫刻職人とも呼ばれ、精緻な木彫りを担当する。大工が主に使用する道具には、魯班尺（物の大きさ、長さの吉凶を判断する物差し）、曲尺、コンパス、墨壺、斧、鋸、鉋などがある。

　石工：建物の基礎工事や石彫り部分を担当し、主に使う道具は玄翁と鑿である。

　左官職人と瓦職人：壁の施工や屋根の瓦葺きを担当し、主に使う道具は鏝である。

　剪黏職人と交趾焼職人：屋根や壁面の装飾を担当し、主に使う道具は小型の鏝とハサミである。（剪黏：割れた茶碗の破片や色ガラスなどを利用して必要な形に刻み、作品の表面に一つ一つ丁寧に貼ること）

　彩繪（彩色）職人：室内の木製品の塗装や壁画などを担当し、さまざまな刷毛を使う。

伝統建築の民族的な形式

台湾の伝統建築は、基本的に閩粤（福建南部と広東）から伝来している。しかし、閩粤の各地域は、言語や環境が異なるため、それぞれの建築形式にも異なる点が見られる。基本的に移民の出身地の特徴を反映しているが、他地域出身の職人を雇用することもあるし、互いの技術を吸収することによって混合した姿になった例も存在する。台湾の伝統建築は、方言の種類によって大きく四種類に分けられる。

閩南建築

台湾で最も一般的な伝統建築様式である。屋根の棟と屋根面の曲線が強調されるが、軒先は比較的平坦で、左右の端がわずかに反り上がるという特徴がある。小屋組の桁や短い柱は円形の断面が大きく、外壁と屋根には閩南地域の赤レンガと赤瓦が使用されており、日差しの下でその赤いレンガの美しさが際立つ。実際、閩南地域の漳州と泉州の建築には様式的な違いがあるが、外観上はその違いはあまり見分けがつかない。その違いは、主に木構造の形式と細部に表れる。

閩南の赤レンガ ── 軒先は少し反り上がる ── 閩南の赤瓦 ── 大棟の曲線を強調する

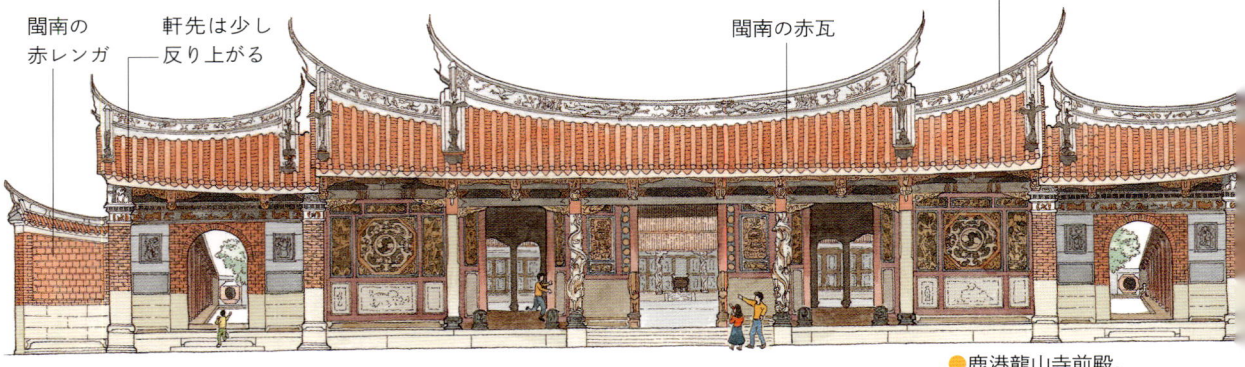

●鹿港龍山寺前殿。

泉州建築：細長い材料を多く使用し、瓜筒の多くは細長いパパイヤの形を表している。畳斗（斗栱の斗が積み重ねられた様子）や束と束随（束の下にある木彫りの装飾部材）の数が比較的少なく、全体的に簡素で上品な印象である。

●パパイヤの形の瓜筒。

漳州建築：材料が太くて丈夫な印象を与える瓜筒は、多くが丸くて大きいカボチャの形を表している。畳斗や束と束随の数が比較的多く、全体としては緻密で雄大な印象である。

●カボチャの形の瓜筒。

客家建築

台湾の客家民族は、閩南民族と比較すると勢力が比較的弱い民族で、主に桃竹苗（桃園、新竹、苗栗の略称）や高屏（高雄、屏東の略称）の山に近い地域に集中している。客家民族は、閩西（福建省西部）や粤東（広東省東部）から来ており、地理的には漳州に近い。このため、建築形式は、基本的に閩南と大きな違いはないが、広東の建築の特徴も見られる。例えば、屋根材には多くが青灰色の瓦を、壁面には広い面積の漆喰仕上げや灰色のレンガを好んで使用する。そして、ほとんどの場合、礫（丸い石）を積み上げた牆基（壁や塀の基礎）と閩南の赤レンガを組み合わせる。全体的に、客家建築は質素で内向的な印象がある。

広い面積の漆喰壁 ── 青灰色の瓦または閩南の赤瓦 ── 閩南の赤レンガ ── 礫の牆基

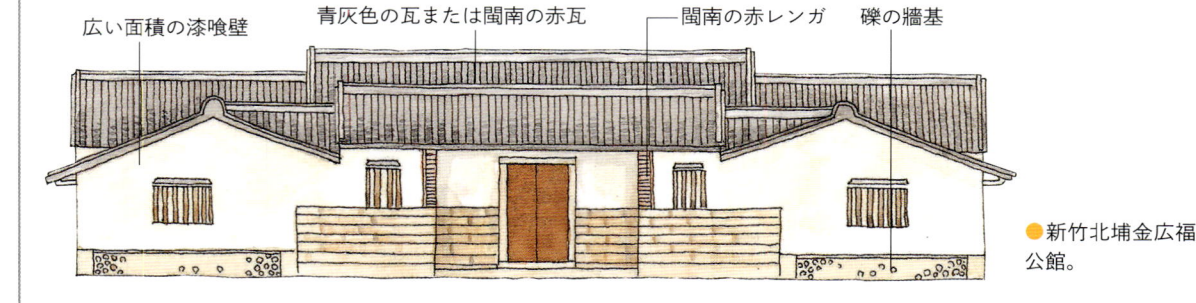

●新竹北埔金広福公館。

福州建築

この建築形式は、福州民族が集まる馬祖地域によく見られ、閩東系の建築に属する。馬祖の寺院建築の正面は3段の階段状の壁面で、両側面には屋根よりも高い巨大な馬鞍の形や炎の形の妻壁（屋根の破風と一体）があるため、屋根はほとんど見えない。閩南地域の寺院とは大きく異なる。また、台湾でも極少数だが、福州の職人を雇った例がある。例えば、漳州形式の霧峰林家の花庁には、典型的な福州形式の小屋裏が見られる。この屋根の構造は、梁や小屋束が四角形の断面であり、斗は平らで皿の形状となっている。

●台中霧峰林家の花庁の福州形式の小屋裏。

鞍形の妻壁

炎形の妻壁

正面から屋根は見えにくい

閉鎖的な三段の階段状の正面

●馬祖地域の寺院建築。

潮州建築

現在、台湾で唯一現存する例は、台南の三山国王廟である。これは、粤東の客家民族によって建てられた。屋根と軒はまっすぐで、大棟の曲線も閩南式より緩やかだが、大棟の上には、棟の外側に溢れ出すように、複雑で華麗な剪黏装飾が施されている。潮州の職人は、剪黏仕上げが優れていることで広く知られているため、剪黏の装飾は閩南形式よりも豪華である。屋根には、青灰色の瓦が使用され、外壁は漆喰で仕上げられている。簷柱は、桁に直接接続せず、歩口（軒下の歩行路）の通梁（梁）の下で止まるのが典型的な特徴である。

●簷柱は、歩口の通梁の下で止まる。これが粤東の潮州建築の小屋裏の特徴である。

平坦で両端のみ反りあがる大棟

まっすぐな軒

華麗な剪黏仕上げ

青灰色の瓦

漆喰壁

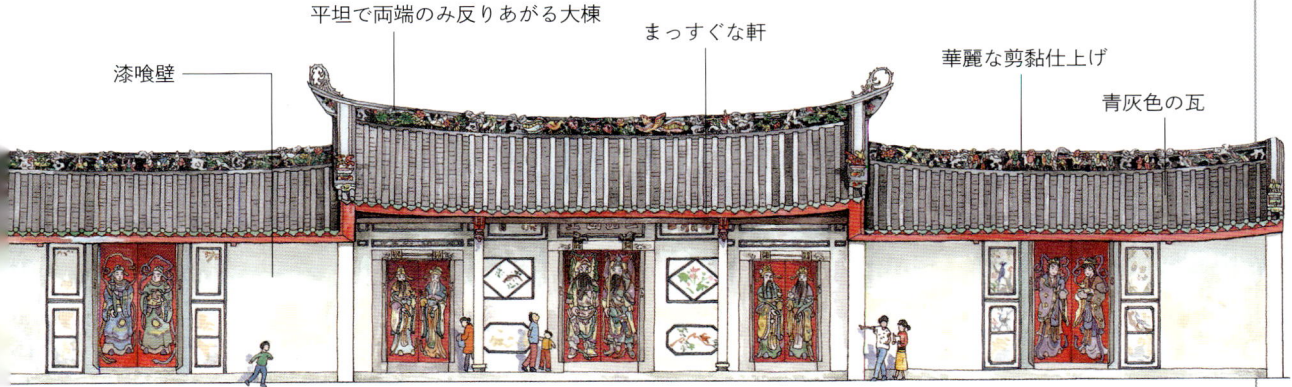

●台南の三山国王廟。

伝統建築の構造

基本的に伝統建築は、屋根、屋身（家の主体をなす部分）、台基（基礎）の三つの部分に分けることができる。人間の身体における頭、胴体、脚と同じように、どれ一つ欠けても成立しない。それぞれの部分は、多種多様な要素によって構成されており、各構成要素は職人が技と美を結集させて手作りした作品である。これらの構成要素に基本的な理解を持つことは、伝統建築を観察する上でとても役立つであろう。

屋根

伝統建築の屋根は、風雨を防ぐ実際の機能を果たすだけでなく、その面積が大きいため視覚的な影響がとても強く、建築としての重要な要素にもなっている。主な構造は、以下のとおりである。

脊飾：大棟の表面や上部の飾り物。

垂脊（下り棟）：規帯とも呼ばれる。屋根の軒先方向に下っている棟で、屋根を安定させる役割もある。

封簷板（鼻隠し）：屋根内部の他の部材を保護するための軒先を覆う長い木板。

筒瓦（丸瓦）：半円筒状の瓦。高級な建築に用いられ、寺院でよく見られる。

正脊（大棟）：屋根の最も高い部分の棟で、屋根を安定させる機能がある。

瓦當（軒丸瓦）：瓦の端を納める丸瓦。多くの場合、円形の表面に模様が施されており、材質は瓦と同じ。

板瓦（平瓦）：緩いアーチ状の瓦である。住宅の屋根によく使用され、丸瓦と組み合わせて使用する。

滴水（滴水瓦）：軒丸瓦の間にある三角形の部材。雨水を寄せて排出する部分（雨水を切れやすくする）の瓦で、材質は瓦と同じ。

正脊（大棟）の両端の作り方
ジェンジー

燕尾脊（鴟尾）：燕の尾のように大棟の両端が反り上がって、二つに分かれている。これは、寺院や官舎によく用いられる高度な技法である。

馬背：大棟の両端が反り上がらず、下り棟が前から後ろに自然に滑らかな形を取り、馬の背のように見える妻壁になっている。

台基（基礎）

基礎は、地面より高く設けられた台座であり、この上に建物が建つ。特に雨が多い南方は、床を高くすることで湿気を防ぎ、木構造を保護することができる。主要な構造は、右のとおりである。

①**柱礎（礎盤）**：柱の下にある石。珠のような形から「柱珠」とも呼ばれ、木製の柱への水分の浸透を防ぐ役割がある。

②**礎石（礎石）**：礎盤の下にある正方形の石で、柱からの荷重を支える。

③**門枕石**：側門の軸の前に置かれる石で、門の枠を安定させる役割がある。
メンゼンシー

④**抱鼓石**：中央の門の軸の前に置かれ、門枕石と同じく門の枠を安定させる部材。
バオグーシー

⑤**鋪面（床仕上げ）**：基礎の表面（床面）に用いられる仕上げ材。消耗に強い版築やレンガ、石材などで仕上げられている。

⑥**石砛（かまち）**：基礎の縁を装飾する石材。

屋身（建物の基礎と屋根の間の家の主体をなす部分）

屋身は、主に骨組みと壁体で構成されている。屋根は、屋身に支えられている。屋身は、正面と平行な「排楼面」（平側）と正面と垂直な「棟架面」（妻側）によっ て構成される。壁体は、多くの場合、レンガや土角造（土の塊を積み囲んだ壁）で築かれる。屋身は、木彫や石彫りなどの芸術的な表現の中心部分であり、伝統建築の見どころである。

1 室内の棟架面（妻側）

桁條（桁、母屋）：屋根の下にある梁の一種。「檁」または「楹」とも呼ばれる。

二通：大通（太く長い梁）より短く、細い梁。

托木：別名「雀替」。梁と柱が直角に交わる点を支える構造材。（※方杖と似ている。）

大通：妻側の金柱の間にある最も低く、最も太く、最も長い梁。

束隨：束の下にある木彫りの装飾部材。

瓜筒：梁の上にある、重なった斗拱の台座。形が瓜に似ていることからの名称。

束：妻側にある曲線状の小さな梁。

中脊桁（棟木）：小屋組で最も高い桁。

金柱（日本の大黒柱と類似）：室内で最も重要な4本の柱である。「四点金柱」とも呼ばれ、前後の金柱に分かれている。

2 歩口棟架面（軒下の妻側）

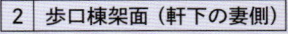

歩口通：簷柱と金柱を接続する梁。

員光：歩口通の下にある長い木材で、梁の変形を防ぎ、安定性を高める。さまざまな題材で彫刻が施される。

簷柱：軒下にある最も外側の柱。

獅座：歩口通の上に彫られた獅子である。瓜筒と同じ役割を持つ。

吊筒：軒下に宙で吊された短い柱。屋根の重量を伝える役割がある。末端は、蓮の花や吊り篭の形に彫られることが多いため、「垂花」または「吊籃」とも呼ばれる。

3 排楼面（平側）

連栱（連続アーチ）：平側に彫刻された連続のアーチ。

枋、寿梁：排楼面の水平材である。門の上にある場合は「大楣」とも呼ばれる。

彎枋：枋の上に連続して配置されるアーチ状の構造材。数量によって、五つや三つの彎枋がある。

4 壁体

対看堵：正面の歩口（軒下）に、左右対称に配置された壁。吉祥を祈る意味のある龍や虎などの彫刻が施されている。

壁堵：正面の壁のこと。いくつかの単位に分けられ、正面の美しさを高めるためにそれぞれ異なる題材の彫刻が施される。

堁頭：妻壁と軒先の接合部で、剪黏や泥塑による装飾が施されることが多い。

屋根の形式

硬山頂（切妻造）：最も一般的な二面傾斜の屋根である。妻壁が木造の小屋組を完全に覆い、屋根は壁の上に乗る。

懸山頂：切妻造と似た構造だが、屋根の両妻側が壁面から突き出ており、外側からは小屋組が見える。

歇山頂（入母屋造）：切妻造に似ているが、左右（妻側）に小さなスカート（妻側の軒）が付いたような形である。四枚の屋根を持つため「四垂頂」とも呼ばれる。

重簷歇山頂（重層入母屋造）：入母屋造の屋根の下部にもう一層屋根がまわる形式である。重要な建築物によく用いられる。

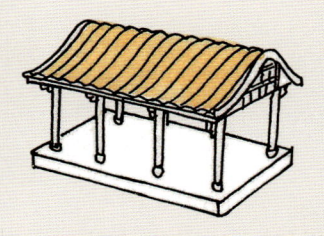

捲棚頂（起り屋根）：屋根の最も高い部分に大棟を持たず、屋根がアーチ状になる。主に回廊に用いられる。

攢尖頂（宝形造）：各面の屋根が一点に集まる形である。円形、方形、六角形、八角形などの多様な形状がある。鐘楼、鼓楼、あずまや、塔などの建物に多く使用される。

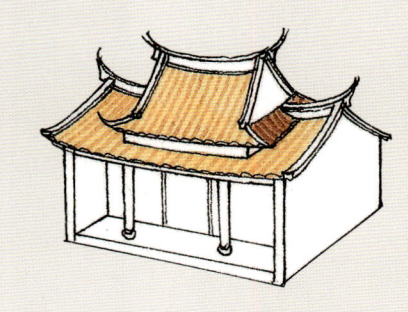

複合式屋根：異なる形式の屋根の組み合わせを指す。最も一般的な例は「仮四垂」で、切妻造の上に入母屋造を重ねたものである。寺院の前殿（前方の建物）によく見られる。この他、後期の鐘楼や鼓楼では、複合式屋根を用いて華やかさを増している。

小屋組の形式

欄檁式：母屋を直接壁体に載せる構造。

穿斗式：柱で直接母屋を支える構造。一部の柱は、地面に接しないこともあるが、棟木の下には必ず将軍柱と呼ばれる柱がある。使用する材料は細めで、民家によく使用される形式。

抬梁式：下層の梁で上層の梁を支える構造。より太い材料を使用するため、柱のスパンを長くすることができ、室内の空間が広くなる。寺院でよく使用される形式。

建築材料

赤レンガ

灰色瓦

赤瓦

レンガ、瓦：色は赤と灰色の二種類ある。閩南系の建築では赤いものが多く使われ、客家や閩東系の建築では灰色のものが使われる。伝統的なレンガや瓦は手作業で作られ、均一な色合いと緻密な質感が特徴。

牌坊の聖旨碑

石畳の床

硓𥑮石の壁

石：壁体、床、重要な彫刻などに使われる。早期には、中国の福建省の泉州白石や青斗石が特に人気であったが、高価なため、大きな寺院や高官の邸宅以外の一般の民家ではあまり使用されない。台湾の地元の石材として、安山岩、砂岩、硓𥑮石（サンゴ礁石灰岩／サンゴ石）、栗石など、現地で採れる材料が使われる。

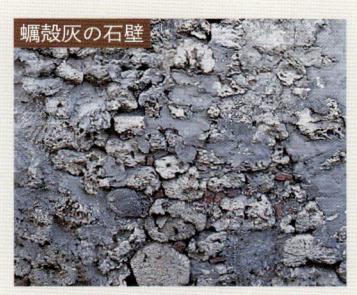
蠣殻灰の石壁

灰：接着剤として用いられる。レンガ、石、瓦などの固定のほか、外壁の塗装材としても使用。伝統的には、牡蠣の殻や巻貝の殻、硓𥑮石（サンゴ石）などの天然素材を粉末にして加熱して作られた蠣殻灰、螺殻灰（巻貝の殻の灰）、硓𥑮灰などが使われた。

土角造の壁

土：最も入手しやすく、床や壁面に使用できる。土質自体の粘着性が十分であればそのまま使用できるが、粘着性がない場合は、黒糖、石灰、もち米、もみ殻や草の根などを加えて付着力を高める必要がある。これにより土角造のレンガを作ったり、版築工法の建物にも使用できる。

竹小舞土壁

竹製小屋組

竹：入手しやすく、木材の代わりに屋根の構造にも使われるほか、割った竹を編んで網状の骨組みにし、表面に土を塗って灰を塗る「編竹夾泥牆」（竹小舞土壁）にすることもできる。赤竹、麻竹、長枝竹がよく使われる。

木製小屋組

木製建具

木：主に小屋組や建具に使用。初期は中国から輸入された福州杉が主流。台湾では、茄苳（アカギ）、樟木（クスノキ）、肖楠木（ショウナンボク）などが使われ、日本統治時代になると、品質の高い檜木（ヒノキ）が多く採取された。

木彫りの技法

丸彫の象の彫刻

丸彫の人物の彫刻

透かし彫りの托木

透かし彫りの八卦太極の窓

浮き彫りの建具

浮き彫りの員光

丸彫：大きな木材を使用した立体的な彫刻。獅子や象の彫刻、憨番（人物の彫刻）などによく見られる。

透かし彫り：模様の部分を残し、背景をすべて削り取って透かす技法である。建具、束随、員光、托木などでよく見られる。

浮き彫り：「剔底雕」とも呼ばれる。背景（底）を削り取って（剔）、図を浮き立たせる技法である。員光、托木、束随、建具でよく見られる。

石彫りの技法

「水磨沈花」の影彫り

「減地平鈑」の影彫り

透かし彫り：背景をすべて削り取って透かしの効果を生み出す。石製の窓によく使用される技法である。

丸彫：全体が立体的な石彫りである。例えば、石獅子、抱鼓石（門枕石と同様、扉を安定するための部品）などに使用される。

影彫り：図の部分を彫ることで内側に凹ませる技法である。浅い線での彫刻は、特に「減地平鈑」（線彫り）と呼ばれる。背景を磨いてなめらかにし、平面的な図にもかかわらず凹凸や立体感のあるものは「水磨沈花」（浮かし彫り）と呼ばれる。

深い浮き彫り：「剔地起突」と呼ばれ、より立体感のある図になる。

浅い浮き彫り：「壓地隠起」と呼ばれる。「地」とは背景のことである。

彩色の技法

水墨画：墨色のみで表現する手法。壁堵（石彫りの壁）でよく見られる。

退暈（ぼかし）：「化色」とも呼ばれる、同じ色相を使って濃淡の変化を表現する技法。初期の職人たちは、非常に高度な技術を持ち、指先に色をつけてこのような効果を生み出した。

瀝粉貼金：灰に緑豆の粉と膠を混ぜて泥状にし、円錐形の筒に入れて輪郭線を絞り出す技法。乾燥後に金箔を貼る。後期に発展した技法。特に門神（建物の入口に立ち、門番の役目をする神。仁王像と類似）の装飾に多く用いられ、立体感があるのが特徴。

平塗り：最もよく見られる技法。筆に顔料をつけて絵を描く。

擂金画：黒色の背景に金粉で絵を描く技法。高貴で優雅な印象を与える。

安金箔（金箔貼り）：約一寸四方の金箔を色絵に貼り付ける技法。華やかな効果を生み出す。

その他の装飾技法

剪黏：職人が各種の陶磁器を必要な大きさに切り取り、灰泥（石灰ともち米で作った接着剤）を用いて下地の表面に貼り付ける技法。近代では、材料にガラスやプラスチックを用いることが多く、色は鮮やかだが、素朴な風合いは失われた。主に大棟の装飾や墀頭（軒先と妻壁を接合する部分）などに用いられる。

交趾焼：低温で焼成される彩釉を施した軟陶。製作過程は複雑だが、表面の色彩が鮮やかなのが特徴。壁堵や墀頭などによく見られる。

泥塑：灰泥を使って形を作り、表面に絵を描く技法。壁堵、墀頭、脊堵（大棟の正面）などに見られる。

磚雕（レンガ彫り）：磚画や磚刻とも呼ばれ、小さなものが多く、壁堵に多く用いられる。

組砌（組積み）：レンガ、瓦、木材、石材などの素材の形状をそのまま生かして配置し、模様を作り、変化や趣を生み出す技法。主に庭の壁、開口部、壁堵などで見られる。

近代建築

台湾の近代建築とは、簡単に言えば、西洋の近代建築思想の傾向に影響を受けた建物を指す。その中には、設計理念、建築形式、材料の使用、施工技術などの変化が含まれる。

近代建築とは？

台湾の近代化は、西洋文化の刺激を受けたものであり、西洋化の過程でもあった。歴史的な兆しは、17世紀のオランダ・スペイン統治時代に見られたが、範囲が狭く、期間も短かったため、社会全体には大きな影響を及ぼさなかった。

19世紀半ばから後半にかけて、台湾が貿易のための港を開放し、劉銘傳による鉄道建設が進んだことで、外界から孤立していた台湾が、中国よりも早く近代化の機会を得ることになった。さらに、日清戦争後に台湾が日本に割譲されたことによって、日本の植民地政策のもとで近代化はより一層加速した。

こうした近代化の概念が建築に反映されたことによって、近代建築が登場してきた。けれども、近代に建設された建物がすべて近代建築と呼ばれるわけではなく、近代文化の特徴を表現しているかどうかが重要である。

初期の社会は閉鎖的で、近代化は主に統治者（権力者）によって推進されていた。そのため、初期の近代建築は、主に統治政府が建てた建物が中心であり、それが次第に民間にも影響を与える形となった。それでも、根強い伝統文化は依然として影響力を持っている。これが台湾の近代建築が、西欧や日本のそれと完全に同一ではない理由の一つとなっている。

台湾が光復（日本統治が終わり解放されたこと）を迎えた後、台湾は世界の潮流とともに現代文化の時代に入った。そのため、いわゆる近代建築も歴史の一部となった。

近代建築の特徴

二つの系統：台湾の近代建築は、大きく二つの系統に分けられる。一つは、西洋人が直接主導したもので、領事館、洋行（外国の商社）、教会建築などが該当する。もう一つは、日本人を通じて間接的に導入された西洋風の建築である。前者は、数が少なく、形式に統一性が見られる。後者は、50年間の日本統治のもとで世界の潮流を受け、台湾の近代建築の主流となった。これらの建築物は台湾に対する日本の植民地政策の影響で、当時の日本国内の作品よりも帝国主義的な色彩が強い傾向がある。

設計と施工の分業化：台湾の伝統建築では、設計と施工が一体となることが一般的であったが、近代建築では専門教育を受けた技師が設計を担当し、施工は別の建設業者が行うようになった。

日本統治時代の大型公共建築は、主に官公庁の建築部門の技師によって設計されていたため、台湾本土の地域的な特徴が薄かった。一方、民間の建物では、台湾の地元の人材や職人が関わることが多く、台湾本土の趣が融合した結果、独自の味わい深い表現が見られることもあった。

新しい様式と材料：近代化により、建築の機能が多様化するとともに、外来文化の影響で建築様式がさらに豊かになった。

また、近代建築では、人造石、セメント、鋼材、タイル、洗い出し仕上げなどの新しい材料が大量に使用された。これらの材料は、当初、主に海外から輸入されていたが、次第に台湾でも工場を設置し、製造されるようになった。

都市計画と建築法規：近代建築は、伝統的な建築の規制の影響を受けない一方で、都市計画の理念に基づき、高さや幅、街路との関係など、関係する建築法規を遵守する必要があった。

日本統治時代の官公庁建築の発祥地

日本が台湾を統治し始めた翌年、総督府は台湾の建築業務を管理するために「臨時土木部」を設置した。1901年にはこれを拡充し、民政部土木局営繕課とした。さらに、1915年には組織を格上げし、総督府官房営繕課とした。これに伴い、東京帝国大学で本格的な西洋建築教育を受けた多くの人材を採用した。例えば、国立台湾博物館を設計した野村一郎、台大病院旧館を設計した近藤十郎、中山堂を設計した井手薫、森山松之助（P.134参照）などがあげられる。これらの人物は、営繕課の主要な技術者として活躍した。彼らは、植民地建設の需要に応じて、台湾で才能を発揮する機会を得た。

近代建築の風貌

　台湾の近代建築は、形式は豊かだが、登場した時期に明確な順序がある。一方で、初期の建築形式が、後の時代にも受け継がれて建てられる例もある。よく見かける近代建築は、外観の形式、使用された材料、建築要素に基づいて六つに分類できる。その中でも、様式建築は、さらに五つの様式に分けられる。

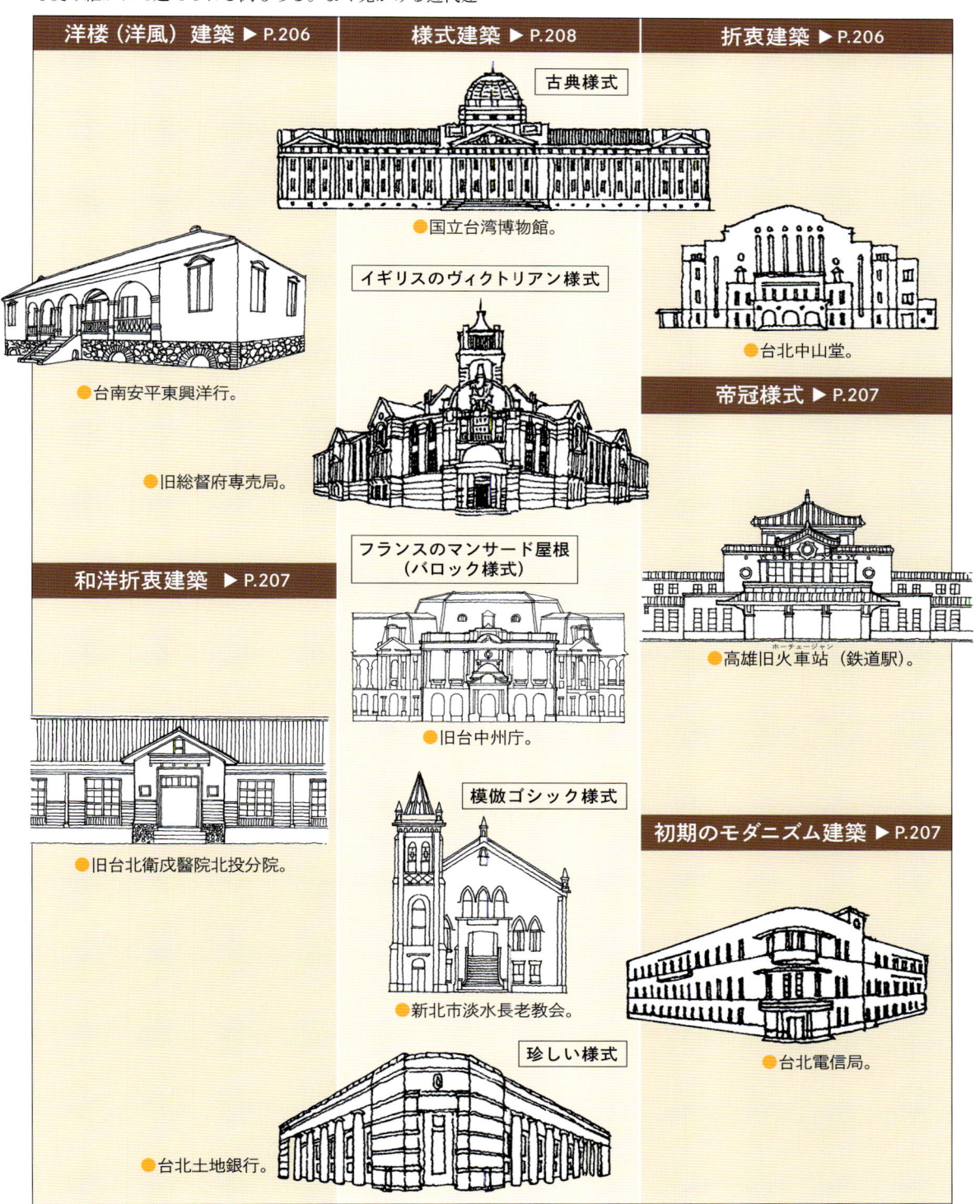

洋楼（洋風）建築 ▶ P.206

●台南安平東興洋行。

●旧総督府専売局。

和洋折衷建築 ▶ P.207

●旧台北衛戍醫院北投分院。

●台北土地銀行。

様式建築 ▶ P.208

古典様式

●国立台湾博物館。

イギリスのヴィクトリアン様式

フランスのマンサード屋根
（バロック様式）

●旧台中州庁。

模倣ゴシック様式

●新北市淡水長老教会。

珍しい様式

折衷建築 ▶ P.206

●台北中山堂。

帝冠様式 ▶ P.207

●高雄旧火車站（鉄道駅）。

初期のモダニズム建築 ▶ P.207

●台北電信局。

洋楼（洋風）建築

　この建築様式は、「コロニアル様式」とも呼ばれ、当時の東アジアの英国植民地で流行した様式である。外観には、広々としたアーケード（屋根のある回廊／ベランダ）があり、休憩や活動のための空間として利用される。このほか、暑い気候に適応するために室内の日差しを和らげる役割も果たしていた。

　この建築様式は最も早く登場し、台湾で貿易や伝道活動を行うために台湾にきた西洋人によって建てられることが多く、建築の種類としては領事館、外国商社、学校などがある。

突出しない軒先

閩南の赤瓦を使った二面や四面の屋根

暖炉の煙突

白い壁か赤レンガ

アーチが連なるアーケード

花瓶や模様のあるレンガを積み上げた手すり

湿気を防ぐための基礎

● 台南平安東興洋行。

折衷建築

　折衷建築は、様式建築（P.208）から初期のモダニズム建築に移行する過渡期の形式を指す。1920年代以降、西洋で流行していたモダニズム建築の特徴が台湾の近代建築にも影響を与えたが、華麗な様式建築への愛着は残っていた。そのため、当時の建築には、古典的な左右対称や簡略化された装飾と、水平で簡素なモダンスタイルが折衷的に共存していた。

　構造は、主に鉄筋コンクリートである。外観には、様式建築に見られるレンガ構造の美しさを再現するため、タイル貼りが施された。当初は、赤レンガに近い濃色のタイルが多用されたが、次第に淡色のタイルが使われるようになり、モダニズム建築の白壁に近づいていった。

簡略化されたペディメント

簡潔な装飾的細部

建物は高さの異なるブロックで構成

左右対称なファサード

淡い色あるいは濃い色のタイル

● 台北中山堂。

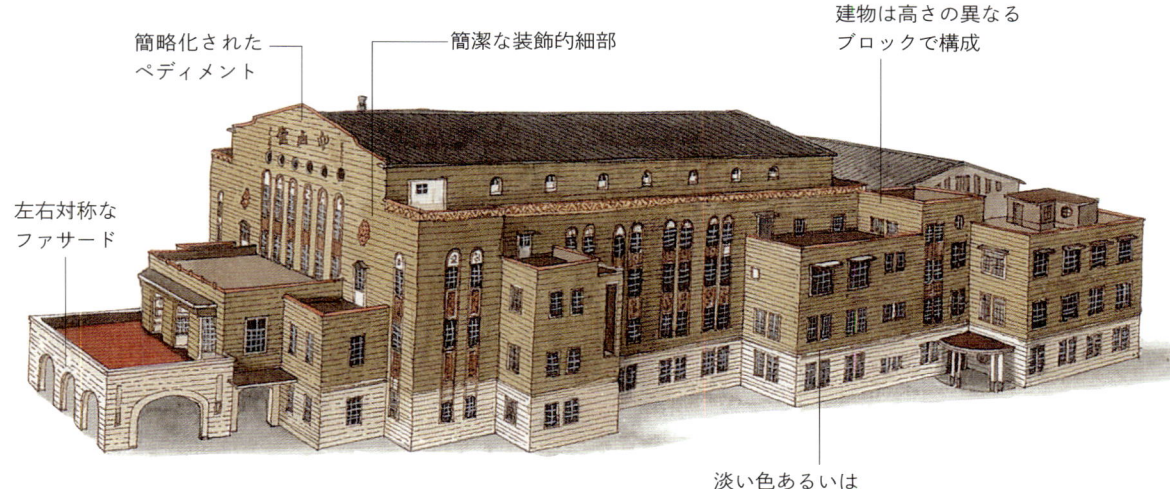

和洋折衷建築

近代建築の影響を受けた当時の建物の中には、和風の要素を取り入れつつも、機能や構造形式は西洋の近代建築の精神を反映したものが見られる。例えば、屋根に日本の黒瓦を葺き、外壁に下見板を張り、破風板を見せた入口、あるいは簡略化した斗栱の装飾を用いるなどである。しかし、室内は、高い床や畳敷きが廃止され、西洋家具を配置し、屋根は洋風の小屋組を採用し、壁体はレンガ風の大壁、西洋風の建具の開口部などが用いられた。このため、和洋折衷建築も近代建築の一環とみなされる。この種の建物は、構造が簡易で施工が容易であったため、日本統治時代の初期に多く建設された。また、後期に至っても、小規模な公共建築や住宅に引き続き採用された。

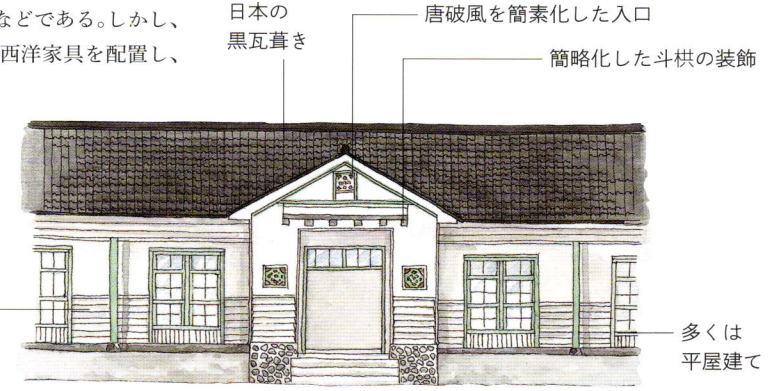

日本の
黒瓦葺き

唐破風を簡素化した入口

簡略化した斗栱の装飾

木製下見板張り

●旧台北衛戍醫院北投分院。

多くは
平屋建て

帝冠様式

1940年代前後、日本の軍国主義が高まる中で、建築にもその影響が現れた。日本式の神社や武徳殿が多く建設されたほか、第二次世界大戦の後期には、東洋スタイルの「帝冠様式」と呼ばれる建築様式が登場した。この建築様式は、和洋の折衷建築の建物の外観に、東洋的な瓦屋根を加えることで、威厳や権力を強調したデザインとなっていた。このような建築様式は、主に政府が関与する建物に多く見られ、民間には影響を与えなかった。

東洋風の攢尖頂（頂部が尖った宝形屋根）

唐破風を模倣した作り方

タイル貼り

ブロックを
組み合わせた建築

東洋風の細部装飾

●高雄旧火車站(鉄道駅)。

初期のモダニズム建築

1920年代に西洋で成熟したモダニズム建築の思想は、1930年代後半には台湾にも影響を与えた。この時期の重要な理念は、新時代の精神の反映、歴史的な建築様式からの脱却、外観の形態より実用的な機能の重視、無駄な装飾の削減、新材料の積極的な採用などである。また、世界中の多くの国で見られる標準的な形式を採用したことから、国際様式とも呼ばれる。

台湾において、このようなモダニズム建築は、主に政府の公共建築で多く見られた。また、例えば医師など、一部の経済的に余裕があり、新しい観念を受け入れることができる知識人もおり、彼らの自宅にはモダニズム建築が取り入れられた。

突起物が少ない外壁

水平線を強調した
立面

極端に少ないか
無装飾のモール
ディング

浅い色のタイル張り

主に四角いガラス窓

隅部を曲面とする
処理もよくある

●台北電信局。

様式建築

　様式建築は、主に 1920 年代以前に登場し、19 世紀ヨーロッパとアメリカで流行した後期ルネサンス様式の建築を模倣したものである。その起源は、ヨーロッパの長い建築史に基づき、外観の特徴に応じてさまざまな様式がある。全体的には、優雅な雰囲気とバロック風の豪華な装飾が共通の特徴である。

　台湾における日本統治時代の初期は、日本の明治維新の時期の様子と重なる。西洋建築の訓練を受けた多くの技師たちが、これらの建築様式を台湾建築に用いた。また、大正時代の自由主義の影響で、様式建築は一層広く発展した。

　当初は、官公庁の建築が中心であったが、やがて民間の職人たちもこの流行に着目し、他の建築に取り入れるようになった。けれども、台湾の様式建築は、植民地時代の背景や地域性の影響を受けており、純粋なものとは言えない。一つの建物には、多くの場合、複数の様式が混在するので、外観上の目立つ建築要素に基づいて、およそ以下の五つのタイプに分類される。

· ·

　古典様式：ギリシャやローマなどの古代建築によく見られる要素を採用しており、外観の処理は簡素で優雅である。人造石（模造石）の効果を表現するために白色を使用し、厳格で古典的な雰囲気を備えている。

厳格な左右対称のファサード

装飾帯（蛇腹やフリーズなど）

人造石の壁面

柱身（シャフト）に溝（フルーティング）のある古典様式の柱

重厚な基壇に似せた作り方

—— 古典様式の入口

●国立台湾博物館。

　イギリスのヴィクトリアン様式：イギリスのヴィクトリア時代に流行した赤レンガ建築を模したものである。壁面には、白い水平装飾帯が施されており、これによる赤と白のコントラストが特徴的である。立面には、バロック風の装飾があふれ、ロマンチックな雰囲気を醸し出している。

中央の尖塔

石材や白く塗装された水平の装飾帯

赤レンガや、赤レンガを模倣したタイル

●旧総督府専売局。

208

フランスのマンサード屋根（バロック様式）：フランスの建築家マンサールが発明した、上部が緩やかで下部が急な二段折り屋根を採用している。屋根の占める割合が大きく、特にさまざまな形状のドーマー窓が目を引く。

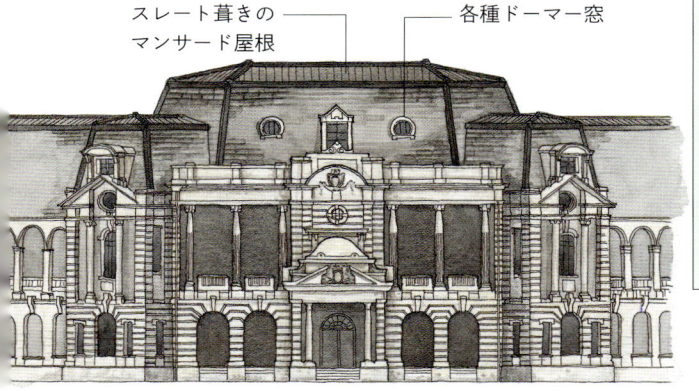

スレート葺きの
マンサード屋根

各種ドーマー窓

●旧台中州庁。

模倣ゴシック様式：中世に流行したゴシック様式の教会建築の要素を採用しており、特に上方へ伸びる尖塔の構造や詳細な装飾が特徴である。この様式は、教会建築に多く見られる。

バロック様式の装飾とは？

　17 ～ 18 世紀の西欧で、ルネサンスを基礎として発展した芸術様式が「バロック」と呼ばれる。当時の主流であった古典主義と比較すると、その語源が示すように「奇抜で異質」な特徴を持っている。建築においては、自由な形状、動きを感じさせる構造、華やかで複雑な装飾、強い色彩の表現などが特徴である。

　この影響を受けた様式建築は、特に古典様式、イギリスのヴィクトリア様式、フランスのマンサード屋根の建築によく見られる。例えば、付け柱や窓の開口部を用いたリズミカルな凹凸のある立体的なファサード、豪華な草花模様の装飾、アワビ飾り（P.212「勲章飾り」参照）、渦巻き模様の持ち送り、そして多様なパラペット、ペディメントや装飾帯などが組み合わされている。

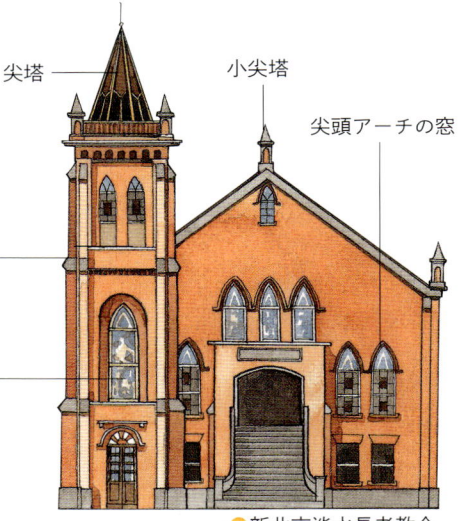

尖塔

小尖塔

尖頭アーチの窓

上部が狭く下部が
広い形状で壁体の
構造を強固にする
控え壁（バットレス）

ステンドグラス

●新北市淡水長老教会。

珍しい様式：古典様式を基礎にしながら、一部の建築形式や細部の表現において、中東、インド、中南米などの地域的な要素が取り入れられている。その結果、西洋建築とは異なる異国の雰囲気が感じられる。

内側に傾いたパラペットは初期の
中南米の建築によくある作り方

石積み仕上げを模倣した壁面

中央アメリカのマヤ文明風の装飾

ギリシャの神殿を
模した列柱

●台北土地銀行。

近代建築の図解辞典

屋根形式

切妻屋根：最も一般的な屋根形式。二面の屋根が「人の字」のように接合されているため、左右の破風も「人の字」の形状をしている。

寄棟屋根：屋根は四つの傾斜面で構成される。周囲の壁が同じ高さになるため、左右の破風は存在しない。

マンサード屋根：急勾配の屋根と緩やかな屋根面で構成されるため、遠くから見ると屋根は立方体のように見える。多くのドーマー窓が設けられ、華やかな外観になる。

入母屋屋根：寄棟屋根と同じ4枚の屋根で構成されているが、左右の屋根はより低いところにある。伝統建築の歇山頂と似ている。

はかま腰屋根：切妻屋根の両端部分を斜めに切り取った形状。その外観が、袖がないベストのように見えるため、「ベスト型屋根」とも呼ばれる。

ドーム型屋根：半円形、楕円形、扁平楕円形の形状があり、主にエントランスホールに見られる。建物の印象を強調する効果がある。

帝冠様式の屋根：東洋風の屋根。遠くから見ると兜をかぶっているように見える。この形式は、日本の軍国主義の影響下で生まれた。

尖塔型屋根：複数の方向から屋根が中央に向かって高く収束する形状で、主に塔楼に使用される。

入口（エントランス）

バロック様式：建物の角に配置されることが多く、ドーム、ペディメント、または列柱を利用して意匠を強調した華麗な外観である。

古典様式：厳密な比例で構成された三角形のギリシャ風ペディメントとオーダーを用いて入口を形成している。

折衷様式：入口は立方体のように外側へ突き出し、開口部は主に四角形、またはアーチの形。軒先やコーナーには、いくつかの幾何学的な装飾が施されている。

現代様式：入口には特別な建築的要素はなく、鉄骨の梁や鉄筋コンクリートで片持ちされた大型の庇のみが設置されており、その下には柱がない。

窓

半円形アーチ窓

尖頭形アーチ窓

方形窓（四角形の窓）：窓の開口は四角形で、窓枠や上部には装飾が施されていることが多い。

牛の目窓：ペディメントの上部に位置する円形の窓は、形が似ているため、「牛の目窓」と呼ばれている。

アーチ型窓：窓の最も一般的な形式。上部の形状に応じて、半円アーチ窓、アーチ窓、尖頭アーチ窓がある。

ドーマー窓：急勾配の屋根にある窓である。屋根裏部屋の採光と通風の役割を果たし、屋根の形状に変化を与える役割も担っている。

パラディオ式の窓：二本の柱がアーチ型の窓を支える形式である。イタリア・ルネサンス時代の著名な建築家アンドレア・パラディオがよく用いた手法である。

出窓：壁から外側に突出した窓で、より多くの光を取り入れることができる。元々西欧の寒冷で日照が少ない地域で好まれて使用されていた。視界の広がりを増す効果もある。

通気窓：大棟に位置し、主な機能は採光ではなく通気。特に木造屋根の小屋裏の構造に対して防湿（換気）効果がある。

建材

タイル：鉄筋コンクリート構造の壁面にタイルを貼り付け、レンガを積み上げたような表現にすると同時に、壁面を保護する役割も果たす。

木材：さまざまな部位に使用可能で、特に木造の小屋組、壁面や建具に適している。

人造石：セメントや石灰などの材料を用いて石材の質感を模倣し、大型の石材を入手する難しさを克服した材料でもある。

石材：壁面によく使用される建材である。その自然な質感が建築の美しさを高める。

洗い出し仕上げ：小石をモルタルで壁面に固定し、余分なモルタルを洗い流して、表面を粒状に仕上げる技法である。

赤レンガ：伝統的な閩南赤レンガよりも大きく、色合いが温かく繊細で、現代のものよりも質感が優れる。

モルタル掻き落とし仕上げ：モルタルで壁面を塗装し、乾く前に特殊な工具で叩いたり、引き上げたりして粗い表面に仕上げる。

壁面装飾

円形ペディメント

ブロークン・ペディメント

ペディメント（本来は三角形）

山頭（ペディメント）：入口、建具の開口部、パラペットの上部に突出した円形や三角形の壁体を指す。その中央が切れているものは、特に「破山頭」（ブロークン・ペディメント）と呼ばれる。

楕円形勲章飾り（アワビ飾り）

方形勲章飾り

勲章飾り：建具の開口部やペディメント、山壁（妻壁）の上に施される、勲章のような彫刻。楕円形や方形が一般的で、周りは花草の模様に囲まれている。楕円形は、特にアワビのような形をしており、これを「アワビ飾り」とも呼ぶ。

ライオンの頭

フクロウ

動物の浮き彫り：主に柱頭や壁面の装飾帯（蛇腹やフリーズなど）に見られる彫刻で、中央・南アメリカや北アフリカの独特な雰囲気を感じさせる。

リース模様（花の飾り）：西洋の祝祭でよく用いられるリースのような、花や草、リボンなどを絡ませてリング状にした彫刻である。その表現は非常に繊細である。

隅石：建具の開口部や壁の隅に、長短の石ブロックを整然とジグザグに積み上げている。隅石は、建築の構造を強化する役割も果たしている。

キーストーン：アーチの開口部の上部中央に位置する石材。元々は、アーチ構造を強化する役割を持っていたが、現在はアーチを美しく装飾するための要素となった。

簷口飾帯（コーニスとフリーズ）：軒先部分に、多層のモールディングや彫刻模様、凸凹の歯の形などで装飾を施す。

横装飾帯：壁面と異なる色の水平な帯を数本用いて装飾し、色彩と壁体の明暗のコントラストを強める役割を担う。

柱（オーダー）

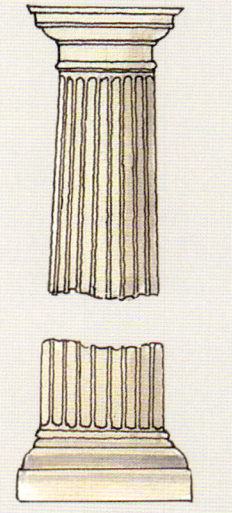

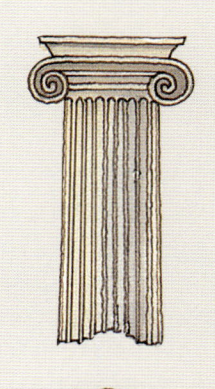

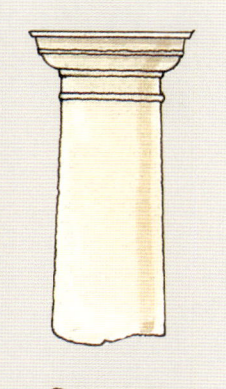

ビザンティン式：柱頭が四角錐や花籠の形状をしている。

ドリス式：古代ローマで流行した五大オーダーの一つ。ギリシャの古典様式のオーダーに由来し、柱頭は逆円錐形の平板のようなもので装飾は簡素。柱身には、縦方向の溝（フルーティング）が施されている。

イオニア式：古代ローマで流行した五大オーダーの一つ。柱頭は、羊の角のような特徴的な渦巻き模様の装飾。

トスカナ式：古代ローマで流行した五大オーダーの一つ。外観や比率はドリス式に似ているが、柱身には溝がなく、より簡素なデザイン。

エジプト式：柱頭の上部に古代エジプト建築で使用されていた、シュロの葉を模した装飾がある。

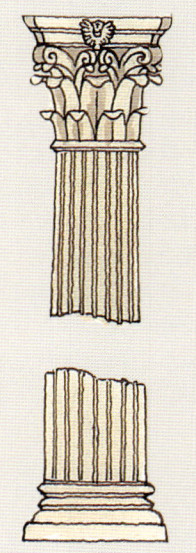

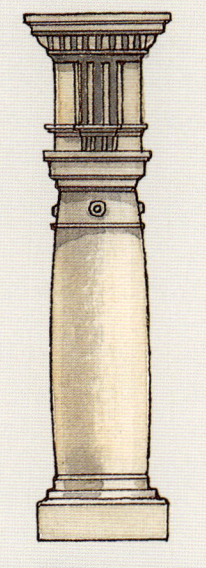

コリント式：古代ローマで流行した五大オーダーの一つ。柱頭には、上向きに巻いたアカンサスの葉の装飾がある。

コンポジット式：古代ローマで流行した五大オーダーの一つ。柱頭の装飾は、イオニア式の羊の角の渦巻き模様と、コリント式のアカンサスの葉を組み合わせたデザインで、柱頭の華麗さがより際立つ。

変体（変形）式：近代に発展したオーダー。柱頭や柱身の形状に多様性があり、様々な組み合わせが可能。地域の特徴を取り入れたものもあり、固定された形式はない。

立体式：円柱の外側に、幾何形状の塊を何層にも重ねて突出させて配置した柱頭。

213

日本式建築

日本統治時代に、長く発展してきた日本の建築文化が、台湾に持ち込まれた。明確な特徴を持つことから「日本式建築」と呼ばれ、現在も多数存在しており、台湾建築史において欠かせない一部となっている。

日本式建築とは？

日本は島国であり、その文化の発展には独自性がある。日本の建築は、長い伝統を基盤としつつ、外来文化の影響を絶えず取り入れてきた。たとえば、高麗（現・韓国）や唐朝時代の建築様式や都市計画を取り入れ、19世紀にはアメリカの木造建築技術やヨーロッパのレンガ・石造の建築技術を導入した。これら多様な養分が日本建築を豊かにし、成熟した基盤を築き上げた。

1895年から1945年までの50年間、日本は「下関条約」に基づき台湾を植民地として統治し、台湾の社会、経済、文化、そして建築の様式に大きな変化を与えた。統治時代の初期には、日本人は一時的に台湾の既存の伝統建築をそのまま利用していた。やがて、統治が安定すると、日本本土の建築文化を台湾に導入するようになる。けれども、台湾の風土への理解が十分でなかったため、形式や材料構造に適切ではない設計が見られ、これによって建物の寿命が短くなることもあった。ただし、日本人は、異文化を柔軟に吸収する能力を活かし、台湾の環境に合わせた改良や調整を行い、植民地で適応可能な日本式建築を生みだした。

台湾において、日本様式が最も濃厚に表れているのは神社建築である。これは、大和民族の精神的な象徴である。台湾全土で最も多く見られる日本式建築は、19世紀に発展した木造の公務員宿舎である。学者の研究によると、北海道を開拓するため、北米から木造建築の技術を取り入れたとされる。例えば、外壁の下見板張りがこれに該当する。一方で、室内の床を高くすること、軽くて柔軟性のある障子や襖、布団を収納する押入れ、畳を敷くなどは、日本古来の伝統である。こうした和室の生活空間は、現在も台湾の人々に愛されている。

日本式建築の特徴

科学的なモジュール（基準寸法・基準単位）の概念：日本建築における基本的な寸法単位として、「間」と「畳」がある。一間は約6尺で、一畳は3尺×6尺の畳の大きさである。多くの梁や柱、建具の高さなども、3尺または6尺を基準としている。日本式建築では、こうした科学的な基準となる寸法と単位が使われている。この他にも、二枚の畳で「一坪」と呼ぶが、坪数は現在でも建物の面積を測る単位として広く使用されている。

床を高くした和室空間：床を高くする構造は、古代の高床式建築に由来している。この構造は、木造建築における防虫・防腐の効果を持つ。具体的には、建物の床を高くするため、床下にレンガや小さな木製の束を納めて持ち上げる「布基礎」と呼ばれる工法である。この基礎が「大引」や「根太」といった部材の重さを支え、その上に板や畳を敷く。そして、軸組みを用いて和室を構築し、壁の代わりに襖や障子を用いることで、室内空間の柔軟な活用が可能となる。このような和室の概念は、一般住宅から神社仏閣まで幅広く見られる。

特定の建築に採用された厳格な和様：日本の伝統的な古建築は、中国の唐朝時代の建築の特徴を取り入れ、日本独自の和様を形成し、構造や形式に厳格な規則と様式を持っている。これらは主に、神社、寺院、武徳殿などの建築に用いられた。たとえば、初期の神社では、切妻屋根の妻壁を正面に向けた「大社造」が一般的だったが、その後、中国の影響を受けて「神明造」や「流造」などの様式が登場した。このような建築様式は、一般的に民間では意図的に使うことはない。外観には、中国から影響を受けた木構造がよく見られる。名称は異なるが、唐朝・宋朝の「斗栱」、「鋪作（斗栱と同じ）」、「叉手（小屋組の構造名）」や「虹梁（梁の一種で建物の荷重を支えるもの）」などと同じである。

木造（擬木造）を主体とする建築：日本式住宅の多くは、木の骨組みと下見板を使用した木造建築が主流である。高級な寺社建築では、一般的に上質な木材が構造材として用いられたが、近代になると多様な材料が利用されるようになる。鉄筋コンクリート構造も採用され始めたが、木造の梁や柱をコンクリート造に置き換えただけで、基本的に外観は木造の精神を保ち続けている。

日本式建築の風貌

　日本統治の時期に台湾へ導入された日本式建築は、日本の伝統的な和風建築を基盤としているが、近代文化の影響や建築技術の発展にともない、構造や材料には多くの改良があった。それでも、外観には伝統的な精神が保たれ、一目で日本式建築と分かる特徴が備わっている。台湾には、日本特有の信仰を象徴する神社や仏教寺院、政府主導で建設された武徳殿、日本人の家屋と日本風を強調した娯楽施設などがある。

神社建築

　神社は、日本古来の宗教である神道の信仰の中心であり、厳密な社格制度がある。基本的な配置は、本殿、拝殿、社務所、手水舎、鳥居、参道などである。これらは通常、上質な木材や鉄筋コンクリートによる擬木造で造られた。日本統治時代の末期には、宗教政策の一環として、台湾各地に神社を建設し、台湾住民に「皇民化」政策を進める手段として用いられた。

●台湾で最も完全な形で保存されている桃園神社は、台湾檜を使用して建造された。

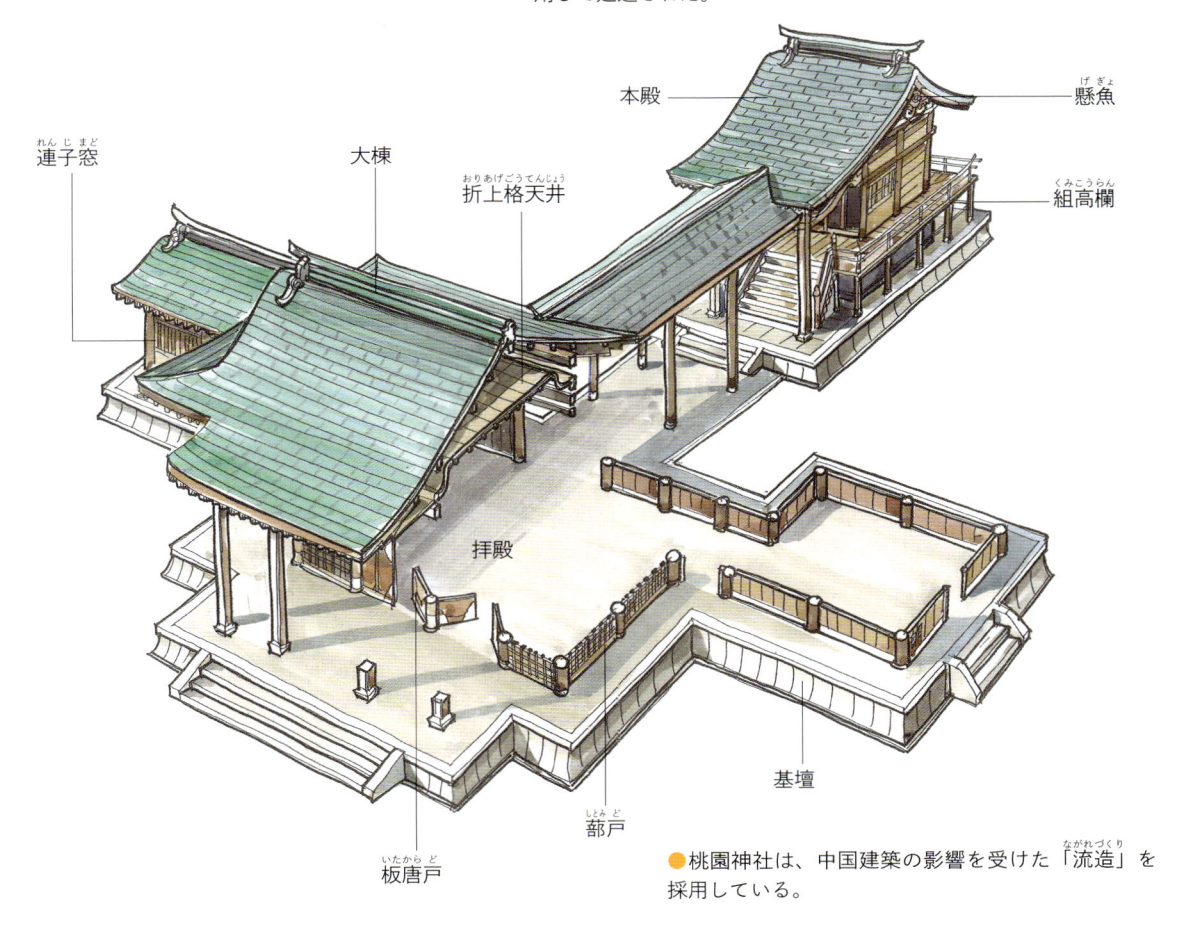

●桃園神社は、中国建築の影響を受けた「流造」を採用している。

215

寺院建築

寺院建築は、中国の唐・宋朝時代の仏教寺院に由来し、その木造建築の特徴は、日本に導入された後、現地の文化と融合し、独自で成熟した多様な仏教寺院様式を生み出した。建物は、彩色を施さず、装飾もほとんどないため、純粋な構造の美を強調しており、全体的に厳かな雰囲気を漂わせている。この点で台湾の伝統的な寺院建築とは大きく異なる。純木造の他、鉄筋コンクリート造の擬木造建築も一般的である。

●木構造の花蓮吉安慶修院。

●鉄筋コンクリートを用いた擬木造の中和円通禅寺。

武徳殿建築

別名「演武場」とも呼ばれるこの建築類型は、武士道精神を広める目的で大日本武徳会によって台湾に導入された。武神信仰や武術の普及と結びつき、主に警察、刑務所、軍隊、学校などの機関によって設置された。武術の練習は、主に剣道、柔道、弓道が中心であった。建築様式は、厳かな日本の寝殿造を採用し、近代では鉄筋コンクリートの擬木造に洋風の小屋組を組み合わせたものが多く見られる。また、周囲には、木造の和風建築が配置され、休憩や交流の場として利用された。

●台中刑務所の演武場と付属の木造建築。

水平で真っ直ぐな棟

山尖（破風板の頂点）の懸魚飾り

擬木造の鉄筋コンクリート構造

唐・宋朝時代の建築に由来する濡れ縁と手すり

外に突き出た唐破風式の入口

●台南武徳殿。

216

官舎建築

　日本から台湾に派遣された軍人、公務員、教育関係者を住まわせるために、職種等に応じて、面積や間取りを計画した官設宿舎である。空間配置は、日本人の生活習慣に合わせ、畳を敷いた和室や、床を高くして湿気を遮断する構造が採用された。建築は主に木造で、高級な官舎には洋間が併設され、重要な接客空間として使用されることもあり、和洋折衷の構成が特徴である。

肘掛窓

● 台北賓館（迎賓館）は和洋折衷官舎の傑作。

心の字の池

桟瓦葺き

下見板

車寄せ

洋館（洋楼）

● 1940 年に建てられた台北市長官邸。

●嘉義林務局の二戸一式配置の宿舎。

料亭と旅館の建築

　高級な日本料理店や温泉旅館、迎賓館などの娯楽施設を指す。日本統治時代には、政財界の名士がここで交流し、接客を行うことが多かった。精緻な飲食文化を築き上げただけでなく、付随する芸術文化活動も非常に豊かで、中でも最も有名なのは芸妓による各種の芸を披露する伝統的な余興の演技である。建築形式は、日本風を強調する表現だけでなく、内装にも新しい材料や装飾の手法を積極的に取り入れ、現代的で多様な雰囲気を演出して客を魅了する。

● 1920 年代には著名な社交場であった台南の鶯料理（料亭の名）。

●主に迎賓館としての機能を持つ金瓜石太子賓館。

屋根の形式

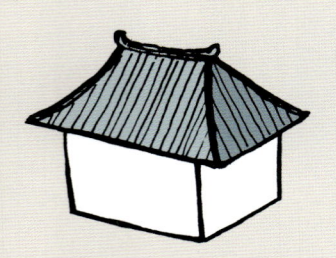

寄棟造（よせむねづくり）：傾斜した屋根四枚と一つの大棟を持つ屋根形式である。中国の伝統建築においては、最高級の廡殿頂に相当するが、日本では民間でよく見られる一般的な屋根形式。

入母屋造（いりもやづくり）：傾斜した屋根四枚と一つの大棟、四本の下り棟と隅棟を備えている。これは、中国伝統建築における歇山頂に相当する屋根形式。

切妻造（きりづまづくり）：傾斜した屋根二枚と一つの大棟で構成された屋根形式である。露出した軒桁を保護するため、屋根は壁より外側に伸びている。これは、中国伝統建築における懸山頂に相当する。「妻」は、棟と直角する側面を指す。

半切妻造（はんきりづまづくり）：切妻造の屋根を変化させるため、屋根の両端を斜めに切り落とした屋根形式。西洋建築の切角頂に相当する。

宝形造（ほうぎょうづくり）：四枚の屋根が一点に集まり、大棟がない屋根形式である。中国伝統建築における攢尖頂に相当する。

向拝（こうはい）：入口の屋根が前方に張り出した部分を指す。唐破風と同様、入口を強調し、雨水の侵入を防ぐ役割を持つ。

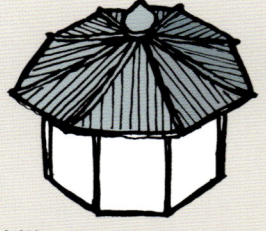

唐破風（からはふ）：建物の入口部分の外に突き出した屋根の頂部に丸みをつけた破風を持つ屋根形式。中国の唐朝時代の建築の影響を受けているため「唐破風」と呼ばれている。

八注造（はっちゅうづくり）：八枚の屋根を組み合わせた攢尖頂（宝形造）で、傘のような形をしている。

千鳥破風（ちどりはふ）：屋根の中央に三角形の破風屋根を設置したものである。

●唐破風を持つ台南武徳殿の入口。

屋根材料

丸瓦　平瓦

巴瓦　　　　　　　唐草瓦

●本瓦葺き。

冠瓦　のし瓦　桟瓦（さんがわら）
かんむりかわら
鬼瓦
隅巴（すみともえ）
軒瓦

●桟瓦葺き。

日本瓦：土で焼かれた屋根用瓦。黒灰色になるため、燻瓦（いぶしがわら）とも呼ばれる。主に本瓦葺きと桟瓦葺きの二種類がある。本瓦葺きは、台湾の伝統的な筒瓦や板瓦に似ており、主に寺社建築などの格式の高い建物に使用される。桟瓦葺きは、筒瓦と板瓦を組み合わせた形状をしており、さまざまな日本住宅の屋根でよく見られる。これらの瓦は、屋根に取り付けた位置によって異なる名前が付けられている。

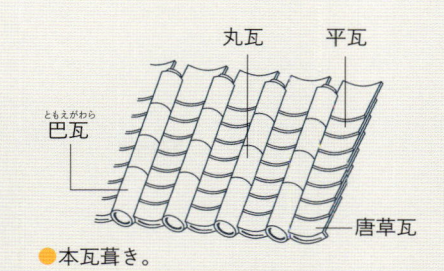

本瓦葺き

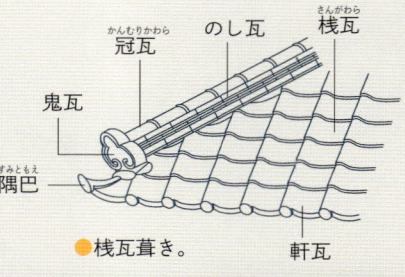

桟瓦葺き

セメント瓦：近代的なセメント材料の発展によって登場した瓦材料。日本統治時代の 1930 年代以降に大量に登場した。伝統的な焼成を行う日本瓦と比べて、セメントを使って成型するため、製造工程が簡単である。

空気に触れた桃園神社の銅板屋根は、高雅で厳かな色合いが帯びている

一般的な銅板葺き。「一文字葺き」と呼ばれる

屋根に凹凸を持たせるため、内部に角材を挟み込む手法は「瓦棒葺き」と呼ばれる

金属瓦：銅板や亜鉛メッキ鋼板などの素材がある。一般的に廊下や庇の屋根材として利用され、銅板屋根は一部の厳かな寺社建築においても採用される。特に、銅板は空気に長期間触れることで酸化反応を起こし、緑青（錆の一種。銅の腐食生成物）が形成され、屋根表面に特有の風合いを与える。

石綿スレート：銅板や檜皮葺きなどの高級な屋根材の代用品として、日本統治時代後期に使用され始めた屋根材（近年、有害な化学物質を含むことが判明し、使用禁止になった）。

「一文字葺き」の石綿スレート

土居葺き（どい）：瓦と野地板の間に釘で留めた薄い木の板を重ねて敷いた葺き方である。防水性や断熱性を備えた日本建築特有の防水層。

伝統的な土居葺き工法

小屋組の形式

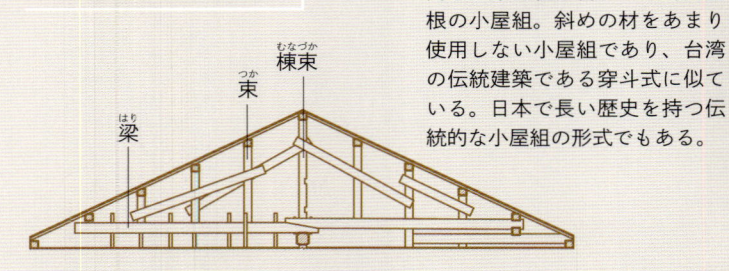

棟束
束
梁
つか
むなづか
はり

和小屋：横向きの梁や貫と、縦向きの束を組み合わせた勾配屋根の小屋組。斜めの材をあまり使用しない小屋組であり、台湾の伝統建築である穿斗式に似ている。日本で長い歴史を持つ伝統的な小屋組の形式でもある。

貫　梁　棟束　束
ぬき

洋小屋：大型の左右の合掌（斜めの梁）と水平の陸梁を組み合わせて剛性の三角形小屋組を構成し、中間部分には方杖（斜めの補強材）を加えて補強する。接合部分を金具で固定する西洋式の小屋組。

● 対束小屋組。
ついづか

真束
合掌
方杖
陸梁
しんづか
がっしょう
ほおづえ
ろくばり

● 真束小屋組。
しんづか

梁枋斗栱：天井や軒下に露出した木製の構造部材を指す。特に、神社、寺院、武徳殿などの格式の高い建築物に多く見られる部材で、中国の伝統建築の木構造に由来する。
りょうぼうときょう

手挟
虹梁

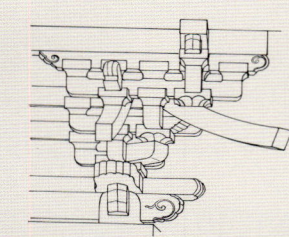

● 台北臨済護国禅寺の軒下の隅にある精巧な斗栱構造

● 北投普済寺の向拝屋根の下にある梁枋斗栱。

壁体の形式

大壁
真壁

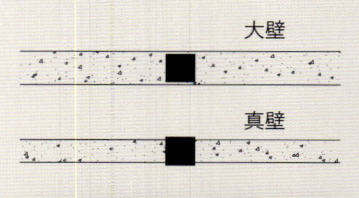

真壁の柱は、外部に露出している

真壁：日本伝統の壁構造で、柱の間に設置されるため壁厚が比較的薄く、柱が外から見える。
しんかべ

柱を内部に包み込んだ大壁

大壁：洋式の工法の影響を受けた壁構造。壁が比較的厚く、柱を内部に包み込む形になる。外観はレンガ壁のようである。

筋違：構造の安定性を高めるため、軸組の木構造内に加えた補強用の斜材。
すじかい

小舞下地：壁の内側の構造で、割竹（「小舞竹」と呼ばれる）を編んで格子状にし、木の骨組みにこれを固定した下地のことを指す。この上に、土や漆喰を何層にも塗り込んで壁を仕上げる。
こまい
こまいたけ

木摺

小舞竹　筋違　筋違

小舞下地　木摺下地

木摺下地：壁の内側の構造で、幅3〜4cmの板材（「木摺」と呼ばれる）を一定間隔で木の骨組みに釘で固定した下地のことを指す。この上に漆喰を何層にも塗り込んで壁を仕上げる。
きずり

220

壁体仕上げ

漆喰仕上げ：左官仕上げのことで、壁面に、各層の材料の配合比が異なる漆喰を、下塗り、中塗り、上塗りと、少なくとも三層に塗る。小舞竹や木摺の隙間は、漆喰が内部に押し込まれてしっかり固定され、また、木摺の表面に交互に配置された苧麻を釘で固定することで、漆喰の密着力をさらに上げる。

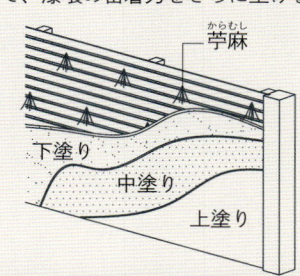

苧麻

下塗り
中塗り
上塗り

● 木摺壁の施工中の様子からは、木摺に漆喰が密着していることが分かる。

下見板張り：木の板を横方向にわずかに重ねて並べ、外壁を覆って壁面を保護する工法。種類は主にイギリス式（または南京式）、押縁式、簓子式、ドイツ式がある。

イギリス式下見板張り

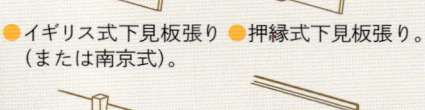

● イギリス式下見板張り。（または南京式）。　　● 押縁式下見板張り。

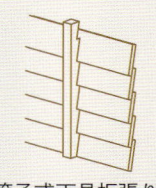

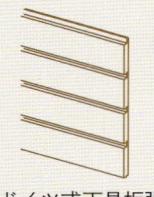

● 簓子式下見板張り。　● ドイツ式下見板張り。

簓子式下見板張り

窓台より下は、ドイツ式の下見板を張っている。板の重なる箇所は内側に隠れている

洗い出し仕上げ：色彩豊かな小石をセメントなどと混ぜ合わせ、外壁や基礎の部分に塗り付ける。半乾きの状態で、水で洗い流し、石粒の表面が露出する仕上げの技法である。

天井仕上げ

格天井：竿縁を格子状に交差させた構造で、寺社建築によく見られる。竿縁の下端（角面）には、装飾的な面取りが施されることが多い。

洋風天井：骨組みに木摺を打ち付け、その上に漆喰などを塗り込んで仕上げる天井仕上げで、木摺下地の壁面の工法と似ている。壁面との接合部に円弧の形状で仕上げられる装飾は「蛇腹」と呼ばれる。

竿縁天井：平行に等間隔で配置された竿縁で、天井材を固定する構造である。日本の住宅によく使われる。

通気孔：天井が木造の場合、一般的に四隅に通気孔を設ける。空気の対流を促す機能に加えて、透かし彫りの凝った装飾が施されることもある。

通気孔

蛇腹

通気口の上部は空気の対流を促すため、小屋組の中に突き出している。

形成篇

形成編

明確な架構（古蹟と時間軸の関係性）を構築するため、時間軸を用いて各類型の古蹟を繋ぎ、古蹟と台湾の歴史を密接に結びつける。

先史時代・原住民時代

台湾の古代人類の活動は、約3万年前、旧石器時代に属する長濱文化まで遡ることができる。これらの住居は、主に天然の洞窟を利用していた。新石器時代になると、大坌坑文化、円山文化、卑南文化、十三行文化などが発展し、近年の考古学的な発掘によれば、高床式住居や平坦に礫石（砂利）を敷く構造の建築がすでに建設されていたことが判明している。

一般的に台湾には、400年ほどの人文（人間がつくりあげた文化）の歴史しかないと考えられているが、これは正確ではない。古代人類や原住民の活動は、台湾だけ独立して研究するのではなく、太平洋西岸のオーストロネシア文化の脈絡の中に位置づけて比較する必要がある。こうすることで、台湾の先史時代について、より深く理解することができる。

原住民の建築は、通常、その地形や自然環境に応じた設計や、地元で調達可能な素材を用いるという原則に基づい

縄紋陶器

石斧

石鋤

▲表面に縄紋模様のある陶器や石斧、石鋤は、大坌坑文化の代表的な器具。

▼円山文化の貝塚と夾砂紅陶器。円山文化の人々は、漁労や狩猟、農耕の生活を行っていた。磨いた石器や陶器、貝塚が発見された。

◀台東県長濱郷八仙洞に位置する長濱文化遺跡。長濱文化の人々は、漁労や狩猟によって生計を立てていた。代表的な器具は、打撃や削りの技術を用いて製作された石器である。

紀元前50000年	紀元前5000年	紀元前4000年	紀元前3000年
（旧石器時代後期〜）	**（新石器時代〜）**		
● 紀元前30000年 台湾南部で左鎮人が活動する。 八仙洞遺跡に代表されるように、東部沿岸に長濱文化が現れる。	● 紀元前5000年 新北市八里の大坌坑遺跡に代表されるように、西部沿岸で大坌坑文化が広まる。	● 紀元前4000年 大坌坑文化の人類が東部海岸や縦谷へ移動する。	● 紀元前3000年 南部に牛稠子文化が現れる。 ● 紀元前2500年 中部に牛罵頭文化が現れる。

ている。防湿や安全のために、基礎を高くしたり床を持ち上げたりする方法が広く用いられている。また、気候条件に応じて、地中に掘り込まれた竪穴住居や半地下の住居も見られる。多くの原住民建築は、宗教や芸術的な美も反映している。例えば、建物の方位、入口の位置、柱の配置、寝室と生活空間の関係、彫刻や彩色・装飾などにその特徴が表れている。

台湾は、国土が小さいものの、地形の変化は多様で、険しい山々や丘陵地帯、盆地がそれぞれ独特の特性を持って

いる。そのため、各部族の建築には違いがある。たとえば、ブヌン族は高山帯に住み、寒さを防ぐための壁の設計が緻密に考慮されている。パイワン族の家屋には、精巧な木彫りが施された門飾りや柱が見られ、これらは台湾の建築文化の宝ともいえる存在である。

◀台東県成功鎮の麒麟遺跡から発掘された岩棺。麒麟文化の最大の特徴は、岩石の塊を彫刻して作られた大型の石造物である。

▲清朝時代の古画に描かれた淡水地域の平埔族の高床式住居。学者の推論によると、北部平埔族は、十三行文化の人類の末裔である可能性がある。

▲台東県の卑南遺跡で発見された数多くの石棺と住居遺構。

◀▲十三行文化の陶器と装飾品。

紀元前2000年	紀元前1000年	紀元元年	1000年
●紀元前1600年 北部に芝山岩文化、円山文化が現れる。 ●紀元前1500年 東部に卑南文化、麒麟文化（別名：巨石文化）が現れる。 中部には営埔文化が現れる。 南部には鳳鼻頭文化が現れる。	▼原住民のアミ族の先祖は、紀元前の静浦文化までさかのぼる。 	（金属器時代〜） ●紀元100年 新北八里の十三行遺跡に代表されるように、北部に十三行文化が現れる。 ●紀元200年 中部に番仔園文化が現れる。 南部に蔦松文化が現れる。 ●紀元600年 東部に静浦文化が現れる。	（信史時代〜） ●紀元1600年 文字による記録が始まり、有史時代に突入する。台湾の先史時代と原住民を主要な居住者とする社会形態が終焉を迎える。

225

オランダ・スペイン時代

16世紀に新航路が発見された後、人類の文化交流はさらに大きな変化を遂げた。ヨーロッパ人は、貿易の利益を追求するため東アジアへ進出する。それまで、東アジアに訪れるには、中央アジアのシルクロードを利用するしかなかったのが、この頃インド洋と南シナ海を経由し、直接東アジアに到達することが可能になった。

この中で海洋大国であったオランダ、スペイン、ポルトガルは、早くから台湾島を認識していた。また、明朝時代の末期には、中国東南部沿岸の漢民族の漁民や海賊が台湾に上陸し、廟を建てた記録も残されている。

17世紀初頭、スペイン人が台湾北部に上陸し、基隆市に聖薩爾瓦多城（サン・サルバドル城）を、淡水に聖多明哥城（サント・ドミンゴ城／紅毛城）を建設した。一方、オランダ人は、台湾南部を占領し、大員（現在の台

▲澎湖天后宮は、かつて「娘媽宮」と呼ばれていた、台湾で最も古い寺院と伝えられている。ただし、現在の建物は、日本統治時代に改築されたものである。

▶「沈有容諭退紅毛番韋麻郎等」の碑が澎湖天后宮の後殿に現存する。これは、台湾最古の石碑である。

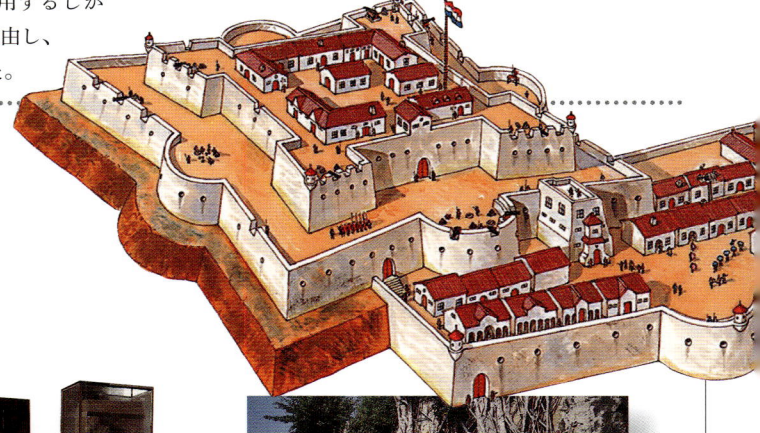

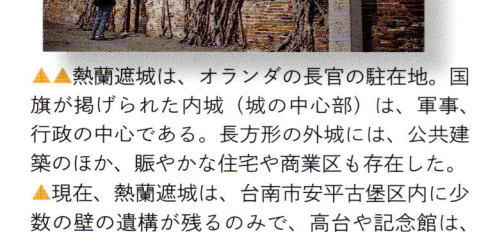

▲▲熱蘭遮城は、オランダの長官の駐在地。国旗が掲げられた内城（城の中心部）は、軍事、行政の中心である。長方形の外城には、公共建築のほか、賑やかな住宅や商業区も存在した。
▲現在、熱蘭遮城は、台南市安平古堡区内に少数の壁の遺構が残るのみで、高台や記念館は、日本統治時代に建てられたものである。

1585年	1595年	1605年	1615年
● 1592年（明万暦20年）澎湖天后宮が創建された。（伝承）	● 1602年（明万暦30年）オランダは、インドネシア・ジャワにおいてオランダ東インド会社を設立し、アジア貿易の拠点とする。 ● 1604年（明万暦32年）オランダ人は、澎湖に侵攻したが、沈有容将軍がこれを退ける。	● 1613年（明万暦41年）オランダが日本に設立した平戸和蘭商館は、中日貿易の中継地点として台湾を占領することを提案した。	● 1617年（明万暦45年）沈有容（明朝の将軍）が、馬祖の莒光列島で倭寇69人を生け捕りにした。「大埔石刻」にこの記録がある。 ● 1622年（明天啓2年）オランダ人が再び澎湖に侵攻し、城を築く。顔思斉と鄭芝龍※（鄭成功の父）が台湾に集結する。 ● 1624年（明天啓4年）オランダ人が台南の安平に移転し、熱蘭遮城を築く。鄭成功が平戸で生まれる。

※共に商人・海賊。

南安平）に熱蘭遮城（ゼーランディア城）と普羅民遮城（プロヴィンティア城／赤崁樓）を建設した。西洋人が台湾に城を築いた主な目的は、貿易の利益の保護と植民地の拠点の設立にあり、城内には長官、省長（首長）、軍隊、宣教師などが居住していた。

オランダ人は、海岸沿いの堤防の建設が得意で、赤レンガや三和土（石灰・砂・粘土を混ぜて水でこねた建築材料）を使用して海沿いに城を築いた。一方、スペイン人は石材を使用し、ドームや半円アーチの構造を採用して城を築いた。17世紀のヨーロッパでは、稜堡のある城郭が流行していた。その理由は、正方形の城壁の四隅に突き出た稜堡

を設置して大砲を配備し、遠距離の攻撃が可能であったためである。また、四辺を凹ませることによって防御を強化することも可能であった。これらの特徴は、台湾の城郭にもすべて取り入れられた。

オランダとスペインの政権は、前述の四大城郭に加えて、この他に数十の小さな城郭を建設した。澎湖の風櫃でも、オランダ城郭の遺跡を見ることができる。一方、これらの城郭に比べて、住宅や商店、教会は規模が小さく、保存が困難であった。私たちは、今日でも築後350年以上を超えるこれらの西洋建築を見学することが可能である。

▶聖多明哥城は、スペイン人によって建設され、その後オランダ人に占領された。当時、オランダ人は「紅毛」（赤毛）と呼ばれていたため、この城は「紅毛城」とも呼ばれる。清朝時代末期に淡水が開港すると、イギリス人が領事館として使用した。

▼普羅民遮城は、オランダ人の商業や行政の中心地であった。城中央の階段状の壁面を持つロフト（屋根裏部屋）は、オランダ建築の特徴である。
▼▼現在、普羅民遮城には、大門と城壁の遺跡のみが残されている。台南赤崁楼の文昌閣の基壇の下にある門は、かつて城の大門であった。

▲17世紀の古画に描かれた基隆の和平島。高地にある西洋式の城郭は聖薩爾瓦多城だが、現在、その遺跡は全く残されていない。

1625年	1635年	1645年	1655年
● 1626年（明天啓6年） スペイン人が基隆に進出し、聖薩爾瓦多城を築く。 ● 1629年（明崇禎2年） スペイン人が淡水を占領し、聖多明哥城を築く。 ● 1632年（明崇禎5年） オランダ人は、布教のために、南部の蕭壟（現在の台南市佳里区近辺）や新化などに教会を建設する。	● 1642年（明崇禎15年） オランダ人は、スペイン人を駆逐し、台湾北部を占領する。 漳州からの移民・曾振暘の墓が建設される。これは台湾本島に現存する最古の明朝時代の墓である。 ● 1644年（明崇禎17年） 清軍が山海関（万里の長城の要塞の一つ）を突破し、明朝が滅亡する。	● 1647年（明永暦1年） 鄭芝龍が清朝に降伏した後、鄭成功が憤慨し、挙兵する。 ● 1648年（明永暦2年） オランダ人が台南と麻豆に学校を建設する。 ● 1652年（明永暦6年） 郭懐一（農民）のオランダ反乱事件をきっかけに、オランダ人が普羅民遮城の建設を提案する。	● 1661年（明永暦15年） 鄭成功は、台南の鹿耳門に上陸。普羅民遮城に東都承天府を設置し、天興県と万年県の2県を管轄する。 ● 1662年（明永暦16年） 鄭成功は、オランダ人を台湾から追放し、熱蘭遮城を府邸（城）とする。

明鄭時代 （鄭氏政権）

明朝時代末期の政治は、各地で流賊が蜂起するなど不安定であった。また、清朝の軍隊が山海関を突破したため、明朝は中国大陸の南方の一部を支配するのみとなった。鄭成功は、台湾に上陸してオランダ人を追放し、その後、その子孫と共に台湾を23年間統治した。この時期は「明鄭時代」と呼ばれている。

20余年の短い期間に、台湾には大きな変化があった。鄭氏政権は、参軍（軍師）の陳永華の提言に基づき、中国の伝統文化を台湾に導入した。その中で特に貢献したのは、東寧府（現在の台南）の計画、孔子廟や武廟、仏寺や道観（道教の廟）の建設などで、後の漢民族による開拓の基盤を築いた。

明鄭時代に建てられた文廟、武廟、仏寺は現在も一部が保存されており、後の改修を経ても、その従来の様式を伺うことができる。これらは、明朝時代末期の台湾建築を研究する上で非常に重要である。鄭氏政権の建国精神は、明朝の漢

▲鄭成功は、オランダ人を追放して台湾を光復したことで、民族的な英雄とみなされている。

▶台南孔廟は、台湾初の孔子廟であり、大成殿の耐力壁構造がその特徴である。

▲台南の祀典武廟の前身は、寧靖王府（南明寧靖王朱術桂の邸）の関帝庁であったと伝えられている。

▲寧靖王府の本邸部分は、清朝時代に改築され、台南大天后宮となった。

1662 年	1663 年	1666 年	1669 年
● 1662 年（明永暦 16 年）鄭成功は、オランダ人を駆逐した数か月後に 39 歳で病死。息子の鄭経が即位し、「明鄭の孔明」と称される陳永華が政務を補佐した。	● 1664 年（明永暦 18 年）鄭経は、金門・廈門を放棄して台湾に退き、東都を東寧と改称する。明朝の寧靖王を台湾に迎え、邸宅を建設する。 ● 1665 年（明永暦 19 年）陳永華が教育の重要性を説き、台南孔廟の建設を主導。	● 1666 年（明永暦 20 年）府城（台南）十字街が形成される。	● 1669 年（明永暦 23 年）台南開基（開山）武廟が創建される。台湾最古の関帝廟（関羽を祀る廟）である。

民族政権を維持することにあった。特に、儒教の忠恕（ちゅうじょ）の思想を重視しており、台南孔子廟や祀典武廟はその象徴である。これらの主要な建築は、依然として明鄭時代の創建当時の規制を保っている。台南孔子廟の大成殿や祀典武廟の正殿は、妻壁を主要構造とし、その上に二重の軒を設けた「歇山重簷」形式の屋根を持っている。この様式は、泉州（中国福建省泉州）に由来し、回廊を設けない簡潔な設計である。清朝時代以降、この形式は少なくなった。

明鄭時代には、漢民族の人口が増加し、東寧府の市街が形成された。その都市計画も、宋朝時代や明朝時代の中国都市の条坊制を踏襲している。当時の民家の実例は現存しないが、鄭経（鄭成功の長子）が母のために建てた北園別館の庭園跡は、現在の台南の開元寺で見ることができる。

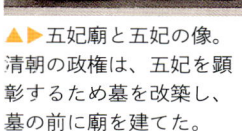

▲▶ 五妃廟と五妃の像。清朝の政権は、五妃を顕彰するため墓を改築し、墓の前に廟を建てた。

▼▶ 現在の台南の開元寺の前身は北園別館である。寺内の七絃竹は、鄭経（鄭成功の長男）の母である董氏が植えたものと伝えられている。

1672 年	1675 年	1678 年	1681 年
● 1673 年（明永暦 27 年）中国で三藩の乱（漢人武将による反乱）が起き、鄭経は呉三桂の提案を受け、共に「反清復明」を計画する。	● 1677 年（明永暦 31 年）鄭氏は、台南を中心に大規模な開拓を進め、漢民族が雲林の開拓を開始する。	● 1680 年（明永暦 34 年）鄭経の反清遠征が失敗に終わる。陳永華は、失意のうちに病死する。鄭経は、北園別館を建設し、別荘及び母親の老後の住まいとする。	● 1681 年（明永暦 35 年）鄭経が逝去し、息子の鄭克塽が即位する。 ● 1683 年（明永暦 37 年）施琅（清朝の軍人）が率いる清軍が台湾を攻撃する。鄭克塽は降伏し、寧靖王と五妃は自害して殉国。鄭氏政権は滅亡。

清朝時代初期

清朝時代の初期の台湾は、政府が何度も禁令を出したにも関わらず、移民の流れを止めることはできなかったため人口が急増した。台湾中・北部には、漢民族の集落が形成され、原住民の平埔族の集落と隣接して共存し、互いに貿易や婚姻を行っていた。当時、漢民族は、主に泉州、漳州、客家（中国福建省付近の地域）の移民からなり、その開墾地や集落には、次のような違いが見られた。泉州の人々は主に港町に住み、漳州の人々は内陸平原に多く、客家の人々は平原の近くの丘陵地帯に住むことが多かった。けれども、大きな町では相互に混住（雑居）することもあったため、泉州の廟と客家の三山国王廟が並んで建てられる様子も見られる。

康熙年間の漢民族の住居は、簡素な建築が多かったが、雍正・乾隆年間になると社会が豊かになり、名家が登場する。台南中州の鄭宅や麻豆の郭挙人の邸宅は、保存が良好

▲台南の大天后宮の媽祖像

▲台南の三山国王廟は、潮州出身の官吏が粤東（中国広東）の商人たちを率いて寄付を募って建設したもので、同郷の人々の会館としても使用された。台湾で唯一完全に保存されている広東式の建築。

◀左営区の鳳山県旧城は、台湾初の土石城である。清朝の道光年間に大規模な改築が行われた。

1684 年	1697 年	1714年	1731 年
● **1684 年（清康熙 23 年）** 台湾府が設置され、台湾、諸羅、鳳山の三県が設けられた。澎湖に巡検（役所）を配置し、府学（都府の学校）と県学（地方の学校）が設置された。また、媽祖が天后に昇格し、台南の大天后宮が台湾初の「天后宮」という名の媽祖廟となった。 ● **1690 年（清康熙 29 年）** 台南祀典武廟が修復された。	● **1704 年（清康熙 43 年）** 諸羅木柵城（現在の嘉義）が建設された。  ▲台南の台湾府城は最初に木柵の城池として築かれ、乾隆時代に土城へと改築。現在は、城門と一部の城壁のみが残る。	● **1715 年（清康熙 54 年）** 台南孔廟（孔子廟）が修復され、「台湾首学」（台湾最初の学校）と称された。 ● **1721 年（清康熙 60 年）** 朱一貴の乱が発生し、鳳山県土城が築かれた。 ● **1723 年（清雍正 1 年）** 彰化県と淡水庁が設置された。台湾府は木柵の城池を築いた。 ● **1726 年（清雍正 4 年）** 儒学が彰化県で創設された。現在は彰化孔廟。	● **1731 年（清雍正 9 年）** 淡水庁が新竹に移され、政治の中心が北へ移動した。 ● **1738 年（清乾隆 3 年）** 台北艋舺（現在の萬華）の龍山寺が創建された。 ● **1742 年（清乾隆 7 年）** 台南の三山国王廟が創建された。

な大規模な邸宅である。庭園が広く、出入りが便利であり、初期の農家移民の特徴を反映している。

　移民集落に守護廟（守護寺院）を建てることは、本格的な定住の象徴であり、多くの大規模な寺院は清朝時代の乾隆年間に建設された。当時の石材や木材は、漳泉地域から運ばれ、職人も中国から招かれていた。台北の龍山寺、台南の三山国王廟、彰化鹿港の龍山寺などがその典型的な例である。

清朝時代初期の建築は、明朝時代の質素な様式を受け継いでおり、石彫りの龍柱は単龍円柱形式で柱が短く、形が丸みを帯びていた。木構造の斗拱（ときょう）は間隔が広く、形式は簡素で、彫刻が複雑な螭虎形の斗拱もほとんど利用されなかった。これらは、清朝時代初期の建築を判別するための参考となる特徴である。

▶乾隆年間、鹿港は繁栄し、紳商たちが資金を出し合い、鹿港龍山寺を移築した。その堂々とした姿は、泉州の廟の代表作である。

▶台南の開基（開山）天后宮の正殿にある龍柱は、清朝時代初期を代表する作品である。

▶台南の赤崁楼の前にある御亀碑の碑文には、福康安が林爽文の反乱を鎮圧した経過を伝える乾隆皇帝の親書が記されている。

▲呉沙は、台湾東部開拓の先駆者であり、その墓がある新北市の澳底は、彼が人々を率いて蘭陽平原の開拓に出発した地でもある。

1748 年	1765 年	1782 年	1799 年

● 1777 年（清乾隆 42 年）
台湾知府（台湾府知府〈知事相当〉）の蒋元枢は、台南に接官亭石坊を建立した。
● 1778 年（清乾隆 43 年）
蒋元枢が寄付をして澎湖西嶼灯台（七層の石塔式灯台）を建設した。

◀接官亭坊は、かつて台湾府城の西門外の渡し場にあり、地方官吏が清朝の勅旨や朝臣を迎える場所であった。

● 1786 年（清乾隆 51 年）
林爽文の乱が発生し、鳳山（現在の高雄左営）と淡水が陥落した。鹿港の龍山寺が現在の場所に移された。
● 1796 年（清嘉慶 1 年）
呉沙が噶瑪蘭（現在の宜蘭）の開拓を開始した。

● 1804 年（清嘉慶 9 年）
同安（中国福建省廈門市）出身の人々が台北大龍峒保安宮を建立した。
● 1806 年（清嘉慶 11 年）
王得禄（清朝の将軍）が海賊・蔡牽を討伐した。
● 1812 年（清嘉慶 17 年）
邱良功（浙江総督）が反乱を平定した功績を称えられ、母を顕彰する牌坊を金門に建てることを奏請した。宜蘭昭応宮が創建された。
● 1815 年（清嘉慶 20 年）
台南に重道崇文坊が創建された。

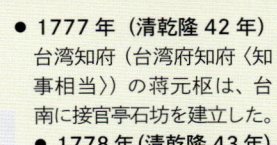

清朝時代中期

清朝時代中期の台湾では、集落が都市へと発展し、開拓地域が中・北部にまで広がった。人口は次第に飽和し、各地で名家や豪商が現れた。これに伴い、大規模な邸宅や寺院が雨後の筍のように建てられたため、建築の水準も大幅に向上した。伝統的な民家の形式は、士大夫（知識階級や官吏）、農民、商人の三つの階級を反映している。士大夫は四合院を建てることが多く、例として道光年間の彰化馬興の陳益源の邸宅や、咸豊初年の板橋の林本源園邸が挙げられる。農民は、主に正身（正殿）に護龍（左右の建築）を備えた三合院を建て、前庭は稲を干す場所として使用された。商人は、通りに面した町家を建て、前部分は店舗、後部分は住居として使用された。例えば、淡水、艋舺、鹿港などの町家がある。限られた空間を活用するために、中二階や三階建ての構造も見られた。

▲淡水の鄞山寺では、汀州の守護神である定光古仏を祀っており、同郷会館としての役割も果たしている。この建物は、道光年間の建築様式をそのまま保存している。

▼円形の噶瑪蘭城。

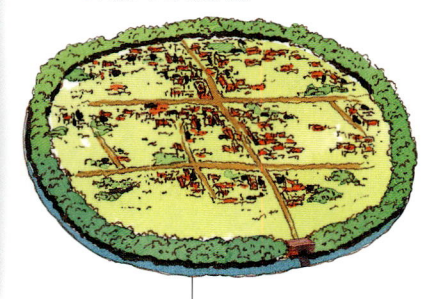

▲台北士林の芝山岩隘門は、漳州出身の人々によって建てられたものである。漳泉間（漳州と泉州）の分類械闘（武力衝突）の証である。

▶嘉義にある王得禄の墓には、墓前に石翁仲（石彫の人や動物）が立っている。王得禄は、生前、何度も反乱を鎮圧した功績があり、その墓は非常に壮大な規模で建てられている。

1820 年	1826 年	1832 年	1838 年
● 1822 年（清道光 2 年） 汀州出身の人々が淡水に鄞山寺を建立する。 ● 1823 年（清道光 3 年） 新竹出身の鄭用錫が進士に合格。 ● 1824 年（清道光 4 年） 鹿港に文開書院が創建。 ● 1825 年（清道光 5 年） 鳳山旧城が石造の城に改築。台北の芝山岩の隘門が創建。	● 1826年（清道光 6 年） 竹塹城（現在の新竹市）がレンガと石の城に改築される。 ● 1828 年（清道光 8 年） 呉全（商人）が台東に入り、城を築く。 ● 1830年（清道光10年） 噶瑪蘭城（現在の宜蘭市）が改修される。	● 1834年（清道光14年） 新竹「金廣福」会館が創建される。これは、閩粤（中国福建、広東）の出身の人々が共同出資して、新竹を開墾するための集団の事務所である。	● 1838年（清道光18年） 曹謹が鳳山に曹公圳（灌漑用水路）を建設する。鄭用錫（進士）は新竹北門周辺に進士第（自宅）を建立する。 ● 1841年（清道光21年） 金門瓊林で蔡氏十一世祠堂が創建される。王得禄が病死する。

　漢民族の移民が増えるにつれ、土地や水源を巡る争いが発生し、分類械闘（族群間の武力衝突）が頻発した。そのため、都市や集落には防御のための隘門（防衛用の門）が設けられた。また、各民族集団の守護神を祀る廟が市街地の中心となり、泉州移民は広澤尊王や保儀大夫、龍山寺を、漳州移民は開漳聖王廟を、客家や潮州移民は三山国王廟を建てた。

　名家の豪邸の傍らには、庭園が設けられることが多い。例えば、清朝時代中期の台湾の代表的な名園には、台南の呉園、新竹の潜園と北郭園、板橋の林本源園邸、霧峰の林宅萊園などがある。文人墨客が詩社（詩人仲間による団体）を創立し、これらの庭園に集まり、のんびりと詩を吟じる場となった。

　清朝時代中期の台湾建築は、材料や施工技術においても頂点に達し、彫刻、彩色、交趾焼の名匠が多く輩出された。これは、台湾社会が草創の開拓時代から、優雅な文化社会へと移行した証である。

▶爽吟閣は、かつて潜園の主要な景観の一つだった。しかし、日本統治時代に移設され、近年わずかに残っていた一階部分が取り壊された。

▶学甲慈済宮には、交趾焼の名匠・葉王の作品が残されている。

▲益源古厝は、複数の護龍（正殿左右にある建築）を備え、門前には巨大な掲揚台のある大規模な邸宅である。開拓によって裕福になり、その後官僚の道を歩んだ家族の典型的な例である。

▲霧峰林宅は、福建省の陸路提督であった林文察の旧居であり、台湾で最大の邸宅群である。写真の下厝宮保第は、間口が十一間もある広い邸宅で、抱鼓石や門神の彩色画が特徴である。1999年の921大地震でほぼ全壊したが、数年にわたる修復を経て復元された。

▲彰化和美の道東書院は、地元の紳士たちの提唱によって建設されたもので、地方の文化に大きな影響を与えた。

44 年		1850 年	1856 年	1862 年
●1846年（清道光26年）彰化馬興で益源古厝が創建される。 ●1848年（清道光28年）南投草屯で登瀛書院が創建される。 ●1849年（清道光29年）新竹で林占梅（紳士）が潜園を築く。		●1851年（清咸豊1年）台中の霧峰林宅が創建される。 ●1853年（清咸豊3年）艋舺頂下郊拼（族群間の武力衝突）が発生する。林国華が板橋林家三落大厝を建設する。その庭園にある一部の建築は、同時期に創建の可能性あり。	●1857年（清咸豊7年）彰化県和美で道東書院が創建される。 ●1860年（清咸豊10年）北京条約により安平港と淡水港が開港され、通商が開始。台南学甲の慈済宮が再建。 ●1861年（清咸豊11年）泉州の名匠・王益順が泉州恵安県渓底村で生まれる。	●1862年（清同治1年）戴潮春の乱が発生し、彰化城が陥落する。桃園大渓に李騰芳挙人宅が建設される。

清朝時代末期

清朝時代の同治・光緒年間に入ると、台湾の社会は大きく変化した。移民同士の武力闘争は次第に消え去ったが、国際的な問題が出てきた。同治13年、日本軍が台湾に侵攻した牡丹社事件は、清朝政府や西洋諸国の注目を集め、これをきっかけに清朝政府は台湾の管理をより積極的に進めた。光緒10年のフランス軍による台湾侵攻後、台湾は省として昇格し、劉銘傳が巡撫に任命され、徐々に近代化のための建設が展開された。

台北には府（中国の行政区画）が設置され、台湾唯一の方形の城郭が建設された。城内には、多くの役所関係の施設があり、その建築規模は壮大で、江南地域（中国、長江より南の地域）の建築様式を取り入れた建築まで登場した。また、基隆山から新竹までの鉄道が敷設された。鉄道開通と共に登場した基隆の獅球嶺隧道や複数の鉄橋は、清朝時代末期の台湾の土木工学における画期的な成果である。

▲虎字碑は、台北と宜蘭の間にある草嶺古道に位置する、非常に珍しい刻石の一種の古蹟である。

▶億載金城は、台湾初の近代的な洋式砲台である。創設者である沈葆楨は、清朝時代末期に台湾の開発に多大な貢献を果たした。

▼淡水牛津理学堂は、宣教師を育成する、新しい教育の先駆けとなる学校である。学校の建築は、伝統的な四合院の趣を持つ。

▲萬金天主堂は、台湾に現存する最古の教会である。

1863 年	1865 年	1870 年	1875 年
● 1863 年（清同治 2 年）高雄、基隆が相次いで開港。 ● 1864 年（清同治 3 年）漳派の名匠、陳應彬が出生。	● 1865 年（清同治 4 年）高雄で英国領事館が創建。 ● 1867 年（清同治 6 年）台湾鎮総兵の劉明燈が噶瑪蘭（現・宜蘭）を巡視し、虎字碑と雄鎮蠻煙碑を設立。 ● 1869 年（清同治 8 年）スペイン人神父の郭徳剛が設計・建造した屏東萬金天主堂が完成。	● 1872 年（清同治 11 年）キリスト教の宣教師・馬偕が淡水に到着。 ● 1874 年（清同治 13 年）牡丹社事件が発生。台風で遭難した琉球人が台湾に漂着したが、原住民に殺害されたことをきっかけに日本軍が台湾に侵攻。 ◀馬偕は淡水で伝道活動を行い、その後も淡水に葬られた。墓は淡江中学内にある。	● 1875 年（清光緒 1 年）キリスト教の宣教師・巴克禮が台南に到着。台北府が設置され、北台湾の地位が確立する。台南に億載金城砲台を建設し、ヨーロッパ式の高雄旗后砲台を再建する。桃園龍潭の聖蹟亭を創建。南投の八通関古道を開設。 ● 1879 年（清光緒 5 年）屏東佳冬の蕭宅が創建。馬偕が淡水に偕医館を建設。

清朝時代中期に登場した地主や豪族は、この時期になると外国の貿易商人や政治に関与するようになり、伝統的な封建社会の中核を担うようになった。板橋林家はその典型的な例である。林本源庭園は、拡張工事が行われ、その設計には江南や嶺南（現在、中国広東省、広西自治区とベトナム北部を指す）の庭園の特徴が取り入れられた。また、霧峰林家、永靖の陳宅餘三館、麻豆の林宅、佳冬の蕭宅も、清朝時代末期の台湾の代表的な住宅建築である。

この時期には、キリスト教が再び台湾に伝来する。南部では、巴克禮（Thomas Barclay）や馬雅各（James Laidlaw Maxwell）、北部では馬偕（George Leslie Mackay）が初期の宣教師として活動し、多くの教会や学校を設立した。淡水には、現在も馬偕による台湾初の高等教育機関・牛津理学堂が保存されている。

清朝時代末期の台湾建築は、伝統建築の発展が頂点に達しただけでなく、外来の教会、学校、領事館、砲台、灯台なども次々と建設され、台湾近代化の歴史的証として残されている。

▶布政使司衙門は、清朝時代末期に台湾最大の官公庁建築であった。けれども、日本統治時代に解体され、一部分の遺構が台北植物園内に移された。

▶台湾初代巡撫（地方長官）は劉銘傳である。

◀獅球嶺隧道は、劉銘傳による近代的な都市建設の一環であり、すべて手作業で掘削された難工事であった。

◀台北城は、台湾最後の中国式の城郭である。劉銘傳によって積極的な都市建設が行われたことにより、近代的な都市の配置となっていた。

▶「騰雲号」は、清朝時代の鉄道で運行された最初の蒸気機関車である。

1880 年	1885 年	1890 年	1895 年
● 1880 年（清光緒 6 年）巴克禮が台南神学院を設立。 ● 1882 年（清光緒 8 年）馬偕が牛津理学堂を設立。 ● 1884 年（清光緒 10 年）台北府の城郭が竣工し、清仏戦争が勃発。	● 1885 年（清光緒 11 年）台湾が清朝の省となり、劉銘傳が初代巡撫に就任。 ● 1886 年（清光緒 12 年）淡水滬尾砲台を建設。 ● 1887 年（清光緒 13 年）台北城内に巡撫行台と布政使司衙門を設置。澎湖西台古堡砲台を建設。彰化節孝祠が創建。 ● 1888 年（清光緒 14 年）板橋林家が庭園を拡張。台北急公好義坊が創建。 ● 1889 年（清光緒 15 年）彰化永靖餘三館が創建。	● 1890 年（清光緒 16 年）劉銘傳が退任。獅球嶺隧道が完成。基隆から台北までの鉄道が開通。 ● 1891 年（清光緒 17 年）淡水英国領事館を修復。 ● 1893 年（清光緒 19 年）台北から新竹までの鉄道が開通。	● 1895 年（清光緒 21 年）下関条約により、台湾が日本に割譲される。上流階級の人々は、唐景崧を総統に擁立し、台湾民主国が成立。

▶淡水英国領事館には、イギリスを象徴する薔薇の花の模様のタイル装飾がある。

235

日本統治時代前期

明治維新後の日本は、帝国主義の道を歩み、海外への拡張を進めた。日清戦争に勝利したことで、日本は初めての植民地として台湾を獲得し、非常に積極的に建設を行なっていった。その主な目的は利益の追求だったが、同時に台湾の近代化を加速させるという側面も持っていた。

日本統治時代前期には、まず交通、衛生、教育の改善に着手するとともに、効果的な統治機関の設置に重点を置くようになり、鉄道駅、鉄道部、交通部（国土交通省に相当）、病院、郵便局、学校、博物館、さらには州庁や専売局などに加えて、統治の最高中枢機関である総督府や官邸が次々と建設された。当時は、人材が不足していたため、東京帝国大学を卒業した優秀な建築家たちが台湾に招かれた。彼らは西洋建築の教育を受けており、特に19世紀のヨーロッパやアメリカで流行したネオ・ルネサンス様式の建築設計

▲現在の愛国西路は、台北城の南城壁が撤去された後に整備された道路である。その前方には小南門が見える。

▲外観が華麗な総督官邸（現在の台北賓館）は、建設当時は莫大な費用がかかったため、日本国内で批判を受けた。

▲橋頭製糖工場は、植民地様式の特徴が見られる。

▲台北公園は、日本統治時代において政府主催の重要な展示会や集会の場所である。博物館とともに、優雅なヨーロッパ風の公園景観を形成した。

1895 年	1898 年	1901 年	1904 年
● 1895年（明治28年） 日本軍が台北城を占領し、布政使司衙門で「始政式」を行う。 ● 1897年（明治30年） 各地で抗日活動（日本の統治に反抗する活動）が活発化し、陳秋菊（抗日の人物）が台北城を攻撃。全台湾に戒厳令を施行。日本人が台北城内の清朝時代の重要建築を次々と取り壊す。	● 1899年（明治32年） 「家屋建築規則」を制定し、建築と道路の関係を規定。 ● 1900年（明治33年） 台北府の城壁を解体し、跡地に三車線の道路を建設。 高雄の橋頭に、台湾初の製糖工場を建設。	● 1901年（明治34年） 第4代総督・児玉源太郎が総督官邸を建設。	● 1906年（明治39年） 嘉義と雲林斗六で大地震が発生。

▶台北の西門市場にある八角楼は、光復後「紅楼劇場」に変更される。

を得意としていた。これらは、いわゆる「様式建築」である。古代ギリシャやローマの建築形式と、近代的な鉄筋コンクリート構造を融合させた 19 世紀の建築は、バロックの都市計画を追求し、華麗で高層な建物を円環（環状の交差点）や交差点に配置して、統治の権威を象徴するとともに、台湾の都市の新しいランドマークとなった。

現存する比較的早期の様式建築には、台北の西門市場の八角楼や総督官邸が挙げられる。その後、台北公園博物館（現在の国立台湾博物館）、台北州庁（現在の監察院）、台中州庁、台南州庁（現在の文化資産保存研究中心）、台中駅（現在の台中火車站）、専売局、そして総督府（現在の総統府）などが次々と建設された。1919 年に完成した総督府は、規模が大きく、台湾における最後のネオ・ルネサンス様式建築となり、日本統治時代前期の締めくくりを象徴する建物となった。

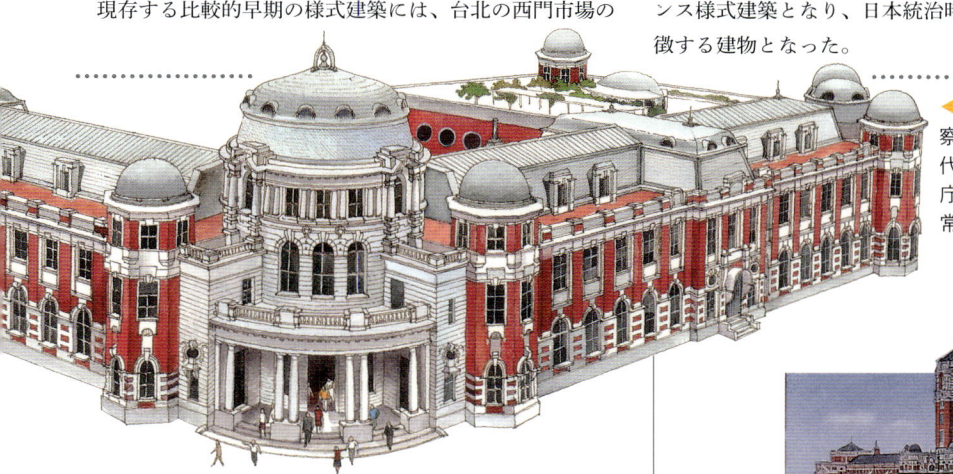

▶ 台北州庁は、現在の監察院である。日本統治時代は、総督府に次ぐ官公庁であり、その建築は非常に壮観であった。

◀ 台中公園の雙閣亭は、水面に建てられている。縦貫鉄道の全線開通を記念して建てられたもので、台中のランドマーク的な建築である。

▲ 総督府は、現在の総統府である。植民地統治者の威厳を象徴する建築物である。

▶ 下淡水渓鉄橋は、現在の高屏鉄橋である。鉄道の歴史上重要な役割を果たし、1987 年まで使用されていた。

907 年	1910 年	1913 年	1916 年
● **1907年（明治40年）** 台北公園（現在の二二八和平紀念公園）が竣工。 ● **1908年（明治41年）** 縦貫鉄道全線が竣工し、台中で開通式典を開催。 雲林の北港朝天宮は、地震後に再建され、名匠・陳應彬の名声が高まる。 台北の西門市場にある八角楼の建設が開始される。	● **1910年（明治43年）** 日本より仏教の曹洞宗が伝来し、台北に別院を建設。 ● **1911年（明治44年）** 台北と台南で都市改正を実施し、街区の様子が大きく変化する。 総督府の建設に伴い、陳氏と林氏の祠堂が移転を余儀なくされる。 ● **1912年（大正1年）** 台南地方法院を建設。 台大病院の改築を開始。	● **1913年（大正2年）** 台中州庁が建設される。 孫文（中華民国の創始者・国父）が台湾に滞在し、台北の「梅屋敷」に宿泊。 ● **1914年（大正3年）** 下淡水渓鉄（高屏鉄橋）が竣工し、極東で最長の鉄道橋となる。 ● **1915年（大正4年）** 台北州庁が建設される。 台北公園内の博物館が竣工。	● **1916年（大正5年）** 台南州庁が建設される。 台北済南教会が建設される。 ● **1917年（大正6年）** 台中火車站（鉄道駅）が建設される。 ● **1919年（大正8年）** 総督府が完成する。

日本統治時代後期

1920 年以降、台湾をはじめとする世界各国は、重大な変化を迎えた。社会思想が活発化し、民族主義や自由民主主義の提唱が台頭する。その一方で、芸術表現が多様化し、建築設計も様々な流行が現れた。台湾では、政治的な抑圧が徐々に緩和され、民間での結社が盛んになり、人々の生活水準も向上した。この

頃、台湾で育成された建築技師たちが設計実務に携わるようになり、著名な建築家たちは「台湾建築会」を設立した。彼らは、国内向けの建築雑誌を発行し、簡潔な造形と堅固な構造を特徴とする現代建築の普及に努めた。

当時の民間建築にも影響が及び、過剰な装飾のバロック様式から脱却しはじめた。ちょうどこの頃、台湾の中部で大地震が発生し、被災地の住宅再建には簡素なデザインの外観を持つ鉄筋コ

▶艋舺龍山寺は、清朝時代の乾隆3年（1738 年）に創建された。現在の壮麗な姿は、1920 年の改築によるもので、以前と比べて規模も勢いも増している。

▶台湾八景の一つ・鵞鑾鼻は、台湾島の最南端に位置しており、そびえ立つ純白の灯台が広大な海を見守っている。

▶淡江中学の八角塔校舎は、現在もほぼ当時の姿を保っている。中国と西洋の折衷建築の成熟した表現である。

1920 年	1923 年	1926 年	1929 年
● 1920年（大正9年） 泉州の名匠・王益順は、艋舺（台北万華）龍山寺の改築の設計と施工を担当する。	● 1923年（大正12年） 台南の長栄女子中学校が竣工。 ● 1924年（大正13年） 新竹都城隍廟が再築。 ● 1925年（大正14年） 台北の有力者は、孔子廟の再築を提案し、王益順を招聘して設計・施工を依頼。淡江中学八角塔校舎竣工。	● 1927年（昭和2年） 台湾日日新報は「台湾八景」を選出する投票を開催。 ● 1928年（昭和3年） 台北帝国大学（現在の台湾大学）が設立される。	● 1929年（昭和4年） 台北高等法院が建設される。 ● 1930年（昭和5年） 「史蹟名勝天然記念物保存法」が制定される。 ● 1931年（昭和6年） 高雄州庁が建設される。

ンクリート建築が数多く建てられた。同時に教会建築も盛んになり、台北や台南の基督長老教会（キリスト教プロテスタントの長老派教会）が設立した学校や教会は、西洋と台湾の要素を融合させた建築デザインが特徴となった。特に淡水の淡江中学の校舎はその代表例である。

1930年代以降、時代の状況は再び急激に変化した。日本の軍国主義が台頭し、芸術家の創作活動が制約を受けるようになり、この中で建築設計には「東洋風」を強調した形式が流行するようになる。このスタイルは、中国式の琉璃瓦（釉薬瓦）の屋根や曲線的な軒、アラビア式のアーチ窓などを特徴としていた。この代表例として、台北司法大廈、高雄火車站、市役所などが挙げられる。これらの建築は、共通して淡い緑色のタイルと攢尖頂（宝形造）を特徴とし、迷彩機能と東洋の美意識を兼ね備えたデザインであった。中央の高塔は、冠帽のような形状を持つことから、「帝冠様式の建築」と呼ばれている。

▲台北公会堂（現在の中山堂）は、社会文化活動が盛んに行われていた当時、広々とした集会・展示・公演の場として利用された。

▶高雄火車站は、典型的な「帝冠式建築」である。

▲台北帝国大学（現在の台湾大学）の校門は、美しく堅実なデザインで知られている。台湾の高等教育の始まりを象徴する建築である。

◀桃園神社は、現存する数少ない完全な姿を保持した日本式神社である。建物全体が台湾檜木で造られた日本式の木構造で、日本統治時代末期に天皇統治の権威を強化するために建てられた。

1932年	1935年	1938年	1941年
● 1932年（昭和7年）台湾初の百貨店「菊元百貨」が竣工する。 ● 1933年（昭和8年）嘉義駅が建設される。台北勧業銀行が建設される。	● 1935年（昭和10年）台湾施政40周年記念博覧会が台北で開催される。中部で大地震が発生する。 ● 1936年（昭和11年）天皇即位を記念して台北公会堂が建設される。藤島亥治郎が台湾で建築調査を行う。	● 1938年（昭和13年）桃園神社が建設される。高雄市役所が建設される。	● 1941年（昭和16年）高雄火車站（高雄駅）が建設される。 ● 1945年（昭和20年）日本は降伏し、台湾が光復した。

戦後初期

台湾は、1945年の第二次世界大戦終結後、政治や社会の混乱に直面し、経済発展が停滞したため、建築の数も深刻な影響を受けた。民間企業は、まだ設立されておらず、戦時中に損傷を受けた建築の修復工事もわずかに行われただけであった。台北の旧総督府は連合軍の爆撃を受け、中央の塔の南側が甚大な被害を受けたが戦後に修復された。1949年、中国本土の政治的な情勢が変化したことにより、

国民政府（中華民国政府）が台湾に移転し、日本統治時代に残された建物の一部が修復され、中央政府機関（官公庁）の施設として利用された。たとえば、台北州庁は監察院に、台北市役所は行政院に、旧台北第二女子高校は立法院に、旧赤十字会の建物は国民党の党本部に転用された。

国民政府の台湾移転に伴い、中国から一部の建築家も台湾にやってきた。その中には、中国の国立中央大学や中山大学出身の建築家が含まれており、また一部には欧米から

▲ 1948年、四四兵工廠（造兵廠）の第一陣の従業員が中国の青島から台湾に到着し、台北市信義区で操業を再開した。その後、南村、西村、東村の眷村（軍人住宅）が次々と完成したが、現在は四四南村のみが残っている。

▲桃園の楊梅国中（中学校）は、教育者・張芳杰によって創立された。彼が居住していた校長宿舎は、現在「楊梅故事館」（地域の文化センター相当）として利用され、引き続き地域教育の役割を担っている。

▶ 1954年、教育部（文部科学省相当）は、科学館の建設計画を積極的に推進し、盧毓駿（建築家）が設計した南海学園科学館は、台湾の科学教育の振興に重要な役割を果たした。現在は国立台湾工芸研究発展中心 台北当代工芸設計分館になっている。

▼台南後壁にある菁寮天主堂は、ドイツの建築家ゴットフリート・ベーム（Gottfried Böhm）によって設計された建築である。彼がプリッカー建築賞を受賞する以前の数少ない海外作品の一つである。

1946年	1949年	1952年	1955年
● 1946年（民国35年）金門呂厝の左官職人・林清安が建設した陳景成洋楼が竣工。	● 1949年（民国38年）国民政府が台湾へ遷移。北埔姜阿新故宅が竣工。 ● 1950年（民国39年）朝鮮戦争が勃発。蔣中正（蔣介石）・宋美齢の士林官邸が竣工。高雄左営の海軍四海一家が建設される。 ● 1951年（民国40年）左営海軍の中山堂が竣工。四四南村が完成。	● 1952年（民国41年）蔣渭水が六張犂墓園に埋葬される。台中北溝に故宮文物典蔵山洞（トンネル）が建設される。 ● 1953年（民国42年）濁水溪に架かる西螺大橋が開通する。楊梅国中の校長宿舎が建設される。 ● 1954年（民国43年）朝鮮戦争捕虜返還を祈願して澎湖に自由塔が建設される。	● 1955年（民国44年）後壁菁寮天主堂が創建される。 ● 1956年（民国45年）南海学園科学館が建設される。台湾大学工学館が建設される。 ● 1957年（民国46年）南投中興新村の台湾省政府の第一期庁舎が建設される。

▲左営海軍の四海一家が竣工する。四海一家は、モダニズムの立体派（キュビズム）を具現化している。

台湾に帰国した建築家もいた。彼らは、モダニズム建築の訓練を受けていたため、戦後の初期から1960年代にかけて、台湾には高水準な現代建築がいくつか登場した。例えば、台湾大学工学館（1956年）、台北農復会大楼（1958年）、左営海軍基地内の四海一家などがある。この他、外国人の建築家による作品もいくつか存在していた。例えば、台南後壁の菁寮天主堂や台東の公東高工（高等工業学校）の教会堂がある。数は少ないが、いずれも控えめでありながらも芸術的な価値が非常に高い作品である。この時期の設計目標は、中華文化の復興の精神に着想を得て、現代性と伝統を融合させることで、これが使命感となった。例えば、台北植物園内の科学館は外観が天壇（中国北京にある祭祀施設）の円形屋根を模しており、内部空間は有機主義的な設計に基づいている。

◀澎湖の馬公市では、住民の水使用量が増加したため、1960年に第3水源地を追加し、直径10メートル、高さ17メートル、容量1,000トンの配水塔を新設した。

▼新北市にある浮洲榮工修配廠房（工場の跡地）に使用されているアルミ製トラスは、米国の援助計画で石門水庫（ダム）を建設した際に残された臨時組立工場の遺構であり、当時の機械工業技術を反映している。

▼台湾初のモスクである。建設当時、イスラム教国家との交流を促進する外交的な意義も持っていた。

58年　　　1961年　　　1964年　　　1967年

● 1958年（民国47年）
八二三金門砲戦（中国が中華民国金門島に対して砲撃を行う）。
台北新生南路にモスクが建設される。
台北農復会大楼が完成。
● 1959年（民国48年）
台湾中・南部地域が八七水害に襲われる。
● 1960年（民国49年）
台東私立公東高級工業職業学校の教会が竣工。
馬公市第三水源地に1,000トンの配水塔を建設。
中部横貫公路が開通し、太魯閣牌楼が建設。

● 1961年（民国50年）
彰化八卦山大仏が竣工。
● 1963年（民国52年）
台湾大学農業陳列館建設。

▲台湾大学農業陳列館は、張肇康の設計。壁面にはプレキャスト工法で黄色のガラス管を埋め込んだ。その特徴から、「洞洞館」（穴がいっぱいある建物）と呼ばれる。

● 1964年（民国53年）
石門水庫（ダム）が完成し、元の臨時組立工場は榮工処修配廠として再利用された。
彰化花壇の八卦窯が稼働を開始する。
● 1965年（民国54年）
米国の援助が終了。
● 1966年（民国55年）
桃園復興の巴陵橋が竣工。修沢蘭建築師の設計による陽明山中山楼が竣工。

● 1967年（民国56年）
台北市が直轄市に昇格する。
台湾省糧食局の稲種倉庫が建設される。
● 1968年（民国57年）
新店二十張の景美軍事看守所（軍事刑務所）が竣工。

探訪編

探訪編

台湾の行政区域に基づいてエリアを分け、各種類の古蹟の必見スポットを厳選した。
これにより、あなた専用の知的な旅を簡単に計画することができる。

台湾の必見古蹟 600 選

古蹟を観察するための第一歩は、真心を込めて現地に足を運び、見学をすることである。台湾の古蹟は、文化資産保存法に基づき、1997 年 5 月 14 日以前に公布されたものは第一、第二、第三級に分類されていた。921 大地震後（1999 年 9 月 21 日）、より多くの価値のある古建築を保護するため、2000 年に古蹟の等級は国定、直轄市定、県（市）定という分類に改められ、同時に歴史建築が追加された。2005 年には集落建築群が追加され、さらに遺跡を古蹟から独立し、別の章で解説されるようになった。2016 年には、記念建築が追加された。古蹟は「指定」制になり、より厳しい法令による規制で保護が適用されるが、歴史建築などの他の分類は「登録」制で、利活用においてより柔軟性が認められている。ただし、価値においては歴史建築よりも古蹟が高いという絶対的なものではない。

文化部文化資産局（日本の文化庁に相当）のウェブサイトの統計（2018 年 3 月末現在、以下の各県市データも同様）によると、台湾には指定された古蹟が 904 箇所、登録された歴史建築が 1367 箇所、集落建築群が 13 箇所、記念建築が 1 箇所ある。

台湾の古蹟は、所在区域や地理環境、人文背景（文化とその背景）に応じてそれぞれ特徴がある。私たちは、各県各市から、重要なものを類型ごとにリストアップした。さらに、著者の簡単なレビューを加えているので、読者が自分自身の古蹟見学ツアーに役立ててもらえれば幸いである。

※名称は訪ねやすいよう繁体字で表記。
※名称につく文字は、「原＝元」（元々の建物の役割。例：元々は市役所、現在は博物館の場合「原市役所」）、「前＝前」（以前、前身。「原」と同じ意味）、「舊＝旧」（古い建物。新しい建物を建てた場合の古い方。新館に対する旧館）、「今＝現在」を示す。

基隆市

明鄭時代から基隆市は、戦略的な拠点地域として重視されている。清仏戦争から積極的に建設が行われ、日本統治時代には港が構築されるなど、砲台や港湾関係の古蹟は台湾で一番多い都市である。本市には古蹟が 14 箇所、歴史建築が 27 箇所ある。

名称	種類	区分	所在地	レビュー
靈泉禪寺佛殿	寺院	歴史建築	基隆市信義区六合路 1 号内	台湾の仏教史上、重要な寺院。
許梓桑古厝	邸宅	歴史建築	基隆市仁愛区愛四路 2 巷 15 号	閩洋折衷（閩南風と西洋風の様式を取り混ぜる）の三合院建築。
清法戰爭紀念園區	墓	市定古蹟	基隆市中正区中正路與東海街交差点	清仏戦争に関する数少ない保存状態の良好な建築。
二沙灣砲台	砲台	国定古蹟	基隆市中正区中正路沿い、民族英雄紀念碑の反対側、大沙灣と二沙灣の間	港要塞の砲台は、清仏戦争で破壊されたが、劉銘傳によって再建された。
大武崙砲台	砲台	国定古蹟	基隆市安楽区大武崙情人湖	日本統治時代に建てられた要塞砲台は、優れたデザインである。
槓子寮砲台	砲台	国定古蹟	基隆市信義区深澳坑路 7 巷 32 号（後方の山）	日本統治時代に建てられた砲台。石造の砲座とスロープが当時の砲台設計の技法を反映している。
彭佳嶼燈塔	灯台	市定古蹟	基隆市中正区彭佳嶼 8 号	第二次世界大戦の空爆の痕が保存された灯台。
基隆市政府大樓	官公庁	歴史建築	基隆市中正区義一路 1 号	折衷主義の近代建築。
海港大樓	官公庁	歴史建築	基隆市仁愛区港西街 6 号	円弧の造形を組み合わせたモダンなデザインの典型例。
七堵火車(前)站	鉄道駅	歴史建築	基隆市七堵区光明路 23 号	台湾鉄道の中で、線路の数が一番多い小型の木造駅舎。
劉銘傳隧道（獅球嶺隧道）	産業施設	市定古蹟	基隆市安楽区崇德路又は鶯歌里八德路 81 号（軍事管制区内）	劉銘傳が建設した鉄道遺産。入口には劉銘傳の題字の痕跡が残る。

名称	種類	区分	所在地	レビュー
暖暖淨水場幫浦間	産業施設	歴史建築	基隆市暖暖区水源路 38 号	百年の歴史を持つ機械設備を備えた水道局のポンプ室。
市長官邸	日本住宅	市定古蹟	基隆市中正区中正路 261 号	和洋折衷の日本住宅。

<table>
<tr><td rowspan="2">台北市</td></tr>
</table>

台北市	清朝末期に台北城が構築された後、台北は徐々に台湾のより良い都となり、古蹟（史跡、歴史的建造物）の種類が多様であるだけでなく、当時の建築仕様（意匠、構造など）をリードする傑作も多く存在している。例えば、官公庁や著名人の豪邸などが挙げられ、台湾の建築史において重要な位置を占めている。本市には、古蹟が 167 箇所、歴史建築が 242 箇所、集落建築群（伝統的建造物群に相当）が 2 箇所あり、その数は全国で最も多い。

名称	種類	区分	所在地	レビュー
台北府城—東門、南門、小南門、北門	城郭	国定古蹟	台北市中正区 東門：中山南路、信義路交差点 南門：公園路、愛國西路交差点 小南門：延平南路、愛國西路交差点 北門：忠孝西路、延平南路、博愛路、中華路交差点	東門（景福門）：台北府城で半月形外郭の城門。 南門（麗正門）：台北府城の主門、屋根は歇山重簷（重層入母屋造り）。 小南門（重熙門）：板橋林本源家の出資により建てられた城門。 北門（承恩門）：清朝末期に建てられた台北府城の城門の中で、唯一完全な形で残っている。珍しい要塞式の城門。
北投普濟寺 ほくとう ふ さい じ	寺院	直轄市定古蹟	台北市北投区温泉路 112 号	日本風の寺院建築、木構造が立派で、庭園も美しい。
東和禪寺鐘樓 とう わ ぜん じ	寺院	直轄市定古蹟	台北市中正区仁愛路、林森南路交差点	日本式の鐘楼。
清真寺 せいしん じ	寺院	直轄市定古蹟	台北市大安区新生南路二段 62 号	建築年代はそれほど古くないが、歴史的および宗教的な意義を持つモスク。
臨濟護國禪寺 りんざい ご こくぜん じ	寺院	直轄市定古蹟	台北市中山区玉門街 9 号	日本式の鐘楼と大雄宝殿が残っている木造の仏教寺院。
大龍峒保安宮 だいりゅうどうほうあんぐう	寺院	直轄市定古蹟	台北市大同区哈密街 61 号	台北盆地の同安（現・中国廈門市大部）人によって建てられた主要な守護廟。1917 年に大規模改修され、二つの流派の職人が競い合って建てた。
艋舺龍山寺 もうこうりゅうざんじ マンカ ロンシャンスー	寺院	直轄市定古蹟	台北市萬華区廣州街 211 号	台北で最も美しい寺院。泉州の名匠・王益順の台湾における代表作。
士林慈諴宮 シーリンツーシーゴン	寺院	直轄市定古蹟	台北市士林区大南路 84 号	清同治年間、漳州と泉州の紛争後、漳州人が新市街に再建した守護廟。
景美集應廟	寺院	直轄市定古蹟	台北市文山区景美街 37 号	唐時代の名将を奉る民間信仰の廟で、安溪（現・中国福建省安溪県）からの高という姓の移民によって建てられた。
艋舺清水巖 もうこうせいすいがん	寺院	直轄市定古蹟	台北市萬華区康定路 81 号	台北盆地に住む、泉州府安溪県（現・中国福建省泉州市安溪県）からの移民の主要な守護廟で、清同治年間の当初の建物がそのまま残っている。
大稻埕霞海城隍廟 ダーダオチェンシアヘイチェン ファンミョオ	寺院	直轄市定古蹟	台北市大同区迪化街一段 61 号	清咸豊年間の頂下郊拼（二つの地域の住民による紛争）後に建てられた廟。規模は小さいが、訪れる人が多いので香火（焼香）は非常に盛んだ。

陳德星堂 ちんとくせいどう	祠堂	直轄市定古蹟	台北市大同区寧夏路 27 号	台北地域の陳一族の祠堂で、もともとは城内にあり、1912 年に陳応彬によって移転された。台湾初の一柱双龍（一本の柱に二匹の龍が彫られた）の石柱がある。
台北孔子廟	孔子廟	直轄市定古蹟	台北市大同区大龍街 275 号	日本統治時代に、泉州の職人を招いて伝統技術で建てられた孔子廟。
學海書院	書院	直轄市定古蹟	台北市萬華区環河南路二段 93 号	陳維英が院長を務めた書院（学問所）。
蔣中正宋美齡士林官邸 しょうちゅうせいそうびれい	邸宅	国定古蹟	台北市士林区福林路 60 号	蔣中正（蔣介石）と宋美齡が台湾で最も長く居住した官邸。
大稲埕辜宅	邸宅	直轄市定古蹟	台北市大同区歸綏街 303 巷 9 号	中国風と西洋風を調和させた洋館。1920 年代の商人の豪邸の代表作。
圓山別莊	邸宅	直轄市定古蹟	台北市中山区中山北路三段 181-1 号	台湾における欧風のハーフティンバー様式の優れた洋館。
陳悦記祖宅 （老師府） ラオシー・フー	邸宅	直轄市定古蹟	台北市大同区延平北路四段 231 号	公媽庁（祖先を祀るための部屋）と公館庁（家族の交流の場）が併置する住宅。
內湖郭氏古宅	邸宅	直轄市定古蹟	台北市内湖区文德路 241 巷 19 号	台北近郊の古民家の特徴を持った石材とレンガと木造を用いた古民家。
四四南村 スースーナンツン	邸宅	歴史建築	台北市信義区松勤街 50 号（松勤街と莊敬路区域内）	眷村（台湾において外省人〈1949 年前後に中国大陸から渡ってきた人々〉が居住する地区）建築の保存と再利用の優れた例。 けんそん
台北撫台街洋樓 ぶたいがい ようろう	町家	直轄市定古蹟	台北市中正区延平南路 26 号	台北城内で唯一現存する、1910 年代頃に日本人が建てた店舗。1 階は優れた石造りで、2 階は木造。
剝皮寮歴史建築群 ポービーリャオ	町家	歴史建築	台北市萬華区、北は老松國小南校舎と隣接、西は康定路、南は廣州街、東は昆明街までのエリア	艋舺（萬華区）にある清朝時代の町家が集まる古い町並み。
急公好義坊牌坊	牌坊	直轄市定古蹟	台北市中正区二二八和平紀念公園内	土地を寄付した洪騰雲を表彰するために建設された石坊。四柱三間式（四本の柱と三つの開口）で、彫刻の表現が豊かである。
周氏節孝坊	牌坊	直轄市定古蹟	台北市北投区豊年路一段 36 号門口前	台湾では珍しい青灰色（灰色がかった青色）の石材で建てられた牌坊。
林秀俊墓	墓	直轄市定古蹟	台北市内湖区舊宗路二段 101 号横	清朝時代初期に台北を開拓した開拓者の墓。
蔣渭水墓園 しょういすい	墓	歴史建築	台北市信義区六張犁崇德街底大安第六公墓	民権運動の闘士の墓標。
前美國駐台北領事館 アメリカ	領事館	直轄市定古蹟	台北市中山区中山北路二段 18 号	アメリカ南部の別荘風の領事館。
濟南基督長老教會 さいなんキリストちょうろうきょうかい	教会	直轄市定古蹟	台北市中正区中山南路 3 号	日本統治時代に台湾に来た井手薫が初期に設計した教会。赤レンガと石彫り工芸が美しい。
台灣總督府博物館	博物館	国定古蹟	台北市中正区襄陽路 2 号	台湾におけるルネサンス建築を模した最高の事例。
南海學園科學館	博物館	直轄市定古蹟	台北市中正区南海路 41 号	円形の天壇祈年殿の形式と現代建築の有機主義を折衷した傑作。
總統府 （原總督府）	官公庁	国定古蹟	台北市中正区重慶南路一段 122 号	日本統治時代の台湾で最も高差がある建築であり、行政の中心を代表する施設。

名称	分類	指定	所在地	説明
監察院（原台北州廳）	官公庁	国定古蹟	台北市中正區忠孝東路一段2号	複数のドームを持つ州庁舎建築。
專賣局（今台灣菸酒股份有限公司）	官公庁	国定古蹟	台北市中正區南昌路一段1号	総督府と同じ仕様の高塔を持つ官庁建築。
行政院（原台北市役所）	官公庁	国定古蹟	台北市中正區忠孝東路一段1号	日本統治時代後期、台湾人の建設会社が建てたモダンな現代建築。
台灣布政使司衙門	官公庁	直轄市定古蹟	台北市中正區南海路台北植物園内西側	唯一保存された清代の衙門（役所）建築。
原台北信用組合（今合作金庫城内支庫）	銀行	直轄市定古蹟	台北市中正區衡陽路87号	ファサードにフクロウが現れるなど、興味深い装飾となっている。
勸業銀行舊廈	銀行	直轄市定古蹟	台北市中正區襄陽路25号	重厚な列柱で銀行建築の安全さを表した建築。
台灣大學原帝大校舍（舊圖書館、行政大樓、文學院）	学校	直轄市定古蹟	台北市大安區羅斯福路四段1号	折衷様式の建築群で、外観に茶色のタイルを貼ることで防空機能（迷彩機能）を持たせている。
台灣師範大學原高等學校校舍（講堂、行政大樓、文薈廳、普字樓）	学校	直轄市定古蹟	台北市大安區和平東路一段162号	ゴシック様式を模した大学校舎で、日本統治時代には大学に進学する前の学校であった。
建國中學紅樓	学校	直轄市定古蹟	台北市中正區南海路56号	台湾で比較的古い赤レンガ造の中学校舎。
老松國小	学校	直轄市定古蹟	台北市萬華區桂林路64号	老松小学校の二代目の校舎で、1920年代の典型的な校舎が保存されている。
台大農業陳列館	学校	歴史建築	台北市大安區羅斯福路四段1号	モダニズム建築と郷土の伝統的な陶芸技術を合わせた傑作。
台大醫院舊館	医院	直轄市定古蹟	台北市中正區常德街1号	台湾の医療史上重要な建築であり、古典的な造形を持つ大規模な建築。
前日軍衛戍醫院北投分院	医院	直轄市定古蹟	台北市北投區新民路60号	山の斜面に建てられた療養所で、景色が素晴らしい。
司法大廈（原台北高等法院）	裁判所	国定古蹟	台北市中正區重慶南路一段124号	1930年代の折表様式の建築物で、東洋風の屋根の曲線が特徴的。国防色（カーキ色）のタイルで仕上げられている。
台灣總督府交通局鐵道部（廳舍、八角樓房間、戰時指揮中心、工務室、電源室、食堂）	産業施設	国定古蹟	台北市大同區延平北路二段2号	イギリスのハーフティンバー様式を模した洋風建築。
台北機廠	産業施設	国定古蹟	台北市信義區市民大道48号	1930年代の台湾で最もスパン（梁間）が長い工場建築で、鉄のトラス構造で建てられた。
台北酒廠	産業施設	直轄市定古蹟	台北市中正區八德路一段1号	連続する大型倉庫と特殊設備を備えたスパン（梁間）が長い工場建築。

名称	種類	区分	所在地	レビュー
松山菸廠	産業施設	直轄市定古蹟	台北市信義区光復南路 133 号	大規模なタバコ工場で、建物はアール・デコ風。
台北水道水源地	産業施設	直轄市定古蹟	台北市中正区思源路 1 号	唧筒室（ポンプ室）は台湾に現存するルネサンス様式の近代建築の一つであり、美しい機械室である。
西門紅樓	産業施設	直轄市定古蹟	台北市萬華区成都路 10 号	台湾で最も古い洋風デザインの市場建築で、八角形の平面形式が珍しい。
台灣總督府電話交換局	産業施設	直轄市定古蹟	台北市中正区博愛路 168 号	1930 年代に流行した近代的な建築様式で、水平のラインが特徴。
原樟腦精製工場	産業施設	歴史建築	台北市中正区八德路一段 1 号	折衷様式の建築だが、伝統的な雰囲気を残している。
台北賓館（原總督官邸）	日本住宅	国定古蹟	台北市中正区凱達格蘭大道 1 号	1901 年の完成後、1911 年に大きく改築され、台湾で最も精緻なバロック建築になった。
嚴家淦故居	日本住宅	国定古蹟	台北市中正区重慶南路二段 2、4 号	日本統治時代には台湾銀行の副頭取の官邸であり、戦後は厳家淦の邸宅となった。
北投文物館	日本住宅	直轄市定古蹟	台北市北投区幽雅路 32 号	規模の大きい伝統的な日本旅館。
中山橋	橋梁	歴史建築	台北市中山区中山北路三段から基隆河を跨いで中山北路四段と接する（解体した橋本体は再建できるように、保存されている）。	日本統治時代中期の最大かつ最も有名な鉄筋コンクリートアーチ橋で、東洋風の橋灯が設置されている。
中正橋（川端橋）	橋梁	歴史建築	台北市中正区重慶南路三段及び新北市永和区永和路二段と繋がる。	日本統治時代の台北にあった四大名橋の一つで、鉄骨造である。
紀州庵	その他	直轄市定古蹟	台北市中正区同安街 115 号及び 109 巷 4 弄 6 号	日本統治時代の高級日本料理店。
原草山御賓館	その他	直轄市定古蹟	台北市士林区新園街 1 号	日本統治時代に日本の皇太子が台湾を訪れる際に建てられた木造別荘。
北投温泉浴場	その他	直轄市定古蹟	台北市北投区中山路 2 号	ヨーロッパのハーフティンバー建築を模した数少ない温泉浴場建築で、二階には日本風の大広間を備える。

新北市

北は北海岸から南は雪山山脈に接する多様な地形により、古蹟の種類も豊富だ。特に清代末期に開港した淡水が有名で、台湾で唯一完全に保存されている庭園も代表的かつ貴重な資産である。本市には古蹟が 84 箇所、歴史建築が 56 箇所ある。

名称	種類	区分	所在地	レビュー
鄞山寺（汀州會館）	寺院	国定古蹟	新北市淡水区鄧公路 15 号	台湾では珍しい汀州（中国福建省西部）人の移民によって建てられた会館（同郷同士が集う施設）と守護神廟。
廣福宮（三山國王廟）	寺院	国定古蹟	新北市新莊区新莊路 150 号	塗装のない木材本来の状態を保つ粤東（広東省、香港の周辺）式の寺院。
三重先嗇宮	寺院	直轄市定古蹟	新北市三重区五谷王北街 77 号	二つの流派の職人が競い合って建てた寺院。農業の神を祀る。
中和区「圓通禪寺」	寺院	直轄市定古蹟	新北市中和区圓通路 367 巷 64 号	台湾の伝統的な寺院と、西洋と、日本の様式を融合した仏教寺院。

頂泰山巖	寺院	直轄市定古蹟	新北市泰山區明志村應化街 32号	名匠の陳應彬が設計した寺院で、屋根のデザインは多様で豊かである。
新店劉氏家廟（啟文堂）	祠堂	歴史建築	新北市新店区民生路 86 巷 43 号	優れた洗い出し仕上げの供物台がある。主要な構造部は RC 造だが、豊かな装飾がある。
理學堂大書院	書院	国定古蹟	新北市淡水区真理街 32 号	馬偕が建てた神学校であり、台湾における高等教育の始まりでもある。
明志書院	書院	歴史建築	新北市泰山區明志路二段 276 号	左の妻壁には、貴重な「興直堡新建明志書院碑」という石碑が残されている。
深坑黄氏永安居	邸宅	直轄市定古蹟	新北市深坑区北深路三段 8 号	山間部にある三合院で、数十個の銃眼を持つ北部型の民家。
蘆洲李宅	邸宅	直轄市定古蹟	新北市蘆洲区中正路 243 巷 19 号	台湾の言葉で「大厝九包五, 三落百二門」（大きな邸宅は、邸宅の間口が九間、門の間口が五間、主要な建物が三つあり、門と窓が百二箇所ある）と呼ばれる大邸宅。
淡水重建街街屋	町家	直轄市定古蹟	新北市淡水区重建街 14、16 号	1930 年代に建てられ、後にレンガ壁と鉄骨造で補強された町家。
林本源園邸	庭園	国定古蹟	新北市板橋区西門街 42－65 号及び 9 号	清朝時代の台湾を代表する個人庭園。
吳沙墓	墓	直轄市定古蹟	新北市貢寮区仁里段 522 地号	宜蘭平原を開拓した吳沙の墓。
馬偕墓	墓	直轄市定古蹟	新北市淡水区真理街 26 号	長老派教会の宣教師・馬偕の墓。
滬尾砲台	砲台	国定古蹟	新北市淡水区中正路一段 6 巷 31 号	門額（扁額）に劉銘傳の直筆の題字がある砲台。
瑞芳四腳亭砲台	砲台	直轄市定古蹟	新北市瑞芳区瑞亭段 1、66 及び 76 地号	日本統治時代後期に建設された基隆港の要塞砲台の一つである。
淡水紅毛城	領事館	国定古蹟	新北市淡水区中正路 28 巷 1 号	オランダ、清、日本の各統治時代に建設された 3 つの異なる類型の建物が含まれている。
原英商嘉士洋行倉庫	洋行※	直轄市定古蹟	新北市淡水区鼻頭街 22 号	茶の倉庫から石油製品の倉庫に変わった古蹟。
淡水禮拜堂	教会	直轄市定古蹟	新北市淡水区馬偕街 8 号	ゴシック様式を模したレンガ造教会。馬偕の子息による設計。
前清淡水總税務司官邸	官公庁	直轄市定古蹟	新北市淡水区真理街 15 号	アーケード（アーチの連続で側面が構成されたベランダ）を持つコロニアルスタイルの建築。
新店二十張景美軍事看守所	官公庁	歴史建築	新北市新店区復興路 131 号	戒厳令下（1949-1987）における白色テロ（国民党政権が反体制派に行った弾圧）の刑務所。
菁桐車站	鉄道駅	直轄市定古蹟	新北市平溪区菁桐街 52 号	木造とレンガ造を組み合わせた小さな鉄道駅。
滬尾小學校禮堂	学校	直轄市定古蹟	新北市淡水区建設街 1 巷 7 号	レンガ造切妻屋根の西洋式の建築。
滬尾偕醫館	医院	直轄市定古蹟	新北市淡水区馬偕街 6 号	台湾に現存する一番古い西洋医学の診療所。
新莊樂生療養院	医院	歴史建築	新北市新莊区中正路 794 号	ハンセン病患者に早期の隔離治療を施した歴史的な場所。

※洋行：外国人が経営する商社。

名称	種類	区分	所在地	レビュー
滬尾水道	産業施設	直轄市定古蹟	新北市淡水区水源街二段 346 巷 5 号	19 世紀末に建築された、台湾初の現代的な水道施設。
金瓜石礦業圳道及び圳橋	産業施設	直轄市定古蹟	新北市瑞芳区金瓜石段 15-5、20-8 地号	水路橋、新旧の道路橋が断面方向に並ぶ珍しい景観。
粗坑發電廠	産業施設	歴史建築	新北市新店区永興路 45 号	台湾で現在も稼働している最古の水力発電所。
台陽礦業公司平渓招待所	日本住宅	直轄市定古蹟	新北市平渓区菁桐村菁桐街 167 号	木造の日本建築である。屋根形状は、内部空間の高低差を反映して組み合わされている。室内の床は、やや高くなっている。日本統治時代中期に北部鉱業の招待所として使用されていた。
金瓜石太子賓館	日本住宅	直轄市定古蹟	新北市瑞芳区金瓜石金光路 6 号	日本の皇太子・裕仁親王の鉱業視察を迎えるために準備された迎賓施設。
淡水街長多田榮吉故居	日本住宅	直轄市定古蹟	新北市淡水区馬偕街 19 号	日本人の商人・街長（地区長）が建設した日本住宅。淡水河を眺めることができる。
三芝三板橋	橋梁	直轄市定古蹟	新北市三芝区土地公埔段三板橋小段 92-1、北新庄子段店子小段 1 地号	最古の構造方法は、石板を並べて橋を作ることである。
三峽拱橋	橋梁	直轄市定古蹟	新北市三峽区礁溪段 264-8 地号	台湾唯一の RC 造アーチ橋。三つのアーチがある。
坪林尾橋	橋梁	直轄市定古蹟	新北市坪林区北勢溪上流川床、坪林茶業博物館左前	歩行路を鋼トラス構造で下から支える上路式の橋で、特殊な力学設計。
碧潭吊橋 （へきたん）	橋梁	直轄市定古蹟	新北市新店区新店捷運站（MRT）隣の碧潭風景区内	台湾の建設技術で建てられた巨大な吊り橋。
雄鎮蠻煙碑	碑	直轄市定古蹟	新北市貢寮区遠望坑段草嶺小段 103 地号	草嶺古道は、先人たちの開墾の苦難とその歴史を象徴する証。

桃園市

初期の住民は、客家の人々が多数であったため、客家の職人の代表作とされる古蹟がいくつか残されている。また、大渓の老街（古い町並み）には優れた町家の例が多く、北部で町家を観察するには最適な場所である。本市には古蹟が 21 箇所、歴史建築が 81 箇所ある。

名称	種類	区分	所在地	レビュー
大渓齋明寺	寺院	直轄市定古蹟	桃園市大渓区員林里齋明街 153 号	名匠の葉金萬が設計した素朴で美しい寺院。
桃園忠烈祠（桃園神社）	寺院	直轄市定古蹟	桃園市桃園区成功路三段 200 号	台湾に現存する最も完全な姿が整う日本式の木造神社建築。
桃園景福宮	寺院	直轄市定古蹟	桃園市桃園区中和里中正路 208 号	競い合って建てた、向かい合う前殿と正殿の木彫りの様式が異なる建築。
壽山巖觀音寺	寺院	直轄市定古蹟	桃園市亀山区萬壽路二段 6 巷 111 号	宮大工・陳應彬の代表的な寺院作品であり、螭虎（龍が生んだ 9 頭の神獣・竜の子の一つ）が彫刻された斗栱（ときょう）が美しい。
龍潭聖蹟亭	寺院	直轄市定古蹟	桃園市龍潭区凌雲村竹窩子段 20 号	台湾に現存する最大の石造の惜字炉（文字の書かれた要らなくなった紙を焼くための炉）。
蘆竹五福宮	寺院	直轄市定古蹟	桃園市蘆竹区五福里五福路 1 号	近代の名匠・廖石成が建てた寺院。木構造の技術が高い。

新屋范姜祖堂	祠堂	直轄市定古蹟	桃園市新屋区新生里中正路110巷9号	台湾でも珍しい二文字の苗字である范姜氏の祠堂。その建築様式に客家人の素朴で優雅な特徴が表れている。
李騰芳古宅（李舉人古厝）	邸宅	直轄市定古蹟	桃園市大溪区月眉里月眉路34号	三合院と四合院を組み合わせた古民家。護室（左右の付属部屋）には減柱法（内部の柱を省略する構法）が使用されている。
楊梅道東堂玉明屋	邸宅	直轄市定古蹟	桃園市楊梅区楊新路三段1巷36号	客家人の一堂多横屋式（正身一棟に対して、護龍が多数ある）を用いた三合院の代表作。
大溪蘭室	町家	歴史建築	桃園市大溪区中山路11、13号	大溪老街の町家の歴史的価値を保護することを目的とした事業例。
黃繼炯公墓園	墓	歴史建築	桃園市亀山区文明路	清代の嘉慶年間の古い墓碑が保存され、墓地も全てが完全に整うだけの規模がある。
白沙岬燈塔	灯台	直轄市定古蹟	桃園市観音区新坡下16号	日本統治時代初期に日本人が設計し、建てられた灯台。
基國派教堂	教会	歴史建築	桃園市復興区基國派段413号	牧師が先導し、原住民の信徒たちと協力して建てた石造りの小さな教会。
大溪公會堂	官公庁	歴史建築	桃園市大溪区普濟路21-3号	かつて総統の臨時の官邸として使用されたが、現在は住民の集会所となっている。
台灣電力公司楊梅倉庫（I棟通風倉庫）	産業施設	歴史建築	桃園市楊梅区中山北路一段423号	アメリカの援助を受けていた時期に流行した、アルミ製のトラス（アメリカから輸入）を用いて構築された。
大溪警察局宿舍群	日本住宅	歴史建築	桃園市大溪区普濟路5、7、17、19、21、23、23-1、25、27、52号、普濟路13巷1、2、3、5、6、7、9、11、13、15、17号	警察の階級に応じた等級や、異なる時期に建てられた宿舎群。
大平橋	橋梁	歴史建築	桃園市龍潭区大平村14隣接打鐵坑溪	水圧を弱めるために橋脚が船首の形状を持つ赤レンガ造アーチ橋。建設の経緯を記録した石碑が保存されている。
復興巴陵橋と巴陵一、二号隧道	橋梁	歴史建築	桃園市復興区巴陵橋及び両端のトンネル（北端：台七号線45k+900処、南端：台七号線46k+200処）	唐栄台北機械工場が製造した鋼構造の吊り橋。
大溪武德殿	その他	歴史建築	桃園市大溪区普濟路33号	屋根には、現在では珍しい平板の石綿（アスベスト）瓦を使用。

新竹市

清朝時代には淡水庁の役所が置かれたため、多くの漢民族の文化の伝統を伝える古蹟が含まれている。また、日本統治時代に残された鉄道駅、官公庁、軍需工場、水道施設などもあり、この都市が台湾の歴史において重要であることを示している。本市には古蹟が35箇所、歴史建築が23箇所ある。

名称	種類	区分	所在地	レビュー
竹塹城迎曦門	城郭	国定古蹟	新竹市東区東門街中正路口	現存する淡水庁城の唯一残る城門。入母屋造に二重の屋根が特徴。
新竹神社殘蹟及び、その附属建築	寺院	市定古蹟	新竹市北区崧嶺路122号	客雅山にある日本神社。建物の遺構が今も少し残っている。

新竹都城隍廟	寺院	市定古蹟	新竹市北区中山里中山路 75 号	台湾で唯一の省級（都に相当）の都城隍廟は、近代中国の泉州の名匠・王益順によって改築されたもので、美しい彫刻が施されている。
新竹鄭氏家廟	祠堂	市定古蹟	新竹市北区北門里北門街 175 号	この廟の前には、複数の鄭一族の人々が中挙（清代の科挙試験の一つである郷試に合格した人を挙人と呼ぶ。その略称）したことを示す旗竿が立てられている。
新竹市孔廟	孔子廟	歴史建築	新竹市東区公園路 289 号	城内にあった孔子廟は、一部の石材や木の梁を解体してから東門外に移築された。
進士第（鄭用錫宅第）	邸宅	国定古蹟	新竹市北区北門里北門街 163 号	開台進士（台湾を開拓した科挙の合格者）と呼ばれた鄭用錫の邸宅。ファサードに多くの石彫りが施されているのが特徴である。
周益記	町家	市定古蹟	新竹市北区北門街 57、59、61 号	間口が五間、室内の幅が三間の店舗で、北門街で最も豪華な外観だ。
楊氏節孝坊	牌坊	市定古蹟	新竹市北区石坊里石坊街 4 号旁	古い街の中に、泉州の白い花崗岩で彫刻した石坊がある。
鄭用錫墓	墓	国定古蹟	新竹市東区光鎮里客雅段 447 之 36 地号	人、馬、羊、筆、印鑑などの石の彫刻が置かれた清朝時代の大きな墓。
新竹州廳	官公庁	国定古蹟	新竹市北区大同里中正路 120 号	赤レンガと洗い出し仕上げの上品な組み合わせで建てられた洋風建築。
新竹州市役所	官公庁	市定古蹟	新竹市中央路 116 号	折衷様式の市役所。
新竹火車站	鉄道駅	国定古蹟	新竹市東区中華路二段 445 号	縦貫線（南北を通じる鉄道路線）に唯一残る台中火車站（駅）と同時代の歴史建築。
新竹信用組合	銀行	市定古蹟	新竹市大同路 130 号	1930 年代の近代建築。
新竹高中劍道館（前新竹武道場）	学校	市定古蹟	新竹市学府路 36 号	レンガ造建築。スパン（梁間）長い木造小屋組が特徴。
新竹國小百齢楼	学校	市定古蹟	新竹市東区興学街 106 号	何度もの学校の移転を経て、現存する最古の校舎。
日本海軍第六燃料廠新竹支廠	産業施設	歴史建築	新竹市東区建美路 24 巷 6 号周辺	台湾の北部に唯一保存された第二次世界大戦時期の大型軍事工場の遺構。
新竹水道	産業施設	市定古蹟	新竹市東区博愛街 1 号	新竹市の近代化の発展を象徴する上水道施設。
辛志平校長故居	日本住宅	市定古蹟	新竹市東門街 32 号	前後に庭園のある日本式の宿舎。辛校長は多くの優秀な人材を育てた。
新竹少年刑務所職務官舎群	日本住宅	歴史建築	新竹市北区廣州街及延平路一段処、計十八棟	刑務官の階級に応じた等級や、異なる時期に建てられた宿舎および共同浴室。
新竹州圖書館	その他	市定古蹟	新竹市文化街 8 号	1930 年代に流行した建築様式の建物。
康樂段防空碉堡	その他	市定古蹟	新竹市北区康楽段 396 地号（新竹市東大路三段 335 巷 42 号横）	第二次世界大戦末期に日本軍が米軍の爆撃に対抗するために設置した防空施設。

新竹県

北台湾における客家族の中心地の一つである新竹県には、客家の伝統的な家屋、寺院、祠堂などの多くの古蹟が保存されている。また、日本軍が建設した原住民を鎮圧するための隘勇監督所も珍しい存在だ。本県には古蹟が 25 箇所、歴史建築が 28 箇所ある。

名称	種類	区分	所在地	レビュー
北埔慈天宮	寺院	県定古蹟	新竹県北埔郷北埔村 1 号	新竹県東南部の山沿いを開拓した金広福の組織が建てた守護廟で、観音菩薩が祀られている。
新埔褒忠亭	寺院	県定古蹟	新竹県新埔鎮下寮里義民路三段 360 号	台湾北部で最も壮大な褒忠廟で、客家人の信仰の中心となっている。寺院の裏には墓がある。
關西太和宮	寺院	県定古蹟	新竹県関西鎮大同路 30 号	徐清が 1930 年代に設計した寺院である。梁と斗栱の関係は力学的に美しい。寺院の中には、峰前村から来た石工の蔣による石彫りや陶芸家の蘇陽水の作品もある。
竹北采田福地	祠堂	県定古蹟	新竹県竹北市中正西路219巷38号	平埔族（平地に住む原住民族）の中国化の証。
新埔劉家祠	祠堂	県定古蹟	新竹県新埔鎮新生里和平街 230 号	北部の客家地域にある典型的な祠堂で、レンガ造と木工事が優れている。
關西豫章堂羅屋書房	書院	歴史建築	新竹県関西鎮南山里 7 鄰 46 号	作りが繊細な私設の学校で、三合院の形が完全に保存されている。
金廣福公館	邸宅	国定古蹟	新竹県北埔郷北埔村 5 鄰中正路 1 号及 6 号	外観は質素だが、福建省と広東省の移住者が協力して開拓した、その証としての古蹟。
北埔姜阿新洋樓	邸宅	県定古蹟	新竹県北埔郷北埔街 10 号	新竹の山沿いにある典型的な客家邸宅。
新埔上枋寮劉宅	邸宅	県定古蹟	新竹県新埔鎮上寮里義民路二段 460 巷 42 号	規模が大きく、よく保存されている客家の古民家。後ろに山、前に水があり、古民家の外観が美しい。
尖石 Tapung 古堡（李崠隘勇監督所）	砲台	県定古蹟	新竹県尖石郷玉峰村 7 鄰馬美村落	清朝時代の隘勇線（原住民族が住む山地を柵で包囲して閉じ込める措置）の現存する数少ない遺構。
老湖口天主堂	教会	歴史建築	新竹県湖口郷湖口老街 108 号	山の斜面に沿って建てられた教会で、イエズス会の神父によって建てられた。
關西分駐所	官公庁	県定古蹟	新竹県関西鎮東興里大同路 23 号	農村部では珍しい非木造の警察分駐所で、立面には洋風の装飾が施されている。
竹東車站	鉄道駅	歴史建築	新竹県竹東鎮東林路 196 号	森林資源開発と工業発展を促進するために建設された内湾支線鉄道の証。
新湖口公學校講堂	学校	県定古蹟	新竹県湖口郷愛勢村民族街 222 号	スパン（梁間）が長い木造小屋組構造を、レンガ造の耐力壁で支える小学校講堂。
關西台灣紅茶公司	産業施設	歴史建築	新竹県関西鎮中山路 73 号	關西の羅家が 1930 年代に創立した。現在も多数の文物を展示し、文化創造の視点から積極的に運営している。
植松材木竹東出張所	産業施設	歴史建築	新竹県竹東鎮東林路 131 号	日本統治時代に沢山の重要な建物の木材を提供した、植松材木店の歴史の証。
蕭如松故居建築群	日本住宅	歴史建築	新竹県竹東鎮榮樂街 68 巷 1 号 -26 号	地元の画家の旧宅を中心に、五棟の日本式の宿舎が保存されている。
關西東安古橋	橋梁	県定古蹟	新竹県関西鎮東安里中山東路牛欄河辺	昭和年間に建設された五つのアーチで構成された石造りのアーチ橋。

苗栗県は台湾北部において、客家人の集中する地域である。特別な伙房（伝統的な客家人の民家）と寺院、他にも旧山線（鉄道支線の名称）の橋梁、トンネルと鉄道駅、そして油田産業の施設など、台湾において珍しい文化遺産がある。本県には古蹟が12箇所、歴史建築が44箇所ある。

名称	種類	区分	所在地	レビュー
中港慈裕宮	寺院	県定古蹟	苗栗県竹南鎮中美里民生路 7 号	競い合って建てられたため左右で彫刻の様式が異なる寺院建築。
苗栗文昌祠	寺院	県定古蹟	苗栗市緑苗里中正路 756 号	照壁（門の外側にある独立した壁）がある文昌祠（学問の神様の小規模な寺院建築）。
四湖劉恩寛大伙房	祠堂	歴史建築	苗栗県西湖郷四湖村 6 鄰老屋 11 号	何回かの増改築を経ても苗栗の客家の大規模な伙房（伝統的な民家建築）の特徴が保存されている。
山脚蔡氏済陽堂	邸宅	県定古蹟	苗栗県苑裡鎮山脚里 355 号	建築構造と装飾が優れている四合院の邸宅。
頼氏節孝坊	牌坊	県定古蹟	苗栗県苗栗市大同里福星山苗栗段 767-17 地号	四柱三間式（四本の柱と三つの開口）の牌坊で、彫刻の表現が豊かである。かつて移築されたことがある。
鄭崇和墓	墓	国定古蹟	苗栗県後龍鎮龍坑里 16 鄰内	石造の虎、羊、馬、人がある大規模な墓。
舊銅鑼分駐所	官公庁	歴史建築	苗栗県銅鑼郷復興路 56 号	外観は洋風の建築だが、内部には和室がある。
勝興火車站	鉄道駅	県定古蹟	苗栗県三義郷勝興村 9 号	かつて台湾鉄道縦貫線で一番標高が高かった美しい小型の木造駅。
尋常小学校禮堂	学校	歴史建築	苗栗県竹南鎮中正路 92 号	開口部が段々に雁行した普通とは異なるデザインの小学校。
出磺坑舊重機具維修庫	産業施設	歴史建築	苗栗県公館郷開礦村 3 鄰 36 号	油田採掘用の重機の修理工場で、出磺坑油田産業の重要な施設の一つである。
原大湖蠶業改良場建築群	産業施設	歴史建築	苗栗県大湖郷民族路 42 号	特殊産業（養蚕業）のために設計された木造建築群。
苑裡鎮山脚國小日治後期宿舍群	日本住宅	歴史建築	苗栗県苑裡鎮舊社里 47 号	雙拼型（一棟に二軒の住宅が左右に並ぶ）の日本宿舎の好例。
魚藤坪斷橋	橋梁	県定古蹟	苗栗県三義郷魚藤坪段 40-1 地号	山線（鉄道支線の一つ）の橋梁計画の傑作。1935 年の中部大地震で損壊。
臺鐵舊山線—大安溪鐵橋	橋梁	県定古蹟	台湾鉄道の旧山線にある、苗栗三義第七号トンネル南口と台中市后里区間。	20 世紀初頭に架けられた鉄道トラス橋。構造の保存状態は良好である。

昔から農業を中心とした地域であり、多くの大地主を生み出した。彼らは綺麗な邸宅や祠堂を残した。また、考棚（科挙の試験場）と霧峰林家の舞台は、台湾では珍しい福州（中国福建省）式の木構造であり、これらはいずれも台中の至宝である。本市には古蹟が53箇所、歴史建築が111箇所ある。

名称	種類	区分	所在地	レビュー
台灣省城大北門	城郭	歴史建築	台中市北区台中公園内	清朝時代の当時の城門ではないが、台湾省城の歴史の証である。

台中樂成宮	寺院	直轄市定古蹟	台中市東区旱溪街 48 号	名匠・陳應彬が建てた媽祖（海の神様）廟。
梧棲真武宮	寺院	直轄市定古蹟	台中市梧棲区西建路 104 号	玄天上帝（玄武）が祀られている廟。古文物が多数保存されている。
萬和宮	寺院	直轄市定古蹟	台中市南屯区萬和路一段 51 号	漳州（中国福建省漳州市）式の媽祖廟。
台中西屯張廖家廟	祠堂	直轄市定古蹟	台中市西屯区西安街 205 巷 1 号	台湾では珍しく外壁の一部に黒い左官が見られ、内部は美しい壁画が施されている廟。
台中林氏宗祠	祠堂	直轄市定古蹟	台中市南区国光路 55 号	名匠・陳應彬が全盛期に建てた廟。木彫りの技法の質が高い。
台中張家祖廟	祠堂	直轄市定古蹟	台中市西屯区安和路 111 号	台中市の名門、張氏一族が建てた祠堂。
磺溪書院	書院	直轄市定古蹟	台中市大肚区磺渓村文昌路 60 号	レンガの彫刻が最も優れた古建築。
霧峰林宅	邸宅	国定古蹟	台中市霧峰区民生路（頂厝 42 号、下厝 28 号、頤圃 38 号、萊園 91 号）	建築様式は、多数の護室（左右にある建物）を備えた台湾中部型の四合院の古い邸宅である。頂厝と下厝という二つの家系によって建てられた建築群のほとんどは 921 大地震（1999 年 9 月 21 日）で破壊され、再建された花庁（演劇を鑑賞する場所）や舞台も倒壊した。
大甲梁宅瑞蓮堂	邸宅	直轄市定古蹟	台中市大甲区大智街 80 号	民間では珍しく競い合いによって建てられた伝統的な四合院。装飾物の芸術の価値が高い。
后里張天機宅	邸宅	直轄市定古蹟	台中市后里区墩南村南村路 332 号	洋式建築の流行に対する地方の名士の感度を示している。
社口林宅	邸宅	直轄市定古蹟	台中市神岡区社口村文化路 76 号	多数の護室（左右にある建物）を備えた古い邸宅で、建築の様式は台湾中部型の四合院である。
神岡呂家頂瓦厝	邸宅	直轄市定古蹟	台中市神岡区中興路 30 巷 32 号	詔安（中国福建省漳州市）からの客家人の移民の代表作。
清水黃家瀞園	邸宅	直轄市定古蹟	台中市清水区三美路 57 号	泥塑（土製の像）と洗い出し仕上げが綺麗な四合院建築。
筱雲山莊	邸宅	直轄市定古蹟	台中市神岡区三角里大豊路四段 211 号	四合院、書斎、庭園、そして近代住宅を備えた美しい邸宅。
摘星山莊	邸宅	直轄市定古蹟	台中市潭子区潭富路二段 38 号	清朝末期に台湾の中部に建てられた両落多護龍（主要な建物が二棟、左右に附属建物が多数ある）の大邸宅である。彫刻の装飾芸術の価値が高く、特にレンガ彫り、交趾焼と木彫りは台湾一である。
林氏貞孝坊	牌坊	直轄市定古蹟	台中市大甲区庄美里順天路 119 号（與光明路交叉口）	四柱三間（四本の柱と三つの開口）の石造の牌坊。
吳鸞旃墓園	墓	直轄市定古蹟	台中市太平区茶寮段 227 地号	洗い出し仕上げの技法を用いて西洋様式の柱頭（柱の上部）を表現した珍しい家族墓地。
柳原教會	教会	歴史建築	台中市中区興中街 119 号	イギリスの教会建築を模倣して、外国の宣教師が建てたレンガ造の教会。
路思義教堂及び鐘樓（ルースチャペル）	教会	直轄市定古蹟	台中市西屯区台湾大道四段 1727 号	名建築家・貝聿銘と陳其寛によってデザインされた教会建築。外観と構造材料という点で革新的な傑作。

台中州廳	官公庁	直轄市定古蹟	台中市西区民権路 99 号	森山松之助の代表作である三大州庁（台北、台中、台南）の一つ。
台灣府儒考棚	官公庁	直轄市定古蹟	台中市西区民生路 39 巷内	台湾でも数少ない福州（中国福建省）式木造建築。
内埔庄役場	官公庁	直轄市定古蹟	台中市后里区公安路 84 号	1930 年代に建てられた村役場。平面が対称で堅固な構造を持つ。
台中市役所	官公庁	歴史建築	台中市西区民権路 97 号	ドームのある古典様式の外観で、台湾で最も壮観で華麗な建築の市役所。
台中火車站	鉄道駅	国定古蹟	台中市中区建国路一段 172 号	縦貫線で最も華麗なルネサンス様式の鉄道駅。
縦貫鐵路（海線）日南車站	鉄道駅	直轄市定古蹟	台中市大甲区中山路二段 140 巷 8 号	外観は小ぶりでかわいらしい、T 字形の屋根の木造鉄道駅である。待合スペースを増やすため、建物の三方を庇で囲んでいる。
縦貫鐵路（舊山線）泰安車站	鉄道駅	直轄市定古蹟	台中市后里区泰安里福星路 50 号	1930 年代のモダニズムデザインに基づいた小型鉄道駅。
彰化銀行舊總行	銀行	直轄市定古蹟	台中市中区自由路二段 38 号	高くて荘厳な列柱を備えるなど、日本統治時期の銀行建築の典型的な特徴を持つ。
清水公學校	学校	直轄市定古蹟	台中市清水区光華路 125 号	現存する日本統治時期の平屋校舎。
公賣局第五酒廠（台中酒廠舊廠）	産業施設	歴史建築	台中市南区復興路三段 362 号	日本統治時代に創業した醸造場。文化創意園区モデルに基づいて経営管理されている優良事業例。
月眉糖廠「製糖工場」	産業施設	歴史建築	台中市后里区甲后路 864 号	台湾の製糖業の発展を証明する観光化された製糖工場。
台中支局葉煙草再乾燥場建築群	産業施設	歴史建築	台中市大里区中興路二段 704 号	タバコの乾燥工場としては、数少ない最も完全な姿が整う例。
台中刑務所典獄官舎	日本住宅	直轄市定古蹟	台中市西区自由路一段 87 号	日本統治時代の台湾の典獄（刑務所長）官舎を代表する高等仕様の一軒家。
中山綠橋（舊稱：新盛橋）	橋梁	歴史建築	台中市中区中山路と緑川の上	都市にある小さくて精緻な橋梁。
縦貫鐵路（舊山線）大甲溪鐵橋	橋梁	歴史建築	台中市豊原区	1908 年に台湾西部鉄道が全線開通した証となる鉄道橋梁。
中山公園湖心亭	その他	直轄市定古蹟	台中市北区公園路 37-1 号	台湾鉄道の縦貫線（南北を通じる鉄道路線）開通の記念として建てられた和洋折衷様式の建物。
北溝故宮文物典藏山洞	その他	歴史建築	台中市霧峰区吉峰里	1950 年代に故宮の文物が台中市にあった期間における文物の重要な倉庫。

彰化県

彰化平原は肥沃な土地に恵まれ、早い時期から開発が進んだ。古蹟は、漢民族の文化の伝統的な様式が中心で、特に寺院建築が多く見られる。鹿港は、清朝の初期から商業港として栄え、多くの豊かで精巧な古蹟が残されている。本県には古蹟が51箇所、歴史建築が78箇所ある。

名称	種類	区分	所在地	レビュー
鹿港隘門	城郭	県定古蹟	鹿港鎮洛津里後車巷47号の前	台湾で唯一現存する市街の隘門（敵の侵入を防御するための門）。門額には「門迎後車」と書かれている。
鹿港龍山寺	寺院	国定古蹟	彰化県鹿港鎮金門街81号	台湾における清朝時代の仏教寺院の中で、建築芸術の水準が最も高い作品である。舞台の天井は、八角藻井（八卦の形のドーム状の天井）の仕様である。
元清観	寺院	国定古蹟	彰化県彰化市光華里民生路207号	「観」という名前を持つ珍しい道教の廟。
聖王廟	寺院	国定古蹟	彰化県彰化市富貴里中華路239巷19号	漳州（中国福建省）様式の建築。開漳聖王（道教の神様）を祀っている。
定光佛廟 （汀州會館）	寺院	県定古蹟	彰化県彰化市長楽里光復路140号	福建省汀州からの少数の移民が建てた寺院で、宋朝時代の定光古仏（移民の故郷の守護神）を祀っている。
南瑤宮	寺院	県定古蹟	彰化県彰化市南瑤里南瑤路43号	建築様式が鹿港天后宮に似ており、後殿には洋式の要素を取り入れた珍しい寺院。
鹿港天后宮	寺院	県定古蹟	彰化県鹿港鎮中山路430号	恵安渓底（中国福建省恵安県の地名）の名匠・王益順によって修復された有名な媽祖廟である。前殿と正殿は、二つの流派の職人が競い合って建てた建築。
大村賴景祿公祠	祠堂	県定古蹟	彰化県大村郷南勢村南勢巷1号	福建からの移民である賴氏の守護廟であり、地元の職人によって設計・施工された。
節孝祠	祠堂	県定古蹟	彰化県彰化市卦山里公園路1段51号	正殿は視界を広く保つため、移柱工法（柱を外部に移動する）を採用した建築。
彰化孔子廟	孔子廟	国定古蹟	彰化県彰化市孔門路30号	この孔子廟の建築の装飾は台湾一である。
道東書院	書院	国定古蹟	彰化県和美鎮和西里和卿路101号	完全な姿が整う清朝時代の学問所。
興賢書院	書院	県定古蹟	彰化県員林鎮三民路1号	正殿（主要な建築物）内の彩色画は名匠の手によるもので、色使いは優雅である。
馬興陳宅 （益源大厝）	邸宅	国定古蹟	彰化県秀水郷馬興村益源巷4号	広い面積を持つ古建築で、家の前には中挙を示す旗竿が立てられている。
永靖餘三館	邸宅	県定古蹟	彰化県永靖郷港西村中山路一段451巷2号	正堂（主要な居室）の外の脇にあずまやが付き、門楼（門の両側に空間）がある清朝の光緒時代の邸宅。
鹿港元昌行	町家	歴史建築	彰化県鹿港鎮中山路188号	鹿港の重要な商業街にある代表的な細長い町家で、二階まで吹き抜けの光庭がある。
員林曹家開台祖塋	墓	歴史建築	彰化県員林鎮大峰巷と中州技術学院の間，元第一公墓	外周の腰壁が玉砂利で築かれた大規模な墓。
埔心羅厝天主堂 原教堂 （文物館）	教会	歴史建築	彰化県埔心郷羅厝村羅永路109号	3回建て直された台湾の中部で最古のカトリック教会の一つ。

名称	種類	区分	所在地	レビュー
原彰化警察署	官公庁	県定古蹟	彰化県彰化市民生路 234 号	1930 年代の街角にあった典型的な都市型の警察署。
溪湖糖廠五分車站	鉄道駅	歴史建築	彰化県溪湖鎮彰水路二段 762 号	幅の広いレールと狭いレールが混在する製糖工場の駅。
二林公學校禮堂	学校	歴史建築	彰化県二林鎮東和里斗苑路五段 22 号	外観に扶壁（控え壁）と下見板張り仕上げを持つ木造建築。
原嘉義廖氏診所	医院	歴史建築	彰化県花壇郷湾雅村三芬路 360 号	台湾初の女性産婦人科医が使用した木造診療所。
彰化扇形車庫	産業施設	県定古蹟	彰化県彰化市彰美路一段 1 号	台湾で唯一比較的完全な形で残されている蒸気機関車の修理車庫。
福興郷農會碾米廠及び穀倉	産業施設	歴史建築	彰化県福興郷橋頭村復興路 27 号	一列の太子楼（屋根の上にある通気用構造物）が設けられた防湿設計の施設。
二林公學校職員宿舍群	日本住宅	歴史建築	彰化県二林鎮東和里斗苑路五段 22 号	校長、主任、そして教師の各等級に応じた日本式の宿舍群。
西螺大橋（北段）	橋梁	歴史建築	彰化県溪州郷水尾村	第二次世界大戦後、アメリカの援助で建設された鋼製道路橋。橋脚は第二次世界大戦前にすでに完成している。
彰化市武德殿	その他	県定古蹟	彰化県彰化市公園路一段 45 号	鉄筋コンクリートで日本の木造社殿の様式を模して建てられた建築。

南投県

南投県は海に隣接しておらず、最も多くの原住民族が暮らしているにもかかわらず、漢民族の文化からの影響を強く受けている。そのため、書院（書庫や私塾）の古蹟が3箇所ある。第二次世界大戦後、台湾省（中華民国台湾省）政府がここに設置され、これに関連する建築物の多くが文化資産（文化財）に指定されている。本県には古蹟が 15 箇所、歴史建築が 38 箇所ある。

名称	種類	区分	所在地	レビュー
楠仔脚蔓社學堂遺跡	原住民集落	県定古蹟	南投県信義郷望美村部落	劉銘傳が台湾を治めていた時期に設立された番学堂（原住民の学校）の遺跡。
月眉厝龍德廟	寺院	県定古蹟	南投県草屯鎮碧山路 1158 号	この建物はかつて水害で浸水したが、現在は基礎を高くして改修された。
竹山社寮敬聖亭	寺院	県定古蹟	南投県竹山鎮社寮里集山路一段 1738 号	全て石で彫られた惜字炉（せきじろ）は、学問を敬う証である。
竹山連興宮	寺院	県定古蹟	南投県竹山鎮竹山里下横街 28 号	台湾の中部にある漳州様式の廟。
南投縣陳姓宗親會西水祠	祠堂	歴史建築	南投県名間郷新街村客庄巷 1 号	921 大地震後、損傷を受けたが、修復された祠堂。
祭祀公業張琯溪公宗祠	祠堂	歴史建築	南投県南投市平和里南陽路 196 巷 20 号	日本の大正時代に建てられた四合院の代表作。
明新書院	書院	県定古蹟	南投県集集鎮永昌里東昌巷 4 号	小学校の学区と結びついている書院。内部の雰囲気が静かで、文昌帝君（学問の神様）を祀っている。
登瀛（とうえい）書院	書院	県定古蹟	南投県草屯鎮新庄里史館路文昌巷 30 号	静かな敷地にある、完全な姿が整う建物。正堂（主要な建築）の屋根は、切妻造と入母屋造が混在し、非常に特殊である。

藍田書院	書院	県定古蹟	南投県南投市崇文里文昌街 140号	近代に書院から徐々に廟へと変わり、文昌帝君と孔子を祀っている。
草屯燉倫堂	邸宅	県定古蹟	南投県草屯鎮茄荖里 13 鄰芬草路 335 号	漳州様式の建築である。切妻造の屋根と木構造の小屋組は漳州によく見られる様式。
國姓郷南港村―林屋伙房	邸宅	歴史建築	南投県国姓郷南港村 16 鄰南港路 40-1 号	多くの伙房（客家人の伝統的な住宅）が保存されている集落を代表する三合院。
頼家古厝	邸宅	歴史建築	南投県水里郷永興村林羽巷 141、142、143 号	正身（主建築）および護龍に軒廊（屋根つきの渡り廊）が設置されている三合院。
林鳳池擧人墓	墓	県定古蹟	南投県鹿谷郷初郷村中村巷 23号	墓は質素で、正面には旗竿の台座がある。当地の清朝時代の文人である林鳳池は凍頂烏龍茶を台湾に導入し、反乱の鎮圧にも功績があった。
南投税務出張所	官公庁	歴史建築	南投県南投市康壽里中山街 260号	昭和時代の様式を持つ日本統治時代の官公庁建築。
台灣省政府	官公庁	県定古蹟	南投県南投市中興新村省府路 1号	中華民国の政府が台湾に移転した後、新市街地の概念で計画され、台湾省政府の核となった。
集集火車站	鉄道駅	歴史建築	南投県集集鎮民生路 75 号	集集線（鉄道の支線）を代表する木造鉄道駅。
台灣銀行中興新村分行	銀行	歴史建築	南投県南投市中興新村光華路 11号	台湾省政府が設立後、中興新村（政府所在地）およびその周辺地域の重要な金融機関となった。
國立中興大學實驗林管理處埔里連絡站（原北海道帝國大學農學部附屬台灣演習林辦公室）	学校	歴史建築	南投県埔里鎮隆生路 86 号	和洋折衷様式の木造の小規模な事務所。
新庄國小禮堂	学校	歴史建築	南投県草屯鎮芬草路 219 号	921 大地震でも倒壊しなかった小学校の旧講堂。
台中菸葉場竹山輔導站（原專賣局台中支局竹山葉煙草收納場）	産業施設	歴史建築	南投県竹山鎮竹山里祖帥街 32 号	台湾中部地方では珍しい、タバコの農家からタバコの葉を購入するタバコ買い付け場である。
行政院農業委員會茶業改良場魚池分場	産業施設	歴史建築	南投県魚池郷水社村中山路 270巷 13 号	今でもまだ生産製造の機能を持つ日本統治時代の茶工場。
添興窯及び付屬施設	産業施設	歴史建築	南投県集集鎮田寮里楓林巷 10 号	921 大地震で深刻な被害を受けたが、すでに修復を終えた古い蛇窯（細長く伸びた単室の窯）。
竹山隆恩圳隧渠	産業施設	県定古蹟	南投県竹山鎮富州里（吊橋頭集集攔河口南側）	数少ない清朝時代の用水路の遺跡。
新庄國小日治宿舍	日本住宅	歴史建築	南投県草屯鎮新庄里新庄三路 32号	日本統治時代の典型的な小学校教職員の宿舍。
國姓郷北港溪石橋（糯米橋）	橋梁	県定古蹟	南投県国姓郷北港村第 10 鄰	日本統治時代に建てられた 4 連石造アーチ橋。
八通關古道	その他	国定古蹟	南投県至花蓮県玉里鎮（清光緒元年から着工の古道）	清朝時代に中央山脈を横断していた古道は、地面の多くを石板で舗装されており、歳月の痕跡が見られる。

名称	種類	区分	所在地	レビュー
武徳殿	その他	歴史建築	南投県南投市彰南路 2 段 65 号	日本統治時代の武徳殿（道場）は、南投県の歴史博物館として再利用された。

<table>
<tr><td>雲林県</td><td colspan="2">雲林県は重要な製糖地域であり、虎尾と北港の製糖工場はまさに製糖業発展の証である。また、北港の朝天宮は、台湾の媽祖信仰（海の女神）の代表であり、麥寮の拱範宮は泉州と漳州の名匠の作品である。これらは非常に文化的な価値が高いため、国定古蹟に指定されている。本県には古蹟が 21 箇所、歴史建築が 48 箇所、集落建築群が 1 箇所ある。</td></tr>
</table>

名称	種類	区分	所在地	レビュー
北港朝天宮	寺院	国定古蹟	雲林県北港鎮中山路 178 号	豊かな歴史、そして優れた建築技術と精緻な彫刻を持ち、多くの参拝者で賑わう媽祖廟。
麥寮拱範宮	寺院	国定古蹟	雲林県麥寮郷麥豊村中正路 3 号	多くの名匠たちが競い合うように建てた名作。高い芸術的価値を有している。
大埤三山國王廟	寺院	県定古蹟	雲林県大埤郷大徳村新街 20 号	石彫りが精緻な客家人の廟。
西螺廖家祠堂	祠堂	県定古蹟	雲林県西螺鎮福興里 15 鄰福興路 222 号	外観が整った、優美な祠堂。
西螺振文書院	書院	県定古蹟	雲林県西螺鎮廣福里興農西路 6 号	間口が三間の軒亭（正庁から軒が外に延びたあずまやのようなところ）を持つ書院。
古坑東和陳宅	邸宅	歴史建築	雲林県古坑郷東和村文化路 115-1 号	詔安（現・中国福建省漳州市詔安）の民族が古坑（地名）で発展した証。
北港集雅軒	町家	県定古蹟	雲林県北港鎮博愛路 62 号	北管（伝統楽器）の楽団である集雅軒が使用している古い町家。
口湖下寮萬善同歸塚	墓	県定古蹟	雲林県口湖郷下崙村下寮仔北側	津波の犠牲者の遺骨を集めて合同埋葬した小規模な墓。
口湖文生天主堂	教会	歴史建築	雲林県口湖郷湖東村文明路 125 之 3 号	着任した神父によって設立された質素な教会。
虎尾郡役所	官公庁	歴史建築	雲林県虎尾鎮公安里林森路一段 498 号	台湾でも数少ない木造とレンガ造の混構造の官庁建築。
原二崙派出所	官公庁	県定古蹟	雲林県二崙郷崙西村中山路 102 号	大正時代の和洋折衷様式の木造事務所（元交番）。
虎尾糖廠虎尾驛	鉄道駅	歴史建築	雲林県虎尾鎮中山路 10 号	旅客輸送と小型鉄道のための小規模な木造駅舎。
原北港農校校舎	学校	歴史建築	雲林県北港鎮新街里 19 鄰太平路 80 号	第二次世界大戦後の初頭に建てられた平屋建ての校舎。
林內濁水發電所	産業施設	県定古蹟	雲林県林内郷烏塗村烏塗 100 号	烏山頭ダムの建設工事のために建造された発電施設。
北港自來水廠歴史建築群	産業施設	歴史建築	雲林県北港鎮民生路 1 号	北港朝天宮の援助により建設された水道施設。
西螺戲院	産業施設	歴史建築	雲林県西螺鎮観音街 2 号	ファサードに巨大で華やかな山型の壁を持つ。
虎尾糖廠第一公差宿舎	日本住宅	県定古蹟	雲林県虎尾鎮民主九路 1 号	視察に訪れた高官を接待するための製糖工場の招待所。

虎尾糖廠廠長宿舍	日本住宅	県定古蹟	雲林県虎尾鎮民主九路 7 号	和洋折衷様式の日本式の戸建て住宅。
虎尾糖廠鐵橋	橋梁	県定古蹟	雲林県虎尾鎮 1082-1、1082-2 地号	英国の会社が設計し、日本の建設会社が施工した鉄橋。

嘉義市

地域の開発が非常に早く、清朝時代初期にはすでに城が築かれていた。日本統治時代には阿里山の林業と森林鉄道の起点となったため、町が繁栄した。これらは、古蹟の種類に反映されているだけでなく、建築材料も木造が多数を占めている。本市には古蹟が 16 箇所、歴史建築が 23 箇所、記念建築が 1 箇所ある。

名称	種類	区分	所在地	レビュー
嘉義城隍廟	寺院	国定古蹟	嘉義市東区民族里呉鳳北路 168 号	名匠・王錦木が改修した木彫りが精緻な城隍廟。
嘉義仁武宮	寺院	市定古蹟	嘉義市東区北栄街 54 号	木彫りと石彫りが精緻な古寺。
日本神社附属館所	寺院	市定古蹟	嘉義市公園街 42 号	典型的な日本の木造建築で、木工の技法が高い。
嘉義蘇周連宗祠	祠堂	市定古蹟	嘉義市東区垂楊路 326 号	祠堂は民家を改築したもので、木構造には泉州派（中国福建省の職人の流派）の特徴がある。
王祖母許太夫人墓	墓	市定古蹟	嘉義市東区盧厝里羌母寮 41 号	清朝時代の水師提督（海軍の最高位の階級）・王得禄に関連する古墳。
嘉義西門長老教會禮拝堂	教会	市定古蹟	嘉義市西区導民里 15 鄰垂楊路 309 号	外壁が下見板張り仕上げの木造教会建築。
菸酒公賣局嘉義分局	官公庁	市定古蹟	嘉義市西区中山路 659 号	1930 年代のモダニズムの影響を受けた建築。
嘉義舊監獄	官公庁	国定古蹟	嘉義市東区太平里 4 鄰雄新路 140（舊監獄）、142（舊看守所）号	台湾に唯一残る日本統治時代の放射状平面の監獄。
阿里山鐵路北門驛	鉄道駅	市定古蹟	嘉義市東区共和路 482 号	小さな木造の鉄道駅。
嘉義火車站	鉄道駅	市定古蹟	嘉義市西区中山 528 号	1930 年代の折衷様式の建物。外観に茶色のタイルを貼ることで防空機能（迷彩機能）を持たせている。
水源地沈澱井及び濾過井	産業施設	歴史建築	嘉義市東区民権東路 46 号	ゆっくり濾過する技術を持つ水道施設である。機械室の庇に精緻な鉄製部品がある。
原嘉義製材所（竹材工藝品加工廠）	産業施設	歴史建築	嘉義市東区泰安里 6 鄰林森西路 4 号	阿里山（山の名称）の檜で建てられた製材工場。
原嘉義農林學校校長官舍	日本住宅	市定古蹟	嘉義市東区内安里 8 鄰忠孝路 188 号	当時の嘉義の林業の繁栄を反映した木造の宿舍。
嘉義市共和路與北門街林管處國有宿眷舍	日本住宅	歴史建築	嘉義市東区共和街 191 巷 1-12 号 199 巷 1-11 号 201 巷 2-5 号 243 巷 2.4-7 号 356 巷 2-8 号 378 巷 1-12 号 14-17 号 382.384.354.372 号北門街 1-3 号 19.19-1.21 号共 65 戸	日本式の宿舍のほかに、戦後初期の軍人家族用の住宅も含まれている。現在は檜意森活村（林業の文化など展示するための建築群）として計画されている。
道爺圳糯米橋	橋梁	市定古蹟	嘉義市東区宣信街と立仁路の交差点、芳草橋の下	清朝時代に建てられた単径間石造アーチ橋。

名称	種類	区分	所在地	レビュー
八獎溪義渡	碑	市定古蹟	嘉義市東区短竹里彌陀路 1 号（彌陀寺）前	台湾に残る数少ない義渡碑（無料で渡船を経営する人を記念する碑）。
嘉義營林倶樂部	その他	市定古蹟	嘉義市東区共和路 370 号	普通とは異なるデザインを持つ木造洋館。

嘉義県	東側の山脈は森林資源が豊富で、日本人が積極的に開発伐採したため、この地域には林業関連の産業施設が多くある。また、台湾全土でも珍しい清朝時代の高官の大規模な墓があり、国定古蹟に指定されている。本県には古蹟が 22 箇所、歴史建築が 15 箇所ある。

名称	種類	区分	所在地	レビュー
笨港水仙宮	寺院	国定古蹟	嘉義県新港郷南港村 3 鄰舊南港 58 号	清朝時代の乾隆年間の石柱が保存されている水神廟。内壁の浮彫の技術が非常に高い。笨港の港の変化の証である。
大士爺廟	寺院	県定古蹟	嘉義県民雄郷中楽村中楽路 81 号	漳州と泉州の武力闘争を記念する廟。
六興宮	寺院	県定古蹟	嘉義県新港郷渓北村 9 鄰渓北路 65 号	名匠・陳應彬の傑作。本殿に八角形の藻井（ドーム状の天井）がある。
半天巖紫雲寺	寺院	県定古蹟	嘉義県番路郷民和村 2 鄰岩仔 6 号	山地にある木構造が優れた古寺。前殿に多数の吊筒（軒下にある構造物の一種）があるのが特徴。
朴子配天宮	寺院	県定古蹟	嘉義県朴子市開元路 118 号	名匠・陳應彬が競い合って建てた媽祖廟。
新港大興宮	寺院	県定古蹟	嘉義県新港郷大興村 12 鄰中正路 73 号	前殿に突出した軒亭（軒下の空間）が拝亭（参拝する空間）になる典型的な例。
新港奉天宮	寺院	県定古蹟	嘉義県新港郷大興村 3 鄰新民路 53 号	名匠・呉海桐と洪坤福の代表作。木彫と交趾焼が傑作。
後寮羅氏宗祠	祠堂	歴史建築	嘉義県水上郷南和村後寮 9 鄰 2 之 1 号の隣（隣にある協天宮の所在地を表示）	北港鎮の職人が建てた祠堂建築。
義竹翁清江宅	邸宅	県定古蹟	嘉義県義竹郷六桂村六桂段 261 号	正門から入って最初の建物がレンガ造二階建ての四合院建築。
番路鄭家古厝	邸宅	歴史建築	嘉義県番路郷觸口村 10 鄰埔尾 16 号	外壁を板張りで仕上げた伝統的な邸宅。
王得祿墓	墓	国定古蹟	嘉義県六脚郷雙涵村東北方の農地	墓前の石象生（墓の守護や威厳を表すための、石彫の動物や人型）が完全に保存されており、力強い彫刻様式を持つ清朝時代の高官の大規模な墓。
原台灣總督府氣象台阿里山觀所	官公庁	県定古蹟	嘉義県阿里山郷中正村東阿里山 73-1 号	外観は石積みの基礎と下見板張りの外壁で構成された二階建ての建物。
東石郡役所	官公庁	県定古蹟	嘉義県朴子市平和里光復路 33 号	日本統治時代の地方における郡役所と警察機関が一体となった庁舎の代表例。
竹崎車站	鉄道駅	県定古蹟	嘉義県竹崎郷竹崎村舊車站 11 号	阿里山森林鉄道沿線の小型木造駅舎の代表例。
朴子國小舊禮堂	学校	歴史建築	嘉義県朴子市山通路 11 号	イギリス積み工法による赤レンガ造の建築。

日新醫院	医院	県定古蹟	嘉義県朴子市向榮路 25 号	朴子市の初代西洋医学の医師によって建てられ、病院と住居を兼ね備えた空間となっている。
朴子水道配水塔	産業施設	県定古蹟	嘉義県朴子市文明路 28 号	頂部に小さなあずまやが装飾されている配水塔。
奮起湖車庫	産業施設	県定古蹟	嘉義県竹崎郷中和村奮起湖駅横	阿里山森林鉄道の保線中継基地。
阿里山貴賓館	日本住宅	県定古蹟	嘉義県阿里山郷阿里山国家森林遊楽区内	日本の皇族や高官の視察のために建てられた迎賓館。
中央廣播電台民雄分台日式宿舎區	日本住宅	歴史建築	嘉義県民雄郷民権路 50、52、54、56、58、60、62、66、68、70、72 号共十一棟	昭和時代に建築された日本式の官舎建築群。四種類の等級がある。
樹靈塔	碑	県定古蹟	嘉義県阿里山郷阿里山国家森林遊楽区内	大規模な伐採が行われたため、樹木の霊を祀る記念塔が建てられた。

台南市

台南市は、オランダ統治時代、明鄭（明朝の鄭氏）政権（1661-83）から清朝時代の中期にかけて、台湾の政治・経済の中心であった。歴史が古く、芸術的な価値が高い古蹟も多く、人と文化が集まる豊かな古都である。本市には、古蹟が 138 箇所、歴史建築が 62 箇所、集落建築群が 1 箇所ある。その中でも国定古蹟 22 箇所は全国最多である。

名称	種類	区分	所在地	レビュー
台灣城殘蹟（安平古堡殘蹟）	城郭	国定古蹟	台南市安平区国勝路 82 号	台湾に現存する最古の建築の一つ。
兌悅門	城郭	国定古蹟	台南市中西区忠信里文賢路與信義街 122 巷交差点	台南府城に保存されている防衛のための外郭の遺跡。
熱蘭遮城城垣暨城內建築遺構	城郭	国定古蹟	台南市安平区古堡段 678、679、756、769、771、821、777-1、981、982、984、858、860、849、754、752、748、865 等地号	民家の間に隠れているオランダ統治時代の古い城壁。比較的薄い赤レンガを紅毛土（セメント）で貼り合わせている。
原台灣府城東門段城垣殘蹟	城郭	直轄市定古蹟	台南市東区東門路一段 156 巷 23 号南側，光華街 225 号向こう側	台湾府城の城壁は版築工法が用いられており、層になっていることがわかりやすい。
台灣府城大東門	城郭	直轄市定古蹟	台南市東区東門路一段 320 号前	城門の門洞（高い基壇・基台をくり抜いた門）は清朝時代のもので、城楼（基壇上部の櫓・門楼）は近年に建てられたものである。
台灣府城大南門	城郭	直轄市定古蹟	台南市中西区南門路 34 巷 32-1 号の後ろ	台湾で唯一甕城（防御のために築かれた半月型の城壁）が保存されている城門。
台灣府城城垣南門段殘蹟	城郭	直轄市定古蹟	台南市中西区郡王里大埔街 97 号の後ろ（台南女子高校構内）	版築工法による台湾府城の城壁。
北極殿	寺院	国定古蹟	台南市中西区民権路二段 89 号	明朝末期に建てられた、玄天上帝を祀る廟である。
大天后宮（寧靖王府邸）	寺院	国定古蹟	台南市中西区永福路二段 227 巷 18 号	寧靖王府（明朝の皇族の邸宅）を改築した大規模な媽祖廟。
五妃廟	寺院	国定古蹟	台南市中西区五妃街 201 号	墓と廟を組み合わせた古蹟。

台南三山國王廟	寺院	国定古蹟	台南市北区西門路三段 100 号	典型的な潮州（中国広東省）様式の寺院で、昔は会館としても使用されていた。
台灣府城隍廟	寺院	国定古蹟	台南市中西区青年路 133 号	明朝末期に建てられた城隍廟。
祀典武廟	寺院	国定古蹟	台南市中西区永福路二段 229 号	三川門、拝殿、正殿から後殿に至るまで、妻壁が一体となっており、その造形は壮麗である。
南鯤鯓代天府	寺院	国定古蹟	台南市北門区鯤江里蚵寮 976 号	名匠・王益順による設計。内部の薄暗さは、王爺廟（王爺を祭る霊廟）の典型的な特徴である。
開元寺	寺院	国定古蹟	台南市北区北園街 89 号	鄭経（鄭成功の子息）の北園別館を改築した寺院。
開基天后宮	寺院	国定古蹟	台南市北区自強街 12 号	台南に最も早い時期に建てられた媽祖廟。
全台呉氏大宗祠	祠堂	直轄市定古蹟	台南市中西区觀亭街 52 号	開山撫番総兵（山地を開拓し、原住民を降伏させるという当時の政策の責任者）の呉光亮が建設を呼びかけた祠堂。
陳德聚堂	祠堂	直轄市定古蹟	台南市中西区永福路二段 152 巷 20 号	明朝の鄭氏の幕僚であった陳永華の旧宅を改築した祠堂。
台南孔子廟	孔子廟	国定古蹟	台南市中西区永慶里南門路 2 号	明朝時代の鄭氏政権の時期に建てられた台湾最古の孔子廟で、構造が完全に保存されている。
後壁黃家古厝	邸宅	直轄市定古蹟	台南市後壁区後壁里 40 号	間口が七間のレンガ造の四合院で、わずかに西洋建築のディテールを取り入れている。
鹽水八角樓	邸宅	直轄市定古蹟	台南市鹽水区中境里中山路 4 巷 1 号	塩水地区の葉氏の大規模な家屋に現存する唯一の楼閣建築で、ベランダが八角形になっている。
安平盧經堂厝	邸宅	直轄市定古蹟	台南市安平区安平路 802 号	安平地区に現存する数少ない精美な門を持つ、伝統的な古民家。
台南石鼎美古宅	邸宅	直轄市定古蹟	台南市中西区西門路二段 225 巷 4 号	台南の繁華街に保存されている古民家である。
安平市仔街何旺厝	町家	直轄市定古蹟	台南市安平区延平街 86 号	安平の台湾第一街にある町家は、1920 年代に建てられ、洗い出し仕上げのファサードを持つ。
重道崇文坊	牌坊	直轄市定古蹟	台南市北区公園路 356 号（台南公園燕潭畔内）	文士・林朝英の貢献を表彰する四柱三間（四本の柱と三つの開口）の典型的な石造の牌坊。
接官亭	牌坊	直轄市定古蹟	台南市中西区民權路三段 143 巷 7 号前	清朝時代の官員を送迎するための桟橋の牌坊。
施瓊芳墓	墓	直轄市定古蹟	台南市南区南山公墓内	台南の著名な文人の墓。正面の左右の羽目石は巻物の形となっている。
藩府二鄭公子墓	墓	直轄市定古蹟	台南市南区桶盤淺段墓園内（俗称：旗杆）	鄭成功の二人の子息の墓である。
四草砲台（鎮海城）	砲台	国定古蹟	台南市安南区顯草街一段 381 号	砲台の壁には砲身を納める円形の穴がある。
二鯤鯓砲台（億載金城）	砲台	国定古蹟	台南市安平区光州路 3 号	沈葆楨（台湾に赴任した清朝の大臣）がフランスの技師を招聘して作らせた洋式砲台。
安平小砲台	砲台	直轄市定古蹟	台南市安平区西門里安平小段 1006-7 地号	姚瑩（台湾に赴任した清朝の大臣）がアヘン戦争の期間に建設した砲台。
原德商東興洋行	洋行	直轄市定古蹟	台南市安平区西門里安北路 183 巷 19 号	レンガ造アーチの廊下は、基礎に湿気の浸入を防ぐための通気層があるのが特徴。
原英商德記洋行（台灣開拓史料蠟像館）	洋行	直轄市定古蹟	台南市安平区安北路 194 号	白い外観に大きなアーチが特徴的な洋館。

原台南神學校 校舎暨禮拜堂	教会	直轄市定 古蹟	台南市東区東門路一段 117 号	1950 年に建てられた古典主義の校舎は、戦後初期を代表する最高峰の精緻なつくりである。
赤嵌樓 （せっかんろう）	官公庁	国定古蹟	台南市中西区赤崁里民族路二段 212 号（包括蓬壺書院）	オランダ統治時代の古建築だが、楼閣は清朝末期に建てられた。
原台南州廳	官公庁	国定古蹟	台南市中西区中正路 1 号	森山松之助が設計した三大州庁（台北、台中、台南）の一つ。現在は国立台湾文学館と国立文化資産保存研究センターとなっている。
原台南測候所	官公庁	国定古蹟	台南市中西区公園路 21 号	上層部の円塔と下層部の傘のような十八角形の屋根という特殊な形状は気象観測のためである。
原台南警察署	官公庁	直轄市定 古蹟	台南市中西区南門路 37 号	高低が入り混じる造形は、折衷主義の建築である。
台南火車站	鉄道駅	国定古蹟	台南市北区北門路二段 4 号	1930 年代の折衷主義の近代建築である。アーチ形の縦長窓から光を取り入れ、内部には旅館が併設されている。
保安車站	鉄道駅	直轄市定 古蹟	台南市仁徳区保安村文賢路一段 529 巷 10 号	小規模な木造駅舎で、入口には車寄せが張り出している。
台南土地銀行 （原日本勧業銀行台南支店）	銀行	直轄市定 古蹟	台南市中西区中正路 28 号	巨大な柱廊を持つ銀行建築。
台南二中活動中心（原台南中學校講堂）	学校	直轄市定 古蹟	台南市北区北門路二段 125 号	日本統治時代の典型的な、スパン（梁間）長い学校講堂。
台南女中 （原台南高等女學校）	学校	直轄市定 古蹟	台南市中西区大埔街 97 号	入口の上部に半円形の山型装飾を持つ、造形が優雅な近代建築。
忠義國小禮堂（原台南武德殿）	学校	直轄市定 古蹟	台南市中区忠義路二段 2 号	日本統治時代の中期に多く建てられた鉄筋コンクリート造の日本建築。剣道や柔道の道場として使用された。
原台南高等工業學校校舎	学校	直轄市定 古蹟	台南市東区大学路 1 号（成大成功校区内）	1930 年代初期に建てられた折衷主義の近代建築。中央に入口があり、左右の平面が対称で、壁面は赤いタイルが貼られている。
原日軍台南衛戍病院	医院	直轄市定 古蹟	台南市東区小東路成功大学力行校区内	レンガ造のアーチ型の廊下を持つ病院で、日本統治時代の軍事施設の特徴を持つ。
台南地方法院	法院	国定古蹟	台南市中区府前路一段 307 号	台湾南部で最も保存状態が良いルネサンス様式の建築。
原台南水道	産業施設	国定古蹟	台南市山上区山上里 16 号	台湾南部で保存状態の良い上水道システム。
西市場	産業施設	直轄市定 古蹟	台南市中西区西門路、中正路、正興街與国華街街廓	日本統治時代初期の台湾における大型市場の建築。
原台南州青果同業組合香蕉倉庫	産業施設	直轄市定 古蹟	台南市中西区西門路、中正路、正興街與国華街街廓内	スパン（梁間）が長い木造トラス構造を持つ倉庫。
台灣糖業試驗所	産業施設	直轄市定 古蹟	台南市東区生産路 54 号	1930 年代の産業施設の代表作である。回廊が建築全体を通っている。
原林百貨店	産業施設	直轄市定 古蹟	台南市中西区忠義路二段 63 号	日本統治時代に建てられた百貨店。近代の洋風建築。

原台南安順鹽場運鹽碼頭暨附屬設施	産業施設	直轄市定古蹟	台南市安南区四草野生動物保護区安順鹽場内	玄関ホールが突き出た木造の事務所。和洋折衷の小さな洋館である。
麻豆總爺糖廠	産業施設	直轄市定古蹟	台南市麻豆区南勢里總爺 5 号	台湾で比較的規模が整った製糖工場。平面配置が合理的で機能も完備している。
原台南刑務所官舍	日本住宅	直轄市定古蹟	台南市中西区和意街 16、20 号	日本式の木造宿舎である。典型的な中級役人の住宅。
原台南縣知事官邸	日本住宅	直轄市定古蹟	台南市東区衛民街 1 号	赤レンガ造の洋館の知事公邸。
原台南廳長官邸	日本住宅	直轄市定古蹟	台南市東区育楽街 197 巷 2 号	現在は迎賓施設としても利用されている。
二層行溪舊鐵路橋	橋梁	直轄市定古蹟	台南市仁德区跨高雄市湖内区二仁渓（舊稱二層行渓）の上	昭和時代の複線化工事で建設された鉄道橋。
嘉南大圳曾文溪渡槽橋	橋梁	直轄市定古蹟	台南市官田区省道台 1 線曾文渓橋隣	道路と嘉南大圳（台湾で最大規模の農水施設）の水路を上下に組み合わせた橋。
鹿陶洋江家聚落	集落	集落建築群	台南市楠西区鹿陶洋 354 地号	伝統的なレンガと木造建築が最も多く保存されている単一苗字の集落。
原日軍歩兵第二聯隊營舍	その他	国定古蹟	台南市東区大学路 1 号（成大光復校区内）	日本の明治末期の軍事施設で、西洋の古典様式を採用した代表例である。中央入口には、ギリシャ建築のような巨大なペディメントと 6 本の白い円柱が並ぶなど、その造形は優雅である。
原台南武德殿	その他	直轄市定古蹟	台南市中西区忠義路二段 2 号	台湾で最も規模が大きい武徳殿で、木造を模した鉄筋コンクリート造の建築である。
原台南刑務所要道舘	その他	直轄市定古蹟	台南市中区永福路一段 233 巷 21、23、25、27、29、31 号、和意街 48、50 号	武道館として使用されている。日本式のスパン（梁間）が長い木造住宅である。
原台南放送局	その他	直轄市定古蹟	台南市中西区南門路 38 号	折衷主義とモダニズムの特徴を組み合わせた、平面が非対称の建築である。
原台南愛國婦人會館	その他	直轄市定古蹟	台南市中西区府前路一段 195 号	和洋折衷の近代建築。
原安平港導流堤南堤	その他	直轄市定古蹟	台南市安平区旧安平港海辺	安平港の歴史と地形の変化を物語る運河の堤防。

高雄市　清朝末期の開港から日本統治時代にかけての大規模な港湾建設工事と南進基地（南方進出のための基地。日中戦争の際、南進政策として、南方地域の戦略物資確保のために設置された基地）、そして山間部には客家人の集落があり、内陸部には原住民がいるなど、この地域の古蹟は多様であり、港湾都市と軍事的な特徴の両方を備えている。本市には古蹟が 49 箇所、歴史建築が 48 箇所ある。

名称	種類	区分	所在地	レビュー
茂林區得樂的卡（瑪雅）部落遺址	原住民集落	歴史建築	高雄市茂林区萬山地域	石板家屋の遺跡が多数ある。
鳳山縣舊城	城郭	国定古蹟	高雄市左営区興隆段 158-1 号等	台湾最古の城の一つ。北門の外壁に門神の浮彫があり、台湾でも非常に珍しいものである。

鳳山縣城殘蹟	城郭	直轄市定古蹟	高雄市鳳山区三民路 44 巷内（東便門）、鳳山区中山路 5 巷内（訓風砲台）、鳳山区曹公路曹公廟後方（平成砲台）、鳳山区復興街與立志街口（澄瀾砲台）	砲台と城壁を組み合わせた古蹟。
瀰濃東門樓	城郭	直轄市定古蹟	高雄市美濃区（東門里）東門段 417-1、417-2、745、746 号等	元は六堆地区の客家族の村の門であったが、近代にはコンクリートで改築され、高さも増された。
鳳山龍山寺	寺院	国定古蹟	高雄市鳳山区和徳里中山路 7 号	清朝時代の乾隆年間（1736-95）初期に建てられた寺院。姿は当時のまま保存されている。この寺院の名前は中国・泉州市の安海地区にある龍山寺に由来する。
旗後天后宮	寺院	直轄市定古蹟	高雄市旗津区廟前路 93 号	漢民族が打狗（高雄の旧地名）に来たことを示す最古の歴史的な証。
瀰濃庄敬字亭	寺院	直轄市定古蹟	高雄市美濃区中山路與永安路交差点	レンガ造の六角形の惜字炉。
旗山天后宮	寺院	直轄市定古蹟	高雄市旗山区湄洲里永福街 23 巷 16 号	木構造が優秀な伝統的な寺院建築。龍の柱は古くて美しい。
龍肚庄里社真官伯公	寺院	直轄市定古蹟	高雄市美濃区龍肚里	台湾南部の典型的な客家民族の墓の様式を持つ土地公廟（民間信仰の一つで、鎮守神と似ている）。
鳳山舊城孔子廟崇聖祠	孔子廟	直轄市定古蹟	高雄市左營区蓮潭路 47 号（旧城小学校内）	孔子廟の後殿のみが残り、その他の部分はすべて学校の校庭となった。
鳳儀書院	書院	直轄市定古蹟	高雄市鳳山区鳳崗里鳳明街 62 号	規模の大きい書院建築で、建物は清朝時代のままである。
李氏古宅	邸宅	直轄市定古蹟	高雄市鼓山区内惟路 379 巷 11 号	陳中和旧宅と並び、日本統治時代の高雄における二大洋風住宅である。
楊家古厝	邸宅	直轄市定古蹟	高雄市楠梓区右昌街 223 巷 41 号	南部型の合院形式の公務員住宅。正面に軒下を作るために、柱や壁から斗栱を組んだことで軒下が比較的低い。
高雄市大仁路原鹽埕町二丁目連棟街屋	町家	直轄市定古蹟	高雄市鹽埕区大仁路 181、183、185、187、189、191 号	塩埕区では珍しい三階建ての角地にある町家。外観が特徴的である。
旗山亭仔脚（石拱圈）	町家	歴史建築	高雄市旗山区復新街 21、23、25、27、29、26、28、30、32 号、中山路 3 号	旗山の市街地発展の歴史的な証である。台湾でも珍しい石造のアーチ構造が精巧で、控え壁としても機能する。
陳中和墓	墓	直轄市定古蹟	高雄市苓雅区福安路 326 号	規模の大きい閩南式の墓園。石彫の職人は、厦門出身の蒋氏であり、彫亥が精巧。
甲仙鎮海軍墓	墓	直轄市定古蹟	高雄市甲仙区五里路 58 号前方農園	清朝末期に越山道路（山間部に入るための道路）の開発に関わって殉職した清軍兵士の墓地。
明寧靖王墓	墓	直轄市定古蹟	高雄市湖内区湖内里東方路（東方設計学院の近く）	明朝末期の寧靖王の衣冠塚（遺体ではなく衣服や帽子などの遺品を埋葬した墓）。
雄鎮北門	砲台	直轄市定古蹟	高雄市鼓山区蓮海路	旗後砲台と共に打狗港（高雄港の旧名）を守った小型砲台。
旗後砲台	砲台	直轄市定古蹟	高雄市旗津区旗後山頂	中国式と西洋式を組み合わせた様式の砲台。門の額にある「雙喜」の文字装飾は台湾唯一のものである。

旗後燈塔	灯台	直轄市定古蹟	高雄市旗津区旗下巷 34 号	日本統治時代に改築された高雄港の灯台である。
打狗英國領事館官邸	領事館	直轄市定古蹟	高雄市鼓山区蓮海路 18 号側（高雄港口哨船頂山の上）	台湾最古の赤レンガ造洋館である。
高雄州水産試験場（英國領事館）	領事館	直轄市定古蹟	高雄市鼓山区哨船街 7 号	光緒年間に建てられた植民地（コロニアル）様式（強い日差しを避け、通風をよくするために周囲にベランダを廻らせた）の官舎。
玫瑰聖母堂	教会	歴史建築	高雄市鹽埕区五福三路 151 号	外国の神父によって建てられた、当時最大のゴシック様式の教会である。木造のリブヴォールトが特徴である。
原高雄市役所（高雄市立歴史博物館）	官公庁	直轄市定古蹟	高雄市鹽埕区中正四路 272 号	帝冠様式の建物の代表作の一つ。
高雄火車站	鉄道駅	歴史建築	高雄市三民区建国二路 318 号	帝冠様式建築の代表作の一つである。鉄道の地下化に伴い、82 メートルを曳家で移動した。
旗山車站（原旗山驛）	鉄道駅	歴史建築	高雄市旗山区大徳里中山路 1 号	小ぶりで精巧なデザインを持つ、地方の小さな鉄道駅。
舊三和銀行	銀行	歴史建築	高雄市鼓山区臨海三路 7 号	ラーメン構造で外壁をタイル張りとした昭和時代の典型例。
旗山國小	学校	直轄市定古蹟	高雄市旗山区湄洲里華中街 10 鄰 44 号	1920 年代に建てられた折衷主義の建築様式の公立学校である。大講堂は当時の姿を保つ。
打狗水道淨水池	産業施設	直轄市定古蹟	高雄市鼓山区鼓山一路 53 巷 31-1 号	浄水池にある分水井の機械室で外観は円形である。
原日本海軍鳳山無線電信所	産業施設	国定古蹟	高雄市鳳山区勝利路	日本軍の南進政策のために建てられた軍施設の一つである。
台灣煉瓦會社打狗工場（中都唐榮磚窯廠）	産業施設	国定古蹟	高雄市三民区中華横路 220 号	台湾でも珍しい希少な日本統治時代の機械式レンガ製造工場の事務室。
竹仔門電廠	産業施設	国定古蹟	高雄市美濃区獅山里竹門 20 号	台湾最初の水力発電所の一つである。
橋仔頭糖廠	産業施設	直轄市定古蹟	高雄市橋頭区糖廠路 24 号	台湾最初の洋式製糖工場。現在も 20 世紀初頭に建てられた洋館が数棟保存されている。
日本第六海軍燃料廠丁種官舎（中油宏南舊丁種雙併宿舍）	日本住宅	直轄市定古蹟	高雄市楠梓区宏毅一路 5 巷 2 号及 4 号	日本統治時代末期に建てられた日本式の宿舎。現在は中油（台湾の石油会社）の宏南宿舎となっている。
原台灣總督府交通局高雄築港出張所平和町官舍群	日本住宅	歴史建築	高雄市旗津区廟前路 42 巷 32、34、36、38、40 号	高雄港築港事業の歴史的な証。
美濃水橋	橋梁	直轄市定古蹟	高雄市美濃区永安路横	歩行者用の陸橋を兼ねた水道橋。
武德殿	その他	直轄市定古蹟	高雄市鼓山区登山街 36 号	日本統治時代に建てられた柔道と剣道の稽古場。構造は赤レンガと鉄骨トラスである。

名称	種類	区分	所在地	レビュー
左營海軍中山堂	その他	歴史建築	高雄市左營区實踐路71号	1950年代のモダニズム様式の軍事施設。

屏東県

屏東県は台湾南部の客家族が集中している地域であるため、多くの伝統的な客家族の住宅、寺院、柵門（要塞や集落の門）などが存在する。また、珍しく配置が整った魯凱族（ルカイ族）の好茶（集落名）集落もある。本県には、古蹟が20箇所、歴史建築が46箇所、集落建築群が2箇所ある。

名称	種類	区分	所在地	レビュー
魯凱族好茶舊社	原住民集落	国定古蹟	屏東県霧台郷好茶段	石板屋で構成された集落。
juvecekadan（老七佳部落）石板屋聚落	原住民集落	集落建築群	屏東県春日郷七佳段437、456地号	排湾族（パイワン族）の完全な姿が整う伝統的な石板屋が約五十棟ある。
恆春古城	城郭	国定古蹟	屏東県恆春鎮城南里、城北里、城西里	台湾で最も保存状態の良い城壁と城門がある清朝時代の古城。
阿猴城門（朝陽門）	城郭	県定古蹟	屏東市公園段三小段17-2地号	清朝の道光年間に築かれた阿猴城の遺跡の内、現在は東門の朝陽門のみが残っている。
建功庄東柵門	城郭	県定古蹟	屏東県新埤郷建功段212号、456-5地号	客家族の集落は防衛のために土塁を巡らせた土城を築く。その城門は簡単な形式をとり、柵門や隘門と呼ばれる。
茄冬西隘門	城郭	県定古蹟	屏東県佳冬郷六根村冬根路	隘門は台湾の民間の町が防御のために自ら築いた小さな城門である。かつては閩南族や客家族の村に多く見られた。
新北勢庄東柵門	城郭	県定古蹟	屏東県内埔郷振豊村懐忠路1号	客家族の集落は土城を築き、通常は四つの門を設けていたが、現在は新北勢庄（集落名）に東柵門だけが残っている。
六堆天后宮	寺院	県定古蹟	屏東県内埔郷内田村廣濟路164号	屏東六堆の客家地区で最も重要な媽祖廟である。規模は小さいが、仕上げが非常に精巧。
佳冬楊氏宗祠	祠堂	県定古蹟	屏東県佳冬郷六根村冬根路19-30号	祠堂前の池には太極の形をした二つの島があり、生々流転を象徴する。
宗聖公祠	祠堂	県定古蹟	屏東県屏東市勝豊里謙仁巷23号	名匠・葉金萬が設計した祠堂で、彩色画は粤東（中国広東）の名匠によるものである。中国と西洋の建築様式が組み合わさっている。
屏東書院	書院	県定古蹟	屏東県屏東市太平里勝利路38号	配置が整った書院建築。前門の両側から伸びた壁が構造補強の役割を果たしている。
佳冬蕭宅	邸宅	県定古蹟	屏東県佳冬郷佳冬村溝渚路1号	五進（入口から五つの建物が並ぶ）構造の大きい住宅で、前方が応接の間、後方が生活の居室などに使われる平面構成。
鵝鑾鼻燈塔	灯台	歴史建築	屏東県恆春鎮鵝鑾里燈塔路90号	珍しい要塞型の灯台である。外周に防衛用の堀が設けられている。
萬金天主教堂（萬金聖母聖殿）	教会	県定古蹟	屏東県万巒郷萬金村萬興路24号	現存最古のカトリック教会で、フィリピンから来た神父によって建てられた。中国と西洋の建築様式が組み合わさっている。

名称	種類	区分	所在地	レビュー
舊潮州郵局	官公庁	歴史建築	屏東県潮州鎮建基路 58 号	元潮州（屏東県潮州鎮）の村役場であった建物。華麗な建築様式を持っている。
大鵬灣原日軍水上飛機維修廠	産業施設	県定古蹟	屏東県東港鎮大鵬里大潭路 169 号	大鵬駐屯地の軍事施設の一つ。
屏東菸葉廠及び、その附屬設施	産業施設	歴史建築	屏東県屏東市民生路 57-5 号	台湾南部のタバコ農家が収穫した葉タバコの加工を行う官営施設。
屏東縣長官邸	日本住宅	歴史建築	屏東県屏東市文明里林森路 147 号	一戸建ての和洋折衷の官邸。
下淡水溪鐵橋（高屏溪舊鐵橋）	橋梁	国定古蹟	高雄市大樹区竹寮路から屏東県屏東市堤防路まで（高屏溪を渡る）	台湾で最も長い鋼製トラス橋梁。
中山公園水池橋樑	橋梁	歴史建築	屏東県屏東市中華路と公園路交差点（中山公園内）	神社の遺跡で、橋の親柱と袖柱には擬宝珠が飾られている。
五溝水	集落	集落建築群	屏東県萬巒郷五溝村の行政区域、地号は屏東県萬巒郷五溝水段。	客家族の伝統的家屋と祠堂を保存している集落。
石頭營聖蹟亭	その他	国定古蹟	屏東県枋寮郷玉泉村大嚮營段 947-1 地号	清朝末期に開山撫番（山間部を開拓し、原住民を漢化する政策）を行い、原住民の集落である番社には義塾が設けられた。石頭營聖蹟亭は、義塾や集落の入口にある敬字亭（惜字亭／文字の書かれた不要になった紙を焼く炉）である。

台東県

独特な蘭嶼（島）の雅美族（ヤミ族）の集落は貴重な文化財であり、1950 年代に派遣された外国人宣教師が東海岸に残した多くの教会も、台東県の魅力をさらに高めている。本県には歴史建築が 51 箇所ある。

名称	種類	区分	所在地	レビュー
蘭嶼雅美族野銀部落傳統建築	原住民集落	歴史建築	台東県蘭嶼郷東清村野銀部落	山と海に囲まれた雅美（ヤミ）族の深穴式（半地下式）伝統家屋である。
台東天后宮	寺院	歴史建築	台東県台東市中華路一段 222 号	創建時の古い碑と清朝光緒帝の扁額一枚が保存されている。
綠島燈塔	灯台	歴史建築	台東県緑島郷中寮村燈塔路 1 号	日本統治時代にアメリカの客船の難破をきっかけに寄付された灯台。
宜灣長老教會	教会	歴史建築	台東県成功鎮宜湾路 10 鄰 17 号	信徒が自ら設計したキリスト教会。
私立公東高級工業職業學校教堂	教会	歴史建築	台東県台東市中興路一段 560 号	ブルータリズム様式で設計されたこの建築は、第二次世界大戦後の台湾における現代建築の画期となっている。
台東縣議會舊址	官公庁	歴史建築	台東県台東市更生路 416 号	特別にデザインされた庇が、ファサードに豊かな変化を与えている。
蘭嶼氣象站（紅頭嶼測候所、蘭嶼測候所）	官公庁	歴史建築	台東県蘭嶼郷紅頭村 1 鄰 2 号	第二次世界大戦中に連合軍の飛行機による爆撃を受けた気象台。
關山舊火車站	鉄道駅	歴史建築	台東県関山鎮新福里中山路 2 号	オランダのカントリースタイルの建築で、腰折れのマンサード屋根が特徴。

名称	種類	区分	所在地	レビュー
台東市長官舎建築群	日本住宅	歴史建築	台東県台東市中山路 164、166、172、174、182、184 号	質が良い日本様式の木造建築。
市長公館	日本住宅	歴史建築	台東県台東市中山路 164-190 号	現在は台東市の市政資料館。敷地内には六棟の日本様式の宿舎がある。
嘉賓旅社	産業施設	歴史建築	台東県関山鎮中山路 2 号	關山駅の前にある旅館である。当時南北を行き来する旅客に休息の場を提供していた。
瑞源水車碾米廠及附屬設施	産業施設	歴史建築	台東県鹿野郷瑞隆村興民路 15 号	産業の特性に応じて建てられた精米施設。
東興水力發電廠（大南水力發電廠）	産業施設	歴史建築	台東県卑南郷東興村發電廠路 17 号	台湾東部で最も古い水力発電所。
台灣糖業公司台東糖廠	産業施設	歴史建築	台東県台東市中興路二段 191 号	製糖工場にアメリカの援助で併設されたパイナップル工場。
萬安磚窯廠	産業施設	歴史建築	台東県池上郷萬安村 1 鄰 1-1 号	花東縦谷（花蓮県と台東県を縦断する、細長い谷間平原）の建築用赤レンガを供給する窯元。
天龍吊橋	橋梁	歴史建築	台東県海端郷霧鹿村 1-1 号（天龍飯店の後方）	日本人の工事作業員の記念碑が残されている吊橋。
中華會館	その他	歴史建築	台東県台東市中正路 143 号	日本統治時代に台東地区の華僑（中国からの移民）によって設立された。
利吉流籠遺跡	その他	歴史建築	台東県卑南郷利吉村利吉大橋の東側の河床	利吉大橋が建設されるまで、住民が川の両岸を行き来するために頼りにしていた設備の遺構。

花蓮県　台湾最初の日本人移民の村がここに設置されたため、関連する日本様式の住宅、寺院、墓、碑、産業施設などの古蹟が県内に多く残っている。このことがこの地域の特徴である。本県には古蹟が 18 箇所、歴史建築が 61 箇所ある。

名称	種類	区分	所在地	レビュー
吉安慶修院	寺院	県定古蹟	花蓮県吉安郷中興路 345-1 号	日本統治時代に、日本人移民村に建てられた純木造、宝形造の仏寺。
新城神社舊址	寺院	県定古蹟	花蓮県新城郷新城村博愛路 64 号	カトリック教会に転用された神社の跡地。
富里郷東里村邱家古厝	邸宅	県定古蹟	花蓮県富里郷東里村 7 鄰道化路 30 号	台湾の東部地域では珍しい漢人文化の伝統的な建築。
太魯閣牌樓	牌坊	歴史建築	花蓮県秀林郷台 8 線東側入口、189k 処	東西横貫道路の開通を記念して建てられた中華式の牌坊。
壽豊郷豊裡村日本移民墓園	墓	歴史建築	花蓮県壽豊郷豊裡村中山路 280 号の後側	異なる信仰を持つ日本人が異国で亡くなった後に埋葬された共同墓地。
花蓮港山林事業所	官公庁	県定古蹟	花蓮県花蓮市菁華街北濱段 88 地号	日本統治時代中期の折衷主義様式の事務所。
松園別館	官公庁	歴史建築	花蓮県花蓮市松園街 26 号	古い松に囲まれた旧軍の事務所。
玉里信用組合舊址	銀行	歴史建築	花蓮県玉里鎮中華路 179 号	花蓮の玉里地域で最初に設立された金融機関。
舊花蓮港廳豊田小學校劍道館（豊裡國小禮堂）	学校	歴史建築	花蓮県壽豊郷豊裡村中山路 301 号	日本移民の子供が通った、強化されたレンガ造の小学校。

名称	種類	区分	所在地	レビュー
舊花蓮鐵路醫院	医院	歴史建築	花蓮県花蓮市廣東街 326 号	台湾でも数少ない保存状態の良い鉄道病院（鉄道関係者が使用する病院）。
花蓮糖廠招待所	日本住宅	県定古蹟	花蓮県光復郷大進村大進街 19 号	かつて花蓮、台東地域で多くの高官や著名人をもてなした招待所。
花蓮糖廠廠長宿舍	日本住宅	県定古蹟	花蓮県光復郷大進村糖廠街 6 巷 5 号	日本庭園を備えた一戸建ての高級官舎。
美崙溪畔日式宿舍	日本住宅	歴史建築	花蓮県花蓮市中正路 618 巷及び 622 巷（十四棟）。（花蓮市民勤段 1426、1426-4 地号）	環境の良い花蓮港庁の将校官舎。
花蓮糖廠製糖工場	産業施設	県定古蹟	花蓮県光復郷大進村糖廠街 18 号	製糖機器が良好な状態で保存されている製糖工場。
林田圳虹吸式圳道	産業施設	歴史建築	花蓮県鳳林鎮北林段 172、1247、1298 地号	水利工学の知恵を発揮した特殊な構造。
花蓮舊酒廠	産業施設	歴史建築	花蓮県花蓮市中華路と中正路交差点	敷地内には木造、半木造、強化されたレンガ造、鉄筋コンクリート造など様々な構造を持つ建物があり、工場の移り変わりと発展を示している。
中部東西横貫公路慈雲橋	橋梁	歴史建築	花蓮県秀林郷台 8 線の 149k+550	アメリカ援助時期に建設されたトラス構造の橋。
吉安吉野記念碑	碑	県定古蹟	花蓮県吉野郷慶豊村中山路 473 号	日本統治時代の日本人移民村の歴史の証。
吉安横断道路開鑿紀念碑	碑	県定古蹟	花蓮県吉安郷初音段 1070 地号	日本統治時代初期の東部山岳地域の道路開墾記念碑。
林田山（MORISAKA）林業聚落	集落	集落建築群	花蓮県鳳林鎮	台湾に現存する最も整った林業伐採のための集落。

宜蘭県

三方を山に囲まれた蘭陽平原には、林業、酒造場、鉄道施設など豊かな産業資産がある。また、太平洋に面しているため、沿岸防衛の要所となり、空港施設や軍用施設などの古蹟が残されている。本県には、古蹟が 38 箇所、歴史建築が 78 箇所、集落建築群が 1 箇所ある。

名称	種類	区分	所在地	レビュー
頭城慶元宮	寺院	県定古蹟	宜蘭県頭城鎮和平街 105 号	前殿には清朝の嘉慶、道光、光緒の各時代のオリジナルの構造が残っている。
昭應宮	寺院	県定古蹟	宜蘭県宜蘭市新民里中山路 160 号	清朝の道光年間に建立された建物の向きを変えた廟である。石彫と木彫の技術が高く、台湾全土でも珍しい作品。
壯圍郷游氏家廟追遠堂	祠堂	県定古蹟	宜蘭県壯圍郷壯六路 39 号	游一家が海を渡って開拓した歴史の証。
員山周振東擧人宅	邸宅	県定古蹟	宜蘭県員山郷東村蜊碑口五十渓の横	清朝時代の宜蘭地域では文化が非常に盛んであり、多くの挙人（人材登用の称号）の宅邸が存在する。員山にある周挙人宅は、合院建築の遺構がよく保存されている。
盧纘祥故宅	邸宅	県定古蹟	宜蘭県頭城鎮城東里和平街 139 号	和洋折衷の住宅で、室内の木造仕上げが上品。

頭城鎮十三行街屋	町家	県定古蹟	宜蘭県頭城鎮和平街 140、142号	保存状態の良い宜蘭様式の町家。
開蘭進士楊士芳旗杆座	牌坊	県定古蹟	宜蘭県宜蘭市進士路 46号	宜蘭の要人・楊士芳に関連する構造物。
頭城鎮林曹祖宗之墓	墓	県定古蹟	宜蘭県頭城鎮青雲路三段 700 巷 32 号旁	記念塔のような形状をした和洋折衷の墓碑。
蘇澳鎮金字山清兵古墓群	墓	歴史建築	宜蘭県蘇澳鎮金字山日月宮忠霊塔の附近及び前方のソウシジュ林の内	異郷の地で亡くなった兵士の悲しみのシンボル。形式は簡素である。
羅東聖母醫院耶穌聖心堂	教会	県定古蹟	宜蘭県羅東鎮中正南路 160号	イタリアの神父が設計した中国と西洋の建築様式を融合させた教会。
羅東鎮北成聖母升天堂	教会	県定古蹟	宜蘭県羅東鎮北成路一段 21号	イタリアの神父が設計したゴシック様式を模した教会。
舊羅東郡役所	官公庁	県定古蹟	宜蘭県羅東鎮公正路 159号、159-1 号及び羅東鎮興貢路 32号	モダンな建築様式の旧庁舎。
宜蘭測候所宜蘭飛行場出張所	官公庁	歴史建築	宜蘭県宜蘭市建軍里建軍路 25号	強化されたレンガ造（レンガ造＋ RC）の三階建ての風力塔。
舊宜蘭監獄門廳	官公庁	歴史建築	宜蘭県宜蘭市神農路二段 117号	台湾最初の現代的な監獄に残された木造建築。
太平山林鐵舊天送埤站	鉄道駅	歴史建築	宜蘭県三星郷天福村（天送埤市街の北側）	太平山林場鉄道で保存されている数少ない木造駅舎。
第一商業銀行宜蘭分行	銀行	県定古蹟	宜蘭県宜蘭市中山路三段 77号	ファサードの立体的な装飾が特徴の建築。
蘭陽女中校門暨傳達室	学校	県定古蹟	宜蘭県宜蘭市女中路 2号	アールデコ様式の門柱がある。
五結郷利生醫院	医院	県定古蹟	宜蘭県五結郷利澤路 66、68号	モダニズム初期の二階建て建築。
羅東林區管理處貯木池區	産業施設	歴史建築	宜蘭県羅東鎮中正北路 118号水中貯木場区域	太平山の林業発展の証である。
二結農會穀倉	産業施設	県定古蹟	宜蘭県五結郷三興村 22 鄰復興中路 22号	日本統治時代中期の典型的な農会の穀倉（穀物を収納する倉）。屋根のスパン（梁間）が長い。
宜蘭磚窯	産業施設	県定古蹟	宜蘭県宜蘭市北津里津梅路 74 巷 8号	目仔窯の形式は、漢民族の伝統的なレンガ窯である。
舊宜蘭菸酒賣捌所	産業施設	県定古蹟	宜蘭県宜蘭市新民里康楽街 38号	宜蘭の比較的規模の大きい産業建築。
中興紙廠四結廠區	産業施設	歴史建築	宜蘭県五結郷中興路三段 8号	日本統治時代に建てられた現存する製紙工場の内で、最も整った完全な形の製紙工場。
宜蘭酒廠歴史建築群	産業施設	歴史建築	宜蘭県宜蘭市舊城西路 3号	日本統治時代から戦後まで、各時代の施設が保存されている。
宜蘭設治紀念館	日本住宅	歴史建築	宜蘭県宜蘭市舊城南路力行 3 巷 3号	もともと宜蘭の首長（知事相当）の官邸で、高官用の日本式の戸建て官舎。
舊農校校長宿舍	日本住宅	歴史建築	宜蘭県宜蘭市舊城南路県府 2 巷	宜蘭庁（現宜蘭県）の宿舎から農業学校の校長用宿舎に転用された日本式住宅。

名称	種類	区分	所在地	レビュー
大埔永安石板橋	橋梁	県定古蹟	宜蘭県五結郷協和村協和中路成安宮後方	清朝時代の光緒年間に建造された石板橋。台湾に現存する数少ない保存された橋梁類の古蹟である。
舊大里橋	橋梁	県定古蹟	宜蘭県頭城鎮大里里（大里社区活動中心の向かい側）	日本統治時代後期に建てられた道路橋。路面は双方向車線、支間は比較的長く、台湾に現存する数少ない日本統治時代の道路橋の一つ。
宜蘭濁水溪治水工事竣工紀念碑	碑	県定古蹟	宜蘭県宜蘭市南津里蘭陽大橋の西側、蘭陽溪の北岸堤防の上	蘭陽溪の治水工事を記念して設立された碑。
宜蘭市建軍里飛機掩體群	その他	歴史建築	宜蘭県宜蘭市建軍路 46 号（金六結駐屯地附近）	太平洋戦争のために建設された軍事施設。

澎湖県

漢民族がこの地域を開発した時期は非常に早かったため、伝統建築の古蹟が多くある。また、台湾海峡に面し、戦略的に重要な位置にあるため、台湾で最も多くの城郭や砲台といった国定古蹟を有している。本県には、古蹟が 27 箇所、歴史建築が 48 箇所、集落建築群が 2 箇所ある。

名称	種類	区分	所在地	レビュー
馬公風櫃尾荷蘭城堡	城郭	国定古蹟	澎湖県馬公市風櫃西段 2 地号	オランダ人が明朝末期に建てた稜堡（城壁の外に向かって突き出した角の部分）を持つ正方形の城で、現在は廃墟と化した。
媽宮古城	城郭	国定古蹟	澎湖県馬公市（順承門：復興里金龍路、大西門：澎防司令部内）	中仏戦争の後に建てられた城で、台湾と澎湖地域で最後に建てられた城である。
澎湖天后宮	寺院	国定古蹟	澎湖県馬公市中央里正義街 1 号	文献に記載された台湾地域で最も古い媽祖廟である。明朝時代に建てられた。
文澳城隍廟	寺院	県定古蹟	澎湖県馬公市西文里 3 鄰 25 号	木工には潮州の様式が反映された歴史のある城隍廟である。
施公祠及萬軍井	寺院	県定古蹟	澎湖県馬公市中央里中央街 1 巷（施公祠は 10 号，萬軍井は 11 号横）	施琅（軍人）の台湾攻略の歴史に関連する古蹟。
馬公觀音亭	寺院	県定古蹟	澎湖県馬公市中興里 14 鄰介壽路 7 号	鐘楼と鼓楼を備えた観音廟。
媽宮城隍廟	寺院	県定古蹟	澎湖県馬公市重慶里光明路 8 鄰 20 号	正殿前の拝殿は重層入母屋造りで非常に華麗。殿内が薄暗いのは城隍廟の特徴である。
小赤林氏宗祠	祠堂	歴史建築	澎湖県白沙郷小赤村 12 号	この村で最も代表的な林家の祠堂。
西嶼郷黃氏宗祠	祠堂	歴史建築	澎湖県西嶼郷池西村小池角 166 号	当地では珍しい、配置が整った祠堂である。
馬公文石書院魁星樓	書院	歴史建築	澎湖県馬公市西文里 104 之 7 号	台湾でも珍しい、書院に付属する魁星閣（学問の神様を祀る場所）。
澎湖二崁陳宅	邸宅	県定古蹟	澎湖県西嶼郷二崁村 6 号	澎湖の職人が建てた三進の古民家は、この地域の特徴を持つ。
蔡廷蘭進士第	邸宅	県定古蹟	澎湖県馬公市興仁里雙頭掛 29 号	四合院様式の古い邸宅。近年は深刻な損傷を受けている。
乾益堂中藥行	町家	県定古蹟	澎湖県馬公市中央街 42 号	古い町の中にある洋風ファサードの店舗。2 階には張り出したバルコニーがある。

西嶼西台	砲台	国定古蹟	澎湖県西嶼郷外垵村 278 地号	劉銘傳が建てた砲台の一つ。現在の保存状態は良好。
西嶼東台	砲台	国定古蹟	澎湖県西嶼郷内垵三段 4、6、8、9、10 地号	馬公港を守るために劉銘傳が建てた砲台の一つ。
馬公金龜頭砲台	砲台	国定古蹟	澎湖県馬公市馬公段 2664、2664-3、2664-4、2664-5 地号	中仏戦争後に建造された砲台で、アーチの城門は澎湖の他の砲台と同様のものである。
湖西拱北砲台	砲台	国定古蹟	澎湖県湖西郷城北段 1387、1388、1389 地号	中仏戦争後に劉銘傳が建てた砲台の一つ。日本軍によって改築された。
西嶼燈塔	灯台	国定古蹟	澎湖県西嶼郷外垵村 35 鄰 195 号	その歴史は古く、現在のものは清朝時代末期に英国から購入した洋式灯台である。
高雄關稅局馬公支關	官公庁	県定古蹟	澎湖県馬公市臨海路 31 号	アーチの廊下と隅楼（角楼、隅櫓）を持つ近代建築。
澎湖廳舎	官公庁	歴史建築	澎湖県馬公市中興里治平路 32 号	帝冠様式の庁舎建築である。
第一賓館	日本住宅	県定古蹟	澎湖県馬公市馬公段 1929-6、1938 地号	第二次世界大戦中に日本軍が建てた和洋折衷様式の招待所。
澎湖廳廳長官舎	日本住宅	歴史建築	澎湖県馬公市中興里治平路 30 号	洋風の外観を持つが、内部は和洋折衷様式の高級官舎。現在は澎湖開拓展示館として使用されている。
四眼井	産業施設	県定古蹟	澎湖県馬公市中央里中央街 40 号厝前	大きな井戸は、石の板で蓋がされており、小さい円形の給水口を四つ開け、水を汲みやすくしている。
馬公市第三水源地一千噸配水塔	産業施設	歴史建築	澎湖県馬公市中正堂後方、介壽路と民族路交差点	RC ラーメン構造による現代建築の美しさを持った給水塔。
湖西朝日貝釦工廠	産業施設	歴史建築	澎湖県湖西郷西渓村 101 号	貝殻を原料としてボタンを製作する工場。台湾でも珍しい産業である。
湖西菓葉灰窯	産業施設	歴史建築	澎湖県湖西郷菓葉村	澎湖の特有の産業ではあったが、セメントの普及で事業をやめ歴史の一部になった。
澎湖跨海大橋	橋梁	歴史建築	澎湖県白沙郷通樑村與西嶼郷横礁村の間	竣工当時は東南アジア地域で最長の海上橋梁であった。
林投日軍上陸紀念碑	碑	県定古蹟	澎湖県湖西郷林投段 1611-49 地号	日本統治時代の初頭に建てられたこの記念碑は、台湾と澎湖に残る最古の日本軍の上陸を記念するもの。
自由塔	碑	歴史建築	澎湖県馬公市馬公段 227 地号上の敷地	朝鮮戦争の捕虜が台湾に帰還したことを記念して建てられた塔。
台廈郊會館	その他	県定古蹟	澎湖県馬公市中山路 6 巷 9 号	中国と西洋の建築様式が組み合わさった珍しい建築形式の会館。
西嶼内垵塔公塔婆	その他	県定古蹟	澎湖県西嶼郷内垵段 1845 地号	黒い石を積み上げた台座を持つ塔と円錐形の石塔の大小二つの塔。魔除けの意味を持つ。
鎖港南北石塔	その他	県定古蹟	澎湖県馬公市南塔：鎖港段 97-10 地号、北塔：海堤段 957 地号	石を積み上げた巨大な階段状の円錐塔。魔除けの役割がある。
望安花宅	集落	集落建築群	澎湖県望安郷中社村	集落には、清朝時代に建てられた伝統建築が百棟以上保存されている。

金門県			台湾で最も多くの邸宅や祠堂の古蹟があり、一部の墓地は珍しい明朝時代の構造を保っている。政治的、戦略的な要所として軍事施設も多く残るのが特徴である。本県には、古蹟が 74 箇所、歴史建築が 158 箇所、集落建築群が 1 箇所ある。		

名称	種類	区分	所在地	レビュー
慈德宮	寺院	県定古蹟	金門県金沙鎮浦頭 99 号	元々は金門の明朝時代の進士・黄偉の旧宅。内部には黄偉の位牌が祀られており、交趾焼（コーチ）の壁飾りが非常に精美。
魁星樓（奎閣）	寺院	県定古蹟	金門県金城鎮東門李珠浦東路 43 号	文化や学問の運勢を上げるための楼閣建築。内部に六角形の藻井（天井構造の一種）があり、その工芸は非常に精巧である。
海印寺、石門關	寺院	県定古蹟	金門県金湖鎮太武山頂上、梅園の後方	太武山にある古い寺院。寺院前の石門の楣（まぐさ）に明朝時代の盧若騰（進士）の書が刻まれている。
瓊林蔡氏祠堂	祠堂	国定古蹟	金門県金湖鎮瓊林村瓊林街 13 号	瓊林地域にはいくつか蔡氏の祠堂があり、それぞれが異なる特徴を持っている。典型的な金門の集落である。
東溪鄭氏家廟	祠堂	県定古蹟	金門県金沙鎮大洋村東溪 14 号	両殿式（前殿と正殿という前後に二つの殿堂が並ぶ形式）で、木彫りと石彫りの技術がともに精巧な祠堂。新竹の鄭氏は金門の出身である。
金門朱子祠	書院	国定古蹟	金門県金城鎮珠埔北路 35 号	浯江書院には朱子（朱熹・中国南宋の儒学者）の祠が建てられており、文人たちが崇拝した。
水頭黄氏酉堂別業	邸宅	国定古蹟	金門県金城鎮金水村前水頭 55 号	金門で唯一、美しい庭園を持つ古い邸宅。前には水、後ろには山が広がる豊かな環境に位置している。
西山前李宅	邸宅	県定古蹟	金門県金沙鎮三山村西山前 17、18 号	各家屋が縦横に整然と配置された金門の集落の典型的な例である。
浦邊周宅	邸宅	県定古蹟	金門県金沙鎮浦邊 95 号	金門にある五棟の大邸宅である。清朝時代の代表的な官邸。
將軍第	邸宅	県定古蹟	金門県金城鎮珠浦北路 24 号	清朝時代の盧成金将軍の官邸。三つの建物で構成された金門地域の典型的な大邸宅である。
陳景成洋樓	邸宅	歴史建築	金門県金沙鎮何斗村 1 鄰斗門 2 号	フィリピンで富を得た金門出身の華僑が出資して建設した洋館。
陳景蘭洋樓（陳坑大洋樓）	邸宅	歴史建築	金門県金湖鎮正義村成功街 1 号	平面は整った四角形で、正面のアーチの回廊と列柱の比例は、金門で最も美しい建築作品とされている。
模範街（一度於戰地政務時期稱為自強街〈かつて戦時政権時代には「自強街」と呼ばれていた〉）	町家	歴史建築	金門県金城鎮東門里模範街 1-41 号	西洋の連続アーチの回廊様式を取り入れた商店街は、民国初頭に王益順（名大工）の長男である王廷元によって建築された。
金門城北門外明遺古街	町家	歴史建築	金門県金城鎮金門城の北門外	金門に保存されている時代考証のできる明朝時代の街道。
邱良功母節孝坊	牌坊	国定古蹟	金門県金城鎮東門里莒光路一段、觀音亭横	台湾や閩南地域（福建省南部）で最も整った形で保存された石牌坊。青い石と白い石で構成され、緻密な彫刻が施されている。

陳禎恩榮坊	牌坊	県定古蹟	金門県金沙鎮東珩段 707 号	台湾や閩南地域では珍しい明朝時代の石牌坊。かつて福州（中国福建省）の長楽県で官職を務めた陳禎の墓坊。
瓊林一門三節坊	牌坊	県定古蹟	金門県金湖鎮瓊林村外	義母と二人の義理の娘の三人の未亡人をたたえた石牌坊。
陳健墓	墓	国定古蹟	金門県金沙鎮東珩村外、南方の郊外	雄大な石彫を施した明朝時代の高官の大きな墓。
陳禎墓	墓	国定古蹟	金門県金沙鎮埔山村黄龍山腹	望柱（柱頭などを持つ装飾的な柱）、石馬、石羊などの石の彫刻が全て備わった明朝時代の古墓。
黄偉墓	墓	県定古蹟	金門県金沙鎮後浦頭烏鴉落田	明朝時代の上下二層に分かれた珍しい古墓。
黄汴墓	墓	県定古蹟	金門県金沙鎮英坑石鼓山の麓	特別な形状の墓で、金門の明朝時代の古墓の中でも代表的なものの一つである。
文應舉墓	墓	県定古蹟	金門県金城鎮古城里小古崗北方の郊外	形状が質素な清朝時代の墓である。墓石の両側に刻まれた対聯（対句）が珍しい。
邱良功墓園	墓	県定古蹟	金門県金湖鎮太武山小径村横	金門で最大の古墓。邱良功は浙江提督（浙江省の艦隊の司令官）を務めた。
蔡攀龍墓	墓	県定古蹟	金門県金湖鎮太武山武揚道横	墓碑の形状は簡素で、前方の左右には六角形の望柱が建つ。
陳顯墓	墓	県定古蹟	金門県金湖鎮漁村段 330、342 地号	巨大な石の前に位置する簡素な形状の明朝時代の墓。敷地環境が特殊なので、人々の間では「螃蟹穴（カニの巣）」と呼ばれている。
烏坵燈塔	灯台	県定古蹟	金門県烏坵郷大坵村	第二次世界大戦末期と、国民党と中国共産党の内戦（国共内戦）中に、繰り返し損傷を受けた灯台である。
基督教會堂	教会	歴史建築	金門県金城鎮珠浦北路 30 号	平面形状が簡素で素朴な小さな教会。
清金門鎮總兵署	官公庁	県定古蹟	金門県金城鎮浯江街 53 号	前後に四棟の建物がある大規模な清朝時代の総兵署（軍事指揮所）。
睿友學校	学校	県定古蹟	金門県金沙鎮三山村碧山 1 号	民間によって設立された初期の学校。ファサードの巨大な山形の壁と、そこに彫刻された二枚の旗が特徴である。
金東電影院	産業施設	歴史建築	金門県金沙鎮光前里陽翟 1 号	冷戦（国共内戦）時期の映画館である。
觀德橋	橋梁	県定古蹟	金門県金沙鎮高坑重劃区 636-1 地号	棒状の花崗岩で架けられた古い橋。かつては交通の要所であった。
虛江嘯臥碣群	碑	国定古蹟	金門県金城鎮古城村金門戍南磐山南端	金門の崖の岩を磨いて文字を刻んだ壮大な景色。
漢影雲根碣	碑	県定古蹟	金門県金城鎮古城村獻台山の麓	明朝時代末期に魯王が金門に避難した際に石に刻んだ巨大な碑。石は割れてしまったが、三文字はまだ確認できる。
文台寶塔	その他	国定古蹟	金門県金城鎮古城村金門城南磐山南端	航海の目印としての機能を持ち、さらに風水や文運の象徴としての意味も持つ石の塔である。
得月樓	その他	歴史建築	金門県金城鎮水頭 44 号横	金門には珍しい碉楼（トーチカと楼閣建築の組み合わせ）で、避難のために建てられた。厚い壁に銃眼が設けられている。

名称	種類	区分	所在地	レビュー
金城城區地下坑道	その他	歴史建築	金門県金城鎮坑道の範囲は金門高校、金門県国民党支部（金門育楽センター）、金門県政府（市役所相当）、土地銀行、北嶽廟から金城車站（バスターミナル）	冷戦（国共内戦）時期に金門の集落内で防衛システムの一環として掘られた坑道。
金湖鎮瓊林聚落	集落	集落建築群	金門県金湖鎮瓊林里	明朝時代の地誌にはすでに記載があった金門の古い集落。家屋群は縦横に整然と配置されている。

<table>
<tr><td>連江県</td><td>独特な福州様式の古蹟と伝統的集落があり、数は少ないものの、清朝時代末期の洋務運動（西欧化運動）時代に建てられた貴重な東犬灯台と東湧灯台の2箇所が国定古蹟に指定されている。本県には、古蹟が4箇所、歴史建築が1箇所、集落建築群が3箇所ある。</td></tr>
</table>

名称	種類	区分	所在地	レビュー
金板境天后宮	寺院	歴史建築	連江県南竿郷連江県仁愛村 59-2号	典型的な福州様式の寺院建築。
東湧燈塔	灯台	国定古蹟	連江県東引郷楽華村 142 地号	清朝時代末期に建てられた灯台。塔身（灯台本体）や付属建築のデザインが優れており、地形とよく調和している。
東犬燈塔	灯台	国定古蹟	連江県莒光郷福正村	清朝時代の同治年間に建てられた巨大な石造の灯台。
大埔石刻	碑	県定古蹟	連江県莒光郷大坪村	明朝時代の倭寇退治の歴史的な証。崇禎年間に石に刻まれた四十一文字で倭寇との戦いの史実を説明している。
芹壁聚落	集落	集落建築群	連江県北竿郷芹壁村	山と海に囲まれ、石造りの民家が高低さまざまな場所に建ち並ぶ、保存状態の良い古い集落。
大埔聚落	集落	集落建築群	連江県莒光郷大埔村	石造の民家が多く、内部は木造の典型的な閩東地方（福建省南部）の集落。

以上、合計は 600 箇所：内訳は国定古蹟が 92 箇所、直轄市指定古蹟が 172 箇所、県（市）指定古蹟が 170 箇所、歴史建築が 158 箇所、集落建築群が 8 箇所である。（2018 年 3 月末時点）

名称によく使われる漢字の対応表

會＝会	舍＝舎	佛＝仏	傳＝伝	德＝徳	歷＝歴	廣＝広	應＝応	廳＝庁	寶＝宝
實＝実	萬＝万	舊＝旧	莊＝荘	藥＝薬	藝＝芸	禮＝礼	祿＝禄	禪＝禅	淺＝浅
淨＝浄	溪＝渓	灣＝湾	濟＝済	邊＝辺	峽＝峡	樓＝楼	樂＝楽	稱＝称	稻＝稲
拜＝拝	將＝将	對＝対	醫＝医	區＝区	國＝国	圓＝円	圖＝図	圈＝圏	關＝関
經＝経	總＝総	縱＝縦	緣＝縁	繪＝絵	纘＝纘	繼＝継	鄉＝郷	腳＝脚	剝＝剥
勸＝勧	觀＝観	腦＝脳	戰＝戦	蠟＝蝋	辭＝辞	處＝処	戲＝戯	嚴＝厳	礦＝砿
屬＝属	劍＝剣	餘＝余	賴＝頼	蠶＝蚕	鐵＝鉄	殘＝残	驗＝験	歸＝帰	驛＝駅
縣＝県	顯＝顕	體＝体	斷＝断	齡＝齢	辨＝弁	來＝来	麥＝麦	黃＝黄	氣＝気
吳＝呉	亞＝亜	發＝発	賣＝売	產＝産	參＝参	爭＝争	雙＝双	擧＝挙	學＝学
惠＝恵	壽＝寿	齋＝斉	營＝営	臺＝台	豐＝豊	贊＝賛	鹽＝塩	靈＝霊	龜＝亀

台湾の古蹟に関する八つの質問

問1 「古蹟」と呼ばれるには、必ずしも古いものでなければならないのでしょうか？

　一般的に古い建物を「古蹟」と呼ぶ習慣があるが、1982年5月18日に公布された「文化資産保存法」（日本の文化財保護法に相当）では、「古蹟」は、歴史的な建造物、遺構、その他の文化的遺跡を指す法律用語として定義されている。「古」という漢字は、確かに「長い年月を経た」という意味がある。しかし、台湾の歴史が比較的浅いことから、「古蹟」という表現が適切かどうかという疑問を持つ声もある。この問題は、学者の間でも議論を引き起こしている。一部の人々は、「古蹟」という言葉が誤解を招きやすい、価値のある建物が年数の基準を満たさないために法的な保護を受けられなくなる可能性があると主張している。一方で、この表現は、広く受け入れられた慣用語であり、簡単に変更すべきではないという意見もある。考え方の変化や文化資産（文化財）の価値が重視されるようになってきた中でも、「古蹟」という言葉は引き続き使用されている。ただし、その法的な定義は、「人類が生活の必要に応じて建設した歴史的・文化的・芸術的な価値を有する建造物および附属施設」と調整された。けれども、時間という要素は、依然として重要である。たとえば、台北101、台湾高速鉄道、雪山トンネルなどは、まだ十分な時間を経ていないため、古蹟とはみなされない。これらが地震や戦争の脅威を乗り越え、さらに、将来の都市再開発に生き残った場合、いつか古蹟として認められるだろう。

問2 台湾の古蹟はどのような選定過程なのでしょうか？

　台湾の古蹟は、文化資産を管轄する政府機関（各県市の文化局や文化資産の担当部署）が定期的な調査を行い選定する。また、個人や団体が「古蹟提報表」を詳しく記入して提出する方法や、所有者が自ら政府機関に古蹟指定を申請する方法もある。ただし、これらの方法に関わらず、初期の段階で保存価値があると判断された対象は、法定手続きによる審議を経て最終決定される必要がある。この審議は、政府機関が6か月以内に専門家を招集し、現地調査と審議会を行う。この期間中、対象物の保護を目的として、「文化資産保存法」に基づき、政府機関には対象物を「暫定古蹟」として指定する権限が与えられている。その後、審議を経て古蹟として正式に指定されるか、または歴史建築として登録される場合には公告され、新たな古蹟や歴史建築が正式に誕生する。一方で、特殊な理由により古蹟が保存の意義を失った場合も、同様に審議会で専門家や学者の審査を経て廃止の手続きが進められる。

問3 古蹟と現代人の生活にはどのような関係があるのでしょうか？

　人間は、過去の生活の経験を基盤として成長していくものである。時代が急速に変化していく中で、私たちが幼少期に成長していた頃の環境は、記憶にしか留めることができない。けれども、それらの記憶は、心の奥にあって生きる力の源泉となる。同様に、家族の年長者たちの持つ経験は、彼ら自身に影響を与えるだけでなく、私たち次世代へと受け継がれていくものになる。例えば、日常的に使用されている文字や言語、或いは習慣や風俗などもそうである。その発展の歴史は非常に長いにも関わらず、現在も引き続き用いられている。これらは、古（いにしえ）と現代が矛盾も対立もないことを示している。この関係性は、古蹟を現代の生活と結び付けるだけでなく、現代社会に目に見えない安定感を与えている。国の観点から見ると、古蹟は人々が自らの地域についてより深く理解することに役立つ「生きた歴史」として機能している。その結果、地域や国家への帰属意識が高まり、社会へ良好かつ積極的な貢献を促進することができる。また、活用の観点からは、古蹟が登場した時代は、電気設備などに依存することが少なかったので、古代の人々が環境と共存していた知恵が垣間見える。これは、現代における再生可能エネルギーや環境保全の模範といえるものである。さらに、古蹟に含まれる工芸的な価値は、現代人類が未来を創造する上での貴重なインスピレーションの源となる。

古蹟の保存、修復に関連する職業にはどのようなものがあるのでしょうか？求められる人物（人材）にはどのような資質が必要でしょうか？

　古蹟の保存、修復に関わる職業は、大きく以下の四つに分けられる。

調査研究職：専門知識を持つ者が、古蹟の現地調査や時代考証を行い、基本情報を構築する。それらを基に、古蹟の価値や寿命を延ばす方法を模索する役割を担う。修復設計職：一般的な建築の専門家よりも豊富な建築史の知識を持つ。そして、古蹟の価値を維持するための修復方法を精密な図面により提案することができる役割を担う。施工修復職：豊かな経験を持つ施工業者と各分野の職人が協力し、現場での修復作業を行う。この職業は、古蹟の価値を存続させるか否かの鍵となる。経営管理職：修復後の古蹟に新たな役割を与え、適切に利用されるよう管理する。また、一般公開を通じて、地域社会や訪問者が古蹟に親しむ機会を提供する。

　これらの職業に従事する者には、関連する専門能力を培うことが求められるだけでなく、歴史への興味と古蹟への情熱が不可欠である。

調査研究者は、高所に登って小屋組の測量や調査を行う。

熟練した職人は、伝統的な工具と技法を用いて屋根の修復を行う。

問5 台湾の古蹟修復の現状はどうなっているのでしょうか？

　台湾における古蹟保存は、その外観の保持だけでなく、また使用される材料や構造だけでもなく、工法が重要な価値を持つ。そのため、修復作業においては、形態の復元と工法の再現は同等に重視される。しかしながら、多くの部材は、材料の劣化により問題を抱えている。例えば、腐朽した梁や柱、風化したレンガや瓦などは、更新が行われなければ古蹟が廃墟化する可能性が高い。1999 年の 921 地震では、多くの老朽建築物が深刻な被害を受け、一部は倒壊した。このような気候変動や地震が頻発する状況に対応するため、台湾では法改正が行われ、新しい技術や工法を採用し、古蹟の寿命を延長することを認めた。このような対応は、世界的にも一般的である。例えば、アテネのパルテノン神殿の修復では、石材の間に金物を取り付けるなどの手法が採用されている。ただし、修復後の古蹟は、真偽に関する論争を避けるために、解説文や関連する論述が現状と一致していることが重要である。台湾の古蹟修復現場を訪れる機会があれば、修復作業を担う職人の多くが 60 歳以上であることに気づくだろう。彼らは、危険な環境の中で登ったり、降りたりして、古蹟保存を支える重要な裏方である。けれども、各種の作業において、伝統的な工具を使用する割合が減少しており、古蹟の修復技術には深刻な断絶が生じていることを諸々の現状が示唆している。

古蹟を再利用するにはどのような原則があるのでしょうか？

　台湾の古蹟の再利用は、近年注目を集める議題となっている。政府は、修復後の古蹟が無用の長物と化すことを避けるため、民間の有効な経営管理を促進する様々な優遇措置を提供している。いかなる再利用の形であっても、古蹟を再利用する際には、可能な限り元の機能との連携を維持することが求められる。そうでなければ、古蹟は魂を失った標本のようになり、その価値が損なわれる。古蹟にとって最も有益な維持管理方法は、日常の基本的な清掃に加えて、古蹟が創建時に設計された通風、採光、断熱などの物理的環境、そして維持管理の頻度や方法など、可能な限り元の様子で維持することである。現代的な設備に頼り、開口部を封鎖したり、特定の構造物を取り壊したり、水路を塞ぐなどの変更を行うべきではない。さらに、古蹟の価値や特殊性を示す重要な部分については、必ず保存すべきで、新たな装飾によって覆い隠されることがあってはならない。このような配慮をすることで、訪問者が古蹟について深く理解し、その価値を大切にすることができる。

問7　なぜ、古蹟が焼失したり、取り壊されたりするニュースが多いのでしょうか？
そして私たちには何ができるでしょうか？

　文化資産を管轄する機関は、古蹟指定の過程で所有者や使用者の管理者に通知を行うが、これらの当事者は必ずしも古蹟指定を申請した提案者ではない場合が多い。そのため、当事者は、自身が所有または使用する建物が古蹟として指定される可能性を知り、自身の権利が侵害されるのではないかと懸念を抱くことがある。一部の所有者は、この懸念から、建物が正式に指定される前に破壊するという過激な行動をとる場合がある。

　また、多くの古蹟は木造建築である。適切に管理されていなかったり、不適切に使用されたりすると、火災が発生しやすくなり、古蹟が焼失してしまうことがある。私たちにできることは、古蹟を救う可能性を高めるために、類似の事件を発見した場合、速やかに地元の文化局に連絡することである。また、根本的な解決策は、古蹟の所有者との積極的なコミュニケーションや啓発活動を強化することで、古蹟を所有することの誇りを感じてもらうことが重要である。加えて、政府は、古蹟保存に関する専門的な課題に直面する所有者に対して積極的な支援を行うべきであり、一般市民も所有者に最大限の敬意を払うことが重要である。

問8　現在、台湾の古蹟保存の業界が直面している主な困難は何ですか？

　台湾の「文化資産保存法」（文化財保護法）は、施行から40年以上を経たが、社会全体の雰囲気は依然として文化の発展よりも経済の発展を重視する傾向が強く、両者は相反するものという認識が根強く存在している。また、教育での取り組みが十分でないため、古蹟の存廃が議論される際には、識者が声を上げても経済的利益を優先する一部の人々や、古蹟に関心を持たない大衆に押し切られることが多い。さらに、古蹟保存に関連する業界は、社会的な責任が重く、高度な専門知識を要求される一方で、市場規模が小さく、収益が限られている。このため、人材の育成が困難であり、既存の人材の流出も多く、技術的な断絶が生じているのが現状である。現在、台湾には、多数の古蹟や歴史建築が存在しているが、十分に注目され、保護を受けることができているものは、実際にはその一部に過ぎない。特に、個人が持つ私有の古蹟の権利に関する問題は、未だに解決が難しい課題である。今後、各分野の専門家が協力して知識や技術を積極的に活用する姿勢を持ち、社会全体で古蹟の保存と活用に努める必要がある。

【読むべき本 26 選、関連書籍】

『台湾的史前文化與遺址』劉益昌 著、台湾省文獻委員會、台湾史蹟源流研究會 1996

『台湾考古』臧振華 著、文建會 1995

『遠古台湾的故事──認識台湾的史前文化』呂理政 著、南天書局 1997

『台湾高砂族之住屋』千々岩助太郎 著、南天書局 1988

（論文「台湾高砂族住家の研究」千々岩助太郎、九州大学 1962）

『台湾原住民風俗』鈴木質 著、原民文化出版社 1999

『台湾的建築』藤島亥治郎 著、臺原出版社 1993

『台湾深度旅遊手冊』1-11 台湾館 編著、遠流出版公司 1990-2000

『傳統建築手冊──形式與作法篇』林會承 著、藝術家出版社 1995

『台湾古蹟概覽』林衡道 著、幼獅文化事業公司 1977

『台湾史蹟源流』林衡道 著、文建會 1999

『古蹟的維護』漢寶德 著、文建會 1984

『台湾古蹟與文物』何培夫 著、台湾省政府新聞處 1997

『台湾的書院』王啟宗 著、文建會 1999

『傳統建築入門』李乾朗 著、文建會 1984

『台湾建築史』李乾朗 著、雄獅圖書公司 1979

『學習鄉土藝術百科──台湾傳統建築』李乾朗 著、東華書局 1996

『台湾近代建築』李乾朗 著、雄獅圖書公司 1980

『台湾近代建築之風格』李乾朗 著、室内雜誌 1992

『台湾建築百年』李乾朗 著、室内雜誌 1995

『台湾建築閲覽』李乾朗 著、玉山社 1996

『台湾古建築圖解事典』李乾朗 著、遠流出版公司 2003

『台閩地區古蹟名冊』内政部 1997

『台閩地區古蹟巡禮』文建會 1985

『日式木造宿舍修復・再利用・解説手冊』中原大學建築學系 編著、文建會 2007

『國定古蹟台湾總督府專賣局廳舍調査研究』黃俊銘 主持、國立台湾博物館 2010

『華山創意文化園區調査研究』柏森建築師事務所 主持、文建會 2004

【あとがき 一】

歴史建築の記録や評論の書籍は古くからある。例えば、中国宋朝時代の李誡による『営造法式』は、建築の細部と構造や機能、寸法と施工方法について説明されており、設計者や職人に向けた実用的な書籍となっている。一方、西洋では、20世紀初頭にイギリスのバニスター・フレッチャー（Banister Fletcher）が執筆した『比較の手法による建築史』が広く知られている。この書籍は、「影響の要因」「建築の特徴」「具体的な事例」「比較分析」「参考資料」という五つの項目に基づいてヨーロッパの歴史建築を評論し、歴史建築の論述における重要な基盤を築いた。そこで古蹟に興味を持つ読者のために、わかりやすい入門書を提供することは、私たちの長年の願望であった。

古蹟は、立体的な人工物なので、文字だけでは完全に伝えることが難しい場合がある。そのため、私たちは、特に画像の活用を重視し、「図版を主とし、文章で補足する」という形式を採用した。一枚の正確な断面アイソメ図（等角投影図／立体物をわかりやすく表現した図）は、文章による説明以上に直感的に伝えることができる。『古蹟入門』の企画は、1998年に遠流台湾館（台湾の出版社）から最初に提案された。同社は、台湾文化に関連する書籍の制作と出版を使命とする出版社である。編集者と俞怡萍（共著者）と私は、読者層を中学生や一般社会人に設定した。本書は、代表的な古蹟を厳選し、美しいアイソメ図や細部写真、歴史的な写真を数多く掲載している。構想から執筆、作図、写真撮影、編集、印刷まで、何度も議論を重ね、一年以上の作業を経て完成した。カラーのアイソメ図の多くは、卓越した博物画家である黄崑謀先生によるものである。

原本である繁体字の『古蹟入門』は、1999年に初版が発行されて以降、多くの読者に支持され、「古蹟入門の鍵」として広く活用された。その後、10年以上にわたって多くの反響や提案が寄せられた。2018年のこの改訂版では、初版の企画から携わってきた遠流台湾館の編集者である黄静宜と張詩薇の二人が、新たに産業施設、日本住宅、橋梁などの近年追加された古蹟の分類を含めることを提案し、内容を大幅に充実させることになった。

改訂版では、私は新たに三つの主要な絵を描いた。けれども、古蹟に関する基本データの収集と簡潔な説明文は、長年に渡って研究と実務に携わってきた俞怡萍が担当した。これにより、改訂版はより深みと趣を増したといえる。

2018年4月

【あとがき 二】

「文化資産保存法」には、「建造物が竣工して50年以上経過した場合、文化資産としての価値評価を行うべき」という規定がある。私自身もその年齢を迎えた今、古蹟の置かれる状況や気持ちが、以前よりも深く理解できるように感じる。

『古蹟入門』の制作に関わることができたのは、まさに神様から授かった贈り物だと思う。1997年、友人である丁榮生の紹介を受け、遠流出版の編集長である黄静宜から、執筆の依頼をいただいた。当時、古蹟の基礎知識を広めるこのような書籍の執筆が、私に回ってくるとは想像もつかなかった。私は、古蹟への熱意と勢いだけで快諾し、「私に任せてほしい」と、覚悟を持って臨んだが、実際の作業は非常に困難であった。けれども、その過程で最も恩恵を受けたのは私自身であった。編集チームの台湾文化に対する深い知識と、厳密かつ専門的な仕事の姿勢に導かれながら、私はこれまで蓄積してきた古蹟に関する知識を整理することができ、概念を明確化し、体系的に構築することができた。この経験は、その後の古蹟の調査や研究活動においてもとても有益なものとなった。

本書が出版された二つの時期には、それぞれ特別な意味が込められている。初版が発行された1999年は、台湾を襲った「921大地震」の直後であった。この災害で多くの古蹟が損傷や倒壊といった被害を受け、私たちに古蹟への愛と保護することの必要性を強く訴えかけることになった。地震から20年が経過した現在、台湾の古蹟は、保存に対する認識に変化をもたらし、古蹟の数が大幅に増加しただけでなく、その種類も多様化している。内容の増加を考える機会は何度もあったが、多忙のため実現には至らなかった。けれども、初版の主要な図版を手がけた黄崑謀の逝去10周年を迎えたことが、私たちの決意を新たにし、本書の改訂版を完成させる原動力になった。当時の制作チームで古蹟を訪ね歩いた思い出は、今もなお鮮やかに蘇る。ある日、チームで台湾中部を訪問した帰り道、私の実家で母が漬けた郷土料理「嗆蟹」を振る舞う機会があった。海鮮好きの黄崑謀がその味を絶賛したことは、私にとって特別な思い出である。彼への感謝と追悼の意をここに記しておきたい。

今回の改訂版の執筆期間中、父が病床に伏したことも忘れられない。当初、この道に進む際、父は「台湾には古蹟が少ないから、3年も働けば失業してしまうのではないか」と心配していた。けれども、後に「30年も続けるとは思わなかった」と喜んでくれた。看病と執筆の両立は困難を伴ったが、家族は一貫して私の古蹟保護への道を支えてくれた。私は、この書籍を、私を愛してくれる家族、そして私が愛する家族に捧げたいと思う。

俞怡萍

2018年4月

【訳者あとがき】

ある日、二村悟先生から「台湾の古蹟を紹介する本があり、それを日本語に翻訳するのを「手伝ってもらえないか」とたずねられました。本のタイトルを見てみると、それはなんと李乾朗先生の非常に有名な作品で、しかも子供の頃に読んだことがある思い出深い本でした。日本に来てから、台湾の美しさと文化を日本の皆さんに伝えたいという気持ちをずっと持っていました。そのため、台湾の文化を伝えられる本の翻訳を行うことは、私の一つの夢でした。自分に務まるかどうか不安もありましたが、これは素晴らしいチャンスだと思い、「お引き受けいたします。」と伝え、期待を抱いてこの仕事に取り組むことを決めました。

台湾にある中原大学の建築学科に在学していた時、李明澤先生の基礎製図の授業で、桃園神社の実測を行いました。このことがきっかけになり、古蹟に興味を持ちはじめました。3、4年生の時には、古蹟の保存や修復のために宜蘭や花蓮などの古蹟の実測作業に次々と参加しました。この大学時代に学んだことや経験が、建築、文化や歴史に対する知識の基礎を築いてくれました。大学卒業後、日本に渡り、ICS College of Arts で日本のインテリアデザイン、木造建築や家具製作を学び、日本の建築や文化への知識を深めることができました。現在は、常勤講師として携わっています。

この本の翻訳では、多くの課題に直面しました。一つは、中国や台湾の伝統建築の解説に用いられた特有の専門用語をどのように日本語に翻訳すれば、日本の読者の皆さんが理解しやすくなり、読み進めていただけるかという点です。

もう一つは、私自身の台湾の歴史に対する知識の不足を痛感したことです。私自身も、この翻訳作業は、改めて台湾の歴史を学び直す機会になりました。

ここで感謝の意を表したいと思います。二村悟先生には、私の日本語を校正してくださったこと、古蹟に関する多くの知識を教えてくださったこと、そして年末年始にもかかわらず翻訳にお付き合いいただき原稿を見直してくださったことに、心からお礼を申し上げます。マール社の角倉（斉藤）一枝様には、このような貴重な機会を与えてくださったことに心からお礼を申し上げます。

最後に、私の妻と二人の可愛い娘たちにも感謝を伝えたいと思います。夜遅くまで翻訳作業をし、折角の休日も潰してしまいましたが、私や家族を支えてくれてありがとうございました。日本で生活している大切な私の家族にこの本を贈りたいと思います。この本を通じて、私たちの故郷・台湾という美しい国のことをもっと理解してくれることを願っています。

この本を通じて、日本の読者の皆さんに、台湾を新たな視点から知っていただきたいと思います。そして、台湾を好きになっていただきたいと思います。この本が、台湾の文化と歴史を理解するきっかけになることを願っています。そして、ぜひ台湾を訪れ、美しい町や古蹟を実際に歩いてみてください。

蔣 坤志
2025 年 2 月

【画像出典】（数字はページ数）

【図版】
● 20、26、34、50、56、64、68、86、96、100、104、112、116、122、128、132、138、142、146、152、156［以上、見開き］；24、194、200、205（左上・左下・中三・中四・右中）、213下右二／黄崑謀 絵
● 160、170、182［以上、見開き］；178、181、185 上、186、215、217、218、220（左下以外）、241／李乾朗 絵
● 29、30 左、3 上、31 右、33 上、89、97／陳奕良・黄崑謀 絵
● 全書地図、平面図（特別注釈以外）、平面配置図、28、198-199 中（背景は李乾朗提供）、224 右下／陳春惠 絵
● 36 下三枚図、70、71、72、73、74、75、209 上／高鵬翔 絵
● 31 左、120、121、124 下、209 中／俞怡萍・黄崑謀 絵
● 36 上四枚図、196 下、197 上、207 上／俞怡萍・高鵬翔 絵
● 30 右、33 下、124 上、205（中上・中二・中下・右上・右下、208 下）、213（下右二以外）、237 上／徐偉斌 絵
● 38 内、42、46 右、47 下、82 下、143 上、196 上、198、199、206 下、208 上、209 下、231、232 上、235 左／王智平 絵
● 46 左下、149、197 下、206 上、216、229 下／江彬如 絵
● 108、148、226 上、227、228 下、234／劉鎮豪 絵
● 114 上、172、173、185 下、219、220 左下、221／俞怡萍 絵
● 191、192、193／頼慧玲 絵
● 207 中／林瑛瑛 絵
● 82 上、224 左上、238 左／彭大維 絵

【図版の参照】
● 23 右、24、191、192、193《山地建築文化之展示》参照、中研院民族所
● 37、196 上、231《鹿港龍山寺之研究》参照、漢寶德主持
● 53《金門県古蹟瓊林蔡氏祠堂修復研究計画》参照、漢寶德主持
● 72 平面図《彰化県永靖郷餘三館之研究》参照、趙工杜主持
● 88、89《板橋林本源園林研究與修復》参照、台大土木所 都計室
● 97《金門県第一級古蹟邱良功之母節孝坊之調査研究》参照、閻亞寧主持
● 101 平面図《第一級古蹟王得祿墓修護工程施工記録報告書》参照、李政隆建築師事務所
● 106、234《二鯤身砲台（億載金城）之調査研究與修復計画》参照、楊仁江主持
● 108《第三級古蹟仙洞砲台修復計画》参照、周宗賢、陳信樟主持、基隆市政府
● 114 上《澎湖漁翁島燈塔之研究與修復計劃》参照、閻亞寧主持
● 136 下《雅砌》月刊 1990 年 3 月號参照
● 148、216《台南市日據時期歴史建築》参照、傅朝卿 著
● 149《台南高等工業學校鳥瞰図》参照
● 190《台灣歴史地図（増訂版）》参照、國立台灣歴史博物館 & 遠流出版公司
● 197 下《台南三山國王廟之調査研究與修復計画》参照、楊仁江主持、台南市政府
● 206 上《台南市古蹟東興洋行修復規劃報告》参照、郭蒼龍 著、台南市政府
● 209 上《台灣省立博物館之研究與修復計画》参照、漢光建築師事務所

● 224 原図は劉益昌 提供
● 227《赤嵌樓研究與修復計画》参照照、孫全文主持照、台南市政府
● 228 下《第一級古蹟大天后宮（寧靖王府邸）之研究》参照、趙工杜主持
● 229 下《台南市第二級古蹟開元寺調査研究與修復計画》参照、黄秋月主持照、台南市政府
● 230 下、原図は《府城今昔》乾隆十二年（1747）台湾県図引用
※ "主持" は主宰や責任者に相当。

【写真撮影】
● 全書撮影（特別注釈以外）／郭娟秋 撮影
● 20、22（上・下）、23 上、25、39 上、49 下、52 上、81 下右、89 中、93 下、102 右下、110 左下、115 左、135 中、145（上・下）、148 右下、154 右、155 右、163 上、165 右下、167 下、174 右、179 右下、180 上右、184 右上、185 右、186（左・右上）、195 下、197（上・下）、203 中二、216 左上、217 右下、219 左三、220（左下・右下）、221（中二・中下）、224（左下・右）、225（左一・左二）、234 左中、239 右下／李乾朗 撮影
● 32 上、94 上三、114、162、163 下、165（右下以外）、166 右、167（上・中）、168 上、169（左上・右中）、174（左・中）、175、176、177、178、179（右下以外）、180（右上以外）、181、184（左・中下・右下）、185（右以外）、187 上、203 中二、215、216 右、217（右上・右中）、219（左三以外）、220（左下・右下以外）、221（中二・中下以外）、236 左下、240（左上以外）、241、280／俞怡萍 撮影
● 37、38、43 内、48 下 内、52 下、55、71 下、78、79、81（左上・中下）、82 下、95 中、98 下、118、202（左三・中三・右下）、203 中下、210 左三、233（左・中）／頼君勝 撮影
● 40 右下、41 中、75 右上二、233 右上／康鍩錫 撮影
● 44 左下、80 左上、81（中中・左下）、82、83、119 左上、120 上、130 中、132、154 左、210（中上・中三）、211 中二、212 右上、227 上、234 右、235 下／王智平 撮影
● 44 右下／徐偉斌 撮影
● 76 右上、84 上右、115 右、212 中四、212 右下、224 上、225 中、231 右二、234 左上／莊展鵬 撮影
● 102 左二、201 中下、232 左／周怡伶 撮影
● 166 左／蔡明芬 撮影
● 169 右上、184 中上、186 右下、217 左／頼欣釧 撮影
● 240 左上／潘依凌 撮影

【昔の写真、絵葉書と古画】
● 32 下、127、137、151 右下、225 右上、235 右上、239 左下／国家図書館台湾分館 提供
● 49 上、134 左、187／李乾朗 提供
● 25 下、63、66 上（以上《日本地理大系 11 台湾編》1930 年）；95 上《台湾懐舊》；95 下《台湾写真帖》1908 年；121 下《台湾写真帖第 11 集》1915 年；131 下《博物館繪葉書第一集》；141 下《台湾的風光》；155 下《台湾写真帖第 4、9、10 集》1914 年；159《台湾写真帖第 8 集》1915 年；227《日本地理風俗大系》1931 年；22 中、23 左下、80 下、85、131 下、207 下、225 下、226 上、236、237 右［以上、絵葉書］／意図工作室 提供
● 56／《重修台郡各建築図説》原図引用、国家図書館 提供
● 143、233 上、237 左、237 下、238 右／莊永明 提供
● 164／専売局資料
● 168 下／台湾酒専売史（下巻）
● 169 下／専売通信

【感謝】本書を完成するにあたり、特別に感謝を申し上げる。
丁榮生、呉淑英、陳杏秋、劉益昌、鄭雅玲、劉鎮豪、戴瑞春、蘇文魁、中山基督長老教会、内政部民政司史蹟維護科、各級県市政府 民政局、淡水淡江中学、国立台湾博物館、彰化永靖餘三館、済南基督長老教会

著者紹介

李乾朗（リー・チェンラン）

1949 年新北市の淡水区に生まれる。祖先は福建省泉州同安からの移民である。中学時代に陳敬輝に絵を学び、師範大学附属高校時代には写生会に参加する。1968 年中国文化大学建築都市設計学科に入学。盧毓駿の学生となり、中国古建築に興味を持ち始める。

1972 年民俗学者の林衡道と画家の席德進と出会い、台湾の古建築の実地調査・研究に力を入れ始める。1974 年金門島で兵役に就き、金門の各地域を訪れ、1978 年に最初の著書『金門民居建築』を出版する。その後、『台湾建築史』『台湾建築閲覧』『二十世紀台湾建築』『台湾古建築図解事典』『水彩台湾近代建築』『巨匠神工：透視中国経典古建築』など、伝統建築や近代建築に関する 60 冊以上の著書を出版する。1999 年には俞怡萍と共著で『古蹟入門』を出版する。

現在、国立台湾芸術大学の古蹟芸術修護学科の教授、国立台北大学民俗芸術研究所の教授を務めている。また、多くの歴史建築や古蹟の調査研究プロジェクトを主導し、各地方自治体の古蹟評価会議や文化資産に関する会議に出席している。台湾の古建築の保存と将来のために、可能な限りの貢献を続けている。

俞怡萍（ユー・イーピン）

1962 年台北で生まれる。大学 1 年生の時に古蹟の修復作業を見学した際に、この分野での仕事に携わることを決意する。大学卒業後すぐに李乾朗の古建築研究室に入る。2002 年に大学院を卒業後、中原大学の黄俊銘教授が率いる近代建築と都市研究室にも参加する。この二人の先生のもとで 30 年以上にわたり古蹟の調査と研究に携わる。

著書には、1998 年文化建設委員会から出版された子ども向け文化資産シリーズ『林老爺蓋房子』、1999 年李乾朗教授との共著『古蹟入門』、2004 年呉欣文との共著『台北古蹟偵探遊』などがある。

主な画家の紹介

黄崑謀（ファン・クンモウ / 1963〜2008 年）

1963 年台東で生まれる。復興商工（商業・工業高校）を卒業。美しい田舎の農村で育ち、幼い頃から自然の生き物と日々過ごしたことが、後の動植物観察や記録への情熱の原点となる。

1998 年遠流出版社に入社。その後、10 年にわたって台湾の土地のことを水彩画で描き続ける。創作の題材と画風は非常に多岐にわたり、自然生態から人文建築まで、写実的なものから写意的なものまで、また子供向けから大人向けまで幅広く手がけている。緻密で複雑な筆致と豊かで華麗な色使いは、見る人を魅了する。

この 10 年間、李乾朗、郭城孟、邵廣昭、張永仁、趙榮台、凌拂らと協力し、遠流出版社から出版された 10 冊以上の書籍の絵を手がけている。その中には「観察家シリーズ」の『古蹟入門』『蕨類（シダ）入門』『魚類観察入門』『野菇（キノコ）入門』『昆虫入門』などの知識をテーマとした図鑑類や、『台湾昆虫大発見』『帯不走的小蝸牛』などの絵本が含まれている。これらの作品の多くは、金鼎賞、中国時報開巻年度優良図書賞、聯合報読書人優良図書賞を受賞している。

◎本書の初版では 22 分類の古蹟の主な図版が黄崑謀によって描かれ、増訂版で新たに追加された三つの分類の古蹟の図版は李乾朗によって描かれた。

訳者・監修者略歴

蒋坤志（ショウ・コンシ）

台湾桃園市生まれ。
2009 年台湾中原大学建築学科卒業。
2010 〜 2011 年建築事務所勤務。
2015 年 ICS College of Arts インテリアマイスター科卒業。2015 年より ICS College of Arts 常勤講師。
家具製作技能士 3 級、第二種電気工事士、木工機械作業主任者。

岡崎灌涵（おかざき かんき）

翻訳者、通訳者。1995 年中国吉林省生まれ、10 歳より東京都清瀬市に定住。工学院大学建築学部卒業。在学中より台湾歴史建築の調査に関わり、逍遥園（高雄市）や偕行社（台南市）などの保存工事に通訳者・施工者として携わる。
現在は京都の工務店にて伝統建築保存工事の現場監督を勤める傍ら、日台の建築文化交流に尽力している。

二村悟（にむら さとる）

静岡県生まれ。博士（工学）（東京大学）。
有限会社花野果 代表取締役。
工学院大学客員研究員。常葉大学、新渡戸文化短期大学、日本大学、ICS College of Arts、京都芸術大学非常勤講師。元静岡県立大学客員准教授。
主な著書に『図説 台湾都市物語』『日本の建築家解剖図鑑』『食と建築土木』ほか。
主な受賞に辻静雄食文化賞、SDA 賞奨励賞ほか。

後藤治（ごとう おさむ）

東京都生まれ。博士（工学）（東京大学）、1 級建築士。
工学院大学総合研究所教授。中央建築士審査会会長、全国ヘリテージマネージャーネットワーク協議会運営委員長。主な著書に『建築学の基礎 6 日本建築史』『論より実践 建築修復学』『図説 台湾都市物語』『食と建築土木』ほか。主な受賞に文化庁長官表彰、住総研清水康雄賞、辻静雄食文化賞ほか。

図解 台湾の歴史建築

寺院・博物館・町家・邸宅などの建築様式と構造

2025年 4 月 20 日　第 1 刷発行

著　　　者	李 乾朗（リー・チェンラン）
	俞 怡萍（ユー・イーピン）
作　　　画	黄 崑謀（ファン・クンモウ）
	李 乾朗
訳　　　者	蒋 坤志（ショウ・コンシ）
	岡崎灌涵（おかざき かんき）
監　修　者	二 村 悟（に むら さとる）
	蒋 坤志
	後 藤 治（ごとう おさむ）
発　行　者	田上妙子
印刷・製本	シナノ印刷株式会社
発　行　所	株式会社マール社

〒 113-0033 東京都文京区本郷 1-20-9
TEL　03-3812-5437
FAX　03-3814-8872
https://www.maar.com/

古蹟入門 増訂版
Copyright © 1999, 2018 by Lee Chian-Lang(李乾朗)、YU Yi-Ping(俞怡萍)、Yuan-Liou(遠流)
Japanese translation rights arranged with Yuan-Liou Publishing Co., Ltd
through Japan UNI Agency, Inc

校正協力：加藤宏美
カバーデザイン：鈴木朋子

ISBN 978-4-8373-1603-9　Printed in Japan
© Maar-sha Publishing Co., Ltd. 2025